LA FENICE

COLLANA DI SCIENZE DELL'ANTICHITÀ

diretta da

GUSTAVO TRAVERSARI

SEGRETERIA DI REDAZIONE

Manuela Fano Santi
Università degli Studi
Dipartimento di Scienze Storico-Archeologiche e Orientalistiche
Palazzo Bernardo - S. Polo, 1977/A
30125 Venezia - Telef. (041) 87992

S. Patitucci - G. Uggeri

FAILAKAH
INSEDIAMENTI MEDIEVALI ISLAMICI
Ricerche e scavi nel Kuwait

«L'ERMA» di BRETSCHNEIDER - ROMA

ISBN 88-7062-563-X

PREMESSA

La cattedra di Archeologia e Storia dell'Arte greca e romana dell'Università di Venezia, ora afferente al Dipartimento di Scienze storico-archeologiche e orientalistiche, ha sempre avuto interesse per le antiche civiltà orientali, in consonanza peraltro con la ben nota direttrice vocazionale storica di Venezia, proiettata attraverso i secoli verso i popoli del mondo asiatico, vuoi per motivi commerciali, vuoi per motivi culturali.

Entro questa visione e in questa prospettiva è sorta e si è concretizzata la missione archeologica nel Golfo Arabico e precisamente nell'isola di Failakah, l'antica Ikaros, città fondata durante la spedizione di Alessandro Magno in Oriente, presumibilmente da veterani macedoni. Gli scavi furono effettuati negli anni 1975 e 1976, ma gli esiti scientifici vedono soltanto ora la luce, a causa della lunga e non facile elaborazione e indagine del numeroso materiale emerso. Spetta ai Proff. Stella Patitucci e Giovanni Uggeri il merito di aver concluso i lavori riguardanti lo scavo di alcune abitazioni dell'antica città musulmana, costruita in età medievale alto-islamica nel centro dell'isola. Pur parziali, i risultati permettono tuttavia di trarre delle conclusioni generali, cui la sintesi storica di Giovanni Uggeri offre alla fine valide illuminazioni. Altre campagne archeologiche (ovviamente è nelle speranze!) con la continuazione degli scavi, potranno giungere a nuove e più ampie risultanze. Con gruppi ottimamente attrezzati, ci si augura che siano portati avanti gli scavi anche della città greca, situata sul mare, e i relativi impianti portuali.

L'isola di Failakah, per la sua felice posizione geografica, alla confluenza del Tigri e dell'Eufrate, ebbe attraverso i secoli un ruolo storico e culturale di estrema importanza, incrocio e passaggio di varie civiltà. Spetta quindi alla archeologia l'arduo ma anche suggestivo còmpito di mettere in luce i monumenti di quel glorioso passato, nascosto in gran parte ancora sotto la spessa coltre sabbiosa dell'attuale piana desertica, e interpretarne i termini e i significati storici e culturali.

Si auspica allora che queste ricerche, promosse e dirette dall'Università di Venezia, possano continuare in piena, fraterna collaborazione tecnica e scientifica con gli studiosi e archeologi dello Stato del Kuwait e sotto gli auspici del Ministero dell'Informazione locale, offrendo cosí alla scienza nuovi dati e valori sia classici sia islamici.

GUSTAVO TRAVERSARI

Venezia, 29 luglio 1984.

PREFACE

The Chair of Archaeology and History of Greek and Roman Art of the University of Venice, now part of the Department of Historical-Archaeological and Eastern Sciences, has always displayed an interest in the ancient Eastern civilization, in consonance with the well-known guiding historic tone of Venice, projected through the centuries towards the Asiatic populations of the world, both for commercial and cultural motives.

In the respect to this vision and prospective the archaeological mission in the Arabic Gulf was born, specifically on the Island of Failakah, the ancient Ikaros, the city founded during the expedition of Alexander the Great in the East, presumably by Macedonian veterans soldiers.

The excavations took place in the years 1975 and 1976, but the scientific results have only now been brought to light, because of the long, difficult elaboration of the numerous materials emersed.

Professors Stella Patitucci and Giovanni Uggeri meritously have concluded the work regarding the excavation of some of the homes of the ancient Moslem city, constructed in the High-Islamic Medieval Age, in the center of the Island.

Although in part partially, the results nevertheless permit us to come to general conclusions, to which the historical synthesis of Giovanni Uggeri offers valid illuminations.

With the continuation of the excavations, other archaeological campaigns (obviously in the hope of) will be able to reach new and more ampious results.

In the same way, we hope that with well-equipped teams, the excavations can continue also in the Greek city situated on the sea, and the relative portual installations.

The Island of Failakah, for its well-placed geographic position, at the confluence of the Tigris and Euphrates, had throughout the centuries an extremely important historical and cultural role, crossing and passage of various civilizations. In the merit of archaeology the arduous but stimulating task of bringing to light the monuments of that glorious past, still hidden in great part, under the stratification of sand in the actual desert stretch of land, and is also to interpret the historical and cultural significance.

Therefore we hope that this research, promoted and directed by the University of Venice, can continue in full brotherly and scientific collaboration with scholars and archaeologists of the State of Kuwait and under the auspices of the local Ministry of Information, offering, in this way, to Science new data and important classical and Islamic results.

GUSTAVO TRAVERSARI

Venice, July 29, 1984.

INDICE

PARTE PRIMA

SITI 1-16

ESPLORAZIONI TOPOGRAFICHE

PARTE SECONDA

SITO 14

AL-QUSUR

ESPLORAZIONI TOPOGRAFICHE

PARTE TERZA

SITO 14
AL-QUSUR
GLI SCAVI

CONCLUSIONI

ABBREVIAZIONI BIBLIOGRAFICHE

ADAMS, *Abū Sarīfa* R. Mc C. ADAMS, *Tell Abū Sarīfa, a Sassanian-Islamic Ceramic Sequence from South-Central Iraq*, in « Ars Orientalis », VIII (1970), pp. 87-119.

ALBRECTSEN E. ALBRECTSEN, *Aleksander den Stores Visitkort*, in « Kuml », 1958, pp. 172-190, figg. 13.

Archaeological Investigations Ministry of Guidance and Information, Department of Antiquity and Museums, *Archaeological Investigations in the Island of Failaka 1958-1963*, Kuwait Government Press, n.d., pp. 171, figg. 93.

BELOT J. B. BELOT, *Vocabulaire arabe-français*, 11ᵐᵉ éd., Beyrouth 1920; *Dictionnaire français-arabe*, 5ᵐᵉ éd., Beyrouth 1923.

DICKSON H. R. P. DICKSON, *Kuwait and Her Neighbours*, London 1956.

DOZY R. DOZY, *Supplément aux dictionnaires arabes*, Leyde, Brill, 1877-81.

FINSTER - SCHMIDT B. FINSTER - J. SCHMIDT, *Sasanidische und frühislamische Ruinen im Iraq*, in « Baghdader Mitteilungen », VIII (1976) [Berlin 1977].

GLOB 1958 P. V. GLOB, *Undersøgelser i Kuwait*, in « Kuml », 1958, pp. 166-171, figg. 3.

GLOB 1960 P. V. GLOB, *Danske arkaeologer i den Persiske Golf*, in « Kuml », 1960, pp. 208-213, figg. 4.

JEPPESEN KR. JEPPESEN, *Et kongebud til Ikaros, de hellenistiske templer pa Failaka*, in « Kuml », 1960, pp. 153-198, figg. 26.

KAZIMIRSKI A. DE BIBERSTEIN KAZIMIRSKI, *Dictionnaire arabe-français*, Paris, Maisonneuve 1860; cit. *nouv. éd.*, I-IV, Caire 1975.

KERVRAN M. KERVRAN, *Les Niveaux islamiques du secteur oriental du Tépé de l'Apadana. II. Le matériel céramique*, in « Cahiers de la Délégation Archéologique Française en Iran », VII (1977), pp. 75.

« Kuml » « Kuml. Aarbog for Jydsk Arkaeologisk Selskab ». Aarhus.

LORIMER J. G. LORIMER, *Gazeteer of the Persian Gulf, Oman and Central Arabia*, Calcutta, Government of India, 1908-1915 (rist. London 1970-1972).

MØRKHOLM   O. MØRKHOLM, *Graeske mønter fra Failaka,* in « Kuml », 1960,
                  pp. 199-207, figg. 5 = Ministry of Guidance and Information,
                  Department of Antiquity and Museums, *Greek Coins from
                  Failaka,* Government Press of Kuwait, n.d., pp. 12, figg. 5.

ROSEN-AYALON   M. ROSEN-AYALON, *Ville Royale de Suse. IV. La poterie isla-
                  mique* (« Memoires de la Délégation Archéologique Français
                  en Iran », L. Mission de Susiane, IV), Paris 1974.

SARRE   F. SARRE, *Die Keramik von Samarra* (Die Ausgrabungen von
                  Samarra, II), Berlin 1925.

SARRE - HERZFELD FR. SARRE - E. HERZFELD, *Archäologische Reise im Euphrat-
                  und Tigris-Gebiet,* Berlin, I-IV (1911-1920).

TALBOT RICE, *Hīra* D. TALBOT RICE, *The Oxford excavations at Hīra,* in « Ars
                  Islamica », I (1934), pp. 51-73.

INTRODUZIONE

Nell'ambito della missione italiana in Kuwait, promossa dalla cattedra di Archeologia classica dell'Università di Venezia in collaborazione con la cattedra di Topografia dell'Italia antica dell'Università di Bologna e diretta dal prof. Gustavo Traversari, è stato nostro compito specifico lo studio degli insediamenti medievali dell'isola di Failakah, una volta constatato che anche questo periodo storico vi ha rivestito un notevole interesse accanto alle significative testimonianze protostoriche e dell'epoca classica.

Dopo un'indagine preliminare compiuta nel mese di ottobre del 1975, i lavori si sono svolti nel corso del mese di novembre del 1976 ed hanno avuto un duplice intento: dapprima si è proceduto all'esplorazione topografica dell'isola di Failakah; successivamente è stato effettuato un saggio di scavo in uno dei villaggi abbandonati della prima età islamica individuati nelle ricognizioni di superficie.

L'esplorazione topografica è stata orientata dalle segnalazioni fornite dalle missioni precedenti e da una ricognizione aerea effettuata con un elicottero messo cortesemente a disposizione dall'aviazione kuwaitiana. L'esplorazione ha interessato soprattutto la parte occidentale e la parte centrale dell'isola di Failakah; inoltre una breve indagine orientativa è stata effettuata intorno alla baia nella terraferma del Kuwait. I principali risultati sono emersi dalla esplorazione dei due villaggi abbandonati di al-Quṣūr, al centro dell'isola e di Qurainīyah sulla costa settentrionale, ma anche altri villaggi presentano peculiari caratteristiche, il cui studio andrebbe approfondito per poter lumeggiare adeguatamente la storia dell'isola e lo sviluppo del suo popolamento dal momento della diffusione dell'Islām fino all'età moderna.

Il saggio di scavo è stato intrapreso in un secondo tempo, sulla base degli interrogativi posti dalle ricognizioni, nell'ambito del villaggio situato al centro dell'isola nel sito desertico di al-Quṣūr. Qui si intravvedeva una complessa orditura, risultante da tipi edilizi disparati, dei quali si voleva accertare anzitutto la distribuzione planimetrica, ma altresí la cronologia relativa delle varie unità abitative, quella assoluta del villaggio ed eventualmente gli antefatti e gli esiti tardivi dell'insediamento.

Il punto prescelto per il saggio si è dimostrato particolarmente opportuno, in quanto ha permesso di conoscere, sia pure parzialmente, tre unità abitative alquanto differenziate, due sostanzialmente coeve, una leggermente posteriore, riferibili alla prima età islamica: una casa a schema ortogonale (Casa A), una casa-torre ed un'abitazione entro recinto (Casa B). Sono state riconosciute anche diverse tecniche costruttive nelle murature e nelle pavimentazioni. Un saggio in profondità ha permesso di stabilire che il villaggio protoislamico è stato costruito, almeno in questo punto, sul deserto vergine. Il villaggio sembra essere stato abbandonato nel corso della prima età abbaside; ma vi è qualche traccia di frequentazione tardiva (secc. XII - XIII).

La presente relazione rispecchia lo svolgimento dei lavori ed è distinta in tre parti.

Nella prima parte si offrono i risultati dell'indagine topografica, articolata secondo una numerazione progressiva dei siti archeologici, in modo da prospettare una prima *Forma Insulae Icari*, che possa servire come strumento operativo essenziale per le future ricerche in quest'isola, che mancava sinora di un consimile lavoro e di cui anzi F.H. Weissbach scriveva: « von der heutigen Insel Felêčī, der sie entspricht, fehlen genauere Beschreibungen noch » (*RE* IX, c. 989). Per ognuno dei siti si forniscono i seguenti elementi:

1. descrizione topografica;
2. esame dei materiali rinvenuti, considerati per classi;
3. catalogo dei materiali, presentati secondo la loro provenienza topografica.

La seconda parte riguarda specificamente le ricognizioni di superficie nel villaggio abbandonato di al-Qusūr. Essa si articola in tre punti:

1. esame della struttura urbanistica del villaggio;
2. esame dei materiali rinvenuti in superficie, considerati per classi;
3. catalogo dei materiali rinvenuti.

Nella terza parte si presenta la relazione degli scavi condotti in tre abitazioni del villaggio abbandonato di al-Qusūr, denominate convenzionalmente Casa A, Torre, Casa B. Essa si articola in quattro punti:

1. relazione dello scavo e interpretazione delle strutture architettoniche;
2. esame dei materiali rinvenuti, considerati per classi;
3. discussione della cronologia delle abitazioni;
4. catalogo dei materiali rinvenuti.

Sono presentate alla fine le considerazioni conclusive scaturite dalla valutazione complessiva dei dati emersi dalle esplorazioni di superficie e dai saggi di scavo ad al-Qusūr.

I contesti archeologici islamici dell'isola di Failakah comprendono per lo piú resti di suppellettile vascolare fittile, oltre alla quale figurano resti di manufatti in vetro (vasi e monili), in pietra ed in metallo, resti faunistici.

Questi materiali sono presentati secondo la loro provenienza topografica e, all'interno di ogni sito, secondo le diverse unità topografiche individuate. Inoltre nelle tre abitazioni scavate si è rispettata, oltre all'unità contestuale di ognuna di esse, anche quella di ogni singolo vano.

Nelle esplorazioni di superficie sono stati raccolti tutti i frammenti di vasi in maiolica e in porcellana, nonché quelli invetriati e decorati, quelli che conservavano resti di parti sagomate (bocche, anse, basi, bocchini) e, quando i materiali si presentassero scarsi, anche i frammenti di pareti di vasi acromi o d'impasto privi di decorazione; inoltre si sono raccolti i resti di manufatti in vetro, in pietra ed in metallo. Nello scavo si sono raccolti tutti i materiali venuti in luce, senza operare alcuno scarto; il terreno è stato vagliato con un crivello a maglia sottile, per cui anche i frammenti piú minuti non sono andati dispersi. Nessuno dei pezzi ritrovati è stato escluso dal catalogo, per cui la relazione degli scavi condotti ad al-Quṣūr offre un panorama esatto dei materiali rinvenuti.

Nell'ambito di ogni sito i materiali sono presi in esame e presentati nel catalogo nell'ordine seguente: ceramiche, manufatti in vetro, in metallo, in pietra, resti faunistici. A tutti è stata data una numerazione unitaria, dando uno stesso numero ai frammenti riferibili ad uno stesso vaso e anche ai frammenti di pareti di vasi acromi o d'impasto, che non si sono voluti escludere dal catalogo pur evitando di considerarli singolarmente.

I numeri fra parentesi tonde nel testo rimandano a quelli che contraddistinguono i materiali nel catalogo.

La ceramica di età islamica rinvenuta a Failakah è stata fatta tutta al tornio e il suo livello tecnico è in genere buono.

È costituita quasi totalmente da frammenti vascolari, la maggior parte dei quali non presenta possibilità di attacchi. I pochi pezzi parzialmente ricomponibili di rado presentano poco piú che una piccola parte del vaso cui si riferiscono. Nessun vaso è conservato in modo da permetterne un restauro completo e solo di due pezzi abbiamo il profilo intero. Ci si deve quindi basare su frammenti e su vasi frammentari per ricavare delle informazioni sulla ceramica in uso negli insediamenti abbandonati islamici esplorati.

Criteri della classificazione delle ceramiche. In assenza di precedenti ricerche sugli insediamenti abbandonati della prima età islamica nel Kuwait e di qualsiasi griglia tipologica cui si potesse fare riferimento per le ceramiche rinvenute ed inoltre considerata la precarietà delle nostre attuali conoscenze sulla ceramica della prima età islamica ed in particolare su quella piú semplice e di uso piú comune, nonché tenendo presente che ogni classificazione ha i suoi limiti; la ceramica rinvenuta nei villaggi abbandonati islamici di Failakah è stata classificata in base alla presenza o meno di un rivestimento e del tipo di questo, piuttosto che in base alla forma e alla dimensione dei vasi, elementi inadeguatamente valutabili dato il pessimo stato di conservazione dei pezzi.

Essa è stata divisa in cinque classi principali, quindi, all'interno di queste, in gruppi e tipi in base al colore del rivestimento, agli impasti e alla decorazione. Il numero dei frammenti relativi ad ogni classe e tipo risulta dalle tabelle finali.

Oltre alla rarissima maiolica ed alla porcellana, le classi ceramiche individuate sono le seguenti (tabella 6):

I.   Ceramica invetriata.
II. Ceramica ingubbiata.
III. Ceramica priva di rivestimento.

I. Ceramica invetriata. Vi si distinguono due gruppi: A) ceramica invetriata dipinta, rarissima; B) ceramica invetriata monocroma, suddivisa, in base al colore della vetrina, in ceramica invetriata turchese, con cui si indica la vetrina a base alcalina, ceramica invetriata verde, ceramica invetriata gialla, ceramica invetriata nera.

II. Ceramica ingubbiata. Si tratta di vasi, quasi esclusivamente giare, realizzate in impasto grossolano, ricoperte all'esterno, nella parte superiore, da un sottile ingobbio nero opaco, per cui si è usata la denominazione di ceramica verniciata in nero o, piú semplicemente, di ceramica a vernice nera.

III. Ceramica priva di rivestimento. Questa classe si articola in tre gruppi, in base ai relativi impasti.

A) Ceramica acroma, in argilla ben depurata. Può essere liscia o decorata. Quella liscia, o nuda, comprende i vasi acromi privi di qualsiasi decorazione e, trattandosi di frammenti, è ovvio che vi possano essere confluite anche parti lisce di vasi decorati, un inconveniente che non era possibile evitare.
Quella decorata è stata suddivisa come segue in base al tipo di decorazione:

a) ceramica acroma a decorazione stampigliata;
b) ceramica acroma a decorazione excisa;
c) ceramica acroma a decorazione incisa;
d) ceramica acroma a decorazione plastica.

B) Impasto. Comprende il vasellame domestico piú grezzo, realizzato in un grossolano impasto ricco di inclusi. Esso può essere liscio o decorato. Quello liscio è definito semplicemente impasto; quello decorato è di un unico tipo, a decorazione plastica.

C) Ceramica da fuoco. Comprende il vasellame da fuoco caratterizzato dal tipico impasto micaceo.

Criteri usati nella descrizione dei vasi. Gli elementi dati nelle schede catalogiche sono nell'ordine i seguenti: denominazione del vaso, tipo e colore dell'impasto, conservazione del pezzo, forma, tipo e colore del rivestimento, decorazione, dimensioni, rimando alle illustrazioni.
Per quanto riguarda gli impasti ed i rivestimenti, non essendo stato possibile fare eseguire analisi chimico-fisiche delle ceramiche rinvenute, la composizione, la durezza ed altre proprietà delle argille sono segnalate unicamente

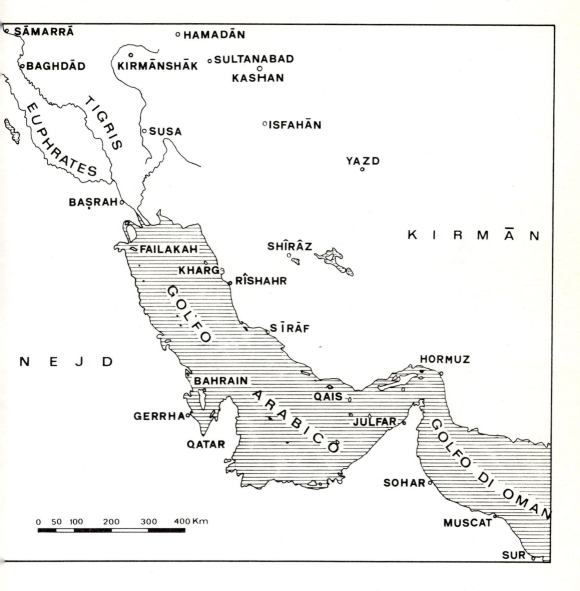

Fig. 1. - Il Golfo Arabico ed i paesi circostanti. Scala 1 : 10000000.

nei loro caratteri apparenti; lo stesso dicasi per le questioni relative agli smalti, alle vetrine ed ai rivestimenti delle ceramiche in genere. Inoltre, poiché i materiali sono stati studiati a Failakah durante il periodo di scavo, il tempo ristretto a disposizione non ha consentito di pesare i frammenti.

Per quanto riguarda le forme vascolari la terminologia usata per indicarle è convenzionale e volutamente limitata: le forme chiuse sono distinte in giare e boccali, quelle aperte in bacili, ciotole, piatti e lucerne. In linea di massima giare e bacili sono di dimensioni maggiori rispettivamente dei boccali e delle ciotole. Il piatto e la lucerna sono presenti quasi esclusivamente nel villaggio di al-Qusūr, ove compaiono con un esemplare ciascuno.

Le forme vascolari sono descritte usando la terminologia consueta. Di regola la descrizione si riferisce alla forma della sezione del vaso o del frammento, ma si sono aggiunte anche altre informazioni.

La sintetica descrizione della decorazione è integrata dalla documentazione fotografica e talora anche da quella grafica.

Le misure sono espresse in centimetri. Per i frammenti si danno l'altezza massima, la larghezza massima e lo spessore. Per i pezzi sagomati, allo scopo di dare un'idea delle dimensioni dei vasi ai quali si riferiscono, si forniscono anche altre misure: per le anse il diametro massimo della sezione, per le bocche e per le basi il diametro presumibile esterno, quando sia possibile desumerlo. Diam. sta per diametro; alt. sta per altezza; lungh. sta per lunghezza; largh. sta per larghezza; spess. per spessore (mass. = massimo).

La documentazione grafica dei materiali descritti, presenta i profili dei frammenti relativi a parti sagomate di vasi, perché sono le piú significative per suggerire le forme vascolari. Talora si sono disegnati anche dei frammenti di pareti che conservano parte della decorazione ad integrazione della documentazione fotografica. Nei disegni i pezzi sono ridotti a 2 : 3, salvo nelle figure tipologiche finali, e sono contrassegnati dal relativo numero di catalogo.

Nella documentazione fotografica i materiali, presentati topograficamente, sono raggruppati per classi ed indicati con il relativo numero di catalogo.

Cronologia. La definizione della cronologia dei materiali rinvenuti a Failakah è spesso problematica per la precarietà delle nostre attuali conoscenze della ceramica della prima e media età islamica, soprattutto di quella piú semplice e di uso piú comune, e per la scarsità di punti di riferimento cronologici sicuri. Solo per taluni tipi ceramici la cronologia può essere precisata entro un arco temporale piú o meno ristretto nell'ambito dell'epoca umayyade o protoabbaside. Si è preferito perciò usare una terminologia piuttosto lata: « prima età islamica » indica il periodo dalla diffusione dell'Islām alla presa di Baghdad da parte dei Turchi Selgiucidi nel 1055, cioè il periodo tra la metà del VII e il X secolo; « media età islamica » il periodo successivo fino agli inizi del XVI secolo, quando l'isola passa in mano ai Portoghesi, che la tengono per un secolo circa.

È auspicabile che materiali stratificati provenienti da altri scavi permet-

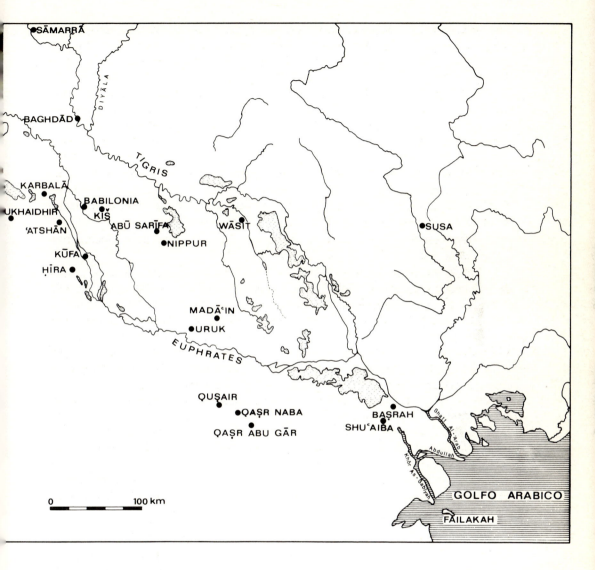

Fig. 2. - L'isola di Failakah in rapporto al bacino mesopotamico. Scala 1 : 4000000.

tano in futuro una conoscenza piú dettagliata della ceramica islamica, soprattutto di quella piú comune della prima e media età islamica.

Nel complesso la ceramica rinvenuta negli insediamenti abbandonati islamici dell'isola di Failakah, ed in particolare quella di al-Qusūr, presenta notevoli affinità con quella in uso nel bacino mesopotamico nella prima età islamica. Ciò non sorprende, quando si consideri la posizione dell'isola, sita allo sbocco delle principali vie d'acqua del bacino mesopotamico. Dato il carattere estremamente modesto degli insediamenti indagati a Failakah, per i materiali rinvenutivi i confronti sono stati istituiti preferibilmente con quelli emersi da piccoli centri del bacino mesopotamico, piuttosto che con quelli provenienti dagli scavi in grandi complessi urbani, pur tenendo tuttavia in particolare conto quelli emersi dalle indagini di scavo a Susa dove le sequenze stratigrafiche della città islamica, anche se problematiche, appaiono meno incerte che altrove.

Lo scopo di questo contributo è di offrire degli elementi per lo studio dei villaggi abbandonati islamici. Questo settore di ricerca, finora trascurato, ci si augura che venga sviluppato in futuro, data la sua fondamentale importanza per la conoscenza dei contesti socio-economici e della cultura materiale soprattutto nelle aree periferiche e per le classi subalterne.

Le parti relative alla topografia dei siti esplorati ed alla relazione degli scavi ad al-Qusūr sono opera di Giovanni Uggeri. Quelle relative ai materiali ed alla cronologia delle abitazioni scavate sono opera di Stella Patitucci. Le singole parti sono siglate nell'indice. L'organizzazione e la revisione del lavoro sono state elaborate in comune.

La documentazione fotografica è opera di Gianpaolo Bernagozzi e di Giovanni Uggeri. I rilevamenti planimetrici sono di Giovanni Uggeri. I disegni dei materiali sono di Stella Patitucci.

Si ringraziano i Proff. Miriam Rosen-Ayalon dell'Università di Gerusalemme ed Umberto Scerrato dell'Università di Roma per gli scambi e le proficue discussioni avuti in relazione ai problemi della ceramica.

Il manoscritto di questo testo è stato consegnato nel luglio 1981 e non si è fatto alcun tentativo sistematico di aggiornare le note oltre quella data.

FAILAKAH

(*Tavv.* I - IX; *Figg.* 1-6)

L'antica isola di *Ikaros* è detta oggi ufficialmente Failakah, mentre la pronuncia locale suona piuttosto *Feileceh* (o *Feiliceh*). Questo nome è documentato almeno dalla prima cartografia portoghese del Golfo nelle varie forme *Feleq, Faiadi, Faiall* e nell' *Itinerario* di Linschoten come *Fuyadi*. Nel Settecento abbiamo la trascrizione francese *Feluche* e quella tedesca *Feludsje*. Dal secolo scorso gli Inglesi registrano sia la forma Failakah, che la pronuncia *Pheleechi*.[1]

---

[1] L'identificazione dell'isola di Failakah con l'antica *Ikaros* verrà discussa *infra,* p. 20 sg.

Freya STARK, *Baghdad Sketches* (Guild Books, 227), London, J. Murray, 1937, p. 129, nota 1, mette in relazione il toponimo con la radice arabica *falaqa* (spaccare in due), che indica l'apertura dell'ostrica perlifera, attività che sappiamo essere stata veramente fiorente nell'isola e sulla fronteggiante costa kuwaitiana fino ad impiegare 12.000 persone. L'oscillazione dell'ultima consonante (*ġ, q, k*) è da imputare al coacervo di pronunce che caratterizza quest'area nodale dei traffici all'estremità settentrionale del Golfo. Ma la stessa Stark è incerta se ricondurre il termine, al di là di una possibile reinterpretazione moderna (*Volksetymologie*), ad una denominazione che potrebbe essere invalsa durante la dominazione portoghese e che si ricollegherebbe invece a quel tipo d'imbarcazione detta *feluca,* che può essere stata suggerita sia dalla forma allungata dell'isola, specialmente vista arrivando dal Kuwait, sia dall'attività del locale arsenale (KAZIMIRSKI, p. 801 a).

Per le testimonianze cartografiche del nome di Failakah nel secolo XVI, v. Lopo Homem-Reinéis, *Atlas de 1519,* fol. 2ʳ (Paris, Bibliothèque Nationale; riprodotto in A. CORTESÃO - A. TEIXEIRA DA MOTA, *Portugaliae monumenta cartographica,* Lisboa 1960, I, tav. 19); Fernão Vaz Dourado, *Atlas de 1571,* f. 6 (Lisboa, Arq. Nac. da Torre do Tombo; riprod. *ibid.,* III, tav. 283); ID., *Atlas de 1575,* f. 12 (London, British Museum; riprod. *ibid.,* tav. 305); ID., *Atlas de 1576 ca.,* ff. 9, 14 (Lisboa, Bibl. Nac.; riprod. *ibid.,* tavv. 334, 339); ID., *Atlas de 1580,* f. 10 (München, Bayerische Staatbibliothek; riprod. *ibid.,* tav. 323); B. Lasso - H. Florentius van Langren, in Jan Huyghen van Linschoten, *Navigatio ac itinerarium in Orientalem sive Lusitanorum Indiam,* Amsterdam, C. Clasz, 1596 (riprod. *ibid.,* tav. 385 A). Si veda in generale A. CORTESÃO, *History of Portuguese Cartography,* Coimbra 1969-71.

Delle innumerevoli testimonianze dovute agli Inglesi ricordo soprattutto G. P. BADGER, *History of the Imâms and Seyyids of 'Omân by Salîl-ibn-Razîk, from A.D. 661-1856,* London 1871 (si veda la carta premessavi); J. Th. BENT, *Southern Arabia,* London 1900, p. 22; LORIMER, p. 270 s.; Great Britain, Hydrografic Office, *Persian Gulf Pilot, comprising the Persian Gulf and its approaches from Ras Al Hadd in the South-West to Cape Monze in the East,* 9th. ed., London 1942, 446=517; Great Britain, Naval Intelligence Division, *Iraq and the Persian Gulf* (Geographical Handbook Series, B.R. 524), London 1944; DICKSON, p. 55 sg.; *Encyclopaedia Britannica,* 10 (1980), p. 547.

In francese Jean Baptiste Bourguignon d'Anville (1697-1782) trascrisse *Feluche*: D'ANVILLE, *Première partie de la carte d'Asie, contenant la Turquie, l'Arabie, la Perse, l'Inde et part de la Tartarie,* Paris 1751. Nei *Geographi Graeci Minores,* Paris, Didot, 1855, I, *tab.* XV, Karl Müller trascrisse *Pheleche* e per 'Auhah *Ohar,* come per Râs el-Ardh *Ras el Lur* (riproduciamo un particolare della carta a *fig.* 6 *b*).

I Tedeschi dal Settecento trascrivevano *Feludsje, Failiğe, Failake, Felicha, Feledsch,* poi *Felūğe, Felêčī;* C. NIEBUHR, *Beschreibung von Arabien aus eigenen Beobachtungen und im*

Posizione.

L'isola ha la forma allungata di un cuneo ricurvo con la punta rivolta a sud-est, disposta sul prolungamento della foce del Khōr as-Sabīyah, in modo da formare come una barriera davanti all'ingresso della Baia del Kuwait (*fig.* 5). Il suo asse maggiore, di direzione nord-ovest/sud-est, è lungo km. 14; la maggior larghezza si riscontra sul lato occidentale, dove raggiunge i km. 5 (*fig.* 7).

La sua estremità occidentale rappresenta il punto piú vicino alla città di al-Kuwait, situata sulla fauce sud della Baia (*fig.*5). Il porto che si sta costruendo sulla punta sud-occidentale dell'isola disterà meno di km. 18 in direzione est-nord-est da Rās al-'Ardh, cioè dal promontorio della terraferma, che chiude da levante la rada portuale di Salimiyah, utilizzata per i collegamenti marittimi con la capitale del Kuwait.

La sua estremità nord-occidentale dista circa km. 13 dalla foce del Khōr as-Sabīyah in direzione di sud-est.

Malgrado la relativa vicinanza, poiché l'isola è molto bassa, non la si avvista che da una distanza di 8/6 miglia, per cui può non essere notata da chi entra nella Baia del Kuwait provenendo da sud.

Da nord-est invece lo sbarramento tra la foce del Khōr as-Sabīyah e il Rās al-'Ardh è completato da due isolette minori: a ovest Misjān o Mashjān, ufficialmente Miskān, situata tra Failakah e il Qasr as-Sabīyah, il promontorio che chiude da nord la baia, è un affioramento basso e sabbioso della panchina a quasi km. 2 in direzione nord-ovest da Failakah (*tav.* 1*a*; *fig.* 6*a*); ad est 'Auhah rappresenta l'estremo protendimento sud-orientale della panchina, giacendo a poco piú di km. 3 dall'estremità sud-est dell'isola di Failakah; anche essa è bassa e sabbiosa.

Questa felice posizione assicurò all'isola di Failakah una notevole importanza nel commercio marittimo tra la Mesopotamia e il Bahrain fin dalle navigazioni dell'epoca preistorica (*figg.* 1-2).

Descrizione.

L'isola di Failakah rappresenta l'affioramento di gran lunga piú consistente di una lunga e piatta panchina di conglomerato, detta *dhārub*, che si protende dalla foce del Khōr as-Sabīyah verso sud-est. Si tratta di sabbie ed

---

Lande selbst gesammleten Nachrichten, Kopenhagen 1772, pp. 332, 338, 342 (= *Description de l'Arabie,* Paris 1774; *Voyage en Arabie,* Amsterdam 1775-80; *Travels through Arabia,* transl. by R. Heron, Edinburgh 1792); cfr. A. STIELER's, *Hand-Atlas,* Gotha 1891, Tav. 59 K5 (*Feledsch*); J. TKAČ, *Ichara,* 2, in *R.E.* IX (Stuttgart 1914), cc. 822-826 (*Felūğe*); F. H. WEISSBACH, *Ikaros,* 7, *ibid.,* c. 989 (*Felêčī*). Ora trascrivono *Fulaykā* (ad es. Kümmerly und Frey, Bern 1978, No. 1160), forma che è stata accolta anche dall'*Atlante Internazionale* del Touring Club Italiano, Milano 1968, Tav. 89 (*Fulaika*'). La forma ufficiale *Failakah* si trova registrata in caratteri arabici già dal Niebuhr (p. 332) e in trascrizione latina in F. SCHRADER - F. PRUDENT - E. ANTHOINE, *Atlas de géographie moderne,* Paris, Hachette, 1898, Tav. 40 Cd.

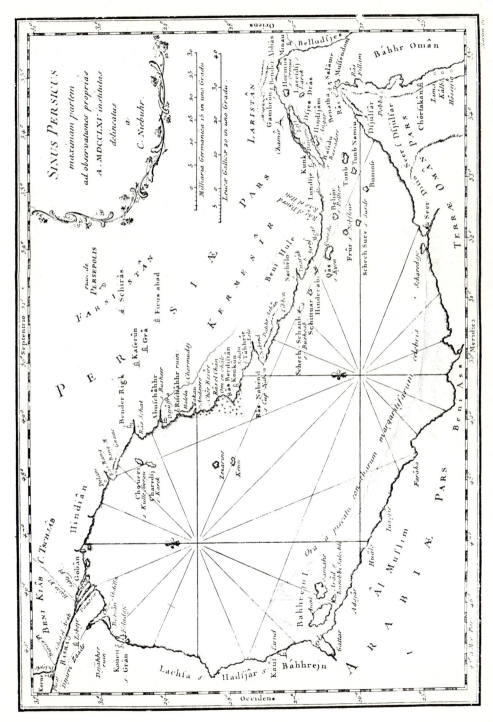

Fig. 3. - Carta del Golfo Arabico (da C. NIEBUHR, Beschreibung von Arabien..., Kopenhagen 1772, tab. XIX).

arenarie del cosiddetto gruppo del Kuwait, una formazione calcareo-gessosa
del Neogene con ciottoli subordinati. Questa è ricoperta da sabbie compat-
tizzate e piú raramente sciolte. La circondano banchi semiaffioranti di sedi-
menti sabbiosi depositati dalla corrente marina e provenienti essenzialmente
dallo Shatt al-Arab; questi si dispongono come frangiflutti, originando delle
paludi (*sebkah*).[2]

La costa è solitamente alta e circondata da una vasta platea soggetta alle
escursioni della marea: gran parte della fascia costiera è costituita da spiaggia
sabbiosa e da lagune; il resto, dalla panchina appena affiorante e fortemente
degradata (*tavv.* II*a* - IV*b*). Il contorno è movimentato all'estremità nord e
un po' meno al centro della costa sud; nella parte piú frastagliata di nord-
ovest si apre l'unico vero porto naturale dell'isola, ora ridotto a laguna, come
indica la denominazione attuale di *niqa'ah*, ma un tempo sicuro rifugio, perché difeso ad ovest dal promontorio del santuario di Muqām al-Khidru e ad
est dal promontorio di Sa'īdi. Sulla spiaggia interposta di Se'dia sul lato sud
della cala potevano venire tirate a secco le barche; a nord l'imboccatura del
porto era sbarrata in gran parte artificialmente con delle gettate di pietrame.
L'abbassamento del livello del mare non consente oramai l'accesso al vecchio
porto, che durante la bassa marea si trasforma addirittura in uno stagno; ma
è chiaro che per le sue difese naturali, la facilità d'approdo e la posizione in
direzione di Basrah esso dovette assolvere nell'antichità una funzione di rilievo come tappa obbligata nelle rotte marittime del lato occidentale del Golfo.
La sua decadenza era già cominciata all'inizio di questo secolo ed infatti il
Lorimer lo definisce « difficult of entrance ».[3]

L'andamento della bassa pianura è appena movimentato da qualche leggera ondulazione, che accenna ad un acrocoro centrale nella zona di al-Qusūr
(q. 9) e che nella parte sud-occidentale dell'isola raggiunge al massimo gli
undici metri d'altitudine. La parte orientale è bassa ed occupata in gran parte
da *sebkah*, che interessa anche una larga fascia longitudinale dell'isola, sfo-
ciando a nord-ovest nel *niqâ'ah* di Se'dia.

Il clima è pesante ed arido, avendo acquistato di recente carattere desertico in seguito alla completa distruzione del manto vegetale tradizionale.
Esso presenta forti escursioni termiche giornaliere, è molto caldo in estate
(40°C) e freddo d'inverno. Le precipitazioni sono scarse e rare, limitate al
periodo novembre-aprile e spesso concentrate in grossi acquazzoni, non supe-
rano i 50 mm. annui. L'umidità raggiunge spesso gradi elevati. Il vento pre-

---

[2] I. E. Higginbottom, *Report on the Surface Geology of Kuwait,* London 1954; D. I.
Milton, *The Geology of the Arabian Peninsula: Kuwait* (U.S. Geological Survey, Professional
Paper 560-F), Washington 1967; Geological Survey of Austria, *Synoptic geologic Map of the
State of Kuwait,* Kuwait, Government Printing Press (1:600 000): W. Fuchs - T.E. Gattin-
ger - H.F. Holzer, *Explanatory Text to the Synoptic Geologic Map of Kuwait. A Surface
Geology of Kuwait and the Neutral Zone,* Wien 1968; P. Kassler, *The structural and geo-
morphic evolution of the Persian Gulf,* in B.H. Purser, *The Persian Gulf,* New York 1973,
pp. 11-32.
[3] Lorimer, p. 270.

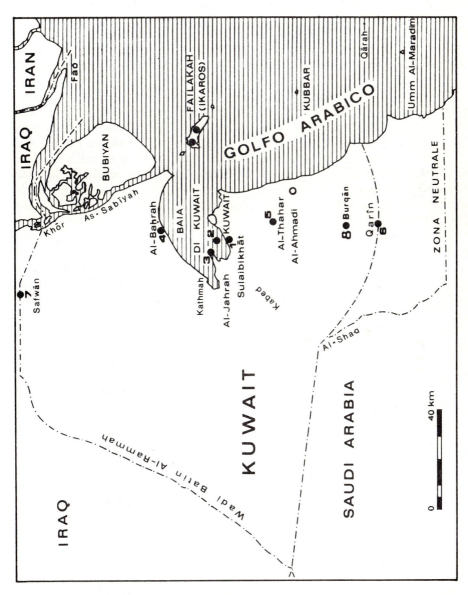

Fig. 4. - Il Kuwait con l'indicazione dei siti archeologici (1-8). Scala 1 : 1.500.000.

dominante spira da nord-nord-ovest ed è detto genericamente *shamāl* (ossia
vento del nord); esso è caldo d'estate, ma freddo in inverno e in primavera;
in autunno può concentrarsi in raffiche violentissime, che perturbano anche
fortemente le acque del Golfo apportando disagio alla navigazione. Turbini
di sabbia possono scatenarsi sia d'estate che d'inverno, quando possono infie-
rire per diversi giorni (con la generica denominazione di *thaurân*). D'estate
è frequente la nebbia; si può avere anche il caldissimo vento del sud, il *Sya-
num*; a mitigare l'asprezza del clima concorrono soltanto leggere brezze mat-
tutine e serali.[4]

La falda dell'acqua freatica non supera nella maggior parte dell'isola la
profondità di m. 2, per cui riesce sempre facilmente raggiungibile e permise
in passato l'escavazione di numerosi pozzi, che alimentavano un'agricoltura
rigogliosa, in particolare nella fascia di panchina piú rilevata, in prossimità
della costa, dove sono ancora visibili resti di piantagioni ed alcuni pozzi: tre
nel villaggio di az-Zōr, uno tra questo e il promontorio di al-Khidru, uno
nell'oasi di Qurainīyah.[5] Questi pozzi superficiali e con acqua fresca e potabile
garantirono la frequentazione e l'insediamento fin dall'epoca preistorica nel-
l'isola di Failakah.

Nella larga fascia longitudinale interna dell'isola l'agricoltura è stata invece favorita dalla naturale umidità dovuta ad una estesa depressione ricca
superficialmente di sabbie alluvionali da *wadi* e da *sabkah*. L'agricoltura del-
l'isola era particolarmente redditizia in questa zona nelle annate piovose, sia
per la produzione delle carote, che per il grano e l'orzo, che si coltivavano
a macchie irregolari con le piantine molto diradate. Ora essa appare completamente abbandonata.

Per quanto riguarda la vegetazione, che una volta era quasi tutta chiusa
in recinti regolari di mattoni crudi, ora in rovina, essa appare profondamente
degradata. I pochi palmizi e le tamarici superstiti sono in fase avanzata di
estinzione. Sono inoltre scomparse altre essenze un tempo diffuse nell'isola
quali fichi, meloni, carote, chinino, tamarindo, sidro, bambar, diospero e
henna (*hinnā'*). In primavera vi fioriscono spontaneamente gladioli, giaggioli,
convolvoli e borragini; nelle altre stagioni rimangono soltanto i bassi cespugli
palustri e salmastri delle fasce depresse lungo il litorale (*tavv.* VII *a* - VIII *b*;
XXXVI *b* - XXXVIII *b*; LXIII).[6]

---

[4] T. R. ALLISON, *The Climate of Kuwait,* Kuwait 1963; Kuwait, Meteorological Section,
Climatological Reports, Kuwait 1954-1965; G. EVANS, *Persian Gulf,* in R. W. FAIRBRIDGE, *Encyclopedia of Oceanography,* 1966, pp. 689-695.

[5] R. E. BERGSTROM - R. E. ATEN, *Natural recharge and localization of fresh ground water
in Kuwait,* in «Journal of Hydrology» II (Amsterdam 1958), pp. 213-231; D. I. MILTON - C.
C. S. DAVIES, *The Water Resources of Kuwait and their utilization,* Kuwait 1961; Kuwait,
Ministry of Guidance and Information, *The Story of Water in Kuwait,* Kuwait 1963; R. E. ATEN -
R. E. BERGSTROM, *Ground Water Hydrology of Kuwait,* Mobile Alabama 1965.

[6] B. L. BURTT - P. LEWIS, *On the flora of Kuweit,* in «Royal Botanic Gardens Bulletin»
III (1949), pp. 273-308; V. DICKSON, *The Wild Flowers of Kuwait and Bahrain,* London 1955;
cfr. K. KELLY - R. T. SCHNADELBACH, *Landscaping the Saudi Arabian Desert,* Philadelphia (Penn-
sylvania) 1976, pp. 77-162. V. ora H. S. DAOUD - A. AL-RAWI, *The Flora of Kuwait,* I, 1984.

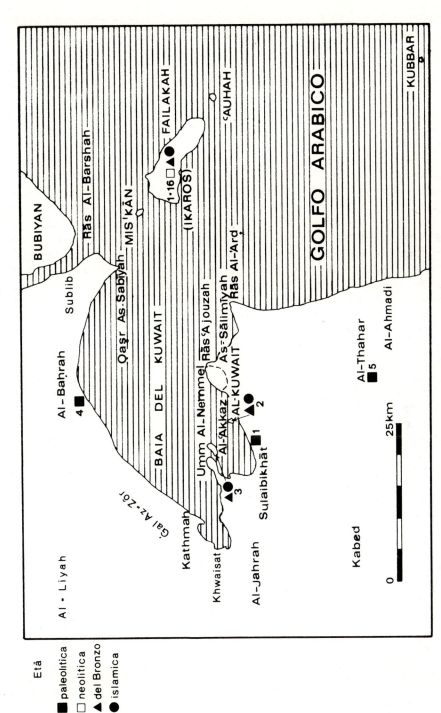

Fig. 5. - La baia del Kuwait con indicazione dei siti archeologici (1-5). Scala 1 : 600000.

Sulla ricca vegetazione dell'isola nell'antichità disponiamo dell'esplicita testimonianza di Aristobulo di Cassandria e della grande iscrizione del santuario.[7]

Quanto alla fauna, sono scomparsi nell'isola i cammelli (fino all'inizio del secolo se ne contavano ancora una dozzina) e rimane soltanto qualche asino. Gli scarsi pascoli che affiorano sulle sabbie desertiche sono scrupolosamente brucati dalle poche greggi di pecore e capre superstiti, accompagnate da qualche cane (tav. IX b-c). Estinte sono ormai le gazzelle, che vi dovevano essere numerose nell'antichità ed in epoca paleo-islamica (come lo sono nel Bahrain) e che vi erano state reintrodotte dallo sceicco del Kuwait alla fine del secolo scorso.[8] Capridi, cervidi e lepri popolavano nel IV secolo a.C. la boscaglia dell'isola, completamente consacrata ad Ishtar-Artemis Tauropolos.[9]

La pesca costituisce ancora un'attività redditizia.[10] Essa è esercitata tanto in mare aperto, quanto su tutte le coste, mediante reti opportunamente collocate, sia radialmente dai promontori dell'isola, sia sui litorali aperti e rettilinei. Come sulle altre coste del Golfo, questi lunghi sbarramenti perpendicolari alla costa, ottenuti con paratie di canne, servono a convogliare il pesce verso ben congegnati « lavorieri » (hadrah) ad imbuto, con la pianta a cuore e l'imboccatura verso terra; questi sono costruiti alle estremità, ma in acque tuttavia poco profonde (tavv. IV b - VI c, XXXV a).[11]

Il pesce pregiato piú comune è detto localmente zobaida.

Storia.

Mentre sulla terraferma del Kuwait l'insediamento umano è documentato dal Paleolitico Medio, sia a nord nella valle di al-Bakir, che a sud sulle colline di Burqan e di al-Qarīn (fig. 4), sull'isola le prime tracce dell'uomo risalgono per adesso soltanto al Neolitico.

Le esplorazioni di superficie e gli scavi stratigrafici ed estensivi condotti nell'estremità sud-ovest dell'isola, sia sul *tell* su cui sorge la vecchia casa adibita a Museo Etnografico, che poco piú all'interno (siti 1, 4, 6), hanno restituito materiale sufficiente per dimostrare che l'isola di Failakah è stata abitata almeno a partire dalla seconda metà del III millennio a.C., ossia dall'epoca

---

[7] Il frammento, che gli va attribuito secondo JACOBY, FGrH, B 139 F 55, è conservato in Arrian. *Anab.* VII 20, 3 (ed. A.G. Roos - G. Wirth, Lipsiae 1967): αὕτη (ἡ νῆσος τῆς Ἰκάρου) καὶ δασεῖα ὕλη παντοία. Ad attività agricole e a giardini accenna poi la grande iscrizione seleucidica del *temenos* di Ikaros, v. cap. seg., nota 6.

[8] LORIMER, p. 272.

[9] Aristob. *apud* Arrian. *Anab.* VII 20, 4: νέμεσθαί τε αὐτὴν αἰξί τε ἀγρίαις καὶ ἐλάφοις; Aelian. *De nat. an.* XI 9: πλήθη αἰγῶν τε ἀγρίων καὶ δορκάδων εὖ μάλα εὐτραφῶν καὶ λαγῶν μέντοι; cfr. Dionys. Per. 611. WEISSBACH, *Ikaros*, 7, in *RE* IX, c. 989.

[10] K. KURONUMA, *Fishery Research Projects*, Kuwait 1967; F. H. Y. AL-ABDUL-RAZZAK. *Marine Resources of Kuwait. Their Role in the Development of Non-oil Resources*, 1984. Cfr. anche D. SHARABATI, *Saudi Arabian Seashells. Selected Red Sea and Arabian Gulf Molluscs*, 1983.

[11] Cfr. R. B. SERJEANT, *Fisher-folk and fish-traps in al-Bahrain*, in « Bull. of the School of Oriental and African Studies », 31, 3 (1968), pp. 485-514; DE CARDI, *Qatar*, p. 154 sg.

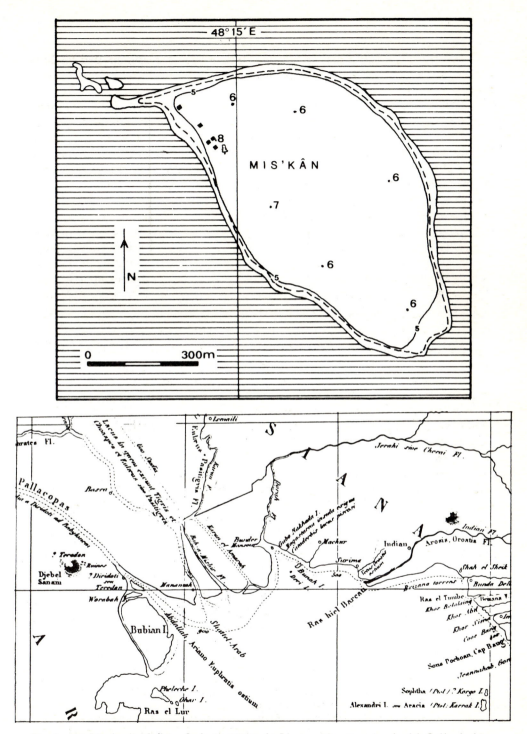

Fig. 6. - *a*) L'isola di Mis'kān. Scala 1 : 10000. *b*) L'estremità settentrionale del Golfo Arabico in età classica (da W. MÜLLER, *Geographi Graeci Minores, tab.* XV).

della civiltà sumerica di Ur e Lagash della prima età del Bronzo. Ma va
ricordato che una testimonianza archeologica, apparentemente isolata, relativa
a questo periodo si conosce anche nella parte orientale dell'isola, all'interno
(sito 15). L'isola rappresentò allora una stazione intermedia nel commercio
marittimo tra Sumer e Mohenjo Daro e Harappa in India. Sappiamo che Ur
importava da Dilmun lungo questa rotta almeno perle, rame, datteri, legno
e materiale litico. Nel sito 1 (F 3) è stato localizzato un tempio di Inzak, il
dio di Dilmun, e sono stati rinvenuti sigilli e rilievi in steatite in un livello,
che si può considerare corrispondente a quello di Barbar 2 nel Bahrain.[12]

Il periodo neo-babilonese sarebbe attestato da un'iscrizione litica rinvenuta sporadica alla fine degli anni Settanta. In essa si farebbe riferimento
ad un palazzo di Nabucodonosor. Non sappiamo se possa mettersi in relazione con la fondazione di Teredon, la famosa città commerciale ricordata dagli
autori classici, che fu costruita appunto dal re caldeo Nabucodonosor II (604-
562 a.C.). Vaghe notizie fino a questo momento si hanno anche per il periodo
achemenide; pochi frammenti ceramici sono stati recuperati nell'area degli
scavi nell'angolo sud-occidentale dell'isola; sappiamo inoltre che Dario promosse la famosa spedizione di Scilace di Carianda nel Golfo.[13]

L'isola — con la sola eccezione dell'interessante lavoro di Fahed Al Wo-
haibi: *Studio storico-archeologico della costa occidentale del Golfo Arabico in
età ellenistica* (Roma 1980), pp. 61-74 — non era stata presa finora in considerazione nell'ambito dell'orbita di irradiazione della civiltà ellenica, tanto che
è ignorata nella *Princeton Encyclopedia of Classical Sites* (Princeton 1976).
Essa invece vi si inserisce a buon diritto con la sua cittadella, i suoi templi,
le quattro iscrizioni greche e la fornace di terrecotte ellenistiche.

---

[12] GLOB 1958, p. 168; GLOB 1960, pp. 209, 212. V. *infra,* sotto i singoli siti. Per l'inqua-
dramento del popolamento preistorico nell'ambito del Golfo si vedano: T. G. BIBBY, *Looking
for Dilmun,* New York 1969, p. 261; H. SCHMÖKEL, *Ritrovamenti in Mesopotamia,* Roma 1970,
pp. 95-100; E. C. L. DURING-CASPERS, *Harappan Trade in the Arabian Gulf in the Third Millennium B.C.,* in «Proceedings of the Sixth Seminar for Arabian Studies », 1973, pp. 3-20;
M. TOSI, *Some Data for the Study of Praehistoric Cultural Areas on the Persian Gulf,* in « Proc.
Sem. Arab. Stud.» IV (1974), pp. 145-171; E. C. L. DURING-CASPERS, *New Archaeological
Evidence for Maritime Trade in the Persian Gulf during the Late Protoliterate Period,* in « East
and West » XXI (1975), pp. 21-44; E. C. L. DURING-CASPERS a. A. GOVINDANKUTTY, *R. Thapar's
Dravidian Hypothesis for the Locations of Meluhha, Dilmun and Makan,* in « Journ. of the
Econ. a. Soc. Hist. of the Orient » XXI (1978), 4, pp. 113-145; D. T. POTTS (ed.). *Dilmun, New
Studies in the Archaeology and Early History of Bahrain* (Berliner Beiträge zur Vord. Orient, 2);
C. E. LARSEN, *Life and Land Use on the Bahrain Islands. The geoarchaeology of an ancient
society* (Prehist. arch. and ecol. ser.), 1983.
    Per le coeve culture dell'India, v. Sir J. MARSHALL, *Mohenjo-Daro and the Indus Civil-
ization,* 1-3, Delhi 1973. Per le relazioni, v. C. C. LAMBERG-KARLOVSKY, *Trade mechanisms in
Indus-Mesopotamian Interrelations,* in « Journ. Am. Or. Soc. » 1972; K.-H. GOLZIO, *Der Tempel
im alten Mesopotamien und seine Parallelen in Indien. Eine religionshistorische Studie* (Zeit-
schrift für Religions- und Geistesgeschichte, Beiheft 25), 1983.
    [13] ALBRECTSEN, pp. 183-185, 189; F. AL-WOHAIBI, *Studio storico-archeologico della costa
occidentale del Golfo Arabico in età ellenistica,* Roma 1980, p. 15. Delle fonti occidentali cfr.
Herodot. IV 44 (su Scilace); Strab. XVI 1, 6 e Plin *N.H.* VI 146 (sui Caldei).

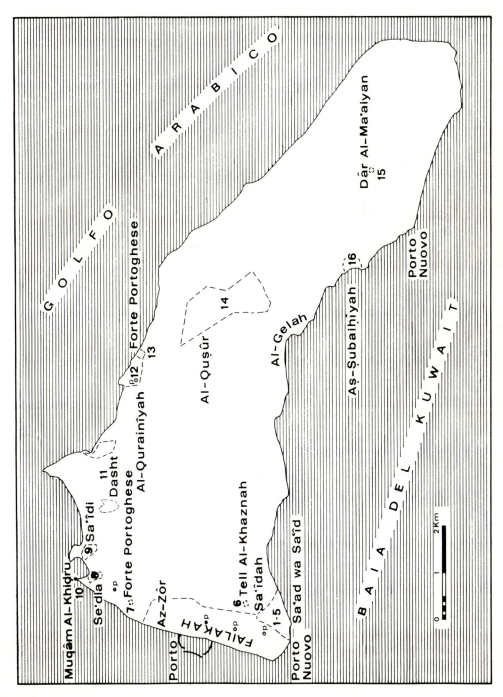

Fig. 7. - L'isola di Failakah con l'indicazione dei siti archeologici (1-16). Scala 1 : 80000.

Un episodio storico di notevole importanza caratterizza infatti la storia dell'isola nell'età di Alessandro Magno e dei Seleucidi, ossia la presenza di una colonia fondata dai veterani macedoni che avevano fatto parte della spedizione marittima dell'ammiraglio Nearchos.[14] La nuova fortezza [15] e l'isola presero allora il nome di *Ikaros*,[16] documentato ora sul posto da una grande iscrizione rinvenuta nell'area sacra all'interno dell'abitato fortificato e riferi-

---

[14] F. JACOBY, *FGrHist*, II, p. 677 ss.; W. CAPELLE, in *RE*, XVI, c. 2132 ss.; W. VINCENT, *The Voyage of Nearchos and the Periplus of Erythrean Sea,* London 1809; W. TOMASCHEK, *Topographische Erläuterung der Küstenfahrt Nearchs vom Indus bis zum Euphrat,* in « Sitzungber. der K. Akad. d. Wissensch. in Wien », Phil.-hist. Cl., 121 (1890), VIII Abhand.; H. BERVE, *Das Alexanderreich auf prosopographischer Grundlage,* II, München 1926, pp. 40, 269 ss.; C. F. LEHMANN-HAUPT, in J. PAPASTAVROU, *Amphipolis, Geschichte und Prosopographie,* Leipzig 1936, p. 97 ss.; W. W. TARN, *The Greeks in Bactria and India,* Cambridge 1951² (1938); Fr. ALTHEIM, *Alexander und Asien,* Tübingen 1953; Ch. P(icard), *Les marins de Néarque et le relais de l'expédition d'Alexandre dans le Golfe Persique,* in « Revue archéologique », 1961, 1, pp. 60-65, figg. 2-5.

[15] GLOB 1958, p. 169; ALBRECTSEN, pp. 172-185; ID., *Alexander the Great's visiting card,* in « Illustrated London News », vol. 237, 6317 (27 Aug. 1960), pp. 351-353; 6339 (28 Jan. 1961), p. 142 s.; JEPPESEN, pp. 153-187, fig. 26; ID., *A Hellenistic Fortress and the Island of Ikaros (Failaka) in the Persian Gulf,* in *Le rayonnement des civilisations grecque et romaine sur les cultures périphériques* (Huitième Congrès Int. d'Archéologie Classique, Paris 1963), Paris 1965, pp. 541-544, tav. 136.

V. *infra,* sito 2.

[16] Aristob. fr. 55 (F. JACOBY, *FGrHist*, II B 139 F 55, p. 793; cfr. BD, p. 523), *apud* Arrian. *Anab.* VII 20, 3-5 (v. *infra*); Strab. XVI 3, 2 (c. 766): ὁ παράπλους ἔχει προκειμένην νῆσον Ἴκαρον, καὶ ἱερὸν Ἀπόλλωνος ἅγιον ἐν αὐτῇ καὶ μαντεῖον Ταυροπόλου ; Plin. *Nat. Hist.* VI 147: *deserta C m. p. usque ad insulam Icarum* (codd. *barum*), *sinus Capeus, quem accolunt Gaulopes et Gattaei;* Dionys. *Per.* 608-11:

ἐκ τῆς δ' ἂν περάσειας ἐπὶ στόμα Περσίδος ἅλμης,
ὁρμηθεὶς βορέηνδε, καὶ Ἴκαρον εἰσαφίκοιο,
Ἴκαρον εἰναλίην, ὅθι Ταυροπόλοιο θεοῖο
βωμοὶ κνισσήεντες ἀδευκέα καπνὸν ἔχουσι.

Cfr. Prisciani *Paraphr.* 607 s.: *Persicus inde sinus penetratur, et Icaron offert, / insula quae fertur nimium placare Dianam;* cfr. Eustath. *Comm. ad* Dionys. *Per.* 609: Ὅτι περὶ τὴν Περσίδα θάλασσαν βορεία νῆσος ἡ Ἴκαρος, ὁμώνυμος τῇ περὶ τὸ Αἰγαῖον πέλαγος, ἣν καὶ ἐπαναλαμβάνει διὰ τὸ ἔνδοξον. τιμᾶται δὲ ἐν αὐτῇ πολυτελῶς Ταυροπόλος Ἀπόλλων ἢ Ἄρτεμις. ἄλλοι δέ φασιν ὅτι ὁ Περσικὸς κόλπος μικρόν τι ἐλάττων Εὐξείνου ἐστίν, ἐν ᾧ Ἴκαρός τε νῆσος καὶ Τύρος καὶ Ἄραδος, ὁμώνυμοι ταῖς Φοινικικαῖς. Ἰστέον δὲ ὅτι τὴν περὶ τὸ Αἰγαῖον πέλαγος ὁ Γεωγράφος τετρασυλλάβως Ἰκαρίαν λέγει, δοξάζων ἀπὸ τοῦ τοιούτου νησίου καὶ τὸ Ἰκάριον καλεῖσθαι πέλαγος· λέγων ὅτι καὶ ἔρημόν ἐστιν αὐτὴ νησίον, νομὰς ἔχον αἷς χρῶνται οἱ Σάμιοι.

Ptol. VI 7, 47: Ἰχάρα. Arrian. *Anab.* VII 20, 3-5 (ed. ROOS - WIRTH, 1967, p. 374): Δύο δὲ νῆσοι κατὰ τὸ στόμα τοῦ Εὐφράτου πελάγιαι ἐξηγγέλλοντο αὐτῷ, ἡ μὲν πρώτη οὐ πρόσω τῶν ἐκβολῶν τοῦ Εὐφράτου, ἐς ἑκατὸν καὶ εἴκοσι σταδίους ἀπέχουσα ἀπὸ τοῦ αἰγιαλοῦ τε καὶ τοῦ στόματος τοῦ ποταμοῦ, μικροτέρα αὕτη καὶ δασεῖα ὕλη παντοίᾳ· εἶναι δὲ ἐν αὐτῇ καὶ ἱερὸν Ἀρτέμιδος καὶ τοὺς οἰκήτορας αὐτῆς ἀμφὶ τὸ ἱερὸν τὴν δίαιταν ποιεῖσθαι· νέμεσθαί τε αὐτὴν αἰξί τε ἀγρίαις καὶ ἐλάφοις, καὶ ταύτας ἀνεῖσθαι ἀφέτους τῇ Ἀρτέμιδι, οὐδὲ εἶναι θέμις θήραν ποιεῖσθαι ἀπ' αὐτῶν, ὅτι μὴ θῦσαί τινα τῇ θεῷ ἐθέλοντα ἐπὶ τῷδε θηρᾶν μόνον· ἐπὶ τῷδε γὰρ οὐκ εἶναι ἀθέμιτον· / καὶ ταύτην τὴν νῆσον λέγει Ἀριστόβουλος ὅτι Ἴκαρον ἐκέλευσε καλεῖσθαι Ἀλέξανδρος ἐπὶ τῆς νήσου τῆς Ἰκάρου

bile ad uno dei Seleucidi.[17] Un frammento d'iscrizione rinvenuto nel 1960 sembra alludere all'erezione di un altare da parte di reduci dalla missione in India;[18] mentre un'altra iscrizione rinvenuta una quarantina d'anni addietro súbito a nord della fortezza documenta il culto di *Zeus Soter*, di *Poseidon* e di *Artemis Soteira*.[19] La tradizione letteraria greca ricorda invece nell'isola il tempio d'Apollo e l'oracolo di *Artemis Tauropolos*, che fu assimilato a quello omonimo dell'isola di *Ikaria* nel mare Egeo e fece attribuire a Failakah il nome *Ikaros*.[20]

τῆς ἐν τῷ Αἰγαίῳ πόντῳ, ... Simile la descrizione offerta da Aelian. *De nat. anim.* XI 9: Ἴκαρός ἐστι νῆσος, καὶ τῇ γε Ἐρυθρᾷ θαλάττῃ ἔγκειται. ἐνταῦθα τοίνυν νεώς ἐστιν Ἀρτέμιδος, καὶ πλήθη αἰγῶν τε ἀγρίων καὶ δορκάδων εὖ μάλα εὐτραφῶν καὶ λαγῶν μέντοι. τούτων οὖν ἐάν τις αἰτήσας λαβεῖν παρὰ τῆς θεοῦ εἶτα ἐπιχειρήσῃ θηρᾶν ὅσα ἂν ἔχῃ καλῶς, οὐ διαμαρτάνει τῆς σπουδῆς, ἀλλὰ καὶ λαμβάνει καὶ τῷ δώρῳ χαίρει· ἐὰν δὲ μὴ αἰτήσῃ, οὔτε αἱρεῖ καὶ δίδωσι δίκας, ἃς ἄλλοι λέγουσιν.

Steph. Byz. *s.v.* Ἴχαρος· ... τρίτη νῆσος πρὸ τῇ Ἐρυθρᾷ θαλάσσῃ.

L'isola risulta erroneamente sdoppiata in H. KIEPERT, *Atlas antiquus, Tab. II Eg* e nella *RE*: TKAČ, *Ichara*, 2, in *RE* IX (Stuttgart 1914), cc. 821-829; F. G. WEISSBACK, *Ikaros*, 7, *ibid.*, c. 989; H. T(REIDLER), *Ichara*, in *Der kleine Pauly* (Stuttgart 1967), c. 1332 (identificata con *Abu 'Alī*); E. M(EYER), *Ikaros*, 4, *ibid.*, c. 1360. Ma già C. MÜLLER, *Strabonis Geographici Tabulae XV*, Parisiis 1877, *Index*, p. 830, *s.v. Icarus*, Ἴκαρος, aveva giustamente sostenuto che l'isola a metà della costa araba, all'incirca coincidente con *Abou 'Aly*, supposta da Strab. XVI 3, 3, Plin. *Nat. Hist.* VI 147 e Ptol. VI, 7, 47, andava rifiutata in quanto basata sull'inattendibile tradizione risalente ad Eratostene ed andava pertanto considerata soltanto la precisa localizzazione a 120 stadi dalla foce dell'Eufrate tramandataci da Arrian. *An.* VII 20, 3, in quanto ripresa da una fonte perfettamente informata sulla rotta del Golfo qual era Aristobulo. V. anche F. JAMEEL, *The Arabian Gulf*, in « Sumer », XXII (1966), pp. 42-43.

[17] JEPPESEN, pp. 194-198; Fr. ALTHEIM - R. STIEHL, *Die Seleukideninschrift aus Failakā*, in « Klio », XLVI (1965) [1966], pp. 273-281. Sul sistema amministrativo dei Seleucidi si veda il IV capitolo di W. W. TARN, *Seleucid-Parthian Studies*, London 1930. Per le divinità salvatrici, v. nota seg.

[18] JEPPESEN, p. 186, fig. 26; ALTHEIM - STIEHL, *Die Seleukideninschrift*, cit., p. 274; G. M. COHEN, *The Seleucid Colonies*, in « Historia », 1978, p. 42. È opportuno ricordare che le manifestazioni di riconoscenza a *Zeus Soter*, a *Poseidon* e ad altre divinità sono ricordate espressamente per Alessandro e Nearco da Arrian. *Ind.* 36, 3: Ἀλέξανδρος δὲ σωτήρια τοῦ στρατοῦ ἔθυε Διὶ Σωτῆρι καὶ Ἡρακλεῖ καὶ Ἀπόλλωνι Ἀλεξικάκῳ καὶ Ποσειδῶνί τε καὶ ὅσοι ἄλλοι θαλάσσιοι θεοί, καὶ ἀγῶνα ἐποίεε γυμνικόν τε καὶ μουσικόν, καὶ πομπὴν ἔπεμπε· e 36, 9: θύει Νέαρχος Διὶ Σωτῆρι.

[19] Freya STARK, *Baghdad Sketches*, cit., p. 134; M. N. TOD, *A Greek Inscription from the Persian Gulf*, in « Journ. Hell. Stud. », LXIII (1943), p. 112 s.; ALBRECTSEN, p. 185, fig. 13; ID., in « Ill. London News », 6317, cit.; Ch. P(ICARD), *Les marins de Néarque*, cit., p. 64, fig. 5; ALTHEIM - STIEHL, *Die Seleukideninschrift*, cit., p. 274; T. G. BIBBY, *Looking for Dilmun*, cit., p. 184. Per le divinità salvatrici, v. *supra*, nota 18; in particolare Zeus Soter e Poseidon sono ricordati espressamente anche nel citato passo di Arrian. *Ind.* 36, 3.

[20] Strab. XVI 3, 2: ὁ παράπλους ἔχει προκειμένην νῆσον Ἴκαρον, καὶ ἱερὸν Ἀπόλλωνος ἅγιον ἐν αὐτῇ καὶ μαντεῖον Ταυροπόλου; cfr. H. von WISSMANN, *Zur Kenntnis von Ostarabien, besonders Al-Qaṭīf, im Altertum*, in « Le Muséon », LXXX (1967), pp. 489-512; Arrian. *Anab.* VII 20, 4 (ed. A. G. Roos - G. WIRTH, Lipsiae 1967): εἶναι δὲ ἐν αὐτῇ καὶ ἱερὸν Ἀρτέμιδος ... καὶ ταύτην τὴν νῆσον λέγει Ἀριστόβουλος (JACOBY, *FGrHist*, II, B, N. 139, fr. 55) ὅτι Ἴκαρον ἐκέλευσε καλεῖσθαι Ἀλέξανδρος ἐπὶ τῆς νήσου τῆς Ἰκάρου τῆς ἐν τῷ Αἰγαίῳ πόντῳ.

Il *temenos* dell'Artemision, con un tempio ionico *in antis* perfettamente orientato, un tempio dorico a due altari, è stato portato alla luce dai recenti scavi.[21] In quest'area dobbiamo ritenere che ricevessero il culto le divinità « Salvatrici » della spedizione di Nearchos, cioè almeno *Zeus Soter*, *Poseidon*, *Artemis Soteira* ed Apollo *Alexikakos*, che sono ricordati dalle fonti epigrafiche e letterarie. Può darsi che la differenza degli epiteti di *Artemis* dipendesse dal fatto che la dea protettrice dell'isola, la *Tauropolos* (cioè l'antica *Ishtar*) sia stata ringraziata nella stele con l'epiteto di *Soteira* per l'immediata connessione con l'occasione contingente, che ha determinato la costruzione del santuario e l'erezione della stele stessa, ossia in relazione con il ritorno della gloriosa spedizione indiana[22] oppure — ma piú difficilmente — in relazione con un piano di propaganda politica della « salvezza ».[23] È probabile che il culto enchorio e il vaticinio siano rimasti localizzati nel santuario indigeno della *Tauropolos*, mentre la forma sincretistica della *Soteira* ha trovato posto nel cuore della fortezza greca, nel *temenos* tutelare, che racchiudeva tutte le divinità legate con la fondazione della colonia, ossia le divinità « salvatrici » della spedizione.

Va sottolineato che la recente scoperta dell'iscrizione con il nome dell'isola fa cadere l'annosa discussione sull'ubicazione di *Ikaros*, che ancora recentemente il Ghirshman aveva identificato erroneamente con l'isola di Khārg sull'opposta costa persiana.[24]

Ikaros dell'Egeo ricorda la nostra isola per l'analoga forma a cuneo, ma è lunga per tre volte e montuosissima, ancòra ricca di boschi e di frutteti: RE IX (1914), *Ikaros*, 1, cc. 978-985; *Kleine Pauly*, II (1967), *Ikaros*, 3, c. 1359 s. Per il santuario di Artemis Tauropolos, v. « Πρακτικά », 1939, p. 193 ss.; « Arch. Anz. », 1938, p. 581 ss; 1940, p. 284 ss.; J. MELAS, Ἰστορία τῆς νήσου Ἰκαρίας, I-II, Atene 1955-58. Anche nella vicina Samo c'era un analogo santuario detto Ταυροπόλιον (Steph. Byz. *s.v.*).

[21] GLOB 1958, p. 169; ALBRECTSEN, pp. 172-185; ID., in « Ill. London News », cit.; JEPPESEN, pp. 153-187; ID., *A Hellenistic Fortress*, cit.

V. *infra*, sito 2.

[22] TOD, *A Greek Inscription*, cit.

[23] ALTHEIM - STIEHL, *Die Seleukideninschrift*, cit. Gli autori cercano di inserire la grande iscrizione nella propaganda di salvezza di Antioco IV Epiphanes (167-66 a.C.); ma gli epiteti delle divinità salvatrici a Ikaros vanno fatti risalire alla fine del sec. IV a.C. Si ricorderà che Antioco I Soter (280-262) aveva fondato una città di nome Σώτειρα (Steph. Byz. *s.v.*).

[24] R. GHIRSHMAN, *L'île de Kharg (Ikaros) dans le Golfe Persique*, in « C.-R. Acad. Inscr. », 1958, pp. 261-269 = « Arts Asiatiques », VI (1959), 2, pp. 107-120 = « Rev. Archéol. », 1959, I, pp. 70-77 (si basa sulla scoperta di un tempio su podio a gradinata, ma non tiene presente che Ikaros è ricordata dalle fonti davanti alla costa araba); ID., *The Island of Kharg*, Teheran 1960; Ch. P(ICARD), *Les marins de Néarque*, cit.,

Ma la persiana *Khârag* (in arabo *Khārah*), che i Portoghesi ricordano come *ylha da Carga* e gli Italiani come *Carichi*, corrisponde forse piuttosto all'antica Aracia, che — a differenza di Ikaros — è ricordata davanti alla costa persiana ed è rocciosa; bene le s'addice un tempio ellenistico, come ringraziamento nel *nostos* di Nearco, ma dedicato a Poseidon (Plin. *Nat. Hist.* VI 111, *Aracha cum monte praealto Neptuno sacra*; Ptol. VI 4, 8, Ἀλεξάνδρου νῆσος ἡ καὶ Ἀραχία), cfr. NIEBUHR, *Beschreibung*, cit., pp. 321-326 (*Charedsj*, *Karek*); J. W. WINCHESTER, *Note on the Island of Karrack in the Gulf of Persia*, in « Transactions of the Bombay Geogra-

Il piccolo centro ellenistico deve aver conosciuto una notevole floridezza tra la fine del IV e la fine del II secolo a.C. in dipendenza degli intensi traffici commerciali del periodo seleucidico, specialmente sulla rotta tra Susa e Seleucia in Mesopotamia e i Minei di *Tylos* e *Gerrha* nel Golfo,[25] come dimostrano specialmente i rinvenimenti numismatici[26] e un'anfora rodia,[27] che prova l'importazione di pregiato vino greco a *Ikaros*. L'isola vide fiorire anche l'agricoltura, con piantagioni e giardini, come ricorda la grande iscrizione del santuario.[28]

I commerci perdurarono attivi nel Golfo anche sotto il controllo dell'impero sassanide, quando vi giungevano le spezie e le sete dell'Oriente tramite Ceylon e l'India,[29] come — tramite la Mesopotamia — le monete dell'impero romano, che sono state ritrovate persino nell'isola di Khārg e negli edifici sassanidi di Sīrāf.[30]

Niente era noto finora per le epoche successive. La missione italiana dell'autunno 1976, tramite l'esplorazione estensiva dell'isola con l'aiuto della fotografia aerea e di ripetuti sopralluoghi sul terreno e mediante uno scavo di controllo nel villaggio abbandonato di al-Quṣūr al centro dell'isola, ha potuto ora rivelare un denso popolamento dell'isola in epoca umayyade. Infatti il Kuwait fu uno dei principali centri strategici delle armate musulmane

---

phical Society », III (nov. 1838); TOMASCHEK, *Topographische Erläuterung,* cit.; ID., *Arakia,* in *R.E.,* II (1895), c. 375; C. FEDERICI - G. BALBI, *Viaggi alle Indie Orientali* (Roma 1962); H. von WISSMANN, in « Le Muséon », LXXX (1967), pp. 492-498; S. A. MATHESON, *Persia: An Archaeological Guide,* Park Ridge 1973, p. 243; Galāl Al-i AHMAD, *Gazīra-yi Hārg,* Teheran 1339 e.s.

[26] W. VINCENT, *The Commerce and Navigation of the Ancients in the Indian Ocean,* London 1807, I; A. W. STIFFE, *Ancient Trading Centres of the Persian Gulf: Pre-mohammedan Settlements,* in « Geographical Journal », mar. 1897; Fr. ALTHEIM - R. STIEHL, *Die Araber in der alten Welt,* I, Berlin 1964.

[26] MØRKHOM; « Schweizer Münzblätter », XI (1961), p. 42.

[27] ALBRECTSEN, in « Ill. London News », cit.; Ch. P(ICARD), *Les marins de Néarque,* cit., p. 60, figg. 3-4. Attorno alla consueta rosa si legge ἐπὶ Μυτίωνος βαδρομίου .

[28] JEPPESEN, pp. 194-198; ALTHEIM - STIEHL, *Die Seleukideninschrift,* cit. Si vedano le linee 31-33 dell'iscrizione.

[29] H. HASAN, *A History of Persian Navigation,* London 1928; G. F. HOURANI, *Direct sailing between the Persian Gulf and China in pre-islamic times,* in « Journal of the Royal Asiatic Society », 1947, pp. 157-160; A. H. M. JONES, *Asian Trade in Antiquity,* in D. S. RICHARDS, *Islam and the Trade of Asia,* Oxford 1970, p. 1-10; A. D. H. BIVAR, *Trade between China and the Near East in Sasanian and early Muslim period,* in W. WATSON, *Pottery and Metalwork in T'ang China,* London 1970, pp. 1-8; D. WHITEHOUSE, *Sīrāf, a Sasanian port,* in « Antiquity », XLV (1971), pp. 264-266; D. WHITEHOUSE - A. WILLIAMSON, *Sasanian maritime trade,* in « Iran », XI (1973), pp. 29-49; A. WILLIAMSON, *Persian Gulf Commerce in the Sasanian Period and the First two Centuries of Islam,* in « Bastanshenasi va Honar-e Iran », IX-X (1972), p. 5 ss.; ID., *Arab-Persian Land. Relationship in Late Sasanid Oman,* in « Proceedings of the Seminar for Arabian Studies », III (1973), p. 43 ss.

[30] GHIRSHMAN, *The Island of Kharg,* cit., p. 5. Negli edifici sassanidi sotto la grande moschea di Sīrāf è stata rinvenuta una moneta di Teodosio Magno (379-95 d.C.): WHITEHOUSE, *Sīrāf,* cit., p. 264, tav. XLI *b.*

e vi assunse particolare importanza come base militare e nodo commerciale Jahrah, conosciuta allora come *Kathima* (Kathma, *fig.* 5).[31] Qui ebbe luogo uno degli scontri conclusivi della conquista islamica, la famosa « battaglia delle catene », combattuta dagli Arabi Bakr al comando di Khâlid contro l'esercito persiano nel 636; questa battaglia prese nome dalla particolare tattica adoperata dai Persiani, che si legarono insieme l'un l'altro con delle catene, allo scopo di evitare che qualche soldato potesse darsi alla fuga davanti al nemico; ma furono ugualmente disfatti ed anche il governatore sassanide Hormave rimase ucciso, lasciando un enorme bottino.

In seguito alla penetrazione dell'Islām sotto i primi Califfi (632-661) dalla sua originaria culla arabica verso la Mesopotamia e la Persia e poi in relazione con le conquiste degli Umayyadi (661-750), Failakah appare intensamente frequentata, come base operativa verso le piú lontane terre dell'Oriente dal Caspio all'India.[32]

Nel determinare il dissolvimento dell'impero sassanide gli Arabi, che occuparono velocemente le regioni attorno al Golfo, vennero in possesso di un imponente patrimonio di conoscenze e di opere idrauliche e di impianti d'irrigazione ormai in fase di senescenza e di crisi. I primi secoli della conquista islamica servirono perciò a restaurare, a rinnovare ed a potenziare la maggior parte di queste attrezzature e delle redditizie attività ad esse connesse, sotto l'impulso derivante da un apparato amministrativo efficiente, la cui efficacia non era stata ancora minata dalla corruzione e dalle rivalità intestine.[33] Notevole dev'essere stata anche la fioritura agricola dell'isola in questo periodo e a questa attività va attribuita la sua prosperità, se si considera che i califfi umayyadi in generale non incoraggiarono certamente il commercio marittimo.[34]

---

[31] Nel 1765 se ne visitavano ancora le rovine, ricordate dal NIEBUHR, *Beschreibung von Arabien,* cit., p. 342: « Dsjahhere, eine ruinirte Stadt ein Tagereise nördlich von Graen (*i.e.* al-Kuwait), liegt vermuthlich auch in seinem Gebiet ». G. P. BADGER, *History of the Imâms and Seyyids of 'Omân,* London 1871, segna un sito con « volcanic ruins ».

Per la battaglia, v. Th. NÖLDEKE, *Geschichte der Perser und Araber zur Zeit der Sasaniden,* Leiden 1879; ID., *Aufsätze zur Persischen Geschichte,* Berlin 1887; P. HORN, *Geschichte Irans in islamitischer Zeit,* Strassburg 1902; Ch. DIEHL - G. MARÇAIS, *Le Monde Oriental de 395 à 1081,* Paris 1936, p. 188; H. V. F. WINSTONE - Z. FREETH, *Kuwait, Prospect and Reality,* London 1972, p. 51; M. MORONY, *Iraq after the Muslim Conquest* (Princ. Stud. on the Near East), 1984.

Si noti che la località dove avvenne la battaglia, indicata come Ubulla nelle antiche storie arabe, potrebbe anche identificarsi con Zubair.

[32] *Études sur le siècle des Omeyyades,* Beyrouth 1930; G. LE STRANGE, *The Lands of the Eastern Caliphate,* Cambridge 1905 (1966), p. 474.

[33] R. Mc C. ADAMS, *Land behind Baghdad, a History of Settlement on the Diyāla Plains,* Chicago and London 1965, p. 84. Si consideri a riprova dell'efficienza dei sistemi irrigui protoislamici la massiccia esportazione in Occidente della terminologia tecnica connessa, ad es. in siciliano *furra* (ar. *hufra*), *noria* (ar. *na'ûra*), *saya* e *sayuni* (ar. *sâkhija*), *senia* (ar. *sânija*): K. LOKOTSCH, *Etymologische Wörterbuch der Europäischen Wörter Orientalischen Ursprungs,* Heidelberg 1927, pp. 878, 1561, 1791, 1829.

[34] WHITEHOUSE, *Sīrāf,* cit.; S. M. HASAN-UZ-ZAMAN, *The economic functions of the Early Islamic State,* 1981.

Numerosi appaiono anche gli insediamenti riferibili al periodo abbaside.[35] L'unità araba del Golfo si disgrega con il costituirsi attorno a Baghdad delle dinastìe dei Saffaridi ad est (866), dei Bujidi a nord (934) e dei Karmati a sud (890).[36]

La declinante autorità politica del Califfato si comincia a riflettere nella trascuratezza per l'economia rurale e in un rapace sfruttamento dei contadini. La naturale conseguenza doveva essere — come prima nel mondo romano ed in quello sassanide — una graduale involuzione dei sistemi d'irrigazione e quindi la decadenza degli insediamenti agricoli, la cui economia era basata appunto sulle colture irrigue, in modo da determinare un rapido deterioramento nelle risorse delle popolazioni interne;[37] per le genti rivierasche perdura tuttavia una notevole prosperità, che va messa in relazione con le fiorenti rotte del Golfo[38] e con la pesca delle perle,[39] soprattutto per soddisfare la richiesta di Baghdad.

Tra il XVI e il XVII secolo si assiste ad una fase di occupazione portoghese dell'isola di Failakah in conseguenza della conquista di Hormuz nel

---

[35] V. infra i siti di az-Zōr (7), Saʿīdah (9), Dasht (11), al-Qurainīyah (12) e as-Subaihīyah (16). Cfr. per la parte meridionale del Golfo in epoca abbaside DE CARDI, *Qatar*, pp. 151-153.

[36] W. MUIR, *Caliphate, its Rise, Decline and Fall*, London 1892 (ed. Weir, Edinburg 1924⁴); LE STRANGE, *The Lands*, cit.; P. SCHWARZ, *Iran im Mittelalter*, I, Leipzig 1910; C. DIEHL - G. MARÇAIS, *Le Monde Oriental*, cit., p. 199 ss.; G. LE STRANGE, *Baghdad during the Abbasid Caliphate, from contemporary arabic and persian sources*, 1942 (rist. 1983); C. BROCKELMANN, *History of the Islamic Peoples*, London 1949; B. SPULER, *Geschichte der islamischen Länder* (Handbuch der Orientalistik, 6, 1-2), Leiden 1952-53; A. T. WILSON, *The Persian Gulf*, London 1959; M. A. SHABAN, *Islamic History, A New Interpretation*, II. *A.D. 750-1055 (A.H. 132-448)*; M. SHARON, *Black Banners from the East. The establishment of the ʿAbbāsid State. Incubation of a revolt* (Max Schloessinger Memorial Ser., Mon. 2), 1983.

[37] A. SOUSA, *The Floods in Baghdad during the Abbasid Caliphate*, Baghdad 1962; ADAMS, *Land behind Baghdad*, cit., p. 84.

[38] Sono documentate relazioni con l'India e la Cina e importazioni di stoffe, spezie, droghe e porcellane.
A. W. STIFFE, *Ancient Trade Centres of the Persian Gulf*, in «Geographical Journal» (a puntate: Aug. 1895 - Sept. 1901); S. A. HUZAYYIN, *Arabia and Far East; their commercial and cultural relations in graeco-roman and irano-arabian times*, Cairo 1942; G. F. HOURARI, *Arab Seafaring in the Indian Ocean in ancient and early medieval times*, Princeton 1951; Beirut 1963; G. R. TIBBETTS, *Early Muslim Traders in South-East Asia*, in «Journal of the Malaysian branch of the R. Asiatic Society», XXX (1957), 1, pp. 1-45; J. AUBIN, *La ruine de Siraf et les routes du Golfe Persique aux XIᵉ et XIIᵉ siècles*, in «Cahiers de Civilisation Médiévale», II (1959), 3, pp. 295-301; RICHARDS, *Islam and the trade of Asia*, cit.; BIVAR, *Trade between China and the Near East*, cit.; G. TIBBETTS, *Arab Navigation in the Indian Ocean before the Coming of the Portuguese*, London 1971; WILLIAMSON, *Persian Gulf Commerce*, cit.; DE CARDI, *Qatar*, cit., pp. 153-155; E. ASHTOR, *Levant Trade in the Later Middle Ages*, 1983.

[39] Nella prima metà del sec. XI abbiamo la testimonianza di al-Biruni, che descrive la pesca organizzata da mercanti. M. MOKRI, *La pêche des perles dans le Golfe Persique (moyen âge)*, in «Journal Asiatique», LX, t. 248, n. 3, pp. 381-397; DE CARDI, *Qatar*, p. 157, ricorda lo scarso interesse attribuito alla pesca; i pescatori costituivano la classe sociale piú bassa (cosí in al-Jahiz), anche se l'esportazione del pesce salato era molto attiva (ad es. verso Hormuz secondo Ibn Battutah).

1514, la tradizionale chiave del Golfo, e della distruzione di Kuryat e probabilmente anche di altri villaggi costieri fino all'attuale territorio kuwaitiano ad opera del viceré Alfonso de Albuquerque (1507). Si ha successivamente, nel 1515, l'occupazione con finalità precipuamente commerciali e doganali,
sia in rapporto con la vicina terraferma kuwaitiana, sulla quale i Portoghesi
costruirono a Qrayn un castello, che conferí al paese l'attuale denominazione
di al-Kuwait,[40] sia anche per il controllo della rotta fluvio-marittima delle
Indie, che conduceva attraverso Basrah ad Hormuz e su cui si riversavano
quelle vie carovaniere che collegavano il Mediterraneo con l'Oceano Indiano.
All'occupazione portoghese si riferiscono due Forti dotati di artiglieria, che
furono dislocati sulla costa dell'isola di Failakah: il minore di fronte all'iso-
letta di Miskān, subito a nord dell'attuale villaggio di az-Zōr (sito 7), l'altro
al centro della costa nord-orientale affacciata sulla foce dello Shatt Al-'Arab
e sul mare aperto, súbito ad est del villaggio abbandonato di Qurainīyah
(sito 13).[41]

   Una rivolta si registrò nel 1522, ma fu subito sedata dai Portoghesi.

---

[40] Il nome persiano del Kuwait era *Qurayn*. La denominazione attuale è la forma dimi-
nutiva di *kût* « forte », che indicava il castello portoghese, visto nel 1765 dal NIEBUHR, *Beschreibung von Arabien,* cit., p. 342.

[41] J. DE BARROS, *Asia,* Lisboa 1552-53; *L'Asia del S. Giovanni di Barros,* Venetia, V. Val-
grisio, 1561, 1562; Lisboa 1628 - Madrid 1815; *The Asia, I decade,* in *The Voyages of Cada-
mosto,* London 1937, pp. 103-148; G. P. MAFFEI, *Le istorie delle Indie Orientali* (trad. Fr.
Serdonati, Milano 1806, I, pp. 353-357; 501-523); I. I. LAFITAN, *Découvertes et conquestes des
Portogais,* Paris 1734; A. BOUCHOT, *Histoire du Portugal et de ses colonies,* Paris 1854, p. 126
ss.; *Administration Report of the Persian Gulf Residency and Maskat Agency,* 1884-85, p. 24 ss.;
F. C. DANVERS, *Report on the India Office Records to Persia and the Persian Gulf,* London
s. d.; ID., *The Portuguese in India,* I, pp. 157-177, 286-290, 310-322, 350-354, 397, 492-515;
II, pp. 27 s., 45-47, 163, 207-213, 223, 243 s., 273, 294-298, 370, 384 s.; G. C. M. BIRDWOOD,
Report on the Old Records of the India Office, 1891, pp. 155-183; J. A. SALDANHA, *The Por-
tuguese in the Persian Gulf,* in « Journal of the Bombay Branch of the Royal Asiatic Society »,
XXIII (Bombay 1908), pp. 37-41; A. BAIÃO, *Itinerarios da India a Portugal per terra, revistos
e prefaciados* (Script. Rer. Lusitanarum), Coimbra 1923; T'IEN-TZE CHANG, *Sino-Portuguese Trade
from 1514-1644,* Leiden 1934; *Biblioteca Colonial Portuguesa,* 1-8, Lisboa 1939; T. PIRES, *The
' Suma Oriental ', an account of the East, from the Red Sea to Japan, written in Malacca and
India in 1512-1515,* ed. by A. CORTESÃO (Hakluyt Society, 2nd Ser., 89-90), London 1944; L.
LUCIO DE AZEVEDO, *Épocas de Portugal económico,* 1947²; C. R. BOXER, *Fidalgos in the Far
East, 1550-1770,* The Hague 1948; V. MAGALHÃES GODINHO, *Économie de l'empire portugais
au XVᵉ et XVIᵉ siècles,* Paris 1969; J. AUBIN - G. BOUCHON, *Mare luso-indicum, études et
documents sur l'histoire de l'Océan Indien et des pays riverains à l'époque de la domination
portugaise,* Genève 1971 ss.
   Recentemente un interessante forte portoghese del Marocco sullo stretto di Gibilterra è
stato fatto oggetto di estesi scavi archeologici nel sito detto al-Qasr al-Saghir, mantenuto dai
Portoghesi dal 1458 al 1550: Ch. L. REDMAN - R. D. ANZALONE - P. E. RUBERTONE, *Qsar es-
Seghir: Note on three seasons of excavation,* in « Storia della Città », 7 (III, 2, 1978), pp.
11-19; Ch. L. REDMAN, *Qsar Es-Seghir, an Islamic port and Portuguese fortress,* in « Archaeology », XXXI, 5 (sept.-oct. 1978), pp. 12-23; Ch. L. REDMAN - R. D. ANZALONE - P. E. RUBERTONE,
Medieval Archaeology at Qsar es-Seghir, Morocco, in « Journal of Field Arch. », VI, 1 (Spring
1979), pp. 1-16.

L'occupazione di Macao (ca. 1557) fece giungere nei porti del Golfo la ceramica cinese e soprattutto la porcellana, che vi si diffuse dalla seconda metà del secolo XVI.

Tra il XVII e il XVIII secolo sulle orme dei Portoghesi si spingeranno con successo gli Olandesi, che nel 1602 per iniziativa di J. van Oldenbarneveldt, segretario generale degli Stati d'Olanda, avevano costituito la Vereenidge Oostindische Compagnie (Compagnia delle Indie Orientali),[42] e gli Inglesi, la cui Compagnia delle Indie Orientali diede man forte ai Persiani nel 1622 per costringere i Portoghesi ad abbandonare Hormuz.[43] Shah 'Abbas fondava in cambio Bandar Abbas, che dal 1623 sarebbe stata per un secolo e mezzo la base principale della Compagnia nel Golfo.

I Portoghesi trasferirono l'anno successivo la loro base commerciale a Basrah, dove istituirono anche un seminario, e poterono cosí continuare a controllare l'estremità settentrionale del Golfo e i forti di Kuryat e dell'isola di Failakah fino all'agosto del 1648, quando gli Arabi, comandati da Said bin Kalifa, approfittando della pestilenza che infieriva in quel momento, assediarono Muskat, che, a corto di munizioni, dovette accettare le condizioni imposte, tra cui l'abbandono della piazzaforte, la distruzione dei forti del Kuwait e la libera circolazione della flotta dell'Imām. Finiva cosí dopo quasi un secolo e mezzo di epopea il dominio portoghese sul Golfo.[44]

Gli abitanti di Failakah erano in questo periodo soprattutto gruppi di famiglie originarie dal Bahrain, che si erano spinte cosí a nord per i comuni interessi determinatisi tra le due isole in seguito all'occupazione portoghese. Essi continuarono a tornare nei mari del gruppo insulare del Bahrain stagionalmente (tra giugno e settembre), dato che la loro attività principale rimase quella di cercatori di perle. Ne abbiamo un'esplicita testimonianza nel 1765 dalla descrizione del viaggio di Carsten Niebuhr (1733-1815), che sottolinea

---

[42] J. J. Meinsona, *Geschiedenis van de nederlandsche oost-indische Bezittingen*, Delft - L'Aia 1872-75; F. Saalfeld, *Geschichte des holländischen Kolonialwesens in Ostindien*, Göttingen 1912-13.

[43] I Persiani avevano già il controllo del Golfo dopo la conquista del Bahrayn nel 1602, spalleggiata sull'opposto versante con l'occupazione nel 1614 di Gamru (Bandar 'Abbās), da cui si riforniva d'acqua l'isola di Hormuz, che dopo il 1622 fu definitivamente abbandonata: A. W. Stiffe, *The Island of Hormuz*, in « Geographical Magazine », april 1874; W. Foster, *A view of Ormus in 1627*, in « Geographical Journal », aug. 1894; L. Lockhart, *Hurmuz*, in *Encyclopedie de l'Islam*, III (1971), pp. 604-606. Sulla rivalità inglese, che segnò la fine dell'occupazione portoghese, v. J. A. Saldanha, *Selections from State Papers, Bombay, regarding the East India Company's connection with the Persian Gulf, with a summary of events, 1600-1800*, Calcutta 1908, p. 365 s.; C. R. Boxer, *Anglo-Portuguese rivalry in the Persian Gulf, 1615-1635*, in E. Prestage, *Chapters in Anglo-Portuguese relations*, Watford 1935, pp. 46-129; H. Furber, *The Overland Route to India in the Seventeenth and Eighteenth Centuries*, in « Journal of Indian History », XXIX, 2 (Aug. 1951), pp. 106-133.

[44] Danvers, *The Portuguese in India*, cit.; Birdwood, *Report on the Old Records*, cit.; Saldanha, *The Portuguese in the Persian Gulf*, cit.; Id., *Selections from the State Papers*, cit.

che Failakah era allora ben popolata (*fig.* 3).[45] Gli isolani continuavano ad essere altresí costruttori di navi, navigatori e commercianti.[46]

All'inizio del secolo XVIII dei nomadi dell'interno dell'Arabia, appartenenti alle tribú 'Anizah,[47] si stabilivano sulla costa del Kuwait. Nel 1756 la famiglia as-Sabah vi costituiva un emirato, che inglobava anche l'isola di Failakah, e successivamente, dopo varie ribellioni, si adattò a riconoscere l'alta sovranità dell'impero ottomano. Negli anni dell'occupazione persiana di Basrah godette di un grande sviluppo commerciale (1775-79) e cominciò ad appoggiarsi agli Inglesi.[48] Questi garantirono una certa autonomia dalla Turchia (come nel caso della minaccia del prolungamento della ferrovia di Baghdād, voluta dai Tedeschi nel 1899) e infine dal 1914 imposero il loro protettorato.[49] Nel 1921 si costituiva lo sceiccato dello shaikh As-Sabah, che nel 1922 confermava il protettorato inglese. Nel 1951 il paese vedeva finalmente riconosciuta la sua piena indipendenza.[50]

[45] NIEBUHR, *Beschreibung von Arabien,* cit., p. 332.

[46] A. J. VILLIERS, *Sons of Sindbad,* New York 1940; ID., *The Arab and Dhow Trade,* in « Middle East Journal », II (1948), pp. 399-416; ID., *Dhow Builders of Kuwait,* in « Geographic Magazine », XX (Jan. 1948), pp. 345-350; ID., *Sailing with Sindbad's Sons,* in « National Geographic Magazine », XCIV (Nov. 1948), pp. 675-688.

[47] Si tratta del gruppo Dahamshah della sottotribú Amarat di beduini dell'Arabia Centrale: T. ASHKENAZI, *The 'Anazah Tribes,* in « Southwestern Journal of Anthropology », IV (Albuquerque, summer 1948), pp. 222-239.

[48] LORIMER, p. 272; H. FURBER, *John Company at work, a study of European Expansion in India in the late Eighteenth Century,* Cambridge, Mass. 1948; Ahmed M. Abu HAKIMA, *History of Eastern Arabia: 1750-1800. The rise and development of Bahrain and Kuwait,* Beirut 1965.

[49] *Précis on commerce and communication in the Persian Gulf, 1801-1905,* Calcutta 1906; *Précis on the slave trade in the Gulf of Oman and the Persian Gulf, 1873-1905, with a retrospect into previous history from 1852,* Calcutta 1906; E. BRANDENBURG, *From Bismarch to the World War. A History of German Foreign Policy 1870-1914,* London 1927; W. MILLER, *The Ottoman Empire and its Successors, 1801-1927,* 1936; E. KEDOURIE, *England in the Middle East, the destruction of the Ottoman Empire, 1914-21,* London 1956; J. B. KELLY, *Britain and the Persian Gulf, 1795-1880,* Oxford 1968; Ali HUMAIDAN, *Les Princes de l'ore noir, évolution politique du Golfe Persique,* Paris 1968, pp. 86-93.

[50] L. LOCKHART, *Outline of the History of Kuwait,* in « Royal Central Asian Society Journal », XXXIV (London 1947), pp. 262-274; J. K. BINTON, *The Arabian Peninsula: the Protectorates and Sheikhdoms,* in « Revue Egyptienne de Droit International », III (1947), pp. 25-38; Kuwait Mission in Cairo, *History and progress of Imarat al-Kuwait,* Cairo 1947; M. V. SETON-WILLIAMS, *Britain and the Arab States. A Survey of Anglo-Arab Relations, 1920-1948,* London 1948; DICKSON, p. 56; A. G. MEZERIK, *The Kuwait-Iraq Dispute, 1961,* New York 1961; A. ABU HAKIMAH, *History of Eastern Arabia: the Rise and Development of Bahrain and Kuwait,* Beirut 1965; HUMAIDAN, *Les Princes,* cit., pp. 106-120.

QARIAT AZ-ZŌR

(*Tavv.* X - XIV; *Figg.* 7-8)

Il solo centro abitato dell'isola, az-Zōr (detto anche *Zaur*), è situato al centro del lato occidentale dell'isola, che guarda verso Qasr as-Sabīyah, ossia verso la zona piú interna del Golfo, per cui risulta piú riparato dalle mareggiate e dai venti ed offre un ottimo ancoraggio con vento di sud-est (*tav.* x a-b).

L'abitato ha origine moderna e giace tra i due centri antichi di Saʿad wa Saʿīd, situato circa km. 2 piú a sud, e di Saʿīdi, situato circa km. 3 piú a nord. Nel centro attuale sono tuttavia distinguibili nettamente due parti: quella vecchia a nord e quella recentissima a sud. Un organico piano urbanistico regola oggi tutta la lottizzazione della parte meridionale del villaggio, che si va gradualmente estendendo alla parte settentrionale, man mano che si procede alla demolizione del vecchio borgo e alla sua ricostruzione.

Il vecchio borgo era murato e sono ancora riconoscibili alcune tracce delle sue fortificazioni e la porta monumentale sulla marina (*tav.* xi a). Le case erano costruite attorno ad un cortile e fiancheggiate da giardini murati (*hantas*) con palme e alberi di sidro. Poche unità abitative originali si sono salvate con l'estendersi a tappeto delle recenti lottizzazioni, che cancellano un prezioso patrimonio culturale. Quanto rimane è sufficiente tuttavia per intravvedere peculiari soluzioni urbanistiche ed architettoniche, che rivestono un particolare significato nello studio e nella ricostruzione del quadro ambientale, tecnologico, culturale e in definitiva storico dell'isola (*tavv.* xi b - xiv c).

Gli abitanti del villaggio assommavano a circa 200/500 secondo le stime dell'inizio del secolo;[1] a circa 1500 intorno agli anni Cinquanta del nostro secolo.[2] Attualmente essi sono circa 3500, in prevalenza arabi sunniti, ma in parte palestinesi ed iraniani immigrati recentemente.

Il villaggio è dotato di un porto artificiale costituito da due bracci simmetrici e da un antemurale, che ne rende l'accesso difficile. Originariamente az-Zōr utilizzava il porto naturale, ora detto *niqâʿah*, in quanto ridotto a palude;[3] era situato all'estremità settentrionale dell'isola, circa km. 2,5 a nord

---

[1] LORIMER, p. 270.

Ben poco è possibile riconoscere dei tipi originari di abitazioni sia nel villaggio sopravvissuto di az-Zōr che in quello abbandonato di Qurainīyah, perché possa tentarsi un confronto puntuale con quanto ci è meglio documentato dai grandi agglomerati urbani come il Cairo e Baghdad, v. ad es. J. REVAULT et B. MAURY, *Palais et maisons du Caire du XIV* au *XVIII* siècle, I-IV (Mém. Inst. Franç. Arch. Orient. du Caire, XCVI, C, CII, CVIII), 1975-83; J. WARREN - I. FETHI, *Traditional Houses in Baghdad,* 1983. Anologie con situazioni insediative rurali saranno proposte per i villaggi abbandonati di al-Qusūr e Qurainīyah.

[2] DICKSON, p. 56.

[3] *Niqāʿ* sono quei terreni piatti dove l'acqua s'impaluda; *nuqāʿah* è l'acqua stagnante: KAZIMIRSKI, IV, p. 610; BELOT, *Arabe-Français,* p. 857.

dell'attuale (*tavv.* 1 *b* - 11 *a*). Presto disporrà di un nuovo porto sul promontorio sud-occidentale (*tav.* XV *a*).

Le barche di Failakah, una ottantina all'inizio del secolo, costruite localmente, erano piú piccole di quelle del Kuwait e quindi piú adatte per i bassi fondali del vecchio porto, il cui accesso era spesso impedito dalla bassa marea. Il villaggio possedeva anche una ventina di scialuppe da pesca, dette *waḥrīyah* (o *ḥawāri*, plurale di *ḥūri*), che erano costruite di palma (*jarīd*) e potevano essere portate sui barconi (*tav.* III *a-b*).[4]

Originariamente gli abitanti di az-Zōr erano soprattutto cercatori di perle,[5] pescatori di corallo[6] e navigatori, che costruivano barche e scialuppe ed intrattenevano vivaci commerci non soltanto con la terraferma fronteggiante del Kuwait, ma altresí con l'India, l'Arabia, lo Zanzibar e le coste nord-orientali dell'Africa. Essi praticavano con successo anche la pesca, che è rimasta ormai l'unica attività viva e redditizia,[7] dal momento che ha perso d'importanza il commercio delle perle e che sono state abbandonate le saline costiere e l'agricoltura di territori un tempo fertili (*tav.* VII *a-b*). Questa rapida trasformazione dell'economia è stata determinata dalla colossale attività estrattiva dei giacimenti petroliferi della terraferma, che ha comportato anche una rapida trasformazione culturale e la perdita di tante antiche tradizioni, che in piccola misura si è cercato di recuperare con l'istituzione del Museo Etnografico di Failakah.

Oggi il centro abitato dispone di un municipio, di un ospedale, di scuole, di moschee, di una centrale elettrica, di un eliporto e di altri servizi sociali.

---

[4] LORIMER, p. 270; DICKSON, p. 56; T. M. JOHNSTONE - J. MUIR, *Some nautical terms in the Kuwaiti dialect of Arabic,* in « Bull. of the School of Oriental and African Studies », XXVII (1964), 2, pp. 299-322.

[5] Essi si recavano tra giugno e settembre a tuffarsi nei bassi fondali ricchi di banchi di Meleagrine attorno a Bahrain e Qatar.

D. WILSON, *Memorandum respecting the Pearl fisheries of the Persian Gulf,* in « Geographical Journal », III (1833), pp. 283-286; L. PELLY, *Remarks on the Pearl Oyster beds in the Persian Gulf,* in « Journal of the Bombay Branch of the Royal Asiatic Society », XVIII (1868), pp. 32-35; A. J. VILLIERS, *Sons of Sindbad,* New York 1940; C. S. STRONG, *Pearl diving in the Persian Gulf,* in « Travel », LXXV (sept. 1940), pp. 11-13; Th. G. COMYN-PLATT, *Pearls and divers,* in « Contemporary Review », 175 (London, mar. 1949), pp. 174-178; R. L. BOWEN Jr., *Pearl fisheries of the Persian Gulf,* in « Middle East Journal », V, 2 (Washington 1951), pp. 161-180.

[6] G. SCHOTT, *Geographie des Persischen Golfes und seiner Randgebiete,* in « Mitteilungen der geographischen Gesellschaft, Hamburg », XXXI (1918), pp. 1-110. Già J. B. TAVERNIER, *Les Six Voyages,* Paris 1679, I, pp. 378-384, descrive la pesca del corallo e dell'ambra, accanto a quella delle perle (pp. 360-371).

[7] Katsuzo KURONUMA, *Fishery Research Projects, its scope and significance,* Kuwait, Institute for Scientific Research, 1967.

PARTE PRIMA

SITI 1-16

ESPLORAZIONI TOPOGRAFICHE

SITI 1 - 5

Sa'ad wa Sa'īd

L'estremità sud-occidentale dell'isola, ora racchiusa entro la recinzione dell'area archeologica annessa ai Musei, comprende una serie di piccole alture, che furono sede di insediamento fin dalla piú remota antichità, ma sulle quali si ritrovano tracce di frequentazione dei periodi successivi, fino a quello islamico (*tav.* xv *a-c*).

È stata soprattutto la facilità dei collegamenti con la Baia del Kuwait a far sí che questa punta piú vicina alla terraferma si configurasse anche come polo principale di attrazione del popolamento sin dalle epoche piú antiche, a cominciare dalla ricca documentazione della civiltà di Dilmun nell'età del Bronzo e dalle piú limitate testimonianze achemenidi.

Anche la cittadella fortificata fondata da Androsthenes di Samo, il collaboratore dell'ammiraglio Nearchos nella leggendaria impresa navale, che fiancheggiava la spedizione di Alessandro Magno, insiste sopra l'acropoli precedente con la sua regolare struttura planimetrica, racchiusa entro un quadrilatero di robuste mura, rinforzato da torri angolari ed isolato da un profondo fossato.

In questo stesso sito sopravviverà piú tardi il centro dell'epoca partica e sassanide, che fu abbandonato forse soltanto con l'avvento dell'Islām.

Sulle tre alture principali furono eretti in età medievale tre monumenti sepolcrali, che la tradizione attribuisce a due fratelli e una sorella, Sa'ad, Sa'īd e Sa'īdah, che sarebbero stati martirizzati in questi luoghi. Le tre « memorie » risaltavano alla vista di chi arrivava dal Kuwait ed erano visitate da molti pellegrini, che vi si fermavano lungo la strada della Mecca, soprattutto quelli provenienti dallo Yemen e dall'India, ma anche dall'Afghanistān e dal Belūcistān.[1]

Le antichità di quest'area erano note da tempo e i contadini arando vi rinvenivano grani di collane e armille. Negli anni Trenta una sommaria esplorazione vi condusse Freya Stark, raccogliendovi soltanto della primitiva ceramica d'impasto, probabilmente nel sito 1.[2]

I siti archeologici compresi all'interno della recinzione sono in numero di cinque. Di questi i primi quattro sono stati fatti oggetto di scavi da parte delle precedenti missioni archeologiche. Noi li descriveremo pertanto piuttosto sommariamente, seguendo la numerazione convenzionale dei siti archeologici, che è stata adottata dal Servizio delle Antichità del Kuwait e che si

---

[1] LORIMER, p. 272; DICKSON, p. 57.
[2] Fr. STARK, *Baghdad Sketches*, cit., p. 134.

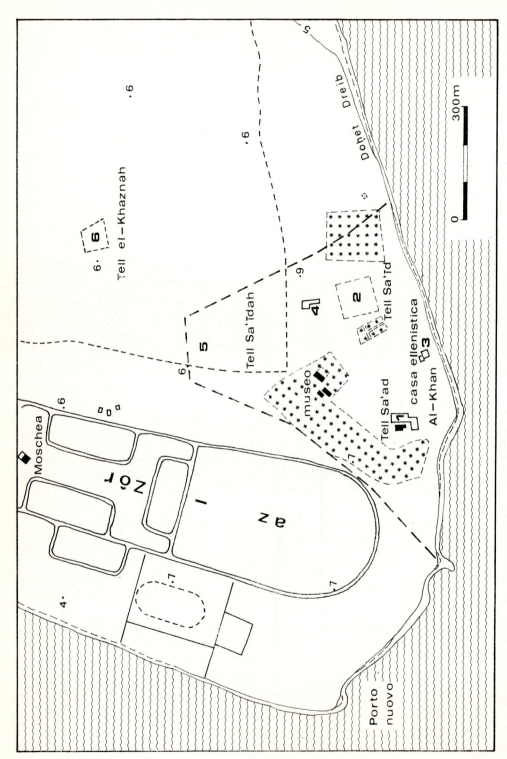

Fig. 8. - Estremità sud-ovest dell'isola di Failakah: espansione moderna dell'abitato di az-Zōr e recinto della zona archeologica adiacente, con indicati i Siti 1-6. Scala 1 : 10000.

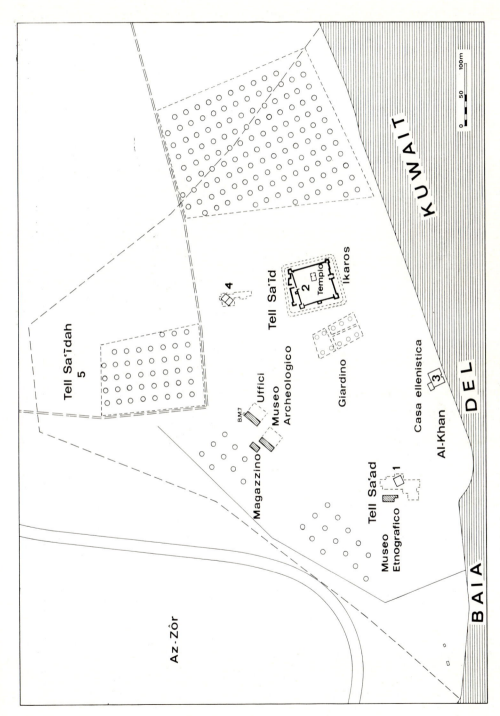

Fig. 9. - Failakah: il recinto della zona archeologica con indicazione dei siti 1-5. Scala 1 : 6000.

discosta in parte da quelle precedenti,[3] come risulta dal seguente prospetto.

Denominazione attuale	precedente	sigla danese
Sito 1	Sito 1	F 3
Sito 2	Sito 3	F 5
Sito 3	Sito 2	F 4
Sito 4	Sito 4	F 6

SITO 1

Tall Sa'ad

(*Tavv.* XV - XVII; *Figg.* 8-10)

Sito originariamente individuato come F 3.

Si tratta del *tell* piú occidentale, prospiciente sul mare e sulla cui cima è situato il Museo Etnografico in una tipica casa isolana, che risale ai primi decenni del nostro secolo, quando serviva di residenza allo *shaikh*; è stata fedelmente restaurata (*tavv.* xv *a-b*, xvi *a*). È una costruzione di mattoni crudi, rivestita di fango, con un vano annesso sistemato a *diwania* e quattro vani nel corpo principale rettangolare, utilizzati come camera da letto, cucina, sala di esposizione delle attività marinare e infine del lavoro della terra.[4]

Su questo *tell* sorgeva il monumento sepolcrale di Sa'ad, uno dei tre fratelli martirizzati in questa zona, oggetto di venerazione da parte dei pellegrini orientali, come abbiamo già ricordato.

Gli scavi condotti a est e a sud dell'edificio del Museo Etnografico hanno mostrato che il *tell* si è formato dalla rovina di un insediamento, che presenta una complessa struttura abitativa: a nord resti di grandi costruzioni con orientamento nord-ovest/sud-est, saccheggiate dai cercatori di pietre e a sud molte piccole dimore abbastanza ben conservate e orientate prevalente-

---

[3] V. ad es. *Archaeological Investigations,* p. 10 e *passim*. Le prime ricognizioni della missione danese risalgono al 1957-58 e furono condotte da P.V. Glob e da T.G. Bibby del Museo Preistorico di Aarhus. Nel 1958-59 gli scavi furono effettuati da A. Roussell e da E. Albrectsen, dal 1960 al 1963 da Kr. Jeppesen e da P. Kjaerum. Nel 1974 la missione dell'Università Johns Hopkins diretta da Mrs. Howard Carter operò nella fortezza (sito 2). Nel 1975 è stata effettuata una ricognizione dei materiali di scavo da un'équipe danese: Lise Hannestad per la ceramica, Kristian Jeppesen per l'architettura e Hans E. Mathiesen per le terrecotte (pubblicate nel 1982). Nel biennio 1975-76 hanno operato le due missioni italiane.

[4] Ministry of Education, Antiquities and Museum Section, *Failaka Ethnographical Museum,* Kuwait, Government Press, n.d., pp. 16 ill.

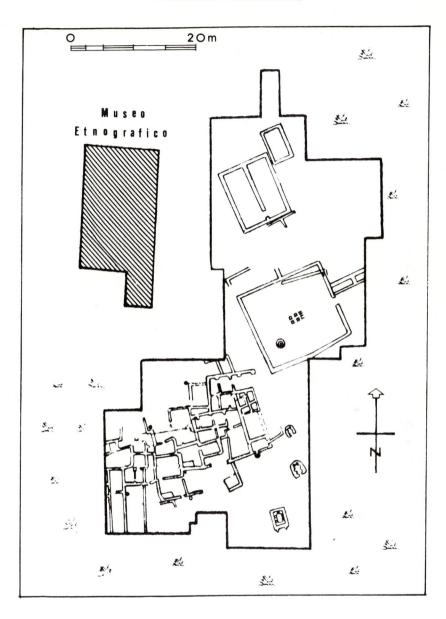

O 20m

Museo
Etnografico

N

Fig. 10. - Sito 1: planimetria del villaggio preistorico. Scala 1 : 600.

mente nord-sud (*tavv.* XVI - XVII).[5] Il villaggio risale alla prima età del Bronzo (nell'ambito della cultura Dilmun) ed è pertanto contemporaneo dei piú
antichi strati di Qala'at al-Bahrain.[6] Notevoli i sigilli di steatite sumerici, il
vasellame litico e ceramico, puntali di lance e punte di frecce in bronzo.[7]

SITO 2

Tall Sa'īd

(*Tavv.* XV c, XVIII - XIX a, XX; *Figg.* 8-9, 11-13)

Corrisponde all'ex sito 3 (F 5).

Si tratta del *tell* piú orientale dei due prospicienti sulla spiaggia meridionale dell'isola (*tav.* XV c), elevato ca. m. 3,50 sul deserto circostante e largo
ca. m. 150. Su di esso sorgeva il monumento sepolcrale di Sa'īd, uno dei tre
fratelli martirizzati secondo la tradizione musulmana in questa zona, ora meta
venerata dai pellegrini, come abbiamo già ricordato.

Il colle fu sede d'insediamento sin dal periodo sumerico, come hanno
indiziato nel corso degli scavi della fortezza classica alcune tracce piú antiche, come un frammento di vaso in steatite con scritte in caratteri cuneiformi
e alcuni sigilli in steatite, uno dei quali raggiunge un diametro di cm. 6,5.[8]

I vasti scavi condotti su tutta l'altura hanno riportato alla luce la fortezza ellenistica di *Ikaros*,[9] a pianta esattamente quadrata e chiusa da una robu-
sta muraglia di ca. m. 60 di lato (200 piedi). Le mura, spesse m. 2,10, erano
costruite di pietrame a doppia cortina legato con fango per un'altezza di ca.
m. 1 e al di sopra in mattoni crudi, che si conservano fino a ca. m. 1,70 di
altezza. Ai quattro angoli della fortificazione sorgevano delle torri quadrate.

---

[5] Scavi di Oscar Marseen di Aalborg. GLOB 1958, p. 168; A. ROUSSELL, in « Ill. London
News », 6339 (28 Jan. 1961), p. 142 s.; *Archaeological Investigations,* pp. 76-111.

[6] « Kuml » 1957, p. 143, fig. 13; P. V. GLOB, *The Third Millenium Temples of Barbar,*
1958; T. G. BIBBY - P. V. GLOB, *The Prehistory of Bahrain,* in *Bahrain Trade Directory,* 7th
ed., Bahrain 1967, pp. 125-133.

[7] *Archaeological Investigations,* p. 101, fig. 46; pp. 143-149, figg. 76-82.

[8] *Archaeological Investigations,* p. 85, fig. 32; pp. 159-161, figg. 91-93.

[9] Scavi 1959-1963; GLOB 1958, p. 169; ALBRECTSEN, pp. 172-185; ID., in « Ill. London
News », 6317 (27 Aug. 1960), pp. 351-353; 6339 (28 Jan. 1961), p. 142 s.; JEPPESEN, pp. 153-
187; ID., *A Hellenistic Fortress,* cit., pp. 541-544, tav. 136; *Archaeological Investigations,* pp.
3, 5; H. E. MATHIESEN, *The Terracotta Figurines* (Ikaros, The Hellenistic Settlements, I),
Copenhagen 1982, p. 10 (plan). Saggi sullo stesso sito furono eseguiti nel 1974 da una missione
della Johns Hopkins University (Mrs. Howard Carter).

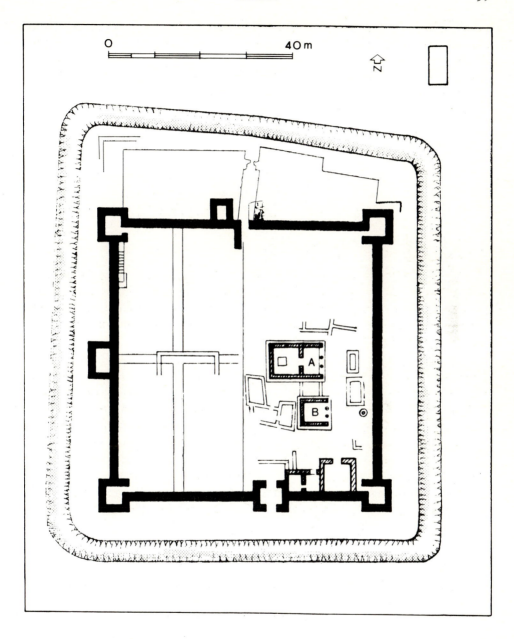

Fig. 11. - Sito 2, Ikaros: planimetria della fortezza. Scala 1 : 800.

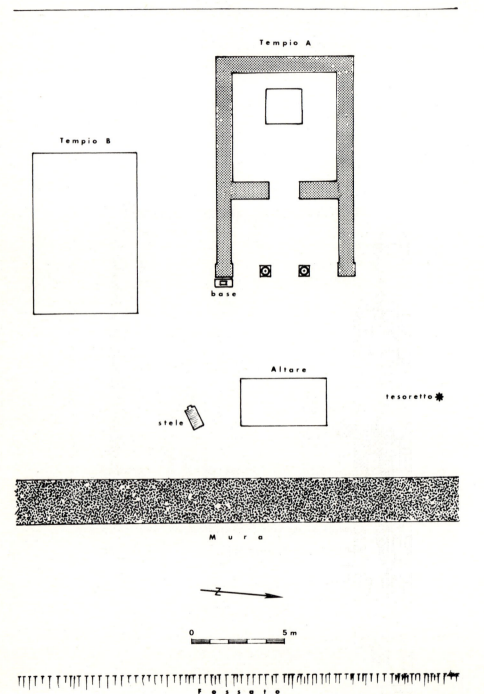

Fig. 12. - Sito 2, Ikaros: planimetria dell'area sacra nella parte orientale della fortezza. Scala 1 : 200.

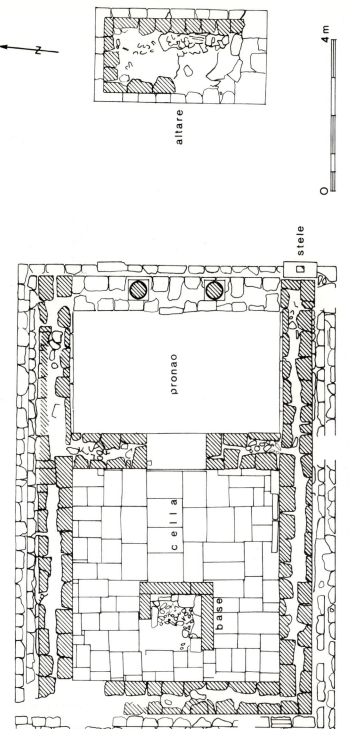

altare

stele

pronao

cella

base

Z

O ——————— 4 m

Fig. 13. - Sito 2, Ikaros: planimetria del tempio A. Scala 1 : 100.

Un'altra torre proteggeva l'ingresso principale alla cittadella, situato sul lato del mare, a sud. Tra due piccole torri una postierla si apriva dalla parte opposta, esattamente al centro del lato nord. Gradinate regolari permettevano all'interno di salire al cammino di ronda delle mura. La fortezza era circondata da un profondo fossato (largh. m. 5, prof. m. 3), con il paramento verso l'esterno smussato ai quattro angoli (*fig.* 11).

All'interno si riconosce un impianto edilizio perfettamente pianificato. L'area sacra è costituita da una recinzione (un *temenos* di m. 25 per m. 20) situata al centro della parte est dell'area della cittadella, in modo che il tempietto principale viene ad avere come asse longitudinale lo stesso asse ovest-est della fortezza. Il suo ingresso risultava così orientato ad est. Esso misura m. 11,5 per m. 7,5. Nel pronao aveva due colonne *in antis* con capitelli ionici e basi a foglia d'acqua di stile persiano; gli acroteri centrali e angolari erano a palmetta. La cella era quadrata (m. 5,60 di lato) e conservava al centro la base che doveva sostenere la statua di culto. Davanti al tempio sorgeva un altare rettangolare di m. 4,6 per m. 2,5 (*figg.* 12-13; *tav.* XIX *a*).

Súbito a sud si affiancava a quello principale un tempietto minore, pure *in antis*, del quale si conservano soltanto le fondamenta; quest'ultimo era probabilmente di stile dorico. Anche questo aveva davanti un piccolo altare, ma di forma circolare. Tutte queste strutture di carattere religioso sono realizzate in conci di calcare biancastro importato.

Molte indicazioni su quest'area sacra ci vengono dai testi epigrafici, che vi sono stati recuperati. Un frammento d'iscrizione rinvenuto nel 1960 sembra far riferimento alla costruzione di uno degli altari da parte di reduci della spedizione di Nearco dall'India:[10]

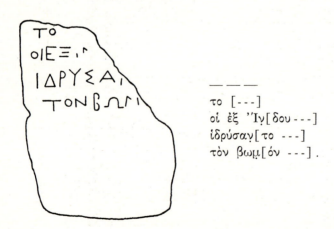

το [---]
οἱ ἐξ ᾿Ιγ[δου ---]
ἱδρύσαν[το ---]
τὸν βωμ[όν ---].

---

[10] JEPPESEN, p. 186, fig. 26; ALTHEIM-STIEHL, *Die Seleukideninschrift,* cit., p. 274; G. M. COHEN, *The Seleucid Colonies,* in «Historia», 1978, p. 42.

Vi si può forse connettere un testo già noto. Verso la parte settentrionale del *tell* negli anni Trenta la marina inglese rinvenne una stele litica con un'iscrizione votiva dedicata da un Soteles ateniese e dai suoi soldati a *Zeus Soter, Poseidon* ed *Artemis Soteira*, che dovevano essere pertanto divinità venerate nel santuario (*tav.* xx): [11]

Σωτέλ[ης]
'Αθηναῖο[ς]
καὶ οἱ στρα[τιῶται]
Δι⟨ὶ⟩ Σωτῆρι,
Ποσειδῶνι,
'Αρτέμιδι
Σωτείρᾳ.

Nel corso degli scavi nella fortezza, particolarmente importante è stato il rinvenimento di una stele (cm. 116 × 62 × 16) a m. 7-8 ad est del tempio e m. 2-3 a sud dell'altare. Essa stava collocata originariamente davanti ad una delle ante del tempio principale, dove se ne conserva la base *in situ*. Si tratta di una lunga iscrizione greca con 43 righe di testo, che alla linea 9 (e forse anche alla l. 1) ricorda l'isola di *Ikaros* e prova pertanto indiscutibilmente la sua identificazione con Failakah, finora controversa. [12] Essa ricorda anche il santuario della *Soteira* e il culto del *Soter*, oltre a dare utili informazioni sui riti, l'amministrazione e l'agricoltura dell'isola e le sue relazioni con la terraferma araba fronteggiante. Ne riportiamo il facsimile e la trascrizione.

[11] STARK, *Baghdad Sketches,* cit., p. 134; TOD, *A Greek Inscription,* cit.; ALBRECTSEN, p. 185, fig. 13; ID., in « Ill. London News », 6317, cit.; Ch. P(ICARD), *Les marins de Néarque,* cit., p. 64, fig. 5; ALTHEIM - STIEHL, *Die Seleukideninschrift,* cit., p. 274; T. G. BIBBY, *Looking for Dilmun,* cit., p. 184.

[12] JEPPESEN; ALTHEIM - STIEHL, *Die Seleukideninschrift,* cit.

ΑΝΑΞΑΡ   ΗΛ   ΙΚΗΤΑΙΣ ΡΕΙ   1
ΤΗΣΕΠΙΣΤ   Ι ΝΗΜΙΝΙΚΑΔ   2
ΥΠΟΓΕΓ   ΡΑ ΟΝ   3
ΛΞΑΝ   ΕΠΙΣΤΟ ΗΝ   4
ΑΝΑΓΡΑΨΑ   Γ ΛΕΙ ΤΕ ΤΕ   5
ΕΝ Τ ΗΙ   ΕΜΙΣΙΟ ΙΕΡΡ ΣΘΕ   6
                                                           7
ΙΚ ΔΙ Ν ΑΝΑΞΑΡΧ Ι ΧΑΙΙ ΙΝΣ ΠΕΤ ΕΙ   8
Ο ΒΑΣΙΛΕΥΣ ΠΕΡΙ ΚΑΡΟ ΤΗΣ ΝΗΣΟΥ   9
ΔΙΑ ΤΟ ΛΙ ΤΟΥΣ ΠΡΟΓΟ ΥΣ ΑΥΤΟΥ Λ   10
ΙΕΡ ΣΑΙ ΚΑΙ ΤΟ ΤΗΣ ΕΙ ΡΑ ΣΙΕΡΟΝ Ε Ρ Λ Ξ 11
Ο ΔΙΜΕΤΑΓΑΓΕΙΝ Κ Ι ΓΓΡΑΨΑΝ ΤΟΙΣ ΕΠΙ ΤΛ   12
ΓΡΑ ΜΑΤ ΝΤΑ Ο ΜΕΝΟΙΣ ΜΕΤΑΓΑΓΕΙΝ   13
ΕΚΕΙΝΟΙΔΕΕ ΕΙ ΙΑ ΤΟΜΗ ΕΚΠΟΙΗΣΑΙ   14
ΑΥΤΟΙΣ ΕΙ   ΗΝ Α Ι ΓΟΥ ΝΑΙ ΤΙ Ν   15
ΜΕΤ ΗΓΑΓΟ   ΜΙΝ ΑΕΓΡΑ ΙΤΟΣ ΤΟΥ   16
ΒΑΣΙΛΛ   Τ Ι ΑΓΟΝ ΕΝ ΚΑΙ   17
ΚΑΤΕ Τ Ι ΣΑΝ Ι ΣΑΓ ΝΑ ΓΥ   18
Μ ΙΚΟΝ ΚΑΙ Γ Ι Λ Μ ΕΝΙ ΕΞ ΑΓΑ   19
Ε ΝΚΑΤΑ Ι ΙΛΕ ΣΑΙΡΕΣΙΝ ΚΑΓ   20
Τ Ν ΝΠΡΟ Α ΤΟΥ ΑΙ ΠΕΡΙ Τ Ν ΕΝ ΤΗΙ   21
ΝΗΣ Ι ΑΤ ΝΝΕ Γ ΟΡ Ν ΤΕ ΚΑΙ Τ   22
Λ ΑΙ ΟΥ   Ι ΙΕΠΙ ΟΥΣ Λ ΤΗΡΟΣ   23
ΟΙ Ι ΣΟ   Σ ΣΤΗ ΕΝΗ ΣΟΥΣΥΝ   24
ΠΟΡΕ ΤΕ ΣΟ   ΟΣ ΤΟΥ ΟΥ Ν ΠΡΟ   25
ΑΜΕΙΝ Ι   ΥΤΡΟΠ Ι ΜΗ ΔΕ ΤΙ   26
ΟΥ Σ Ι Ι   Ι ΡΛ ΑΣ ΕΠΙ ΜΕΛΕ ΣΙΝ   27
ΑΝΟΙ Γ   Τ Ε ΔΙΚΑΙ ΝΤ ΧΑ ΣΙ   28
ΜΕ ΓΝ   Ι Ε ΔΟ ΛΔΙΚ Τ ΑΙ ΜΗ Λ   29
 Γ   ΝΤΙΝ ΤΟΣ Τ ΝΒΟ Λ Ν Τ Α   30
             Ν Ε Ν ΓΙΙΝΗ ΣΙ ΧΑΡΑΝ ΠΑΡΑΔΕ Σ 31
             Τ ΣΕ ΕΡΓΑΣ ΜΕΝΟΙ ΚΑΙ ΥΤΕΥ 32
             Ξ Ι ΤΟΠΑ ΡΙΚΟΝ ΥΠΑΡΧΕΤ Λ   33
             Α ΤΕΛ ΓΙΑ ΚΑΘΟ ΤΙ ΟΙ ΠΡΟΓΟΝ 34
             ΛΣΕ ΕΧ ΡΗΣΑΝ Α ΥΤΟΙ   35
     Ι Σ   Ι ΙΝΗ ΓΟΝ ΕΞ ΑΓΟΥΣΙ ΕΙΣ ΔΕ 36
           ΛΡΙΑΝ ΜΗ Ε ΙΤ ΤΙ ΕΠΕ ΜΗ Ι   37
             Δ ΙΛΟ ΜΗ ΘΕΝΕ   38
           ΝΕ Ρ Λ ΟΝ Τ Ν   39
           Λ ΙΑ ΙΙΝΑ ΜΗ ΣΥΜΒΗ Ι   40
           ΓΙΑ ΣΕΜ ΠΙ ΠΤΕΙΝ   41
           ΥΓΝ ΤΗΝ ΕΠΙΣΤΟΛΗΝ   42
           Ι ΑΨ Ν ΤΑΣ ΕΝ Τ Λ ΙΕΡ Λ Ι   43
           ΛΟΓ ΤΕΜ ΙΣΙΟΥ Ι Ξ ΕΡ Λ ΣΟ 44

1. Ἀνάξαρ[χος τοῖς ἐν] Ἰκά[ρῳ οἰκηταῖς χαίρειν.
2. τῆς ἐπιστ[ολῆς. ἣν ἔδωκ]εν ἡμῖν Ἰκαδίω[ν,
3. ὑπογεγ[ράφαμεν ὑμῖν τὸ ἀντίγ]ραφον.
4. ὡς ἂν [τάχιστα λάβητε τὴν] ἐπιστολήν,
5. ἀναγράψα[τε στήλην κ]ἀπ[ο]λείπετε
6. ἐν τῷ ἱερ[ῷ. . Ἀρτ]εμισίου [κ]ζ̄· ἔρρωσθε.
7.   (vacat)
8. Ἰκαδίων Ἀναξάρχῳ χαίρειν. σπεύδει
9. ὁ βασιλεὺς περὶ Ἰκάρου τῆς νήσου,
10. διὰ τὸ [κ]αὶ τοὺς προγόρους αὐτοῦ [βωμοῦ];
11. ἱερῶσαι καὶ τὸ τῆς <Σκω[τ]είρας ἱερὸν ἐ[π]ιβαλέσ-
12. θαι μεταγαγεῖν. κ[α]ὶ ἔγραψαν τοῖς ἐπὶ τῶν
13. πραγμάτων τα[σσ]ομένοις μεταγαγεῖν.
14. ἐκεῖνοι δέ, εἴτ᾽ [οὖν δ]ιὰ τὸ μὴ ἐκποιῆσαι
15. αὐτοῖς, εἴτ[ε δι᾽] ἤνθη[πο]τοῦν αἰτίαν
16. [ο]ὐ μετήγαγο[ν, ἡ]μῖν δὲ γράψ[α]ντος τοῦ
17. βασιλέως σ[πουδῇ] μετ[η]γάγομεν, καὶ
18. κατεστήσαμ[εν . . . .]ες ἀγῶνα γυ-
19. μνικόν, καὶ ἱε[ρεῖς ἐστε]ίλαμεν ᾽ ἐξαγα-
20. γ]ε[ῖ]ν κατὰ τ[ὴν τοῦ] β[ασ]λέως αἵρεσιν καὶ
21. τῶν προ[γόνων] αὐτοῦ. [κ]αὶ περὶ τῶν ἐν τῇ
22. νήσω [κ]ατ[οικούντω]ν νεωκόρων τε καὶ τῶν
23. ἄλλων θυσ[ίας πο]ι[εῖ]ν ἐπὶ [βωμ]οῦ Σωτῆρος,
24. καὶ τοὺ[ς ἐκεῖ ἀνθρώπ[ους [ἐκ] τῆς νήσου συν-
25. οικισθῆ[ν]α[ι ἀμφὶ τὸ τέμεν]ος τούτου. μὴ προ-
26. πορεύεσθα[ι τῶν κελευομένω]ν τρόπῳ μηδενὶ
27. ἀλλ᾽ εἶναι [τοῖς [πε]ρ[ὶ τὰς θυσία]ς ἐπιμελές. ἵν᾽
28. οὖν σ[ὺν τῇ τῶν θεῶν εὐνοίᾳ] τῶν τε δικαίων τ[υ]γχάνωσι
29. ἄνθρωπο[ι, εἰ συνῳκισ]μένοι ἀδικῶνται. μηδὲ
30. μετ[ά]γων[ται καὶ εἴ] τινες τούτων βούλωντα[ι
31. ἐξ[ασκεῖν τὴ]ν ἐν τῇ νήσῳ χώραν. παρωδείσ-
32. [ους μισθ]ωτ[οὺ]ς ἐξεργασάμενοι καὶ φιτεύ-
33. [σαντες ἀμπέλου]ς εἰ[ς] τὸ πατρικόν. ὑπαρχέτω
34. [ἡ ἀσυλία καὶ ἡ] ἀτέλεια. καθ᾽ὅτι οἱ πρόγον-
35. [οι οἱ τοῦ βασιλέ]ως ἐπεχώρησαν αὐτοὶ
36. [πᾶσι τοῖς εἰ]ς [τὴ]ν νῆσον ἐξάγουσι, εἰς δὲ
57. [τὴν ἄντικρυς Ἀρ]αβίαν μὴ ἐπιτρέπετε. μη-
38. [δὲ καρπέυει ἐπ᾽ ἐξουσίας] ἄλλῳ μηθέν. ε[ἰ
39. . . . . τ]ῶν ἐμβαλλόντων
40. . . . . . . τῇ μονοπ]ωλία. ἵνα μὴ συμβῇ
41. [εἰς τὰς εἰρημένα]ς αἰ]τίας ἐμπίπτειν.
42. [λαβεῖν κατ᾽ εὐθύπλ]ουν τὴν ἐπιστολήν.
43. [στήλην ἀναγ]ράψαντας ἐν τῷ ἱερῷ
44. Σωτῆρος, ἢ θεοῦ ἄλλ]ου. [Ἀρ]τεμισίου ιζ̄. ἔρρωσο.

Se dobbiamo giudicare, in sostanza, dall'insieme delle tre testimonianze epigrafiche, pare di poter ricavare la presenza nel *temenos* che abbiamo descritto di un santuario dedicato alle divinità soteriche in ringraziamento del felice ritorno per mare dalla spedizione dell'Indo. Sulla base della piccola dedica pare in particolare che nella *Soteira* si debba riconoscere l'antica protettrice dell'isola, *Artemis* e nel *Soter Zeus*. A queste divinità dovremo aggiungere *Poseidon* ricordato dalla piccola dedica, visto che si era trattato di reduci da una spedizione navale, ed Apollo, cui espressamente viene attribuito il tempio da Strabone e che è ricordato come *Alexikakos* tra le divinità cui Alessandro sacrificò al ritorno dalla spedizione all'Indo.[13]

Del restante materiale recuperato nel corso degli scavi vanno ricordate le anfore rodie,[14] che attestano l'importazione di vino dall'Egeo, le statuette di figurine femminili (la *Soteira*?) fittili, le lucerne, le ceramiche (pochi frammenti a vernice nera; molto vasellame acromo prodotto localmente insieme a una figurina fine a vernice bianco-giallina) e le monete ellenistiche.

Tutta una serie di ambienti di abitazione lungo le mura del lato sud è costruita con cura con pietrame e fango. Nella metà ovest della fortezza si vedono invece soltanto costruzioni in mattoni crudi.

Già a partire dall'epoca ellenistica la cittadella cominciò a riempirsi di abitazioni, che si affollarono irregolarmente attorno ai templi. Nello strato piú basso delle piú antiche di queste case presso il tempio sono stati rinvenuti due tesoretti di monete d'argento, che dovettero essere sotterrati non piú tardi dell'anno 200 a.C.[15] Il fatto che non fossero recuperati suggerisce una distruzione violenta dell'abitato. Un frammento di cornice del tempio principale fu trovato reimpiegato come soglia in una casa; è evidente pertanto che l'insediamento riprese quando ancora si potevano riutilizzare i materiali da costruzione greci nelle nuove strutture murarie. Pare in sostanza che le costruzioni piú tarde coprano l'epoca partica e quella sassanide. Probabilmente è stato soltanto con la sconfitta dei Persiani e con l'avvento dell'Islām che l'abitato è stato abbandonato.

---

[13] Strab. XVI 3, 2; Arrian. *Ind.* 36, 3.

[14] ALBRECTSEN, in « Ill. London News », 6317, cit.; Ch. P(ICARD), *Les marins de Néarque,* cit., p. 60, figg. 3-4. Nel bollo circolare di un'ansa d'anfora vinaria si legge, attorno alla solita rosa, ἐπὶ Μυτίωνος, βαδρομίου .

Per le terrecotte v. ora H. E. MATHIESEN, *The Terracotta Figurines,* cit., con carta distributiva dei rinvenimenti a p. 10.

[15] MØRKHOLM, pp. 199-205; « Schweizer Münzblätter », XI (1961), p. 42; O. MØRKHOLM, in « Kuml », 1979, pp. 219-236.

Sito 3

Al-Khan

(Tavv. XIX b, XXI c-d, XXII; Figg. 8-9, 14)

Corrisponde all'ex sito 2 (F 4), in posizione che offre un buon ancoraggio con *shamāl*.

Sulla costa, in un piccolo rialzo del terreno tra le due alture di Tell Sa'ad
e Tell Sa'īd, uno scavo ha messo in evidenza le strutture di una casa di epoca
ellenistica, costruita parte in pietrame locale e parte in mattoni cotti di circa
cm. 30 × 30. L'edificio è organizzato su un rettangolo di m. 28,5 per m. 27,5
(*tavv.* XIX b, XXII). Una fornace e numerosi frammenti di matrici fittili indicano che si trattava di una bottega per la produzione di terrecotte, tra le
quali si ricordano una testa di Alessandro come *Helios*, figure femminili e
un pesce (*tav.* XXI c-d). La cronologia piú probabile è verso la fine del IV
secolo a.C.

Sporadicamente nel corso degli scavi sono stati rinvenuti anche una te-
stina di terracotta e una lastrina di steatite con una figura, di stile assiro.[1]

Sito 4

(Tav. XXIII a; Figg. 8-9)

Corrisponde al sito originariamente indicato come F 6.[2]

Su questo *tell*, situato tra i due rilievi di Tell Sa'īdah a nord-ovest e di
Tell Sa'īd a sud, gli scavi hanno rivelato un piccolo insediamento riferibile
alla civiltà sumerica della prima età del Bronzo (cosiddetta cultura Dilmun).
Esso include un edificio di struttura imponente (*tav.* XXIII a). Tra i materiali
si segnalano ceramiche (tra le quali alcune giare ben conservate), sigilli sumerici e uno scarabeo egiziano.

Al di sopra vi sono tracce di livelli piú tardi.

---

[1] A. ROUSSELL, *Et hellenistisk Terrakottavaerksted i den Persiske Golf,* in « Kuml », 1958,
pp. 191-197, fig. 8; E. ALBRECTSEN, in « Ill. London News », 6317, cit., p. 351 ss. Per il ritratto
d'Alessandro v. anche Ch. P(ICARD), *Les marins de Néarque,* cit., p. 64 (importato da Rodi);
G. MANN - A. HEUSS, *Propyläen-Weltgeschichte, Eine Universalgeschichte,* III, 1962, c. p. 429;
Archaeological Investigations, cit.; C. SCHNEIDER, *Kulturgeschichte des Hellenismus,* I, München
1967, p. 841; F. AL-WOHAIBI, *Studio storico-archeologico,* cit., p. 65, figg. 21-24; H. E. MA-
THIESEN, *The Terracotta Figurines,* cit.

[2] GLOB 1960, pp. 209, 212 (gli scavi furono eseguiti da K. Vibe Müller di Oslo e da
J. A. Jensen); *Archaeological Investigations,* pp. 115-135; 151-159. Gli scavi proseguirono fino
al 1963.

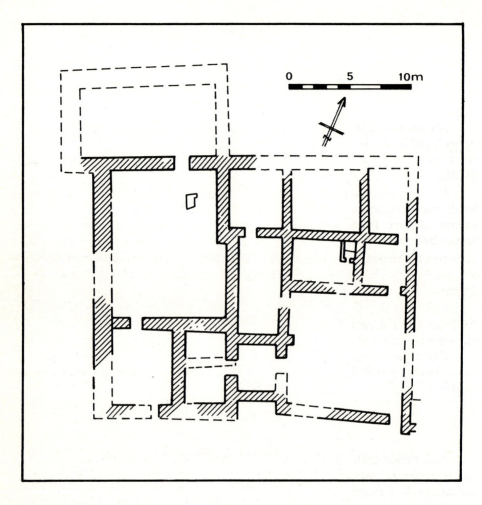

Fig. 14. - Sito 3: pianta della casa ellenistica. Scala 1 : 300.

Sito 5

Tall Sa'īdah

(*Tav.* XV *c*; *Figg.* 8-9, 15; nn. 1-6)

All'interno dell'attuale recinto che include i Musei e le circostanti aree archeologiche, si eleva un quinto *tell*, non ancora saggiato, situato parecchio piú a nord, in modo da far descrivere alla recinzione della zona archeologica un lungo giro per includerlo.

Il *tell* è completamente isolato e circondato da una vasta area desertica. Su di esso sorgeva secondo la tradizione musulmana uno dei monumenti sepolcrali dei tre fratelli martirizzati, già ricordati; anch'esso era oggetto di particolare venerazione da parte dei pellegrini.[1]

In una ricognizione di superficie vi abbiamo raccolto poco materiale fittile, consistente in frammenti di vasi in ceramica comune nuda (1-4) ed in impasto (5-6).

Questi materiali rinvenuti in superficie vanno riferiti forse alla prima età islamica; ma non si può escludere che al di sotto si celino rovine assai piú antiche, come si è potuto constatare nei *telul* fatti oggetto di scavi regolari. Certo pare trattarsi di un insediamento di limitata estensione, ma che aveva buone possibilità di controllo sulle due coste di ponente e di mezzogiorno dell'isola.

I materiali

Nell'esplorazione di superficie di questo sito si è raccolto soltanto qualche frammento vascolare. I frammenti si riferiscono a vasi di due tipi: giare acrome (1-4) e grandi vasi d'impasto (5-6).

Ceramica nuda

Le giare sono realizzate in argilla di colore variante da rossiccio a rossoruggine, a volte mal cotta e grigiastra all'interno, a camoscio-rosato, compatta ed uniforme. La forma presenta due varianti: la prima (1) comporta bocca larga con orlo ingrossato e ribattuto in fuori ed ampia spalla rigonfia che si restringe verso la bocca; la seconda (2) ha bocca piú stretta, con breve orlo pendente a profilo concavo, corto collo cilindrico e spalla orizzontale. L'unico frammento di fondo (3) presenta un piede a disco piuttosto alto a profilo leggermente obliquo.[2]

---

[1] Lorimer, p. 272; Dickson, p. 57.

[2] Cfr. per queste due forme di giare in particolare *infra,* pp. 62, 108, 197 s., 294 s.

Impasto

I frammenti d'impasto, di colore rosso mattone o nerastro, caratterizzato da fitti e piccoli inclusi bianchi, sono da riferirsi a vasi, di notevoli dimensioni a giudicare dallo spessore delle pareti, dei quali per altro non è possibile in questo caso precisare ulteriormente la forma.

Questi due tipi ceramici sono quelli che si sono rinvenuti con maggiore
frequenza nelle esplorazioni di superficie dei siti archeologici di Failakah;[3] in
particolare, la giara a spalla rigonfia (1) vi è molto diffusa, sia acroma che ad
invetriata turchese, e sembra caratterizzare i siti riferibili alla prima epoca
islamica.[4]

CATALOGO

Ceramica nuda

1. Frammento di bocca di giara. Argilla color rosso-ruggine. Si conservano
parte della bocca e della spalla. Spalla rigonfia, che si restringe verso la bocca; orlo
della bocca ingrossato, schiacciato e appiattito superiormente. Alt. mass. 4,5 × 7,5.
Spess. 0,8 (*fig. 15*).

2. Frammento di bocca di giara. Argilla rossiccia in superficie, grigia all'interno. Ricomposto da due frammenti. Si conservano parte della bocca, del collo e
della spalla. Bocca abbastanza larga con breve orlo pendente all'esterno a profilo
concavo; collo breve e largo; spalla molto piatta. Alt. mass. 6; diam. presumibile
della bocca 11,5; spess. 0,7 (*fig. 15*).

3. Frammento di fondo di giara. Argilla rossiccia. Si conservano parte del
fondo e delle pareti. Piede a disco, a profilo convesso; base piana. Alt. mass. 5 × 8
(*fig. 15*).

4. Sette frammenti di pareti di giara. Argilla color camoscio rosato. Spess.
1/1,4.

Impasto

5. Ventuno frammenti di pareti. Impasto color rosso mattone con piccoli
inclusi bianchi. Spess. 1/1,6.

6. Dieci frammenti di pareti. Impasto nerastro con inclusi bianchi. Spess. 1.

---

[3] Questi tipi ceramici sono presenti infatti nei siti 7, 8, 9, 12, 14: v. *infra*, tabella 7 e *fig.* 88.
[4] Cfr. *infra*, sito 14, al-Quṣūr, nn. 696, 697, 719, e le considerazioni relative a p. 197.

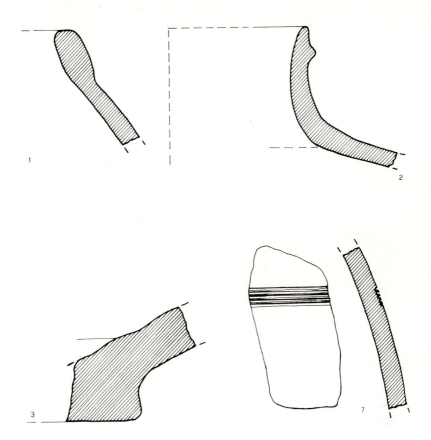

Fig. 15. - Materiali dai Siti 5 e 7.

  Sito 5

1-3. Ceramica nuda: giare.

  Sito 7

7. Ceramica acroma incisa: giara.

SITO 6

Tall al-Khaznah

(Tavv. XXIII b - XXIV b; Fig. 8)

Piccola altura subito a nord ed all'esterno del recinto dei Musei e della zona archeologica principale (*tav.* XXIII *b*).

All'interno di una recinzione quadrangolare si eleva un piccolo *tell* appena avvertibile, formato dalle rovine di strutture sovrapposte, che dalla prima età del Bronzo (fine del III millennio a.C.) scendono all'età islamica, cui si riferiscono in particolare le tracce in superficie.

Antichi ritrovamenti effettuati nella zona possono spiegare probabilmente il toponimo, che significa « poggio del tesoro », giacché *khaznah* in arabo indica appunto un luogo dove è nascosto un tesoro.[1]

Il *tell* è stato fatto oggetto di un saggio di scavo stratigrafico nel novembre 1976 da parte della missione italiana sotto il diretto controllo di G. Traversari e L. Bosio. Con due trincee perpendicolari, larghe un metro, è stata raggiunta la roccia di base, evidenziando una ricca stratigrafia (*tav.* XXIV *a-b*).[2]

---

[1] KAZIMIRSKI, I, p. 725; BELOT, *Français-Arabe,* p. 1531; *Arabe-Français,* p. 161.

[2] Lo scavo sarà pubblicato da G. Traversari e L. Bosio.

SITO 7

Baluardo Portoghese

(Tavv. XXIV c - XXV; Figg. 15-16; nn. 7-24)

In una zona litoranea piatta e desertica, a circa m. 200 dalla costa occidentale dell'isola e ad altrettanto a nord del villaggio attuale di az-Zōr, tra la strada e il mare, entro un recinto quadrangolare è custodito il rudere ormai fatiscente di un piccolo forte portoghese a pianta quadrata, disposto obliquamente rispetto al recinto stesso ed alla strada che lo fiancheggia sul lato orientale.[1]

La sabbia e l'azione dello *shamāl* hanno quasi del tutto obliterato le rovine del Forte, del quale si riconoscono soltanto quattro dossi allungati in corrispondenza dei muri perimetrali, che chiudono un'area quadrata poco piú piccola di quella del Forte situato lungo la costa settentrionale a controllo del villaggio di Qurainīyah.[2]

La tipologia a semplice recinzione quadrata permette di definire questa opera di fortificazione nella tipologia conosciuta per il periodo della colonizzazione portoghese come « baluarte do mar », ossia un semplice baluardo a mare, che poteva comprendere abitazioni precarie e tettoie addossate all'interno al muro ed aveva un focolare centrale. Se ne può trovare una rappresentazione secentesca del Teixeira Albernaz davanti alla « Fortaleza do Cunhale » (Samorim).[3]

Due vasti complessi di abitazioni dirute si estendono fuori della recinzione a occidente e a sud del Forte, lungo la costa (*tav.* xxv *a*).

Nella ricognizione del 12 novembre 1976 sono stati raccolti pochi materiali frammentari affioranti nell'area del forte, all'interno del recinto. Si tratta di ceramica acroma (7-8), d'impasto (9-10) e di vetro (11).

L'esplorazione è stata estesa anche alle tracce del villaggio a ovest e a sud del Forte. Sono stati recuperati pochi frammenti ceramici e vitrei e in particolare: ceramica a vetrina turchese (12), a vernice nera (13), frammenti di vasi d'impasto (14), maiolica (15), porcellana (16-18) e vetro (19).

Anche a sud del villaggio abbandonato connesso con il Forte, sempre a circa m. 200 dal mare e a circa m. 100-150 da az-Zōr, si è notato del materiale sporadico estremamente sminuzzato e sparpagliato ai lati della pista secondaria paralitoranea, che corre tra quella principale ed il mare. Lo scarso

---

[1] Per la fase di occupazione portoghese nell'isola (1515-1648), si rimanda a quanto è stato detto nella premessa, *supra*, pp. 25-27.

[2] V. *infra*, sito 13.

[3] J. Teixeira Albernaz I, *Atlas de 1648 ca.*, mappa 11 (München, Staatbibliothek; riprod. in A. Cortesão - A. Teixeira da Mota, *Portugaliae monumenta cartographica*, Lisboa 1960, IV, tav. 511).

materiale raccolto comprende ceramica invetriata turchese (20), ceramica acroma a decorazione incisa (21), frammenti di vasi d'impasto (22-23) e di vetro (24).

In definitiva pare di poter concludere che il Forte portoghese è stato impiantato a controllo di un piccolo villaggio preesistente, risalente alla prima età islamica, che deve essere stato la prima matrice dell'odierno az-Zōr e che si è gradualmente sviluppato verso sud. Doveva trattarsi di un villaggio di cercatori di perle, a giudicare dall'abbondanza di valve di ostriche presenti tra i detriti di questo insediamento; ma esso può essere stato utilizzato anche per finalità commerciali, per la facilità di controllo sia della Baia del Kuwait che della rotta di Basrah.

I MATERIALI

I materiali rinvenuti in superficie consistono in resti vascolari fittili e vitrei.

Ceramica invetriata

La ceramica invetriata è rappresentata da due frammenti di ciotole (12, 20) coperte all'interno e all'esterno da vetrina alcalina turchese, poco lucente perché dilavata; di una (12) si può valutare la forma della parte superiore del corpo, ad alta carena a spigolo smussato ed orlo della bocca leggermente ingrossato, un tipo corrente nella ceramica della prima età islamica.[4]

Ceramica a vernice nera

Un solo frammento si riferisce ad un grosso vaso (13) coperto all'esterno da un sottile ingobbio opaco nero; esso rientra in una classe di ceramica poco diffusa a Failakah, in particolare nei villaggi e siti abbandonati contrassegnati dai nn. 8, 9, 12; essa sembra da riferire alla media età islamica.[5]

Ceramica acroma a decorazione incisa

Un frammento (7) rimanda ad una giara a decorazione incisa a pettine a cinque punte che descrive fasci di linee circolari;[6] un altro (21) rimanda ad un boccale decorato con linee incise incrociate che formano losanghe disordinate, un partito decorativo frequente nella ceramica della prima età islamica, presente ad esempio nel bacino mesopotamico nei livelli IV e V di Abū

---

[4] Per le ciotole carenate, v. *infra*, pp. 186 s., 287 s., *fig.* 91.

[5] Per questo tipo di ceramica, v. in particolare *infra*, pp. 106-107 e *fig.* 100. Qualche frammento ne è stato rinvenuto anche ad al-Qusūr, *infra*, tabella 7.

[6] Per la ceramica acroma decorata a pettine, v. *infra*, p. 194.

Sarīfa, databili fra la metà del VII e la metà del X sec., nel terzo e secondo livello del quartiere della Ville Royale a Susa, databili fra la metà del VII ed il IX sec.[7]; è confrontabile con un frammento (27) del sito 8, che presenta tuttavia un disegno piú regolare.

Impasto

Sono presenti anche vasi piú grossolani realizzati in un impasto di colore variante da rosa a rosso-ruggine ricco di inclusi (9, 10, 14, 22, 23). Si tratta di giare su basso piede ad anello e di bacili di forma a tronco di cono rovesciato, con stretto labbro aggettante (22); entrambe le forme hanno ampi confronti nel vasellame d'impasto cosí frequente nei siti islamici esplorati di Failakah.[8]

Maiolica e Porcellana

Un frammento di piatto in maiolica bianca su piede ad anello (15) ed alcuni frammenti di ciotole in porcellana dipinte in blu, con motivi floreali e geometrici, su fondo bianco (16-18) sono da riferire all'epoca del Forte portoghese, ossia al XVI-XVII sec.[9]

Vetro

La suppellettile vascolare vitrea è rappresentata da due frammenti di vasi in vetro verde (11, 24), uno dei quali presenta una decorazione applicata a pastiglie oblunghe rilevate.[10]

Questi materiali indiziano un insediamento risalente alla prima età islamica, alla quale rimandano alcuni pezzi (12, 21), continuato fino all'epoca della dominazione portoghese nell'isola.

---

[7] Cfr. ADAMS, *Abû Sarîfa*, p. 104 e fig. 10/*k, n, o, t*; ROSEN-AYALON, figg. 53, 54, 62, 69. La decorazione a linee incrociate incise è presente anche a *Hīra*, fig. 20; Government of Iraq, Department of Antiquities, *Excavations at Samarra 1936-1939*, Baghdad 1940, tavv. 43, 45, 46. Cfr. anche un frammento di giara da al-Qusūr, *infra*, n. 650, p. 250.

[8] Questo tipo di ceramica è presente anche nei siti 5, 8, 9, 12, 14. Compare già nei livelli della prima età islamica di Susa: KERVRAN, p. 79 (giare in argilla fortemente mescolata con granelli di silice). Bacili di forma tronco-conica sono frequenti nel contesto ceramico di al-Qusūr, sia a invetriata turchese, che in ceramica nuda o in impasto, e possono comportare una decorazione plastica. Per i bacili v. in particolare *infra*, pp. 109, 198 e *fig.* 99.

[9] Per le considerazioni generali sulla porcellana rinvenuta a Failakah, v. *infra*, sito 12, pp. 110-113.

[10] Cfr. ora per i vetri islamici a decorazione applicata Ch. W. CLAIRMONT, *Benaki Museum. Catalogue of Ancient and Islamic Glass*, Athens 1977, p. 77 s., con riferimenti bibliografici.

Catalogo

Materiali dall'area del Forte.

Ceramica acroma a decorazione incisa

7. Frammento di parete di giara. Argilla color camoscio con inclusi neri. Tracce di decorazione incisa con pettine a cinque punte, che descrive un fascio circolare di linee. Alt. mass. 6,5 × 2,5; spess. 0,8 (*fig.* 15).

Ceramica nuda

8. Frammento di bocca di boccale. Argilla color crema. Si conservano parte della bocca e del collo, su cui resta l'attacco superiore di un'ansa verticale a nastro. Bocca leggermente svasata con orlo ingrossato all'esterno; sul collo, sotto la bocca, una modanatura a margine stondato poco rilevata. Alt. mass. 4,5; diam. presumibile della bocca 6 (*fig.* 16).

Impasto

9. Frammento di fondo di giara. Impasto rossiccio con inclusi neri e bianchi. Si conserva parte del fondo con l'attacco delle pareti. Basso piede a disco a profilo convesso. Alt. mass. 3; diam. presumibile della base 14 (*fig.* 16).

10. Quattro frammenti di pareti. Impasto rossastro con inclusi neri. Spess. 1.

Vetro

11. Frammento di parete di bottiglia. Vetro color verde chiaro. Spess. 0,4.

Materiali dal villaggio attorno al Forte.

Ceramica invetriata turchese

12. Frammento di bocca di ciotola. Argilla color crema, ben depurata. Si conservano parte della bocca e delle pareti. Orlo della bocca stondato; alta carena a margine arrotondato. Superfici molto sfaldate. Tracce di vetrina turchese all'interno e all'esterno. Alt. mass. 3,5 × 4 (*fig.* 16).

Ceramica a vernice nera

13. Frammento di parete di grosso vaso (giara?). Argilla rosa con vacuoli. All'interno tracce di vernice nera, sottile e diseguale. Alt. mass. 5 × 4; spess. 1,2.

Impasto

14. Frammento di parete di vaso. Impasto rosa con inclusi neri grandi e piccoli. Alt. mass. 2 × 4; spess. 0,6.

Maiolica

15. Frammento di fondo di piatto. Argilla rosa con vacuoli. Si conservano parte del fondo e del piede con l'attacco delle pareti. Basso piede ad anello. Smalto bianco all'interno e all'esterno. Alt. mass. 2 × 3,5 (*fig.* 16).

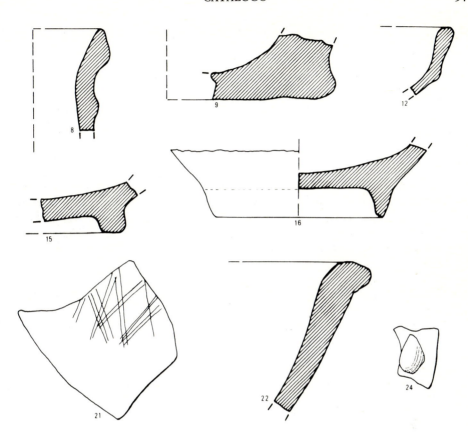

Fig. 16. - Materiali dal Sito 7.

8. Ceramica nuda: boccale.
9. Impasto: giara.
12. Invetriata turchese: ciotola.
15. Maiolica: piatto.
16. Porcellana: ciotola.
21. Ceramica acroma incisa: parete.
22. Impasto: bacile.
24. Vetro: parete di coppa.

Porcellana

16. Frammento di fondo di ciotola. Si conservano parte del fondo e del piede con l'attacco delle pareti. Alto piede ad anello, obliquo all'interno e all'esterno. Porcellana di colore grigio-azzurro con decorazione dipinta in blu. All'interno motivi floreali (ramo fogliato), che occupano il fondo. All'esterno, alla base delle pareti, raggi conclusi da una linea circolare; sul fondo esterno, in posizione periferica presso il piede, una coppia di linee circolari. Alt. mass. 2,9 × 6; diam. presumibile del piede 7 (*fig.* 16).

17. Frammenti di ciotola. Si conservano un frammento della bocca, con orlo revoluto, e due frammenti delle pareti. Porcellana bianca. Interno bianco. Esterno a decorazione dipinta in blu: motivi floreali. Frammento maggiore: 2 × 1; spess. 0,3.

18. Frammento di bocca di ciotola. Porcellana bianca. Alt. mass. 4 × 3; spess. 0,2.

Vetro

19. Quattro frammenti di pareti. Vetro color verde chiaro. Spess. 0,5.

Materiali della zona a sud del villaggio.

Ceramica invetriata turchese

20. Frammento di parete di ciotola. Argilla color crema, ben depurata. Superfici molto sfaldate. Tracce di vetrina turchese all'esterno. Alt. mass. 3 × 3,5; spess. 0,8.

Ceramica acroma a decorazione incisa

21. Frammento di boccale. Argilla c.s. Si conservano parte della spalla con l'attacco inferiore di un'ansa verticale. Segni del tornio all'interno. All'esterno decorazione incisa costituita da fasci di sottili linee oblique, che formano losanghe irregolari e disordinate. Alt. mass. 6 × 7 (*fig.* 16).

Impasto

22. Frammento di bocca di bacile. Impasto rosa, con grossi inclusi neri. Si conservano parte della bocca e delle pareti. Corpo tronco-conico rovescio; stretto labbro aggettante. Alt. mass. 6 × 8; spess. 1 (*fig.* 16).

23. Frammento di parete. Impasto color rosso-ruggine con inclusi bianchi e grossi vacuoli. Alt. mass. 3 × 5; spess. 1.

Vetro

24. Frammento di parete di coppa (?). Vetro color verde chiaro. All'esterno decorazione applicata costituita da un elemento ovoidale rilevato. Alt. mass. 2,5 × 1,8; spess. 0,2 (*fig.* 16).

SITO 8

Se‘dia

(Tavv. XXVI - XXIX b; Figg. 17-20; nn. 25-54)

All'estremità nord-occidentale dell'isola si è individuato un grande cimitero musulmano. Esso si affaccia sulla piccola insenatura del porto naturale, detto *niqa‘ah*, che fu utilizzato già dall'età del Bronzo e dai successivi insediamenti di al-Khidru, di Sa‘īdi, del Forte portoghese e infine di az-Zōr, fino alla costruzione del moderno porto artificiale.[1]

Il terreno è desertico, con ondulazioni appena percettibili coperte di radi cespugli e di pietrame e resecate alla base da piste che si incrociano in tutte le direzioni. Verso sud si eleva su un piccolo rialzo una tomba monumentale ad edicola, circondata da numerose tombe comuni, contraddistinte da semplici stele costituite da rozze lastre litiche, infitte verticalmente alla testa e ai piedi di ogni sepoltura (*tavv.* XXVI-XXVII).

Poche decine di metri più a sud si innalza un altro piccolo *tell*, su cui sono state riscontrate tracce di un insediamento antico, al quale si è poi sovrapposto il cimitero musulmano, che si estende verso la costa occidentale fino in prossimità della pista.

Nella ricognizione del 4 novembre 1976 sono stati raccolti attorno alla edicola sepolcrale frammenti ceramici relativi a invetriata turchese (25), invetriata nerastra (26), vasi verniciati in nero (27-28), ceramica acroma incisa (29-32), vasi a decorazione plastica (33-34), semplice ceramica nuda (35-38), impasto (39-40) e porcellana (41).

Anche nel *tell* più a sud i materiali affioranti in superficie si presentano analoghi. Sono stati raccolti: frammenti di vasi verniciati in nero (43-44), a decorazione plastica (45), nudi (46-49) e in impasto (50).

Dall'area pianeggiante subito ad ovest proviene un frammento di ceramica nerastra (54), riferibile all'età del Bronzo.

In definitiva queste piccole alture sembrano essersi formate dalle rovine di insediamenti dell'età del Bronzo, di cui è emersa solo qualche debole traccia (54); su di esse si è esteso un cimitero islamico. Questo è forse da mettere in rapporto con il vicino villaggio abbandonato di Sa‘īdi (sito 9), al quale lo connettono sia la posizione, sia l'orizzonte cronologico che emerge dai materiali rinvenutivi, che sembrano risalire in piccola parte alla prima età islamica e per lo più alla media età islamica, scendendo fino al momento dell'arrivo dei Portoghesi nell'isola, stando alla scarsa porcellana rinvenuta.

---

[1] DICKSON, p. 58.

I MATERIALI

Il materiale rinvenuto in superficie consiste soprattutto in frammenti
vascolari fittili, oltre ai quali si sono rinvenuti due frammenti di lamina bronzea e tre conchiglie (42, 51-53).

Ceramica invetriata

La ceramica invetriata, come sempre nell'isola, è piuttosto scarsa, ridu-
cendosi a due fondi di ciotole (25-26) su basso piede ad anello. Di queste
l'una è a invetriata alcalina color turchese, che ricopre solo l'interno lasciando l'esterno nudo; l'altra è rivestita sia all'esterno che all'interno da una
vetrina nerastra poco lucente. La prima è confrontabile per la forma con analoghi esemplari rinvenuti nei siti 9 e 12,[2] e del resto si tratta di una forma
vascolare frequentissima nei contesti islamici fin dai tempi piú antichi.[3] È da
segnalare che questa ciotola ha il piede attraversato da due fori in cui doveva
passare una cordicella per appenderla; la stessa osservazione è stata fatta per
una ciotola invetriata (101) rinvenuta nel villaggio abbandonato di Saʿīdi.
La seconda ciotola è confrontabile con analoghi pezzi dal sito 9, e rientra in
un tipo di invetriata poco documentato a Failakah.[4]

Ceramica a vernice nera

Anche in questa località è presente la ceramica coperta all'esterno da un
sottile ingobbio nero, che ritorna in abbondanza anche nei siti 7, 9 e 12
mentre solo sporadicamente compare ad al-Qusūr.[5] Si tratta di frammenti di
giare, in argilla variante da crema a rosso scuro, ricca di inclusi bianchi e neri,
coperte all'esterno da un sottile ingobbio opaco nero (27, 28, 43, 44). In un
caso (27) restano tracce della decorazione, incisa con una punta sottile che
descrive dei fasci di linee rette incrociate, un partito decorativo che si ritrova
già nella ceramica acroma della prima età islamica.[6] La decorazione resa ad
incisione è frequente in questa ceramica ingubbiata.[7] Del tutto eccezionale è
un graffito sulla spalla di una giara (43), che non ha riscontri nell'isola.

---

[2] Cfr. le ciotole *infra*, nn. 55, 71, 88, 89, del sito 9 e p. 71; per i numerosi esempi dal
sito 12, v. *infra*, p. 104; per le ciotole su piede ad anello v. in particolare *fig.* 91 e relativo testo.

[3] V. le osservazioni *infra*, p. 71.

[4] Vasi coperti da vetrina nera sono presenti solo nei siti 8 e 9, che sembrano in relazione
fra loro: cfr. *infra*, nn. 56-57, fondi di ciotole.

[5] Per la ceramica « a vernice nera », v. le osservazioni *infra*, p. 106 s.

[6] Cfr. ad esempio M. ROSEN-AYALON, *Niveaux islamiques de la "Ville Royale"*, in « Cahiers
de la Délegation Archéol. Française en Iran », II (1974), fig. 60/1 (dal I livello); ROSEN-AYALON,
figg. 64-66 (livelli 1 e 2); FINSTER - SCHMIDT, p. 110, tavv. 51/c, 57/b, c; ADAMS, *Abū Sarīfa*,
fig. 10 n.

[7] Cfr. *infra*, sito 12, nn. 217, 242, 244, 338, 218, 243 (in questi due ultimi pezzi la decorazione incisa si associa a quella plastica) e p. 106.

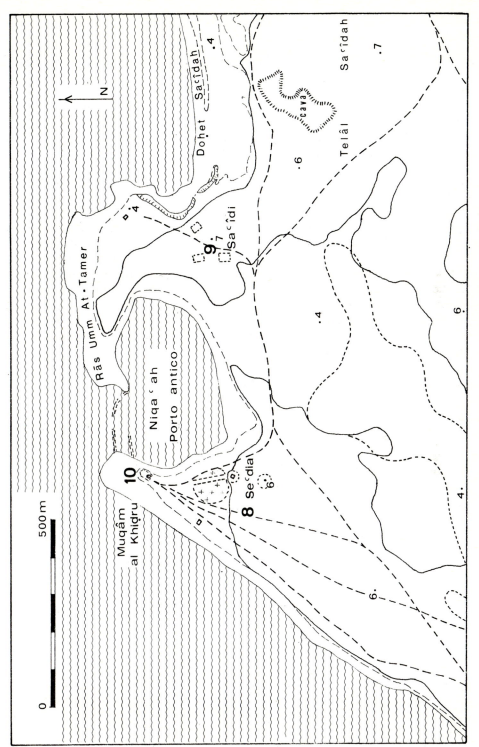

Fig. 17. - Estremità nord-ovest dell'isola di Failakah con indicazione dei Siti 8-10. Scala 1 : 10000.

Ceramica acroma a decorazione incisa

Tra le ceramiche non invetriate ben rappresentata è quella a decorazione incisa (29-32), con frammenti riferibili a pareti di vasi chiusi, probabilmente giare. I motivi, incisi con una punta piuttosto sottile, sono tutti geometrici; si tratta di una fila di trattini verticali (29), di puntini disposti su piú file circolari (30), di incisioni a pettine formanti gruppi di trattini sfalsati su strisce circolari (31) oppure di fasci di linee orizzontali (32). Questi vasi trovano i loro confronti piú immediati in alcune giare non invetriate rinvenute nel villaggio di al-Qusūr probabilmente riferibili alla prima età islamica, in cui ritroviamo sia il motivo dei puntini disposti su piú file,[8] che quello dei fasci di linee circolari o ondulate ottenute a pettine, che resta uno dei piú frequenti nella ceramica islamica, ove ha ampie applicazioni fin dal periodo piú antico.[9] Anche la decorazione con gruppi distaccati di linee incise a pettine (31), che ritorna su due frammenti di giare dei siti 9 e 12 (105, 219), compare già nella ceramica della prima età islamica a giudicare da quanto si osserva a Susa.[10]

Ceramica nuda

La ceramica nuda (35-38, 46-49) è rappresentata da frammenti di giare realizzate in argilla di colore variante da camoscio-giallino a rossiccio e a rosso-arancio. Esse presentano per lo piú spalla rigonfia che si restringe verso la bocca ad orlo ingrossato (47-49). È questa la forma di giara (Forma 1) piú frequente a Failakah.[11] In altri esemplari invece il passaggio dalla bocca al corpo è segnato dal collo piú o meno allungato e cilindrico, la bocca è svasata con orlo ingrossato piú o meno schiacciato (37, 46) o revoluto (38). Questa forma (Forma 2) a Failakah è assai meno frequente della precedente.[12] Anche la base assume diverse forme, essendo piana in un caso (35), con basso piede ad anello in un altro (36).

Impasto

Anche in questo sito si sono rinvenuti dei frammenti di vasi in impasto grossolano.[13] Si tratta di giare, realizzate in impasto rossiccio con molti inclusi bianchi e neri piú o meno grandi (33-34, 39-40, 45, 50). L'unico frammento significativo, perché conserva parte della forma (39), riconduce ad una giara

---

[8] Cfr. per il n. 30 *infra*, nn. 650-651, rispettivamente riferibili a una giara e a una ciotola; cfr. anche ROSEN-AYALON, *Niveaux islamiques*, cit., fig. 60/5 (dal III livello); ROSEN-AYALON, fig. 86 (livello III); FINSTER - SCHMIDT, p. 109, fig. 50 *d*.

[9] Cfr. per il n. 32 *infra*, nn. 381, 717, 841, 915, e p. 194 con riferimenti.

[10] A Susa ceramica decorata a incisione con gruppi distaccati di linee incise a pettine è stata rinvenuta in tutti i livelli della città islamica, v. ad es. ROSEN-AYALON, *Niveaux islamiques*, cit., fig. 57/*l* (dal I livello); ROSEN-AYALON, figg. 80, 83, 87 (livelli I-III); KERVRAN, fig. 26/5 (dai livelli II e III).

[11] Questa forma di giara compare nei siti 5, n. 1; 12, *infra*, n. 147, a vernice nera; ma soprattutto è attestata ad al-Qusūr, *infra*, pp. 197, 294 s. e *fig.* 95.

[12] Per le giare di Forma 2, v. *infra*, pp. 197, 294 s., *fig.* 96.

[13] Per i vasi d'impasto, v. in particolare, *infra*, p. 108 s., *figg.* 99-100.

a spalla rigonfia che si restringe verso la bocca ad orlo ingrossato, cioè di Forma 1, che è la forma piú frequente in questo tipo di vasellame, come del resto fra la ceramica piú raffinata non invetriata.[14] Queste giare presentano una semplice decorazione con cordoni plastici circolari a margine stondato (33-34, 45), un partito decorativo che compare non solo sulle analoghe giare d'impasto dei siti 9 e 12,[15] ma anche su vasi a vernice nera[16] e su giare in ceramica nuda ben depurata.[17]

Porcellana

L'elemento piú recente che è stato rinvenuto è una ciotola in porcellana (41) a decorazione policroma dipinta in rosso e verde con motivi floreali, posteriore all'epoca dell'impianto del Forte portoghese.[18]

Fuori del contesto islamico si colloca un frammento di vaso riferibile all'età del Bronzo (54).

A parte quest'ultimo elemento, questi materiali si riferiscono in piccola parte alla prima età islamica, cui rimandano in particolare due frammenti decorati ad incisione (30, 31), e piú ampiamente alla media età islamica, mentre l'elemento piú recente è rappresentato dalla ciotola in porcellana.

CATALOGO

Materiali dell'area presso l'edicola sepolcrale.

Ceramica invetriata

25. Frammento di fondo di ciotola. Argilla color crema, ben depurata. Si conservano parte del fondo e del piede con l'attacco delle pareti. Basso piede ad anello, attraversato da due fori (diam. 0,3), praticati per appendere il vaso. Esterno nudo, Interno a vetrina turchese molto spessa. Alt. mass. 2,5; diam. presumibile del piede 8 (fig. 18).

26. Frammento di fondo di ciotola. Argilla color arancio in alcuni punti, grigia in altri. Si conservano parte del fondo e del piede e l'attacco delle pareti. Basso piede ad anello. Interno ed esterno coperti di vetrina nerastra poco lucente, striata. Alt. mass. 4; diam. presumibile del piede 12 (fig. 18).

---

[14] Cfr. le giare di questo stesso sito, nn. 47-49, e *supra,* nota 11.

[15] Cfr. *infra,* sito 9, n. 107; sito 12, nn. 193, 208, 209, 236.

[16] Cfr. *infra,* sito 12, nn. 240, 243, 266, 275.

[17] Cfr. *infra, sito* 14, nn. 498, 656.

[18] Per la porcellana rinvenuta a Failakah, v. le considerazioni generali *infra,* pp. 110-113.

Ceramica a vernice nera

27. Frammento di parete di giara. Argilla color crema con molti inclusi grossolani neri e bianchi, che sembrano dei ciottolini silicei. Tracce dei giri del tornio all'interno. Superficie esterna coperta da vernice nera, sottile, opaca e decorata ad incisione ottenuta a pettine con fasci di quattro linee, che descrivono rombi entro linee parallele circolari. Alt. mass. 10,5 × 8; spess. 1,7/2,5 (*fig.* 18; *tav.* xxviii *b*).

28. Frammento di parete di giara. Argilla c.s. Interno ed esterno coperti da vernice nera, sottile, opaca, in gran parte caduta. Alt. mass. 1 × 2; spess. 0,4.

Ceramica acroma a decorazione incisa

29. Frammento di parete di vaso chiuso (giara ?). Argilla color giallo pallido ben depurata, tenera. Superficie esterna molto liscia. Decorazione incisa costituita da una fila orizzontale di trattini verticali equidistanti. Alt. mass. 7 × 4; spess. 1 (*fig.* 18; *tav.* xxviii *a*).

30. Frammento di parete di vaso chiuso. Argilla rosa; superficie scabra. Tracce dei giri del tornio all'interno. Decorazione incisa costituita da cinque-sei file di puntini disposti circolarmente, a distanze irregolari. Alt. mass. 2,5 × 3; spess. 0,5 (*fig.* 18; *tav.* xxviii *a*).

31. Frammento di parete di vaso chiuso. Argilla rosa; superficie esterna liscia. Decorazione incisa costituita da gruppi di lineette orizzontali parallele, disposti su piú file, sovrapposti e sfalsati. Alt. mass. 2,5 × 3,5; spess. 0,6 (*fig.* 18; *tav.* xxviii *a*).

32. Frammento di parete di vaso chiuso. Argilla color grigio medio, dura, ben depurata. Superficie scabra corrosa. Decorazione incisa a pettine: resta parte di un fascio di sottili linee circolari. Alt. mass. 2,4 × 2; spess. 0,8 (*fig.* 18).

Impasto a decorazione plastica

33. Due frammenti di pareti di giara. Impasto rosa con piccoli inclusi bianchi e neri e rari inclusi bianchi grossolani. Superficie scabra. All'esterno due cordoni plastici orizzontali. Dimensioni: alt. mass. 12 × 10; spess. 0,2 l'uno; 7,5 × 7, spess. 1,5 l'altro (*tav.* xxviii *b*).

34. Tre frammenti di parete di giara. Impasto c.s. Decorazione plastica all'esterno costituita da grosse cordonature circolari molto rilevate a profilo arrotondato. Dimensioni rispettive: 10 × 11 × 1,3; 10 × 8 × 1,6; 7 × 7 × 1,3.

Ceramica nuda

35. Frammento di fondo di giara. Argilla color camoscio-giallino. Si conserva parte della base con l'attacco delle pareti. Base piana a margine stondato. Alt. mass. 4,5 × 3 (*fig.* 19).

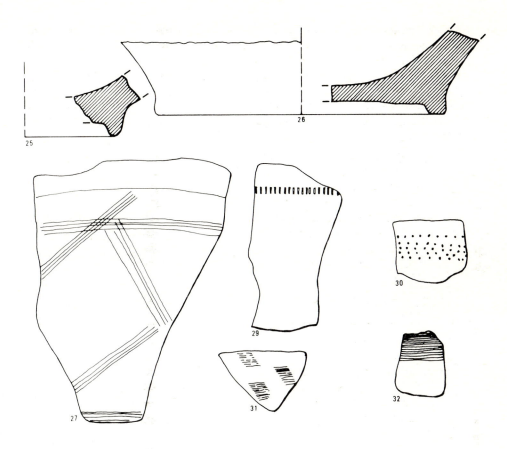

Fig. 18. - Materiali dal Sito 8.

25. Ceramica invetriata turchese: ciotola.
26. Ceramica invetriata nera: ciotola.
27. Ceramica a vernice nera: giara.
29-32. Ceramica acroma incisa: pareti di vasi chiusi.

36. Frammento di fondo di vaso chiuso. Argilla c.s. Segni del tornio all'interno. Si conservano parte del fondo e del piede con l'attacco delle pareti. Basso a largo piede ad anello a profilo interno ed esterno obliquo, quello esterno leggermente convesso. Alt. mass. 7 × 8; diam. presumibile del piede 10 (*fig.* 19).

37. Frammento di bocca di giara. Argilla color camoscio rosato con piccoli inclusi bianchi. Si conserva parte della bocca con l'attacco del collo. Bocca svasata con ampio orlo ribattuto in fuori. Alt. mass. 4 × 6,5; spess. 0,6 (*fig.* 19).

38. Frammento di bocca di giara. Argilla rossiccia con qualche incluso bianco. Superficie grezza scabra. Si conserva parte della bocca con l'attacco del collo. Orlo molto ingrossato, ribattuto in fuori. Alt. mass. 5,5 × 8; spess. parete 1,8 (*fig.* 19).

Impasto

39. Frammento di bocca di giara. Impasto rossiccio con molti inclusi bianchi. Superficie grezza. Si conservano parte della bocca e della spalla. Largo orlo ingrossato estroflesso. Alt. mass. 4,5 × 7,5; spess. 1 (*fig.* 19).

40. Frammento di parete di giara. Impasto c.s. Presenta un largo foro circolare pervio (diam. 1,5). Alt. mass. 7,5 × 7,5; spess. 0,5 (*tav.* XXIX *a*).

Porcellana

41. Quattro frammenti di ciotola. Porcellana bianca. Decorazione dipinta in rosso in un frammento, con fiori rossi e verdi in un altro; gli altri due sono bianchi. Spess. della parete 0,3.

Fauna

42. Una conchiglia (cono).

Materiali dal *tell* meridionale.

Ceramica a vernice nera

43. Frammento di spalla di giara. Argilla color rosso scuro, con inclusi bianchi. Si conservano parte della spalla e del collo. All'esterno tracce di vernice nera, opaca, sottile. La superficie esterna è leggermente ondulata. Graffito sulla spalla sotto l'attacco del collo con quattro linee incrociate. Alt. mass. 5,5 × 6,6; spess. 1 (*fig.* 20; *tav.* XXIX *b*).

44. Frammento di parete. Argilla c.s. Superficie esterna dipinta in nero, leggermente ondulata. Alt. mass. 3,3 × 4; spess. 0,5.

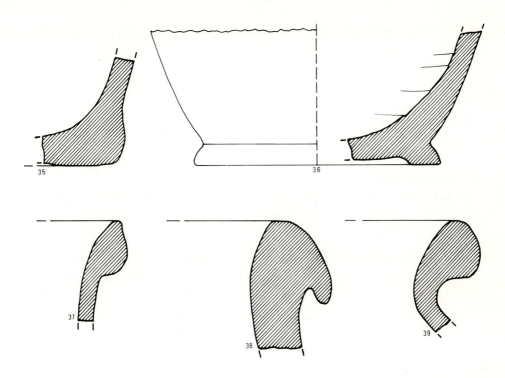

Fig. 19. - Materiali dal Sito 8.
35-38. Ceramica nuda: giare.
39. Impasto: giara.

Impasto a decorazione plastica

45. Quattro frammenti di pareti di giara. Impasto color rosso-arancio con piccoli e fitti inclusi bianchi. Decorazione all'esterno, costituita da grossi cordoni plastici orizzontali a profilo arrotondato. Spess. 1,3/1,5.

Ceramica nuda

46. Frammento di bocca di giara. Argilla color rosa-arancio con inclusi bruni e bianchi. Si conservano parte della bocca e del collo. La bocca presenta un ampio orlo ingrossato e aggettante obliquamente. Alt. mass. 5,3 × 10; spess. 1,1 (*fig.* 20).

47. Frammento di bocca di giara. Argilla color rosso-mattone, scura, con piccoli vacuoli. Si conservano parte della bocca e delle pareti. La bocca presenta un ampio orlo ingrossato. Alt. mass. 4 × 9 (*fig.* 20).

48. Frammento di bocca di giara. Argilla color arancio con molti piccoli inclusi bianchi e qualche incluso bruno. Si conservano parte della bocca e delle pareti. La bocca presenta un ampio orlo leggermente ingrossato. Alt. mass. 7,5 × 9,5; spess. 1,4 (*fig.* 20).

49. Frammento di bocca di giara. Argilla color rosa-arancio con piccoli inclusi bianchi. Si conserva parte della bocca con l'attacco delle pareti. La bocca presenta l'orlo ingrossato, ribattuto all'infuori. Alt. mass. 4 × 10; spess. 1,1 (*fig.* 20).

Impasto

50. Frammento di parete (di giara ?). Impasto rossastro con grossi inclusi bianchi. Tracce dei giri del tornio all'interno. Si conserva una parte della parete presso il piede. Alt. mass. 15 × 15; spess. 1,5.

Bronzo

51. Due piccoli frammenti di lamina bronzea di colore verde. Dimensioni rispettive: 1 × 3; 1,2 × 1,5.

Fauna

52. Una conchiglia (*Murex*).

53. Una conchiglia (cono).

Materiali dell'area ovest.

Ceramica nuda

54. Frammento di parete di vaso. Argilla color rosso scuro. Superficie esterna nerastra, scabra. Alt. mass. 3,5 × 5,5; spess. 0,5.

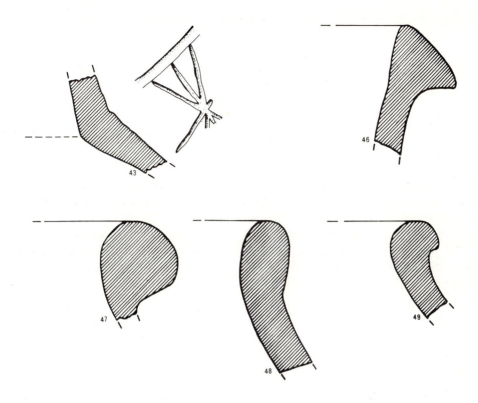

Fig. 20. - Materiali dal Sito 8.
43. Ceramica a vernice nera: giara.
46-49. Ceramica nuda: giare.

SITO 9

Sa'īdi

(*Tavv.* XXIX *c* - XXXII *b*; *Figg.* 18-26; nn. 55-135)

Sull'angolo orientale dell'insenatura del porto naturale (*niqâ'ah*), che si apre sull'estremità settentrionale dell'isola, sorse un insediamento, ora riconoscibile dalle rovine, che hanno generato dei piccoli rialzi in corrispondenza delle abitazioni dirute detti *Telāl Sa'īdah* (*tavv.* XXIX *c* - XXX *a*).[1]

Un rilievo piú considerevole domina sul resto del villaggio: ha andamento nord-sud ed è tagliato trasversalmente dalla pista, che qui ha andamento ovest-est. Nella ricognizione del novembre 1976 sono stati esplorati i quattro edifici di cui consta questo rialzo. Essi sono situati due a nord della pista, in declivio verso il mare, e due a sud; sul primo di questi due ruderi verso sud, partendo dalla pista, si trova collocato un caposaldo contrassegnato con la lettera Δ. Altre abitazioni apparentemente piú piccole formano un gruppo di minori ondulazioni subito a ovest.

Nella prima casa subito a nord della pista (casa 1), delimitata verso il mare da una scarpata netta, è stato raccolto soltanto un frammento di ceramica invetriata turchese (55); molto materiale era disseminato invece nella conca tra questa casa e quella sottostante verso il mare (casa 2); pareva trattarsi dello scarico della prima casa, in quanto questa è situata piú in alto. Vi sono stati raccolti frammenti di vasi in ceramica invetriata nerastra (56-57), verniciata in nero (58), nuda (59-62), di vasellame d'impasto (63-69) e di vetro (70).

Nella casa 3, sul primo *tell* a sud della pista (caposaldo Δ), si raccolsero frammenti di ceramica invetriata turchese (71-72) e gialla (73-75), verniciata in nero (76), vasi a decorazione plastica (77), semplice ceramica nuda (78-82), frammenti di vasi d'impasto (83-86) e di vetro (87).

Sull'altro piccolo *tell*, ancora piú a sud (casa 4), il materiale si presentava piú abbondante in superficie e fu raccolta una notevole campionatura, consistente in frammenti ceramici (88-127), vetro (128), bronzo (129) e ferro (130), materiale litico (131) e conchiglie (132-135). La ceramica è invetriata, sia turchese (88-92), che verde (93-99) e gialla (100-103), a vernice nera (104), acroma a decorazione incisa (105), a decorazione plastica (106-108), nuda (109-117), d'impasto (118-125); si sono rinvenuti anche frammenti di vasi in maiolica (126) e in porcellana (127).

In definitiva, in questa località, che dev'essere stata abitata sin dall'età del Bronzo, come suggeriscono alcuni indizi (cfr. n. 131), sorse, già dalla prima età islamica, un villaggio, che deve avere avuto degli esiti nella media età islamica, fino all'arrivo dei Portoghesi nell'isola a giudicare dalla porcel-

---

[1] LORIMER, p. 271; DICKSON, p. 57.

lana rinvenuta. Questo momento deve aver segnato una profonda trasformazione della distribuzione dell'insediamento nell'isola, in seguito alla distruzione o comunque all'abbandono di alcuni villaggi e al conseguente svilupparsi di altri situati nei pressi delle nuove strutture difensive costituite dai forti portoghesi.

Il villaggio islamico doveva avere il suo cimitero nei pressi: è probabile perciò che ad esso vada riferito il sepolcreto individuato nel sito 8, sia per la stretta connessione topografica, che per l'orizzonte cronologico prospettato dai materiali rinvenuti, che appare omogeneo con quello di questo villaggio.

I MATERIALI

Il materiale raccolto in superficie è vario e abbondante. Si tratta per lo più di frammenti di vasi fittili, oltre ai quali si sono rinvenuti dei frammenti di braccialetti in vetro, di lamina bronzea lavorata (129), un chiodo in ferro (130), un macinello basaltico (131) ed alcuni resti faunistici (132-135).

Ceramica

Nel sito di questo villaggio abbandonato si sono rinvenuti frammenti di vasi invetriati, ingubbiati, privi di rivestimento alcuno, nonché in maiolica ed in porcellana.

Ceramica invetriata

La ceramica invetriata è tutta monocroma ed è distinguibile in quattro tipi in base al colore della vetrina: ceramica invetriata turchese, verde, gialla e nera.

La *ceramica invetriata turchese*, certamente a base alcalina, è scarsa (55, 71, 72, 88-92). I frammenti si riferiscono tutti a ciotole, in argilla color crema ben depurata, su basso piede ad anello a profilo obliquo e con l'orlo della bocca arrotondato e leggermente concavo all'interno. La vetrina copre l'interno, arrestandosi all'esterno subito sotto la bocca; il resto dell'esterno è nudo. Due frammenti (88, 90) presentano un foro pervio, indice di un restauro antico. Queste ciotole trovano i confronti più immediati in alcuni esemplari identici rinvenuti in altri villaggi abbandonati dell'isola.[2] La ciotola invetriata turchese su piede ad anello è quella più comune fra la suppellettile destinata alla presentazione dei cibi nei contesti della prima età islamica.[3]

Più scarsa è la *ceramica invetriata verde*, anch'essa rappresentata solo da frammenti di ciotole (93-99), realizzate in argilla di colore variante da camo-

---

[2] Cfr. gli esemplari dal sito 8, *supra,* n. 25; dal sito 12, *infra,* p. 104; dal sito 14 (al-Quṣūr), *infra,* nn. 546, 558.

[3] Cfr. ad es. ROSEN-AYALON, fig. 336 per il piede ad anello; fig. 337 per il labbro svasato (dal II livello, secolo IX).

scio-rosato a crema, ben depurata, a volte con qualche vacuolo. Le ciotole presentano un piede a basso anello, piú o meno largo, a profilo obliquo all'interno e all'esterno, ma è presente anche il piede a disco a profilo esterno convesso (97); la bocca, svasata, ha l'orlo semplicemente arrotondato. La vetrina, di colore variante da verde bottiglia a verde marcio, a volte non uniforme, spessa e lucente, copre per lo piú solo l'interno, arrestandosi all'esterno subito sotto la bocca, mentre il resto della superficie esterna è lasciato nudo, tranne in due casi (96-97) in cui anche l'esterno è invetriato. Anche fra questi vasi è da segnalare la presenza di restauri antichi, indiziati da dei fori pervi presenti in alcuni pezzi (93, 98). Queste ciotole hanno riscontri in alcuni esemplari del villaggio di Qurainīyah[4] e, per il piede ad anello, sono confrontabili anche con gli analoghi esemplari a vetrina turchese già esaminati.

L'*invetriata gialla* (73-75, 100-103) comprende frammenti riferibili ad un boccale (73) e a ciotole. I vasi sono realizzati in argilla di colore variante da rosa a camoscio-rosato, ben depurata. Poco perspicua è la forma del boccale, di cui si conserva solo una parte del collo, cilindrico, con l'attacco inferiore dell'ansa a nastro verticale percorsa da una depressione longitudinale centrale. Delle ciotole si conserva solo il fondo, per cui conosciamo il piede (100-102), costantemente a basso anello, piú o meno obliquo, e il fondo esterno leggermente convesso. La vetrina, di colore giallo-olio a volte piuttosto scuro, spessa e poco lucente, copre sia l'interno che l'esterno dei vasi, tranne il fondo esterno lasciato nudo (100-101), cosí come il piede (102). Anche queste ciotole presentano dei fori pervii, destinati in un caso (103) a ricevere le grappe metalliche di un antico restauro, in un altro (101) a permettere il passaggio di una cordicella per appendere la ciotola secondo un uso documentato anche nel materiale rinvenuto nel sito 8 da una ciotola invetriata turchese (25). Questo tipo di ceramica invetriata, anch'essa destinata, come i precedenti, alla presentazione dei cibi, era in uso a Failakah anche nel vicino villaggio di Qurainīyah, ove queste ciotole trovano esatti riscontri per le caratteristiche della vetrina e per la forma.[5]

La *ceramica invetriata nera* figura in questo villaggio con i resti di due ciotole (56, 57) in argilla di colore variante da rosa a camoscio-rosato ben depurata, su basso e largo piede ad anello, coperte all'interno e all'esterno da una sottile vetrina nerastra poco lucente, tranne il fondo esterno ed il piede che sono nudi. Esse sono analoghe, per il tipo ed estensione della vetrina, meno per la forma, ad un'altra ciotola (26) rinvenuta nel sito 8, dove probabilmente si estendeva il cimitero di questo villaggio. Questo tipo di ceramica invetriata, raro a Failakah ove per ora è documentato solo da tre

---

[4] Per la ceramica invetriata verde del sito 12, v. in particolare *infra*, p. 105. Per la forma del labbro dei nn. 93-95, cfr. Rosen-Ayalon, fig. 337; per la base a disco con fondo piano del n. 97, cfr. *ibidem*, figg. 333-334 (livello II, secolo IX).

[5] Per la ceramica invetriata gialla, v. in particolare *infra*, p. 105, Conclusioni (paragrafo 2) e *fig.* 93.

frammenti di ciotole, può essere messo in rapporto con la ceramica invetriata monocroma nera segnalata a Wadi Beni Kharus sulla costa dell'Oman, e ad al-Huwailah sulla costa nord-est del Qatar, comprendente anche ciotole su piede ad anello;[6] per l'affinità con questa anche la nostra va forse attribuita alla fase piú recente di questo insediamento.

Ceramica a vernice nera

Anche in questo villaggio, come nei siti 7, 8, 12 e in minor misura 14, è presente la ceramica coperta da un sottile ingobbio opaco nero, o a vernice nera (58, 76, 104), scarsa come di consueto.[7] I vasi sono realizzati in argilla rosata con inclusi bianchi e neri. I frammenti riconducono in due casi a giare, una delle quali decorata con solcature a pettine (58), confrontabile con diverse giare analoghe del sito 12[8] e ad un vaso ad orlo ingrossato (76) forse aperto, per altro quasi isolato nell'ambito di questa ceramica, confrontabile con un frammento da al-Qusūr (630).

Ceramica acroma a decorazione incisa

Questo tipo di ceramica è presente in questo villaggio abbandonato con un frammento di giara (105) in argilla rosata ben depurata, decorata ad incisione con un pettine a sei punte sottili che descrive una fascia ondulata verticale e gruppi distaccati di lineette verticali sfalsati lungo fasce verticali. Esso è confrontabile con altri due rari frammenti di giare rinvenuti a Failakah, l'uno (31) dal sito 8 ove probabilmente si estendeva il cimitero di questo villaggio, l'altro (219) dal villaggio di Qurainīyah, e con vasi di Susa dal primo livello della città islamica.[9] Esso va quindi riferito alla prima età islamica.

Ceramica nuda

Piuttosto abbondante è la ceramica nuda (59-62, 78-82, 109-117), realizzata in argilla di colore per lo piú crema, raramente rosa o color camoscio, ben depurata. I frammenti rimandano a giare (59, 60-61, 78-79), a boccali (62, 80-82, 109-110, 112-116) e a una ciotola (111). Delle giare sappiamo che comportano anse verticali (59), bocca con orlo ingrossato (78) e piede ad anello (60-61). La forma dei boccali resta sostanzialmente ignota; un frammento presenta una bocca svasata (112); due fondi (82, 110) presentano

---

[6] D. J. Whitcomb, *The archaeology of Oman, a preliminary discussion of the Islamic periods*, in « Journ. of Oman Studies », I (1975), fig. 5 *b*; B. De Cardi, *Qatar Archaeological Report, Excavations 1973*, Oxford 1978, p. 174, n. 5 (secc. XVII-XIX).

[7] Per questo tipo di ceramica, v. in particolare *infra*, pp. 105-107 e *fig*. 100.

[8] Cfr. *infra*, nn. 217, 244, 338.

[9] Cfr. in particolare, per l'alternarsi di incisioni a pettine ondulate verticali e di gruppi di brevi incisioni oblique, Rosen-Ayalon, fig. 82 (dal I livello, databile tra il IX secolo e gli inizi dell'XI).

base a disco, leggermente concava e con una protuberanza centrale sul fondo esterno e sono confrontabili con esemplari di Susa databili fra la metà del VII sec. e la fine dell'VIII sec.[10], per cui vanno riferiti alla prima età islamica. Altri boccali hanno un piede ad anello (62, 109). Rara è la ciotola (111) su piede ad anello, una forma poco frequente nella ceramica non invetriata. Infine si segnala un operculo (117), ricavato da un frammento di parete di giara, confrontabile con un altro (283), ricavato ritagliando un fondo di giara, rinvenuto nel villaggio di Qurainīyah.

Impasto

Abbondante è anche il piú grossolano vasellame domestico, realizzato in impasto di colore variante da rosa a rosso ruggine, a nero, con fitti inclusi bianchi e neri.[11] I frammenti rimandano a giare, bacili e boccali, la cui frequenza è decrescente nell'ordine suddetto.

Le giare presentano collo cilindrico svasato alla bocca ad orlo ingrossato (66, 67, 120, 122). Si tratta di una forma (Forma 2) frequente nelle giare sia invetriate che prive di rivestimento.[12] La base è piana con evidenti segni del tornio all'interno (68, 83). Le pareti sono spesso decorate con cordoni plastici mossi da impressioni digitali (77, 106, 108). Questo tipo di decorazione, che ha precedenti in epoca sassanide,[13] a Failakah compare spesso sulle giare sia invetriate che no.[14] Esso è uno dei preferiti nella ceramica della prima età islamica, ove è applicato a diverse forme vascolari, sia da solo che sommato ad altri sistemi decorativi. È estremamente diffuso essendo attestato dal bacino mesopotamico,[15] all'area siro-palestinese,[16] al Levante spagnolo.[17] Una giara presenta invece una decorazione piú semplice a cordoni plastici

---

[10] Cfr. KERVRAN, p. 88, fig. 26/8 dal IV livello); ROSEN-AYALON, figg. 4, 12, 19 per la forma caratteristica della base (dal III livello).

[11] Si riferiscono a vasi d'impasto i nn. 63-69, 83-86, 118-125. Per le considerazioni generali sul vasellame d'impasto, v. *infra*, sito 12, pp. 108-109 e *figg*. 99-100.

[12] Per questa forma di giara, v. in particolare *infra*, pp. 107, 197.

[13] Cfr. R. VENCO RICCIARDI, *Sasanian pottery from Tell Mahuz*, in « Mesopotamia », VI (1971), p. 468, n. 96, con riferimenti.

[14] Cfr. *infra*, sito 12, nn. 218, 241, 276, su ceramica a vernice nera; sito 14 (al-Qusūr), su giare e bacili non invetriati (nn. 405, 406, 497) e su giare invetriate (n. 881).

[15] Cfr. ad es. FINSTER - SCHMIDT, p. 113, figg. 48 a, 71 a, tav. 61 b; R. KOECHLIN, *Les céramiques musulmanes de Suse au Musée du Louvre,* in « Mém. de la Mission Archéol. de Perse », XIX (Paris 1928), pp. 41-43; ROSEN-AYALON, figg. 103, 112, 113, 117 (ceramica non invetriata dai livelli II e III), 368-369 (ceramica invetriata dai livelli I e II); KERVRAN, p. 79, figg. 21/2, 33/10, 12-14.

[16] Cfr. ad es. A. D. TUSHINGHAM, *Excavations at Dibon (Dhibān) in Moab,* in « AASOR », XL (1972), fig. 7/31, giara risalente all'epoca della distruzione umayyade.

[17] A. BAZZANA - P. GUICHARD, *Recherche sur les habitats musulmans du Levant Espagnol,* in *Atti del Colloquio Intern. di Archeol. Medievale (Palermo-Erice, 20-22 settembre 1974),* Palermo 1976, p. 92 s. fig. 15, da Onda (Mas de Pérez), ove è particolarmente frequente.

circolari lisci, che ritorna su esemplari analoghi dai siti 8 e 12 e da al-Qusūr.[18]

A dei bacili, dalla tipica forma tronco-conica [19] su base piana, rimandano alcuni fondi piani (63, 64, 124, 125) che si distinguono dai fondi di giare perché sono lisci all'interno.

Due frammenti (118, 119) rimandano a due boccali con un bocchino tronco-conico impostato sulla spalla, confrontabili con un boccale (284) dal villaggio di Qurainīyah, una nuova creazione dei ceramisti della prima età islamica,[20] che ebbe molta fortuna.

Maiolica e porcellana

Anche sul sito di questo villaggio si sono rinvenuti dei frammenti di vasi in maiolica ed in porcellana.[21] Si tratta di un frammento di piatto (126) che imita la porcellana cinese Celadon, come un altro frammento di piatto dal vicino villaggio di Qurainīyah,[22] e di una ciotola in porcellana bianca dipinta con motivi in blu (127), riferibile all'estrema fase di vita di questo villaggio cioè al XVI-XVII secolo, come gli analoghi pezzi dai siti 7, 12 e 14.[23]

Vetro

Oltre agli elementi della suppellettile domestica che si sono passati in rassegna, nell'esplorazione di questo villaggio abbandonato si sono rinvenuti anche dei frammenti di braccialetti in vetro nerastro (70, 87, 128) a stretto anello, piatto all'interno e convesso all'esterno, confrontabili con i numerosi esemplari rinvenuti a Qurainīyah.[24]

Altri materiali

Fuori del contesto dei materiali relativi al villaggio islamico è un piccolo macinello in basalto (131), riferibile all'età del Bronzo, che indizia la presenza di un insediamento di questo orizzonte cronologico anche in questa località, cosí come nel vicino sito 8.

Il contesto dei materiali esaminati rimanda ad un insediamento riferibile nel suo impianto alla prima età islamica, cui rimandano in particolare alcuni

---

[18] Cfr. per questo motivo decorativo, *supra*, p. 63.

[19] Cfr. gli analoghi bacili, *supra*, sito 7, n. 22; *infra*, sito 12, p. 109.

[20] Questo tipo di boccale è frequente a Susa nel III livello della Ville Royale (secc. VII-VIII), ROSEN-AYALON, figg. 4-9, 11; KERVRAN, p. 80, figg. 26/1, 2 e 27/2.

[21] Frammenti di vasi in maiolica e in porcellana sono stati rinvenuti in tutti i siti esplorati, cfr. la tabella n. 7.

[22] V. *infra*, sito 12, n. 317 e le considerazioni relative, p. 110.

[23] Per considerazioni generali sulla porcellana rinvenuta a Failakah, v. *infra*, sito 12, pp. 110-113.

[24] Cfr. *infra*, sito 12, nn. 175, 190-191, 261-263, 301, 319-320; sito 14 (al-Qusūr), n. 377.

pezzi (82, 105, 106, 108), con esiti nella media età islamica e perdurato fino alla fase portoghese nell'isola, cioè fino al XVI-XVII secolo. Le osservazioni fatte sui frequenti restauri delle ceramiche invetriate in uso nel villaggio (56, 88, 90, 93, 98, 103, ciotole a vetrina turchese, verde, gialla e nera), che indicano il valore attribuito a queste ceramiche, e sul riutilizzo di vasi per ricavarne dei nuovi oggetti rudimentali, come l'opercolo (117), ritagliato da un frammento di giara, suggeriscono anche in questo villaggio un contesto economico piuttosto povero, cosí come in altri insediamenti abbandonati dell'isola.[25]

Catalogo

Casa 1

Ceramica invetriata turchese

55. Frammento di fondo di ciotola. Argilla di colore crema, finemente depurata. Si conservano parte del fondo e del piede e l'attacco delle pareti. Basso piede ad anello a profilo obliquo. Interno coperto da spessa vetrina turchese. Esterno nudo. Alt. mass. 2,6; diam. presumibile del piede 12 (*fig.* 21).

Materiali fra la casa 1 e la casa 2.

Ceramica invetriata nera

56. Frammento di fondo di ciotola. Argilla rosa, ben depurata, sfaldata in superficie. Tracce dei giri del tornio all'esterno. Si conservano parte del fondo e del piede con l'attacco delle pareti. Basso e largo piede ad anello a sezione sub-triangolare, a profilo obliquo. All'interno e all'esterno sottile invetriatura nerastra, poco lucente; eccettuati il piede e il fondo esterno, che sono lasciati a superficie nuda. Un foro pervio, praticato dall'interno, si trova a cm. 1 dal piede (diam. 0,5 all'interno; 0,3 all'esterno). Alt. mass. 2,5 × 10; spess. 0,7 (*fig.* 21).

57. Frammento di parete di ciotola. Argilla color camoscio chiaro, ben depurata. Interno ed esterno coperti da sottile vetrina grigio-nerastra, quasi opaca. Alt. mass. 6,5 × 4; spess. 0,6.

Ceramica a vernice nera

58. Frammento di parete di giara. Argilla rosata con molti inclusi bianchi e nerastri e vacuoli. Segni dei giri del tornio all'interno. Superficie esterna coperta da vernice nera, opaca, scheggiata. Interno nudo. All'esterno, decorazione incisa a pettine con fasce sovrapposte di linee circolari. Alt. mass. 4,5 × 5 (*fig.* 21).

---

[25] Cfr. *infra,* sito 12, p. 115.

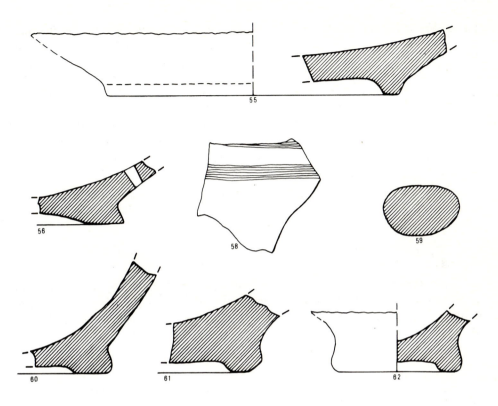

Fig. 21. - Materiali dal Sito 9.

Casa 1

55. Ceramica invetriata turchese: ciotola.

Tra le Case 1 e 2

56. Ceramica invetriata nera: ciotola.

58. Ceramica a vernice nera: giara.

59-61. Ceramica nuda: giare.

62. Ceramica nuda: boccale.

Ceramica nuda

59. Frammento di ansa verticale di giara, a sezione ovale. Argilla di color camoscio con qualche vacuolo. Lungh. mass. 6; diam. 3,2 (*fig.* 21).

60. Frammento di fondo di giara. Argilla di color crema ben depurata, con qualche vacuolo. Superficie scabra. Basso piede ad anello. Alt. mass. 5 × 4; spess. 1,1 (*fig.* 21).

61. Frammento di fondo di giara. Argilla c.s. Si conservano parte del fondo e del piede e l'attacco delle pareti. Superficie scabra. Basso piede ad anello a profilo differenziato. Alt. mass. 4 × 7 (*fig.* 21).

62. Frammento di fondo di boccale. Argilla di color rosa, ben depurata, dura. Si conservano parte del fondo e del piede. Basso piede ad anello, leggermente obliquo. Alt. mass. 3; diam. presumibile del piede 5,5 (*fig.* 21).

Impasto

63. Frammento di fondo di bacile. Impasto di colore camoscio rosato con grossi inclusi bianchi piuttosto radi e fitti inclusi neri piuttosto piccoli. Si conserva parte del fondo con l'attacco delle pareti. Base piana a margine arrotondato. Alt. mass. 7 × 9,5; spess. 1,5/2 (*fig.* 22).

64. Frammento di fondo di bacile. Argilla e forma c.s. Alt. mass. 4 × 7; spess. 1,5.

65. Frammento di fondo di boccale. Impasto color rosso mattone con inclusi bianchi. Si conserva parte del fondo con l'attacco delle pareti. Base piana. Alt. mass. 2 × 5 (*fig.* 22).

66. Due frammenti di bocca di una stessa giara. Impasto c.s. Si conservano parte della bocca e del collo. Bocca svasata con ampio orlo aggettante e obliquo verso l'esterno. Alt. mass. 4,5 × 3,5; 5,5 × 4 (*fig.* 22).

67. Frammento di bocca di giara. Impasto di colore grigio scuro-nerastro con numerosi inclusi bianchi, piú o meno grandi. Superficie scabra. Si conservano parte della bocca e del collo. Bocca svasata con orlo ingrossato, aggettante e obliquo. Alt. mass. 2,5 × 4,5 (*fig.* 22).

68. Frammento di fondo di giara. Impasto c.s. Si conserva parte del fondo con l'attacco delle pareti. Basso piede a disco, aggettante e obliquo; base piana. Alt. mass. 2,5 × 4 (*fig.* 22).

69. Frammento di parete. Impasto c.s. Alt. mass. 4 × 4; spess. 1.

Vetro

70. Frammento di braccialetto in vetro nerastro. Superficie interna concava, esterna convessa. Un margine è arrotondato, l'altro è a spigolo vivo irregolare. Diam. esterno presumibile 6; spess. 0,4/0,7 (*fig.* 22).

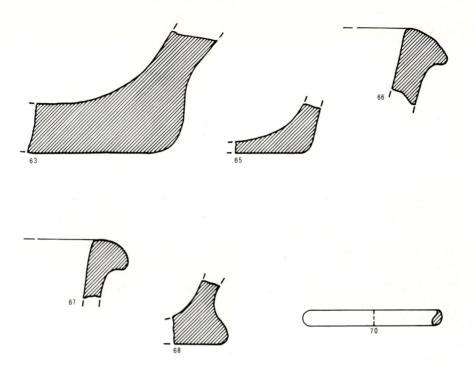

Fig. 22. - Materiali dal Sito 9.
    Tra le Case 1 e 2
63-68 Impasto: bacile, boccale, giare.
70. Vetro: braccialetto.

Casa 3

Ceramica invetriata turchese

71. Frammento di fondo di ciotola. Argilla color crema, ben depurata. Si conserva parte del piede con l'attacco delle pareti. Basso piede ad anello molto largo, a profilo esterno appena obliquo. Spessa vetrina turchese all'interno. Alt. mass. 3,7 × 5,5 (*fig.* 23).

72. Frammento di parete. Argilla c.s. Tracce di vetrina turchese all'interno. Esterno nudo. Alt. mass. 6,5 × 6; spess. 1,3.

Ceramica invetriata gialla

73. Frammento di collo di boccale. Argilla color camoscio-rosato, ben depurata. Si conserva parte del collo con l'attacco inferiore di un'ansa, a nastro verticale, percorsa da una depressione longitudinale centrale. Collo cilindrico, che in alto accenna a svasare verso la bocca. Interno ed esterno coperti da vetrina spessa, color giallo-olio, poco lucente. Alt. mass. 6 × 4; spess. 0,6; largh. dell'ansa 2,6 (*fig.* 23).

74. Frammento di parete di ciotola. Argilla c.s. Si conserva un frammento verso la base. Segni del tornio all'interno. Interno completamente coperto da vetrina color giallo-olio, che all'esterno doveva coprire soltanto la parte superiore della ciotola, arrestandosi irregolarmente alcuni centimetri sopra il piede. La parete esterna presenta larghe ondulazioni. Alt. mass. 8 × 8; spess. 0,9.

75. Quattro frammenti di pareti di ciotola. Argilla c.s. Vetrina color giallo-olio, spessa, poco lucente, sia all'interno che all'esterno. Spess. 0,5/0,7.

Ceramica a vernice nera

76. Frammento di bocca di vaso aperto (?). Argilla rosa con inclusi bruni. Si conserva parte della bocca con l'attacco delle pareti. Orlo della bocca ribattuto in fuori. Vernice nerastra, opaca e sottile, sia all'interno, che all'esterno. Alt. mass. 5 × 6; diam. presumibile della bocca 17 (*fig.* 23).

Impasto a decorazione plastica

77. Frammento di parete di giara. Impasto di color grigio-scuro, con vacuoli. Superficie grezza. Tracce di giri del tornio all'interno. Decorazione impressa con le dita a crudo su cordonature plastiche orizzontali. Alt. mass. 15 × 13; spess. 1,2 (*tav.* XXXI *a*).

Ceramica nuda

78. Frammento di bocca di giara. Argilla color crema, ben depurata. Si conservano parte della bocca e della spalla. La bocca presenta un ampio orlo ribattuto in fuori. Alt. mass. 4 × 8; spess. 1.

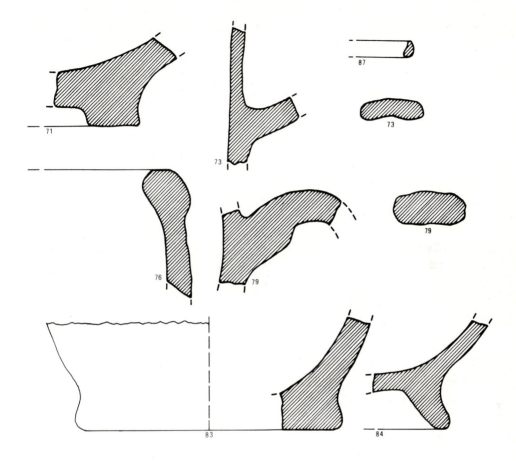

Fig. 23. - Materiali dal Sito 9.

    Casa 3

71. Ceramica invetriata turchese: ciotola.
73. Ceramica invetriata gialla: boccale.
76. Ceramica a vernice nera: vaso aperto.
79. Ceramica nuda: giara (?).
83-84. Impasto: giare.
87. Vetro: braccialetto.

79. Frammento di collo di vaso chiuso (giara ?). Argilla c.s. Si conserva parte del collo con l'attacco superiore di un'ansa verticale a nastro, a sezione ovale. Superficie esterna molto liscia. Alt. mass. 3,5 × 4,5; largh. dell'ansa 3 (*fig.* 23).

80. Frammento di collo e spalla di boccale. Argilla c.s. Superficie esterna molto liscia. Alt. mass. 5; diam. presumibile del collo 4,3.

81. Frammento di ansa di boccale a nastro verticale, percorsa da una bassa solcatura centrale longitudinale. Argilla c.s. Lungh. mass. 4,5; largh. dell'ansa 2.

82. Fondo di boccale. Argilla c.s. Si conservano il fondo e l'attacco delle pareti. Basso piede a disco con fondo esterno concavo e leggermente umbonato. Alt. mass. 6; diam. del piede 8,4; spess. 1 (*tav.* XXXI *c-d*).

Impasto

83. Frammento di fondo di giara. Impasto rosato con inclusi bianchi e neri. Si conserva parte della base con l'attacco delle pareti. Basso piede a disco a fondo piano. Alt. mass. 4,5; spess. 1; diam. presumibile del piede 11 (*fig.* 23).

84. Frammento di fondo. Impasto c.s. Restano parte del fondo e del piede con l'attacco delle pareti. Piede ad alto anello obliquo. Alt. mass. 4,5 × 3; spess. 0,6 (*fig.* 23).

85. Due frammenti di pareti di uno stesso vaso. Impasto c.s. Dimensioni rispettive: 9 × 6; 14 × 16; spess. 1,2/1,5.

86. Frammento di parete. Impasto color rosso scuro, con inclusi bianchi e nerastri; superficie esterna color grigio scuro. Alt. mass. 3 × 4; spess. 0,8.

Vetro

87. Frammento di braccialetto in vetro nerastro con un margine stondato e l'altro a spigolo vivo. Superficie interna concava, esterna convessa. Alt. 0,7 × 2,3; spess. 0,4 (*fig.* 23).

Casa 4

Ceramica invetriata turchese

88. Frammento di fondo di ciotola. Argilla di color crema finemente depurata, dura, con qualche vacuolo. Si conservano parte del fondo e del piede. Basso piede ad anello a profilo obliquo. Spessa vetrina turchese all'interno. Esterno nudo. Un foro pervio fu praticato successivamente dall'interno verso l'esterno (diam. 0,3/0,4). Alt. mass. 2,5 × 8; diam. presumibile del piede 11 (*fig.* 24).

89. Frammento di fondo di ciotola. Argilla c.s. Si conservano parte del fondo e del piede. Basso piede ad anello a profilo obliquo. Tracce di vetrina turchese all'interno, molto spessa. Esterno nudo. Alt. mass. 1,8 × 4; diam. presumibile del piede 8 (*fig.* 24).

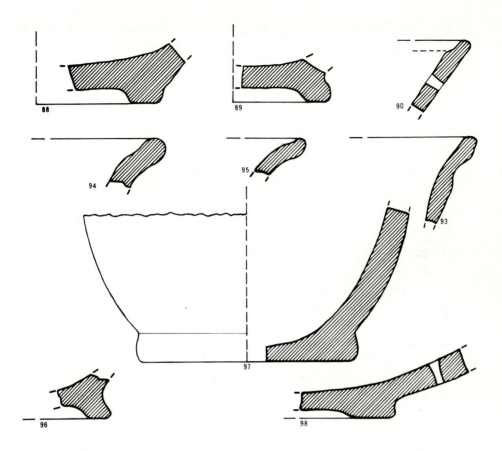

Fig. 24. - Materiali dal Sito 9.

Casa 4

88-90. Ceramica invetriata turchese: ciotole.

93-98. Ceramica invetriata verde: ciotole.

90. Frammento di bocca di ciotola. Argilla c.s. Si conservano parte della bocca e delle pareti. Orlo arrotondato, leggermente concavo all'interno. Spessa vetrina turchese all'interno; all'esterno essa si arresta a cm. 1,5 sotto l'orlo, mentre il resto della parete esterna è lasciato nudo. Tracce di un foro pervio a cm. 2 sotto l'orlo. Alt. mass. 4 × 3,5; spess. 0,5 (*fig. 24*).

91. Due frammenti di orlo di ciotola. Argilla c.s. Orlo arrotondato semplice. Spessa vetrina turchese all'interno; all'esterno essa si arresta a cm. 1 sotto l'orlo. Dimensioni: 4 × 3; 5,5 × 3.

92. Sette frammenti di pareti di ciotola. Argilla c.s. Spessa vetrina turchese all'interno. Esterno nudo. Spess. 0,4/1.

Ceramica invetriata verde

93. Frammento di bocca di ciotola. Argilla di colore camoscio rosato, ben depurata, dura. Si conservano parte della bocca e della parete. Bocca svasata con orlo arrotondato. Tre fori pervii sono stati praticati dall'interno poco sotto l'orlo. Interno coperto da spessa vetrina verde deperita; all'esterno essa si arresta sotto l'orlo. Alt. mass. 4 × 4,5; spess. 0,5 (*fig. 24*).

94. Frammento di bocca di ciotola. Argilla c.s. Si conservano parte della bocca e della parete. Bocca svasata. Interno coperto da vetrina di colore verde bottiglia non uniforme, a chiazze piú scure. Esterno nudo. Alt. mass. 2 × 4 (*fig. 24*).

95. Frammento di bocca di ciotola. Argilla c.s. Forma simile alla precedente. Presso l'orlo, all'interno, corre una bassa scanalatura circolare. Spessa vetrina di colore verde all'interno. Esterno nudo. Alt. mass. 2,2 × 2,6; spess. 0,6 (*fig. 24*).

96. Frammento di fondo di ciotola. Argilla rosa ben depurata, dura. Si conservano parte del fondo e del piede. Basso piede ad anello a profilo differenziato. Interno ed esterno coperti da vetrina di colore verde marcio, spessa e lucente, molto deperita. Alt. mass. 1,8 × 3 (*fig. 24*).

97. Frammento di fondo di ciotola (?). Argilla di colore crema, ben depurata, con qualche vacuolo. Si conservano parte del fondo e l'attacco delle pareti. Basso piede a disco a profilo convesso; base piana. Interno coperto da vetrina di colore verde marcio, piuttosto sottile, deperita. All'esterno la vetrina si arresta a cm. 4 dalla base. Alt. mass. 6,5; diam. presumibile della base 9 (*fig. 24*).

98. Frammento di fondo di ciotola. Argilla c.s. Si conservano parte del fondo e delle pareti. Bassissimo piede ad anello. Due fori pervii, praticati dall'interno, si dispongono cm. 2 al di sopra del piede. All'interno, tracce di vetrina di colore verde marcio. Esterno nudo. Alt. mass. 3,5 × 12; spess. 1 (*fig. 24*).

99. Cinque frammenti di pareti di ciotole diverse. Argilla c.s. Vetrina di colore verde all'interno. Esterno nudo. Spess. 0,4/0,8.

Ceramica invetriata gialla

100. Frammento di fondo di ciotola. Argilla rosa, ben depurata. Si conservano metà del fondo e del piede. Basso piede ad anello; fondo esterno leggermente convesso. Interno ed esterno coperti da vetrina di colore giallo-marrone, poco lucente, largamente caduta, tranne il fondo esterno, che è lasciato nudo e presenta soltanto qualche macchia accidentale di vetrina. Alt. mass. 2,5; diam. presumibile del piede 11 (*fig.* 25).

101. Frammento di fondo di ciotola. Argilla c.s. Si conservano circa metà del fondo e del piede. Basso piede ad anello a profilo obliquo; fondo esterno leggermente convesso. Il piede è attraversato da un foro pervio, praticato dall'esterno verso l'interno (diam. 0,3). All'interno e all'esterno, sottile vetrina di colore giallo-marrone, eccetto sul fondo esterno, che è lasciato nudo. Alt. mass. 2,5; diam. del piede 7,7; spess. 0,9 (*fig.* 25).

102. Frammento di fondo di ciotola. Argilla c.s. Basso piede ad anello, al di sopra del quale, all'esterno, corre una solcatura circolare. Vetrina di colore giallastro all'interno e all'esterno, ove si arresta cm. 1 al di sopra del piede. Piede e fondo esterno nudi. Alt. mass. 4 × 6; spess. 0,8 (*fig.* 25).

103. Cinque frammenti di pareti di ciotola. Argilla c.s. Superficie esterna leggermente ondulata. Due frammenti sono ricomponibili e presentano due fori pervii, in dipendenza di un antico restauro. Vetrina di colore giallo-olio, sia all'interno, che all'esterno. Frammento ricomposto: alt. mass. 9 × 10,5; distanza tra i fori 5,4; diam. dei fori 0,3.

Ceramica a vernice nera

104. Frammento di parete di giara. Argilla di colore camoscio rosato con inclusi bruni. All'esterno, sottile vernice nero-grigiastra opaca, che ricopre in parte anche l'interno. Alt. mass. 6 × 6,5; spess. 1,3.

Ceramica acroma a decorazione incisa

105. Frammento di parete di giara. Argilla di colore camoscio rosato, ben depurata, a superficie liscia. Tracce del tornio all'interno. All'esterno, decorazione incisa con pettine a sei punte sottili, che descrive una fascia verticale ondulata e gruppi di lineette verticali e oblique distribuiti irregolarmente. Alt. mass. 2,5 × 6,5; spess. 1 (*fig.* 25; *tav.* XXXI *b*).

Impasto a decorazione plastica

106. Frammento di parete di giara. Impasto grigiastro con inclusi bianchi. Superficie molto deperita. Segni del tornio all'interno. All'esterno, decorazione costituita da un cordone plastico applicato, ornato con tacche impresse con le dita a crudo. Alt. mass. 5,5 × 6; spess. 1 (*tav.* XXXII *a*).

107. Frammento di parete di giara. Impasto grigiastro con grossi inclusi bianchi e piccoli inclusi neri. Segni del tornio all'interno. Decorazione plastica all'esterno, costituita da un cordone rilevato orizzontale, piuttosto sottile. Alt. mass. 12,5 × 12; spess. 1.

108. Frammento di parete di giara. Impasto di colore rosso scuro-violaceo con grossi inclusi bianchi. All'esterno, decorazione costituita da un cordone rilevato, ornato da impressioni digitali oblique. Alt. mass. 4 × 3,5; spess. 1 (*fig.* 25; *tav.* XXXII *a*).

Ceramica nuda

109. Fondo di boccale. Argilla di colore crema, ben depurata. Si conservano circa metà del fondo e del piede e la parte inferiore delle pareti. Basso piede ad anello a profilo esterno convesso. Profondi segni del tornio su tutta la superficie interna. Alt. mass. 4,8; diam. del piede 7,8 (*fig.* 26).

110. Frammento di fondo di boccale. Argilla rosata con qualche incluso bruno. Si conservano parte del fondo e delle pareti. Basso piede a disco; fondo esterno leggermente concavo. Alt. mass. 6,5; diam. presumibile del piede 4,5.

111. Frammento di fondo di ciotola. Argilla di colore crema-rosato. Si conservano parte del fondo e del piede. Basso piede ad anello a profilo obliquo. Alt. mass. 1,5 × 6 (*fig.* 26).

112. Frammento di bocca svasata di boccale, con orlo arrotondato. Argilla c.s. Alt. mass. 2,5 × 5; spess. 0,6 (*fig.* 26).

113. Frammento di ansa di boccale, verticale a sezione ovale. Argilla di colore crema, ben depurata. Lungh. mass. 8,5; largh. 2; spess. 1,2 (*fig.* 26).

114. Frammento di ansa verticale di boccale a sezione ovale. Argilla di colore rosa con vacuoli. Lungh. mass. 4; diam. 2.

115. Frammento di ansa a nastro verticale di boccale a sezione ovale, percorsa da una profonda solcatura longitudinale. Si conserva l'attacco superiore sul collo del vaso. Argilla c.s. Largh. dell'ansa 1,8 (*fig.* 26).

116. Frammento di ansetta di boccale, verticale, a nastro a sezione ovale. Argilla di colore camoscio rosato. Lungh. mass. 7; largh. 1,5.

117. Opercolo circolare ritagliato dalla parete di una giara. Argilla di colore crema, con vacuoli. Diam. 3,5; spess. 0,9.

Impasto

118. Frammento di bocchino troncoconico di boccale. Impasto di colore camoscio chiaro con inclusi bruni piuttosto grandi. Lungh. mass. 6; largh. alla base 3,3; diam. del canale 0,8.

119. Frammento di parete di boccale con traccia dell'attacco di un bocchino troncoconico, c.s. Impasto c.s. Alt. mass. 8 × 7; spess. 0,9.

120. Frammento di bocca di giara ad orlo leggermente ingrossato. Impasto di colore rosa con inclusi bianchi. Alt. mass. 3 × 4; spess. 0,5 (*fig.* 26).

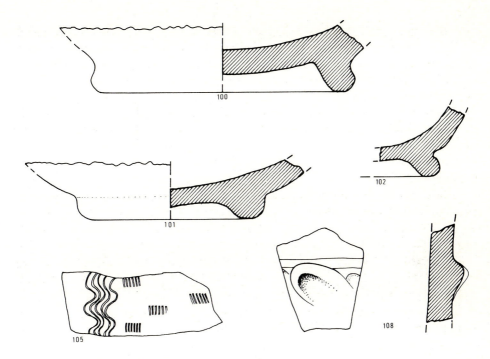

Fig. 25. - Materiali dal Sito 9.

Casa 4

100-102. Ceramica invetriata gialla: ciotole.

105. Ceramica acroma incisa: giara.

108. Impasto: giara.

121. Frammento di parete. Impasto di colore rosso scuro-violaceo, con grossi inclusi bianchi. Superficie esterna di colore nero-grigiastro. Alt. mass. 5 × 3,5; spess. 1,2.

122. Frammento di bocca di giara. Impasto c.s. Superficie esterna di colore grigio scuro. Bocca svasata a orlo ingrossato. Alt. mass. 6 × 7; spess. 1 (*fig.* 26).

123. Tre frammenti di pareti. Impasto c.s. Spess. 0,4/0,8.

124. Frammento di fondo di bacile. Impasto di colore grigio scuro, molto compatto. Si conserva parte del fondo con l'attacco delle pareti. Base piana a margine arrotondato. Alt. mass. 4 × 6; spess. 1,5; diam. presumibile del fondo 24 (*fig.* 26).

125. Frammento di fondo, c.s. Impasto c.s. Fondo esterno leggermente concavo, a margine netto. Alt. mass. 4,5 × 1,2; spess. 1,2.

Maiolica

126. Frammento di parete di piatto. Argilla di colore rosa vivo, con qualche vacuolo. Interno ed esterno coperti da spesso smalto di colore grigio-verde passante al biancastro, lucente. Alt. mass. 5,5 × 3,5; spess. 0,6. Imitazione della porcellana Céladon.

Porcellana

127. Frammento di parete di ciotola. Porcellana bianca, dipinta all'interno in blu con tracce di decorazione illeggibile. Alt. mass. 1 × 1,1; spess. 0,5.

Vetro

128. Frammento di braccialetto in vetro nerastro. Sezione quasi semicircolare. Superficie interna piatta e verticale, esterna a profilo convesso. Alt. 0,9; lungh. mass. 2; spess. 0,4 (*fig.* 26).

Oggetti in metallo

129. Un frammento di lamina bronzea. Si conservano parzialmente due lati contigui ortogonali, l'uno rettilineo, l'altro ad ondulazioni, corrispondenti alle quattro baccellature che decorano la lamina. Dimensioni mass. 2,8 (nella lunghezza dei baccelli) × 2 nella larghezza; spess. 0,1 (*fig.* 26).

130. Frammento di gambo di chiodo in ferro a sezione quadrata. Ossidato e corroso. Lungh. mass. 8; spess. 1,3 (*tav.* XXXII *b*).

Pietra

131. Un piccolo macinello di basalto. Dimensioni 5 × 3; spess. 2.

Fauna

132. Un frammento di osso lungo.

133. Tre conchiglie (*Murex*).

134. Due conchiglie di cono.

135. Una valva di *Pecten*.

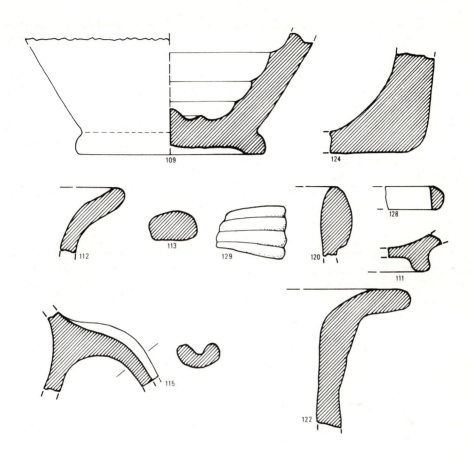

Fig. 26. - Materiali dal Sito 9.

    Casa 4

109-115. Ceramica nuda: boccali e ciotola (111).

120-124. Impasto: giare e bacile (124).

128. Vetro: braccialetto.

129. Bronzo: lamina.

SITO 10

Muqām al-Khidru

(Tavv. XXXII c - XXXIII; Fig. 17)

Sull'estremità del piccolo promontorio, che segna l'angolo nord-occidentale dell'isola e che chiude il porto naturale (*niqāʿah*), sorge sulla scogliera, contro cui arriva a battere l'alta marea, il santuario di Khidr. Esso è stato ricostruito piú volte dalla venerazione dei fedeli, perché viene facilmente degradato dagli agenti atmosferici e dalle mareggiare a causa della sua posizione troppo esposta. Fino all'inizio del secolo doveva essere una semplice edicola in mattoni crudi, che — ridotta in condizioni fatiscenti — fu ricostruita dagli abitanti sunniti dell'isola, che non credono a questo culto idolatrico, ma lo rispettano, con il denaro inviato da madri riconoscenti. Tutta la strada che dal villaggio di az-Zōr portava al santuario, lungo la spiaggia aperta, era stata allora contrassegnata con mucchietti di alghe, commoventi per la loro spontanea semplicità. Successivamente l'edificio, che era quadrato e coperto da una cupola ad uovo, si deteriorò nuovamente e fu rabberciato in modo che venne ad assumere una forma circolare. Attualmente ha perduto la copertura, sostituita da precarie lamiere, ma è stato ridipinto di verde, in accordo con il nome (*khadir* infatti significa verde) (*tavv.* XXXII c - XXXIII).

Il santuario è dedicato allo stesso dio Khidr, che è ricordato dal Corano e che era venerato ad ʿAbādān, ma del quale i teologi musulmani tendono a negare l'esistenza. Si tratta di un personaggio mitico, il vincitore del mostro, immortale, la cui anima, secondo i musulmani, passava dal corpo di un profeta in quello di un altro. Veniva talora identificato con Pinchas o con Elia o con san Giorgio o con san Michele.[1] Poiché non è mai morto e il suo corpo non esiste, non ha una tomba, ma diversi santuari a lui dedicati, che egli visita periodicamente. È venerato soprattutto come protettore dei pescatori e delle donne sterili.

In passato il santuario era perciò molto frequentato dai marinai, che venivano qui per sciogliere i loro voti per l'ottenuta salvezza, sacrificando una pecora o una capra o bruciando incenso o soccorrendo i poveri. Attualmente il suo culto è legato soprattutto alla propiziazione della fecondità e

---

[1] *Corano, sûra* XVII; KAZIMIRSKI, p. 746 a; G. DE JERPHANION, *L'origine copte du type de S. Michel debout sur le dragon,* in « C. R. Ac. Inscr. », 1938, pp. 367-381.

Un oratorio dedicato allo stesso profeta *Hidr* o Elia sorgeva anche sulla costa dell'isola di Hormuz, circondato da tombe monumentali, tra le quali il mausoleo reale di Qutbuddīn Tahamtan II. L'ospizio presso l'oratorio di Hidr-el Ilyās fu visitato anche da Ibn Baṭṭūta, *Rihla,* éd. DEFRÉMERY et SANGUINETTI, Paris 1853-59, II, p. 232; cfr. H. A. R. GIBB, *The Travels of Ibn Battûta* (Hakluyt Soc.), London 1958 ss. J. AUBIN, *Le royaume d'Ormuz au début du XVIᵉ siècle,* in *Mare luso-indicum,* II, Genève 1973, ne identifica i resti col *tepe* di Qasr-i Sūrat sulla costa nord-orientale dell'isola di Giarūn (Hormuz).

perciò la località è meta di gite di donne e bambini, che vengono dal Kuwait a compiere riti tradizionali caratteristici.[2]

La festa di Khidr cade in primavera, cioè quando rinverdisce l'anno nuovo. In questa stagione si ritrovava un tempo attorno al santuario di Failakah una folla di pellegrini provenienti specialmente dalla Persia e dal Belūchistān, finché l'irrigidirsi delle frontiere non ha allentato la coralità di questa manifestazione. Le donne hanno tuttavia continuato a frequentarlo e, una volta avuto il bambino, inviano candele, che ardono nelle tre nicchie all'interno del sacello, fiori da appendervi, una pecora da sacrificare e una ciocca di capelli del bambino.[3]

Questa interessante sopravvivenza di remote credenze religiose fa supporre che in questa località potesse avere avuto sede un antichissimo culto della divinità tipicamente orientale della rinascita primaverile e della fecondità. 'Adhrā indica infatti la santa vergine, come la Madonna o l'antica *Artemis Taurobolos* e l'identificazione con Khidr potrebbe essere ovviamente successiva.

L'edificio sacro era incluso fino a pochi anni addietro in un recinto, che comprendeva altri tre edifici minori, ora scomparsi, ma il cui pietrame è ancora visibile sparso sulla scogliera.

Nel terreno circostante sono stati notati in superficie pochi frammenti d'impasto, che potrebbero riferirsi ad una frequentazione risalente già all'età del Bronzo, ossia alla seconda metà del III millennio a.C.[4] Più numerosa appare sul posto la ceramica islamica. Non sono stati raccolti campioni in questo sito.

---

[2] La credenza popolare vuole che se una donna sterile trascorre qui la notte di un giovedí, preferibilmente con la luna nuova, possa poi concepire: LORIMER, p. 272 s.; DICKSON, p. 58; ALBRECTSEN, p. 182.

[3] Fr. STARK, *Baghdad Sketches,* London 1937, p. 132 s.

[4] GLOB 1958, pp. 168, 170, 173, fig. 1.

SITO 11

Dasht

(Tavv. XXXIV - XXXV)

Su una piccola insenatura portuale della costa nord dell'isola sorse un villaggio, le cui rovine sono ancora riconoscibili in forma di leggere ondulazioni nei terreni che dominano tutt'intorno l'insenatura.[1]

Il nucleo accentrato piú vicino alla costa è stato in parte distrutto da recenti escavazioni estrattive. Le altre tracce di costruzioni sono rade e disseminate su un'area assai vasta, che si estende sia verso Qurainīyah, sia verso Sa'īdi, dov'è stata rispettata una zona archeologica a cavallo della pista.

Il toponimo è di origine persiana ed indica un terreno stepposo e pianeggiante.[2]

Secondo la tradizione, in questo villaggio si sarebbero insediati i Portoghesi, che poi si sarebbero ritirati all'interno, perseguitati dal flagello dei topi, che era stato provocato dagli 'auliyāh, i santoni protettori dell'isola, nella quale contavano circa 60 o 70 sepolture oggetto di venerazione.[3] In realtà non abbiamo alcun indizio di un trasferimento dei Portoghesi all'interno dell'isola, dove anzi il villaggio di al-Quṣūr, abbandonato da secoli all'arrivo dei Portoghesi, non presenta alcuna traccia di una ripresa di vita in età moderna (v. infra). È perciò piú probabile ricollegare la tradizione indigena con quanto sappiamo della pestilenza del 1648, che costrinse piuttosto i Portoghesi ad abbandonare definitivamente i forti dell'isola.[4]

L'infestazione da ratti, che apporta distruzioni e germi patogeni e può perciò costringere gli abitanti all'abbandono delle proprie abitazioni, è un fenomeno oggi dimenticato, mentre era noto nel mondo antico. La Bibbia ricorda la pestilenza invocata da Isaia per salvare re Ezechia dall'assedio di Sennacherib (701 a.C.), che invece avrebbe assalito il faraone Sethos nella versione nota ad Erodoto (II, 141), che ricorda espressamente l'intervento dei ratti. Eliano, che tra l'altro ricorda specificamente per la nostra zona i ratti di Teredon,[5] parla di centri abbandonati dagli abitanti, perché infestati da ratti, come a Megara e in Italia;[6] non soltanto dallo stesso Eliano,[7] ma già da Omero,[8] conosciamo del resto il culto di Apollo Sminteo — come quel-

---

[1] LORIMER, p. 271; DICKSON, p. 57.

[2] *Atlante Internazionale del T.C.I.,* Milano 1968, tav. 88-89, testo.

[3] LORIMER, p. 273; DICKSON, p. 59.

[4] Per la fase di occupazione portoghese nell'isola di Failakah, v. *supra,* pp. 25-28.

[5] Aelian. *Nat. Anim.* XVII 17: οἱ μύες οἱ ἐν τῇ Τερηδόνι τῆς Βαβιλωνίας εἰσίν...

[6] Aelian. XI 28; XVII 41.

[7] Aelian. XII 5.

[8] Hom. *Il.* I 39.

lo di Dioniso Sminteo — diffuso soprattutto nella Troade.[9] L'epiteto sminteo celebra l'azione disinfestante dai ratti, σμίνθοι γὰρ παρὰ χρησὶν οἱ μυές.[10] Plinio ricorda l'opera malefica dei ratti nella Troade[11] e ricorda anche da Teofrasto e da Varrone l'abbandono dell'isola di Gyara nell'Egeo.[12] Nel tardo impero romano un caso analogo sarebbe occorso alla città di Cosa in Etruria, secondo una diceria raccolta all'inizio del V secolo da Rutilio Namaziano.[13] Infine nell'alto medioevo occidentale si può ricordare il famoso Mäuseturm che secondo la leggenda sarebbe stato costruito dall'arcivescovo di Magonza Attone I (ca. 850-913) sul Reno presso Bingen.

---

[9] GROHMANN, *Apollo Smintheus und die Bedeutung der Mäuse in der Mythologie*, Prague 1862.

[10] *Schol. ad* Lycophr. 1306.

[11] Plin. *Nat. Hist.* X 186: *plurimi ita ad Troada proveniunt et iam inde fugaverunt incolas.*

[12] Plin. VIII 104: *M. Varro auctor est ... ex Gyara Cycladum insula incolas a muribus fugatos*; 222: *Theophrastus auctor est, in Gyara insula, cum incolas fugaverint, ferrum quoque rosisse eos.*

[13] Rut. Nam. I 289 s.: *Dicuntur cives quondam migrare coacti Muribus infestos deseruisse lares.* Cfr. F. E. BROWN, *Cosa I: History and Topography*, in « Mem. Am. Ac. Rome », XX (1951), p. 21.

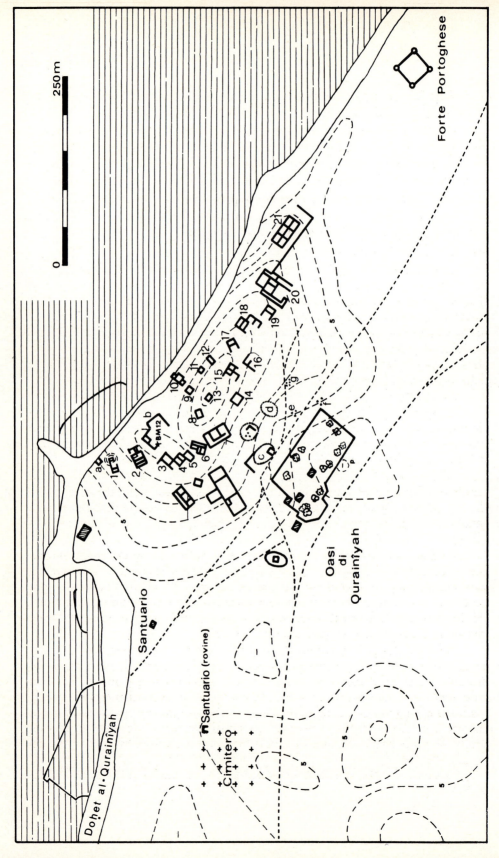

Fig. 27. - Sito 12, Qurainiyah: planimetria del villaggio. A est il Forte Portoghese (Sito 13). Scala 1 : 5000.

SITO 12

Qurainīyah

(*Tavv.* XXXVI - XLVII *c*; *Figg.* 27-37; nn. 136-361)

IL VILLAGGIO

Villaggio abbandonato situato a metà della costa nord-est dell'isola, circa km. 2 a est del consimile villaggio di Dasht (sito 11).

Il toponimo è forse da mettere in relazione con *qurayah*, villaggio.

Rimane una piccola oasi in fase di avanzata degradazione, con una ventina di palme entro un recinto quasi rettangolare di ca. m. 130 × 60 (*tavv.* XXXVI *b* - XXXVIII). Nell'angolo piú occidentale la famiglia dello sceicco as-Sabah del Kuwait aveva fatto costruire delle abitazioni, che servirono di residenza estiva tra la fine del secolo scorso e l'inizio del nostro secolo e che sono ora abbandonate e fatiscenti. Nella stessa occasione furono piantati dei palmizi e delle macchie di tamerici, ormai in fase di avanzata senescenza e distruzione, e furono reintrodotte delle gazzelle, oggi scomparse, oltre a vacche ed anatre.[1]

I ruderi del villaggio abbandonato si estendono a nord dell'oasi e consistono in alcuni allineamenti di case paralitoranee, affacciate su una piccola insenatura poco accentuata tra il promontorio, che la chiude a occidente, e il forte portoghese (sito 13), che sorge sulla spiaggia a sud-est.

Súbito a ovest del villaggio, sempre lungo la costa, si estende il relativo sepolcreto, con un monumento funerario in posizione dominante, memoria di uno degli 'auliyāh (santoni) dell'isola. Un'altra edicola funeraria ben mantenuta sorge nella bassura in prossimità della spiaggia, tra il cimitero e il villaggio.

Le abitazioni esplorate durante la perlustrazione di superficie del novembre 1976 assommano a 21. Esse sono state contrassegnate con una numerazione progressiva da occidente ad oriente, partendo dal promontorio e procedendo verso sud-est, dove si dispongono tra la cala e l'oasi fino in prossimità del forte (*fig.* 27). Daremo anche un breve cenno degli altri resti del villaggio, che non fu possibile esplorare analiticamente.

Nel complesso si possono distinguere due tipi di abitazioni: a recinti ovali, nella parte piú interna ed occidentale; quadrangolari, nella fascia costiera, dove probabilmente si sono avuti maggiori rimaneggiamenti. Le strutture sono generalmente in mattoni crudi su uno zoccolo di pietrame, meglio visibile nella parte occidentale del villaggio frequentemente spazzata dal vento, mentre a est sono meglio conservati gli alzati dei muri e le volte in mattoni crudi, semisepolti dalle dune di sabbia. I muri di mattoni crudi costituirono

---

[1] LORIMER, pp. 271, 273; Fr. STARK, *Baghdad Sketches,* London 1937, p. 135; DICKSON, p. 56 s.

la norma nelle abitazioni islamiche del Golfo ed infatti Maqdisi, che scriveva verso la fine del secolo X, descrive con ammirazione le case di mattoni cotti di Sohar.

L'origine del villaggio sembra da doversi collocare nella prima età islamica, quando poterono venire sfruttate le ottime risorse idriche e agricole di una località particolarmente fertile, ma soprattutto si poté fare affidamento sulla sua posizione costiera, adatta sia per la pesca, in particolare delle perle,[2] che per il commercio lungo le fiorenti rotte del Golfo.[3] Il villaggio continuò nella media età islamica e pare aver conosciuto una notevole ripresa demografica ed edilizia nel secolo XVI, in relazione con l'attività della base portoghese, che s'impiantò con un forte al margine orientale dell'insediamento islamico, come avvenne per altre fattorie del Golfo come al-Kuwait, oppure al-Huwailah nel Qatar e Rīshahr sull'opposta sponda persiana.[4] Il villaggio decadde gradualmente dopo l'abbandono del forte nel corso del secolo XVII, anche se la località non venne mai abbandonata completamente fino all'inizio di questo secolo.

Il cimitero (tavv. XLI c, XLIII c; figg. 27-28; nn. 136-145)

Procedendo da ovest ad est, incontriamo anzitutto il vecchio cimitero, che dista circa m. 150/200 dalla spiaggia e m. 250/350 dall'oasi di Qurainīyah.

Su un piccolo *tell* nell'angolo nord-est dell'area cimiteriale, di fronte al promontorio e in posizione dominante sulla bassura circostante, sorge un piccolo edificio rettangolare, ora allo stato di rudere, ma conservato ancora per un'altezza considerevole. Si tratta dell'edificio sepolcrale di un santone, ora in abbandono.

Il cimitero occupa un'area di un centinaio di metri di lato ed è disseminato di deposizioni riconoscibili esternamente da due pietre infitte verticalmente nella sabbia alle due estremità di ogni sepoltura. Solitamente la lastra infitta sul lato della testa del defunto è di altezza maggiore.

L'esplorazione di superficie del *tell* ha rivelato pochi frammenti ceramici (136-144) e di vetro (145). Tra il materiale ceramico si distinguono: l'invetriata turchese e gialla (136-138), la ceramica acroma a decorazione incisa (139), la semplice ceramica nuda (140) e frammenti di vasi d'impasto (141-144).

---

[2] M. MOKRI, *La pêche des perles dans le Golfe Persique (moyen âge)*, in « Journal Asiatique », LX, t. 248, n. 3, pp. 381-397.

[3] S. A. HUZAYYIN, *Arabia and Far East*, Cairo 1942; G. F. HOURARI, *Arab Seafaring in the Indian Ocean in ancient and early medieval times*, Princeton 1951 (Beirut 1963).

[4] M. PÉZARD, *Mission à Bender-Bouchir*, in « M.D.P. », XV (1914), p. 37; P. S. GARLAKE, *Fieldwork at al-Huwailah, site 23*, in B. DE CARDI, *Qatar Archaeological Report, Excavations 1973*, Oxford 1978, pp. 172-179. Particolarmente stringenti le affinità con le abitazioni di quest'ultimo centro, che fu la capitale del Qatar (Huäli di Niebuhr - D'Anville); ognuna di 4-5 piccoli vani, piccoli cortili, pianta regolare, fondazioni in pietrame (sec. XVII).

Zona A

Sulla costa raggiunta dall'alta marea, in cima al promontorio, alcune tracce sembrano riferibili ad un'abitazione piú avanzata rispetto alla casa 1.

Non è stato prelevato materiale archeologico da quest'area.

Casa 1 (*tav.* XXXIX *a*; *figg.* 27-28; nn. 146-156)

Questa casa è situata proprio sopra il promontorio, che chiude a ponente la cala di al-Qurainīyah, all'estremità nord-ovest del villaggio, a dominio delle due cale, cioè anche di quella occidentale, che fronteggia il piccolo santuario e il cimitero.

Sul piano planimetrico sembra di poter individuare una doppia recinzione circolare e un edificio rettangolare, cui si addossano altri ambienti verso l'interno. Per questa particolarità d'impianto non sarebbe forse azzardato pensare ad un minareto o ad una torre di avvistamento.

Nella ricognizione del 7 novembre vi fu raccolto in superficie materiale ceramico (146-153), insieme a vetro (154-155) e a resti faunistici (156). Tra la ceramica si distinguono: l'invetriata turchese (146), la ceramica a vernice nera (147), la ceramica acroma a decorazione incisa (148), la semplice ceramica nuda (149-150), l'impasto (151-152) e infine la porcellana (153).

Zona B (*tav.* XLIV *a*; *figg.* 27, 29; nn. 157-175)

Tra la casa 2 e la casa 3, un piccolo rialzo del terreno è contrassegnato dal caposaldo individuato dalla sigla BM 12.

Sembra di poter riconoscere tracce di muri in non organica relazione e probabilmente risalenti a momenti diversi, in considerazione anche dell'apparente differente orientamento.

L'esplorazione di superficie ha permesso di raccogliere in questo punto materiale ceramico (157-173) e vetri (174-175). Tra la ceramica si distinguono in particolare le seguenti classi: l'invetriata turchese (157-159), la ceramica comune nuda (160-163), grossolani vasi d'impasto (164-169), la ceramica domestica da fuoco (170-171) e infine la porcellana (172-173).

Casa 2 (*tavv.* XLI *d-f*, XLIV *b*; *figg.* 27, 30; nn. 176-192)

I resti di questa abitazione sono situati a sud di quelli della casa 1, quindi un po' piú in alto, perché piú all'interno.

Sul piano planimetrico si ha l'impressione di poter rilevare un complesso edilizio articolato entro un rettangolo all'incirca ortogonale alla linea di costa e scompartito in lunghi vani verso l'estremità ovest, mentre verso il mare sembrano intravvedersi degli ambienti assai piú piccoli.

L'edificio, limitatamente all'esplorazione di superficie, ha dato materiali ceramici (176-188), vetri (189-191) e un frammento di bronzo (192). Tra i frammenti ceramici si distinguono le seguenti classi: l'invetriata turchese (176), l'invetriata gialla (177-178), la ceramica acroma a decorazione incisa (179-180), la semplice ceramica nuda (181-183), l'impasto (184-186) e infine la porcellana (187-188).

Casa 3 (fig. 27)

I resti di questa abitazione sono assai piú arretrati e risultano i piú occidentali della linea interna di case.

Si tratta di un edificio rettangolare.

Non è stato raccolto materiale tra queste rovine.

Casa 4 (fig. 27)

Questa abitazione è attigua alla casa 3, súbito a sud-est, sulla stessa linea piú arretrata rispetto alla costa.

Si riconoscono due ambienti rettangolari affiancati.

Nell'esplorazione non è stato raccolto materiale.

Casa 5 (tav. XLII b; figg. 27, 30; nn. 193-202)

È la piú orientale di questo gruppo di case 3-5, situate piú in alto e piú all'interno rispetto alle case 1 e 2.

Si riconosce un ambiente rettangolare ortogonale alla costa.

Nel corso dell'esplorazione di superficie sono stati raccolti frammenti vascolari fittili (193-200) e vitrei (201) e resti faunistici (202). Nella ceramica si distinguono le seguenti classi: ceramica a decorazione plastica (193), comune ceramica nuda (194-197) e vasellame d'impasto (198-200).

Casa 6 (tavv. XLII c - XLIII b; figg. 27, 31; nn. 203-215)

Questa casa fa sempre parte della linea di abitazioni piú arretrate, a sud-est delle precedenti.

Sul piano della planimetria dell'edificio sembra di poter riconoscere dalle tracce affioranti un edificio articolato su due ambienti rivolti a nord-est e due a sud-ovest.

Durante la ricognizione sono stati raccolti in superficie svariati materiali ceramici e precisamente: ceramica invetriata turchese (203), invetriata gialla (204-205), vasi d'impasto a decorazione plastica (206-209), semplice ceramica nuda (210-212), frammenti di vasi d'impasto (213-214) e infine porcellana (215).

Casa 7 (tavv. XXXIV b-c, XLII a; figg. 27, 31; nn. 216-231)

I ruderi di questa abitazione sorgono sempre sulla fila piú arretrata ed alle spalle del gruppo centrale delle case del villaggio.

Pare di poter individuare una complessa planimetria a recinto rettangolare, articolato in tre ambienti sul lato verso il mare.

All'esplorazione di superficie l'area è apparsa disseminata di ceramica ed
in particolare di frammenti di invetriata turchese (216), di ceramica verniciata in nero (217-218), ceramica acroma a decorazione incisa (219), vasi a
decorazione plastica (220), di comune ceramica nuda (221-226) e di frammenti di vasi d'impasto (227-230). Inoltre si è rinvenuta una conchiglia (231).

Casa 8 (fig. 27)

I resti di questa costruzione giacciono súbito a nord di quelli della precedente, verso la costa. Si tratta di un unico ambiente rettangolare.

Non sono stati raccolti materiali durante l'esplorazione di superficie.

Casa 9 (fig. 27)

Questa abitazione fa parte della fila piú avanzata, súbito a nord-est della casa 8. Si riconosce un solo ambiente rettangolare.

Nell'esplorazione di superficie non sono stati raccolti materiali tra questi
ruderi.

Casa 10 (fig. 27)

Questa abitazione è la piú avanzata del nucleo centrale del villaggio,
giacendo in prossimità della costa, a nord della casa 9. Si riconoscono un
grande ambiente centrale e due minori vani a nord e a sud.

Non sono stati raccolti materiali tra gli avanzi di questa casa.

Casa 11 (fig. 27)

I ruderi di questa abitazione sono situati a sud-est di quelli della casa 9
e fanno parte della linea avanzata di costruzioni della parte centrale del villaggio. Si individua soltanto un ambiente rettangolare.

Anche dall'area di questa casa non sono stati raccolti materiali durante
l'esplorazione di superficie.

Casa 12 (fig. 27; n. 232)

I resti di questa abitazione fanno parte della fila avanzata e giacciono
súbito a est di quelli della casa 11. Si riconosce un lungo ambiente rettangolare ortogonale rispetto alla costa.

Durante l'esplorazione di superficie vi è stato raccolto soltanto un frammento di ceramica invetriata turchese (232).

Casa 13 (*figg.* 27, 32; nn. 233-239)

I ruderi di questa costruzione fanno parte della seconda linea piú arretrata di abitazioni e giacciono a nord-est della casa 7 e a ovest della casa 12, sulla sommità dell'altura. Si riconosce soltanto un ambiente rettangolare.

In occasione dell'esplorazione di superficie sono stati raccolti nell'area di questa abitazione frammenti ceramici riferibili alle seguenti classi: ceramica invetriata turchese (233-234), ceramica invetriata gialla (235), vasi d'impasto a decorazione plastica (236), ceramica nuda (237-238) e porcellana (239).

Casa 14 (*tavv.* xxxix *d* - xl *c*; *figg.* 27, 32; nn. 240-245)

I ruderi di questa abitazione sono situati davanti all'oasi, in posizione intermedia, a sud-est della casa 7 e a sud della casa 13.

Si tratta di un edificio rettangolare, che è sovrastato verso la costa da un piccolo *tell* cosparso di materiale ceramico, tra cui una grossa giara in frantumi.

Durante l'esplorazione di superficie nell'area di questa costruzione e soprattutto sul *tell* sono stati raccolti alcuni frammenti ceramici, relativi soprattutto a vasi verniciati in nero (240-244), oltre ai minuti frammenti della grossa giara testé ricordata (245).

Casa 15 (*figg.* 27, 32; nn. 246-249)

I ruderi di questa abitazione sono situati nella parte alta del villaggio, a est della casa 14.

Si tratta di un edificio rettangolare, di cui si riconoscono due ambienti a est e alcuni muri, che si protendono verso l'interno e verso il *tell*.

In occasione dell'esplorazione di superficie vi sono stati raccolti pochi frammenti ceramici, relativi a invetriata turchese (246), invetriata gialla (247), semplice ceramica nuda (248) e a vasellame d'impasto (249).

Casa 16 (*figg.* 27, 33; nn. 250-263)

I ruderi di questa abitazione giacciono nella parte alta del villaggio, a sud-est della casa 15. Appare ben delimitato verso ovest il perimetro di un grande vano rettangolare, mentre i crolli degli altri muri hanno formato un cumulo allungato verso est.

Durante il sopralluogo nell'area di questo edificio sono stati raccolti frammenti vascolari ceramici (250-259) e vitrei (260-263). La ceramica si riferisce alle seguenti classi: invetriata turchese (250-253), ceramica nuda (254), impasto (255-257) e porcellana (258-259).

Casa 17 (*tav.* xl *d*; *figg.* 27, 34; nn. 264-267)

Le rovine di questa abitazione giacciono sulla costa, davanti alla casa 16. Si riconoscono un grande ambiente rettangolare verso il mare e gli andamenti di due muri, che si addentrano verso la casa 16 e tra i quali sono stati rinvenuti i frammenti di una giara.

Il materiale raccolto durante l'esplorazione di superficie comprende frammenti vascolari fittili (264-266) e vitrei (267). La ceramica è di due tipi: invetriata turchese (264-265) e verniciata in nero con decorazione plastica (266).

Casa 18 (*tav.* XLIV *c*; *figg.* 27, 34; nn. 268-273)

Le rovine di questa abitazione giacciono sull'altura che fronteggia la costa, a est della casa 16. Nella parte piú orientale si riconoscono gli andamenti di tre muri paralleli, che indiziano due ambienti, e nella parte piú settentrionale crolli di muri e di volte a filari di mattoni crudi.

Durante l'esplorazione di superficie si raccolsero alcuni frammenti di ceramica, spettanti alle seguenti classi: invetriata turchese (268-269), impasto (270-271) e porcellana (272-273).

Casa 19 (*tav.* XLI *a-b*; *figg.* 27, 34; nn. 274-276)

I ruderi di questa abitazione giacciono súbito a sud-est della casa 18. Verso oriente si riconosce un vano rettangolare, da cui si dipartono dei muri, che si addentrano in direzione della casa 18.

Durante la perlustrazione della sua area sono stati raccolti pochi frammenti ceramici, relativi a invetriata turchese (274) e a ceramica verniciata in nero (275-276).

Casa 20 (*fig.* 27; n. 277)

Di questo piú vasto complesso abitativo, che giace a sud-est delle case precedenti, si riconoscono il grande recinto rettangolare e alcuni vani del nucleo centrale piú rilevato. Tutte le strutture a vista sono in mattoni crudi.

Durante la ricognizione del 6 novembre 1976 in quest'area è stato raccolto soltanto un fondo di giara d'impasto chiaro (277).

Casa 21 (*figg.* 27, 34; nn. 278-284)

Si tratta dell'ultima casa esplorata, all'estremità orientale del villaggio, in prossimità della recinzione del Forte. Sembra trattarsi di un complesso rettangolare con il lato lungo fronteggiante il mare, suddiviso in sei vani da un muro longitudinale e da due muri trasversali. Tutte le strutture a vista di questo edificio sono in mattoni crudi. Una piú ampia recinzione retrostante la ricollega alla casa 20.

Durante la ricognizione in quest'area sono stati raccolti in superficie pochi frammenti ceramici, sia di invetriata turchese (278-282), che d'impasto (283-284).

APPENDICE

Durante l'esplorazione di superficie dell'area del villaggio furono individuate alcune zone di concentrazione di materiali, che furono localizzate indicandole con lettere alfabetiche, senza che fosse possibile metterle in relazione specifica con delle strutture affioranti di edifici. Queste zone interessano l'area piú prossima alla recinzione in mattoni crudi dell'oasi, sia sul lato nord che sul lato est, e giacciono in definitiva alle spalle della parte centrale del villaggio. Per le zone A e B si veda *supra,* p. 97.

Zona C (tavv. XLIV *d* - XLV *a*; *figg.* 27, 34; nn. 285-304)

Questa area si localizza a nord dell'oasi, a m. 20-30 dal muro di recinzione. Incerte le tracce di un angolo di recinzione rettangolare a nord e di un piccolo ambiente a sud. Il terreno si presenta pianeggiante e cosparso di materiale frammentario. Vi furono raccolti frammenti di ceramica invetriata sia turchese (285-287), che verde (288) e gialla (289-291), vasi d'impasto a decorazione plastica (292), ceramica nuda (293), impasto (294), maiolica (295), porcellana (296-299), vetro (300-301), bronzo (302) e conchiglie (303-304).

Si tratta evidentemente di uno scarico di materiali, da mettere in relazione con la frequentazione dell'oasi nel periodo di vita del villaggio.

Zona D (figg. 27, 35; nn. 305-320)

Quest'area giace all'incirca a metà tra la fronte nord dell'oasi e la casa 14.

Durante l'esplorazione di superficie del villaggio vi furono raccolti diversi materiali ed in particolare: ceramica invetriata turchese (305-307), invetriata gialla (308), comune ceramica nuda (309-313), impasto (314-315), maiolica (316-317) e vetro (319-320).

Potrebbe trattarsi di uno scarico, come anche della traccia di un'abitazione scomparsa, perché costruita in materiali precari.

Zona E (tavv. XLV *b* - XLVI *e*; *figg.* 27, 36; nn. 321-334)

Si tratta dell'ampia area súbito davanti alla recinzione dell'oasi nella metà est del lato nord, ai fianchi della pista.

Durante l'esplorazione vi furono raccolti alcuni frammenti di ceramica: invetriata turchese (321), invetriata gialla (322), semplice ceramica nuda (323, 323 a), ma soprattutto porcellana (324-334).

Questi materiali disseminati vanno messi in relazione con la intensa frequentazione dell'oasi nel periodo di fioritura del villaggio e del Forte.

Zona F (tavv. XLVI *f* - XLVII *a-c*; *fig.* 27; nn. 335-350)

Si è cosí indicata l'area súbito all'esterno dell'angolo nord-est del recinto dell'oasi, tra i muretti e le piste che li fiancheggiano.

Nel corso dell'esplorazione di superficie del villaggio vi furono raccolti materiali disparati: ceramica a invetriata turchese (335-337), verniciata in nero (338), nuda (339-340), impasto (341-342), porcellana (343-347), vetro (348-349) e un disco di pietra forato, che poté servire forse da àncora (350).

Anche in questo caso si tratta con ogni verosimiglianza di materiali accumulatisi nel lungo periodo di frequentazione dell'oasi da parte degli abitanti del villaggio di al-Qurainīyah.

Zona G (figg. 27, 37; nn. 351-361)

Circa m. 30-40 a nord-est della precedente zona F, tra l'angolo orientale della recinzione dell'oasi e il rialzo orientale del villaggio, si è individuata una vasta zona cosparsa di frammenti ceramici, riferibili alle seguenti classi: invetriata turchese (351-352), invetriata verde (353), comune ceramica nuda (354-356), impasto (357-361).

Può trattarsi di scarichi in relazione con qualcuna delle soprastanti case 14-16 e di analogo arco cronologico.

Altre case

Non è stato possibile procedere ad una ricognizione analitica delle restanti abitazioni del villaggio, dislocate nella parte piú interna sud-occidentale. Se ne dà pertanto soltanto un breve cenno, premettendo che in quest'area non è stata raccolta alcuna campionatura di materiali archeologici.

Súbito a sud-ovest e sottostante rispetto al complesso abitativo delle case 3-4 si riconosce un grande edificio rettangolare, che sul lato lungo esposto a sud-est si suddivide in tre ambienti.

Un piccolo edificio rettangolare giace a sud-est della casa 5.

Una grande recinzione rettangolare giace a sud-ovest della casa 6. Essa sembra ripartita in tre aree, delle quali la piú meridionale evidenzia un piccolo ambiente; un altro ambiente si addossa all'esterno alla parte centrale verso nord-ovest.

Scarsi ruderi si individuano anche tra la casa 7 e le sottostanti zone C e D. Pare di poter riconoscere l'angolo orientale della costruzione.
D. Pare di poter riconoscere l'angolo orientale della costruzione.

Una cinquantina di metri a ovest dell'oasi di Qurainīyah si nota una recinzione ellittica del tipo meglio documentato a Saʿīdi (v. supra) e al-Qusūr (v. infra). Al centro presenta un edificio rettangolare. Per la sua peculiare tipologia questa abitazione sembra inquadrarsi nella prima fase del villaggio, profondamente innovata nella fascia costiera, dove soltanto poche tracce sembrano riferibili a precedenti recinzioni ellittiche.

I MATERIALI

Nell'esplorazione di superficie di questo insediamento si sono raccolti numerosi frammenti di vasi fittili, oltre ai quali si sono rinvenuti dei frammenti di vasi e di braccialetti in vetro, due frammenti di lamina bronzea (192, 302), un manufatto litico (350) e diversi resti faunistici consistenti in ossa e conchiglie (156, 202, 231, 303, 304).

Ceramica

Come di consueto, la ceramica rinvenuta si riferisce soprattutto a vasi non invetriati, mentre quelli invetriati appaiono assai scarsi.

Ceramica invetriata

La ceramica invetriata rinvenuta in questo villaggio abbandonato è tutta monocroma e, in base al colore della vetrina, può essere distinta in tre tipi: ceramica inventriata turchese, ceramica invetriata verde, ceramica invetriata gialla.

La *ceramica invetriata turchese* (136, 146, 157-159, 176, 203, 216, 232-234, 246, 250-253, 264-265, 268-269, 274, 278-282, 285-287, 305-307, 321, 335-337, 351-352) è quella più frequente. È realizzata in argilla di colore crema-rosato, ben depurata, in genere compatta e uniforme, solo raramente con qualche vacuolo. La vetrina è di colore verde-blu o turchese, piuttosto spessa e lucente quando ben conservata. La forma vascolare più attestata è, come nelle altre località esaminate, la ciotola, sempre su basso piede ad anello, con bocca svasata a semplice orlo stondato. Rarissime le ciotole carenate, attestate da un solo frammento (278), e quelle ansate, anch'esse presenti con un frammento (282). La vetrina ricopre l'interno, mentre l'esterno per lo più è lasciato nudo o completamente o nella sua parte inferiore (282, 307), come nelle analoghe ciotole dei siti 8 e 9.[1] Più raramente la vetrina copre anche l'esterno (146, 158, 234, 250, 265, 281, 336, 352). Le ciotole emisferiche su basso piede ad anello sono confrontabili con quelle analoghe rinvenute nei villaggi abbandonati di Se'dia e di Sa'īdi (siti 8 e 9) ove ciotole di questa forma sono state rinvenute in superficie.[2] Per le ciotole carenate si possono richiamare, oltre ad un esemplare dal sito 7,[3] quelli numerosi rinvenuti ad al-Qusūr.[4] Queste ciotole, in entrambe le varianti morfologiche suddette, sono fra il vasellame più comune della prima età islamica.[5]

Oltre alle ciotole si sono notati pochi frammenti di vasi chiusi (159, 251-

---

[1] Cfr. *supra,* sito 8, p. 60; sito 9, p. 71.

[2] Si confrontino anche le ciotole di Forma 2 da al-Qusūr, *infra,* nn. 803 e 899, per il profilo della bocca.

[3] Cfr. *supra,* n. 12, *fig.* 16.

[4] Per le ciotole invetriate carenate (Forma 1) rinvenute ad al-Qusūr, v. *infra,* pp. 187, 287.

[5] Si vedano i riferimenti citati *infra,* pp. 188, 288.

253, 268, 279, 286, 351), dei quali non è stato possibile valutare completamente la forma: si tratta di vasi di dimensioni piú o meno ampie, cioè di giare e di boccali, con anse a nastro verticale, in genere a sezione ovale, coperti dalla vetrina per lo piú solo all'esterno, tranne in un caso (251).

La *ceramica invetriata verde* (288, 353) è rappresentata dai frammenti di due ciotole soltanto, in argilla di colore crema-rosato, identica a quella dei vasi a vetrina turchese; l'una è su base piana (288) e la vetrina verde, spessa e lucente, ne copre solo l'interno; l'altra (353) invece è invetriata sia all'interno che all'esterno. Queste ciotole hanno un preciso parallelo nella ceramica invetriata verde del sito 9, in particolare per la base piana (288) si confronti il n. 97 e esemplari di Susa.[6] La ceramica invetriata verde appare nel complesso scarsamente documentata nei villaggi abbandonati islamici di Failakah, comparendovi, oltre che in questo, negli insediamenti del sito 9 e di al-Qusūr. In tutti è presente la ciotola, con varianti alla bocca e al piede.

La *ceramica invetriata gialla* (137-138, 177-178, 204-205, 235, 247, 289-291, 308, 322) è analoga a quella segnalata per il sito 9.[7] I vasi sono realizzati in argilla di colore variante da rosa a rossiccio e a crema, in genere compatta, uniforme e ben depurata, in qualche caso con inclusi biancastri. La vetrina, spessa e appena lucente, in genere è di colore giallo-olio, a volte con chiazze marroni, o completamente di colore piú caldo e scuro, cioè giallo-marrone. La forma piú attestata è la ciotola, che presenta basso piede ad anello (137) e l'orlo della bocca stondato, sottolineato da una profonda scanalatura (290). La vetrina copre con la stessa frequenza o solo l'interno o sia l'interno che l'esterno. Oltre alle ciotole, seppure assai meno frequenti di queste, abbiamo dei frammenti di vasi chiusi (205, 291, 308) di forma non definibile: l'unica base conservata (308) è piana; la superficie a volte è leggermente ondulata; la vetrina copre solo l'esterno, tranne la zona presso il fondo e la base, mentre l'interno o è nudo o è coperto da una vetrina nerastra. Si segnala la presenza di fori pervii, per le grappe di un restauro compiuto in antico, su un frammento di parete di ciotola (247).

La ceramica invetriata gialla in definitiva appare piuttosto rara a Failakah, dato che compare solo nel villaggio di Sa'īdi (sito 9) ed in questo. Come nelle altre varietà di invetriate ricordate, anche in questa la ciotola è la forma piú attestata, oltre alla quale si hanno tracce di forme chiuse, per altro poco perspicue.

Ceramica a vernice nera

Abbastanza attestato è il vasellame rivestito da un sottile ingobbio nero opaco (147, 217, 218, 240-244, 266, 275, 276, 338), analogo a quello rin-

---

[6] Cfr. ROSEN-AYALON, fig. 333 (dal II livello; ma a Susa i vasi a base piana sono tipici del III livello: *ibidem,* p. 165, figg. 1-3, 5, 7, 18.

[7] V. *supra,* p. 72.

venuto in altri insediamenti abbandonati dell'isola.[8] I vasi sono realizzati in impasto di colore per lo piú rossastro, variante da rosa a rosso-ruggine, piú raramente nerastro o color camoscio, ricco di una fitta chamotte bianca e nera costituita da minuscoli ciottolini.

Come negli altri insediamenti, anche in questo, nella ceramica ingubbiata in nero l'unica forma ampiamente documentata è la giara a spalla rigonfia che si restringe verso la bocca, che presenta un largo orlo ingrossato (147), su base piana (241), cioè in quella variante che definiamo Forma 1. L'ingobbio nero, opaco e sottile, screpolato a volte, copre l'esterno del vaso solo nella sua parte superiore (147, 276), scendendo talora anche all'interno della bocca e ricadendo sulle pareti in lunghe sgorature (338).[9] Queste giare presentano una decorazione o plastica o incisa. Si tratta di cordoni plastici o lisci,[10] a margine smussato o a spigolo vivo (240, 243, 266, 275) oppure mossi da impressioni digitali[11] (218, 241, 276), e di fasce di linee ottenute con un pettine sottile a cinque-sette punte,[12] che descrive fasce o circolari o ondulate (217, 242, 244, 338). A volte i due sistemi decorativi descritti si sommano su uno stesso vaso e le incisioni sottolineano i cordoni plastici (218, 243). È da segnalare la presenza all'interno di una giara (147) di resti di contenuto bituminoso.[13]

Questo grossolano vasellame domestico è piuttosto diffuso negli insediamenti abbandonati islamici di Failakah, comparendo oltre che in questo nei siti 7, 8, 9 e sporadicamente anche ad al-Qusūr.[14] L'impasto in cui i vasi sono realizzati è per lo piú rossiccio. Si tratta quasi esclusivamente di giare a spalla rigonfia che si restringe verso la bocca (Forma 1), molto frequenti nella ceramica rinvenuta a Failakah,[15] oltre alle quali si hanno tracce di forme aperte (76, 630). Un sottile ingobbio opaco nerastro ricopre l'esterno delle giare solo nella parte superiore del corpo, talora scendendo anche all'interno della bocca. La decorazione è sia incisa a pettine, che descrive fasci di solcature circolari, ondulate o incrociate, sia plastica con cordoni lisci o mossi da impressioni digitali. I due sistemi decorativi possono anche essere associati su uno stesso vaso.

---

[8] Ceramica a vernice nera è stata rinvenuta nei siti 7, 8, 9 e — sporadicamente — anche ad al-Qusūr (tabella 7).

[9] Cfr. quanto si è osservato *supra*, n. 104.

[10] Per questo partito decorativo, v. *supra*, sito 8, p. 63; sito 9, p. 75.

[11] Per questo sistema di decorazione, v. in particolare *supra*, sito 9, p. 74, con riferimenti.

[12] La decorazione a pettine compare anche su analoghi vasi verniciati in nero dei siti 8 e 9, v. *supra*, rispettivamente nn. 27 e 58.

[13] Ad Abū Sarīfa è stata spesso notata la presenza di bitume all'interno di giare non invetriate: ADAMS, *Abū Sarīfa*, p. 104.

[14] Per la ceramica a vernice nera dei siti 7, 8 e 9, v. *supra*, rispettivamente pp. 60, 73; per quella rinvenuta ad al-Qusūr, v. *infra*, pp. 189-190.

[15] Per questa forma di giara (Forma 1), v. *infra*, p. 197.

Nelle regioni medio orientali la tecnica di coprire i vasi con una sottile soluzione argillosa ha origini remote e continua in età medievale,[16] ma per questa ceramica di Failakah è opportuno richiamare confronti dello stesso orizzonte geografico e culturale, come ad esempio l'analoga ceramica segnalata nell'Oman in vari insediamenti abbandonati riferibili per lo piú alla media età islamica.[17] Vi si trovano esatti riscontri sia per la forma delle giare[18] che per la loro decorazione, sia plastica, a cordoni circolari lisci[19] o mossi da impressioni digitali,[20] sia incisa a pettine con fasci di linee circolari o ondulate,[21] e i due sistemi decorativi possono anche essere abbinati fra loro.[22]

Ceramica acroma a decorazione incisa

Nell'ambito delle ceramiche non invetriate si distinguono alcuni boccali e una giara a decorazione incisa (139, 148, 179-180, 219), in argilla di colore crema-rosato, compatta ed uniforme. La forma dei boccali non è pienamente valutabile: il pezzo piú completo presenta piede a disco piano e spalla conclusa da una carena a spigolo vivo (179). La decorazione, ottenuta con un pettine a tre-sette punte, consiste per lo piú in semplici fasci di linee circolari (139, 148, 179); un frammento (180) presenta dei fasci di linee incrociate. Il frammento di giara (219) è invece decorato con gruppi distaccati di lineette verticali rese a pettine, sfalsati lungo linee circolari. I boccali sono confrontabili con esemplari già segnalati,[23] la giara, che ha solo due confronti a Failakah, presenta un partito decorativo che compare già nella prima età islamica.[24]

---

[16] Cfr. R. PINDER-WILSON, in *The Art of Islam, Hayward Gallery, 8 April - 4 July 1976* (The Art Council of Great Britain), London 1976, p. 205; J. C. GARDIN, *Lashkari Bazar, une résidence royale Ghaznévide*, II, *Les trouvailles céramiques et monnaies de Lashkari Bazar et de Bust,* Paris 1963, p. 7 s.

[17] D. J. WHITCOMB, *The Archaeology of Oman: a prel. discussion of the Islamic Periods,* in «Journ. of Oman Studies», I (1975), figg. 6/*b, h, v, w,* da Wadi Beni Kharus 1; fig. 7/*i* da Lasail; fig. 9/*b, c, v,* da Ras al-Hadd 3, un insediamento della media età islamica, dove la maggior parte della ceramica sembra dell'XI-XII secolo (p. 126); fig. 10/*b, c, t, bb, cc, ee,* da BB-15, insediamento della media età islamica (p. 127); fig. 11/*c, l, p, x,* e tav. 5B/G, H, da Wadi Qant 3, che presenta un complesso ceramico della media età islamica (p. 127 s.); fig. 13/*a, g, h, s,* da Wadi Andam 37 e 39, siti piú tardi dei precedenti (p. 128 s.).

[18] Per la forma delle giare, cfr. WHITCOMB, *art. cit.,* figg. 6 *h,* 9 *v,* 10 *e.*

[19] *Ibid.,* fig. 11 *c,* tav. 5B/G.

[20] *Ibid.,* fig. 10 *ee.*

[21] *Ibid.,* figg. 6 *w,* 10 *b,* 13 *h.*

[22] *Ibid.,* fig. 10 *ee,* frammento di giara decorata con cordoni plastici mossi da impressioni digitali, abbinati a fasci di linee circolari incise a pettine.

[23] Per il n. 179 a base piana, cfr. *supra,* nota 6, con riferimenti. Per il n. 180, cfr *supra,* n. 21 (dal sito 7); per la decorazione a fasci di linee circolari incise, v. *infra,* p. 194.

[24] Cfr. *supra,* nn. 31 e 105, rispettivamente dai siti 8 e 9, e in particolare pp. 62, 73, con riferimenti.

Ceramica nuda

Come di consueto, la ceramica nuda è quella piú abbondante. I frammenti (140, 149, 150, 160-163, 181-183, 194-197, 210-212, 221,226, 237, 238, 248, 254, 293, 309-313, 323, 323 a, 339, 340, 354-356) si riferiscono a vasi di forme diverse realizzati per lo piú in argilla di color crema, o camoscio rosato, ben depurata, compatta ed uniforme, eccezionalmente con qualche vacuolo o con inclusioni.

Sono documentate soprattutto forme chiuse, piú o meno grandi, boccali e giare. I boccali presentano piede ad anello (140, 225, 293, 309, 323 a) o piú raramente a disco (310) oppure base piana (311); la bocca è svasata e vi imposta l'ansa a nastro verticale (221, 222, 238, 354). Essi sono confrontabili con analoghi esemplari dal villaggio di Saʿīdi.[25]

A giare sono riferibili un frammento di bocca ad orlo ingrossato e con collo verticale (149) che rimanda ad una giara di Forma 2, due fondi piani (183, 211) ed un fondo che termina a stretto puntale (194), confrontabile con un pezzo analogo rinvenuto ad al-Qusūr (889), riferibile alla prima età islamica.[26]

A delle ciotole forse si riferiscono pochi frammenti di bocche svasate ad orlo arrotondato (254) o sottolineato all'interno da una risega (210, 223), confrontabili con alcuni esemplari di ciotole invetriate dal villaggio di Saʿīdi.[27]

Impasto

Anche in questo villaggio si sono rinvenuti numerosi frammenti di vasi realizzati in impasto grossolano (141-144, 151, 152, 164-169, 184-186, 193, 198-200, 206-209, 213, 214, 220, 227-230, 236, 245, 249, 255-257, 270, 271, 277, 283, 284, 292, 294, 314, 315, 341, 342, 357-361) identico per composizione e colore a quello dei vasi ingubbiati in nero già considerati.

I frammenti riconducono a tre forme vascolari, la giara, il boccale e il bacile. La giara è la piú frequente. Presenta spalla rigonfia che si restringe verso la bocca ad orlo ingrossato (Forma 1)[28] piú o meno appiattito (213, 214, 358), piede a disco (141-142) o semplice base piana (165, 198, 227, 256, 277, 294, 314, 315). Queste giare comportano una decorazione plastica identica a quella dei vasi a vernice nera, cioè cordoni plastici circolari sia lisci a margine stondato o a spigolo vivo (193, 208, 209, 236), sia mossi da impressioni digitali (206, 207, 220, 292).

A dei boccali vanno riferiti un frammento che conserva parte di un bocchino tronco-conico impostato sulla spalla (284), confrontabile con due ana-

---

[25] Cfr. *supra,* nn. 109 e 112, rispettivamente per il piede ad anello e la bocca svasata.

[26] Cfr. ad es. FINSTER - SCHMIDT, fig. 58 *g,* da Tulūl al-Uhaidir; KERVRAN, p. 79, fig. 21/*l.*

[27] Cfr. *supra,* n. 90.

[28] Cfr. *supra,* nota 15.

loghi esemplari dal villaggio di Saʻīdi,[29] e due frammenti di bocche svasate ad orlo semplice sul quale si imposta l'ansa a nastro verticale (185, 359).

L'unica forma aperta documentata è il bacile tronco-conico rovescio su base piana, con l'orlo della bocca ingrossato (360) e appiattito superiormente (164).

Da segnalare è un frammento di fondo (283) da cui fu ritagliato un opercolo, confrontabile con un pezzo analogo ritagliato da un frammento di giara rinvenuto a Saʻīdi (117).

Nel complesso, questo vasellame d'impasto appare piuttosto frequente a Failakah essendo stato rinvenuto in tutti gli insediamenti islamici abbandonati esplorati e in questo con particolare abbondanza.[30] L'impasto in cui esso è realizzato non differisce in nulla da quello dei vasi verniciati in nero, con i quali ha in comune anche la decorazione plastica con cordoni circolari sia lisci che mossi da impressioni digitali. Piú ricca è per contro la gamma delle forme documentate, che comprende, oltre alla consueta giara a spalla rigonfia che si restringe verso la bocca (Forma 1), anche la giara con collo cilindrico (Forma 2), che tuttavia è meno frequente;[31] il bacile tronco-conico, una forma ben attestata a Failakah e che ritorna anche in altre classi di ceramica della prima età islamica;[32] infine il boccale con bocchino impostato sulla spalla, che tuttavia è raro.[33]

Ceramica da fuoco

Stranamente assai scarso è il vasellame da fuoco, di cui si sono rinvenuti solo due frammenti (170, 171). Si tratta di frammenti di pareti di pentole, realizzate nel tipico impasto di color rosso-ruggine, duro, a superficie scabra, micaceo. Ci si aspetterebbero infatti ben piú ampie attestazioni di questa suppellettile cosí necessaria alla vita di ogni giorno, ma questa penuria non è un fatto isolato a Failakah, trovando confronto nella scarsità di vasellame da fuoco che si è rilevata nel villaggio di al-Qusūr.[34]

Maiolica

La maiolica rinvenuta nel sito di questo villaggio abbandonato consiste in tre frammenti di piatti. Due (295, 316), in argilla rosa, conservano parte delle pareti e parte della tesa aggettante orizzontale di due piatti coperti da

---

[29] Cfr. *supra*, sito 9, nn. 118-119, p. 75, con riferimenti.

[30] Vasellame d'impasto è stato rinvenuto nei siti 5, 7, 8, 9, 13 e 14 (tabella 7).

[31] Questo tipo di giara è presente nel vasellame d'impasto rinvenuto nel sito 9, v. *supra*, p. 74.

[32] Bacili d'impasto sono documentati anche nel sito 7 (n. 22) e nel sito 9 (nn. 63-65, 124-125); per i bacili di al-Qusūr, v. *infra*, p. 198.

[33] Questo tipo di boccale è documentato anche nel vasellame d'impasto del sito 9, v. *supra*, nota 29.

[34] Per la ceramica da fuoco rinvenuta ad al-Qusūr, v. *infra*, pp. 198 s., 296.

spesso smalto bianco lucente sia all'interno che all'esterno, e possono essere riferiti al XVI-XVII secolo cioè alla fase portoghese.

Il terzo frammento (317) conserva parte del fondo di un piatto in argilla color camoscio-rosato, su piede ad anello piuttosto alto, coperto all'interno e all'esterno da smalto color grigio-verde lucente, e sembra una imitazione della porcellana cinese Céladon, cosí come un altro frammento di piatto rinvenuto nel vicino villaggio di Sa'īdi (126). Le imitazioni della porcellana Celadon,[35] attestate dall'Afghanistan,[36] al bacino mesopotamico,[37] non sono rare sulle sponde del Golfo, sia sulla sponda occidentale [38] che su quella orientale,[39] e si diffondono soprattutto a partire dal XVII secolo quando la porcellana cinese Céladon di importazione, anch'essa ampiamente diffusa [40] e presente lungo le rotte del Golfo,[41] cominciava a diventare scarsa.

Porcellana (tabella 1)

I frammenti di porcellana rinvenuti a Qurainīyah si riferiscono tutti a ciotole, tranne uno (272) relativo ad un piatto. La porcellana è quasi sempre di buona qualità, salvo in alcuni pezzi piú scadenti in cui è di tono grigio pallido (259, 272, 346). La decorazione nelle ciotole interessa per lo piú solo l'esterno, piú raramente solo l'interno od entrambe le facce. È sia monocroma che policroma. Quella monocroma, dipinta in blu piú o meno chiaro su fondo bianco, o in rosso-violaceo su fondo bianco, è piú frequente di quella a decorazione policroma dipinta in verde pallido, arancio, viola o rosso-violaceo e nero variamente associati. I motivi decorativi, spesso illeggibili data la picco-

---

[35] Sulla porcellana Céladon, v. in particolare G. St. G. M. GOMPERTZ, *Céladon Wares,* London 1968.

[36] J. C. GARDIN, *Céramiques de Bactres,* in « Mem. Deleg. Archéol. Franç. en Afghanistan », XV (Paris 1959), p. 86.

[37] TALBOT RICE, *Hīra,* p. 69; GIBSON McGUIRE, *The City and Area of Kish,* Miami 1972, p. 168.

[38] Un frammento è segnalato da al-Huwailah sulla costa nord-orientale del Qatar: B. DE CARDI, *Qatar, Archaeological Report, Excavations 1973,* Oxford 1978, p. 176. Frammenti di ciotole in argilla rosa sono note da tre località dei Trucial States: EAD., *Archaeological Survey in the Northern Trucial States,* in « East and West », n.s. 21 (1971), p. 267, nn. 71, 85, 87-89.

[39] A. V. POPE, *A Survey of Persian Art,* Oxford 1938, tav. 811 (da Gombroon, sec. XVIII).

[40] Si ricordino, ad es., la porcellana cinese rinvenuta a Balk nell'Afghanistan (GARDIN, *op. cit.,* p. 86) e a Wāsit nel bacino mesopotamico (F. SAFAR, *Wāsit: the Sixth Season's Excavations,* Cairo 1945, p. 41, nn. 98, 181).

[41] Pochi frammenti di Céladon e di porcellana cinese decorata in blu su bianco provengono dagli scavi danesi nella parte settentrionale dell'oasi di Buraimi nell'emirato di Abu Dhabi: K. FRIFELT, *Arkaeologiske Undersgoelsen pa Oman Halvaen,* in « Kuml », 1968, pp. 159-175. Altri sono stati segnalati da due località situate sulla costa tra Sohar e Muscat (Ras al-Hadd e Wadi Beni Kharus 1) e da una zona nell'interno (BB 15) presso il villaggio di Bisiyah a sud di Bahla: D. S. WHITCOMB, *The Archaeology of Oman: a preliminary discussion of the Islamic periods,* in « Journ. of Oman Studies », I (1975), rispettivamente figg. 9 *ff,* 5 *kk,* 10 *z* e tav. 4 A:j. Alcuni frammenti sono stati raccolti anche nella parte settentrionale dei Trucial States: DE CARDI, *Archaeological Survey,* cit., pp. 264-267.

lezza dei frammenti, sono sia geometrici, che floreali o vegetali. Una ciotola (188), in porcellana bianca, presenta la superficie ondulata.

Il complesso della porcellana rinvenuta a Failakah è piuttosto cospicuo. Si tratta in totale di 43 pezzi, che sono stati rinvenuti in tutte le località dell'isola esplorate. La sua presenza naturalmente è piú alta nei siti dei due Forti portoghesi (siti 7, 13) o nei loro pressi come a Quarainīyah, donde proviene la maggior parte dei frammenti, mentre nelle altre località la porcellana appare sporadica. I frammenti si riferiscono quasi esclusivamente a ciotole a bocca svasata, oltre alle quali si sono rinvenuti resti di due piatti (272, 368) e di una lucerna (?) (574). Pur nell'incertezza derivante dalla frammentarietà, spesso assai minuta, dei pezzi rinvenuti, si può rilevare che quella piú attestata è la porcellana a decorazione monocroma in blu su fondo bianco (32,6%), con quella a decorazione policroma (32,6%), seguite da quella a decorazione dipinta in rosso-violaceo su fondo bianco (23,2%) e da quella semplicemente bianca (11,6%). La decorazione, quasi sempre scarsamente leggibile, è costituita da motivi geometrici (linee o fasce circolari, coppie di linee circolari unite da

Tabella 1

Prospetto della porcellana rinvenuta a Failakah
(si rimanda ai numeri del catalogo)

Sito	blu su bianco	paonazzo su bianco	policroma	bianca
7	16			18
	17			
8			41	
9	127			
12	173	239	153	188
	259	296	172	215
	272	297	187	258
	273	298	328	
	299	324	329	
	333	325	330	
	334	326	331	
	346	327	332	
	347	344	343	
		345		
13	368		364	369
			365	
			366	
			367	
14	574			
Totale	14	10	14	5

gruppi di trattini verticali, zig-zag, reticolo, ecc.), oppure vegetali e floreali quali un ramo fogliato (16), delle fogliette verticali (187), dei fiori (17, 41, 272, 329, 332, 364-368). Nelle ciotole la decorazione si svolge per lo piú sia all'interno che all'esterno, oppure all'incirca con uguale frequenza o solo all'interno o solo all'esterno; nei piatti interessa solo l'interno.

Si tratta molto probabilmente di porcellana importata dalla Cina come suggerisce la qualità di questi prodotti a pasta molto compatta, con pareti sottili leggermente traslucide, smalto perfettamente liscio senza craquelure, a sonorità chiara.

Com'è noto, fin dall'epoca della dinastia Sung (950 - 1279) la porcellana cinese raggiunse i mercati del Vicino Oriente e dell'Africa orientale e il particolare della sua importazione nei paesi mussulmani è ricordato specificamente da diverse fonti letterarie.[42] Il commercio e gli scambi con la Cina rimasero a lungo nelle mani degli Arabi,[43] tranne nel periodo del regno Yung-lo (1403-1424) che segnò l'apogeo della potenza marinara cinese in epoca Ming (1368-1644), quando con sette spedizioni ufficiali i Cinesi raggiunsero i porti non solo del sud-est asiatico, ma anche del Golfo Arabico e dell'Africa Orientale.[44] L'arrivo dei Portoghesi sui mari orientali segnò il passaggio nelle loro mani del monopolio dei commerci con la Cina, ove essi giunsero nel 1516. Nell'ambito di questi commerci una delle voci piú attive era rappresentata dalla porcellana cinese,[45] soprattutto quella dipinta in blu su fondo bianco,[46] il prodotto piú ricercato dal mercato, che venne fabbricato su larga scala non piú solo per la corte imperiale ma appositamente per la esportazione. Questo tipo di porcellana proviene perciò oltre che dalle fornaci « ufficiali », anche da forni provinciali della Cina meridionale e dell'Annam, i cui prodotti si distinguono per la qualità scadente della pasta e per la tonalità del blu che è un azzurro-grigiastro.[47]

---

[42] A. LANE - R. B. SERJEANT, *Pottery and Glass Fragments from the Aden Littoral with Historical Notes,* in « Journ. of the R. Asiatic Society », oct. 1948, pp. 108-133.

[43] Cfr. E. BRETSCHNEIDER, *Medieval Researches from Eastern Asiatic Sources,* London 1910, I-II; R. ROSE DI MEGLIO, *Il commercio arabo con la Cina dalla Gāhilyya al X secolo,* in « Annali Ist. Orient. di Napoli », n.s., XIV (1964), *In onore di L. Veccia Vaglieri,* pp. 523-552; ID., *Il commercio arabo con la Cina dal X secolo all'avvento dei Mongoli, ibidem,* XV (1965), pp. 87-104; CHAU JU-KUA, *His Work on the Chinese and Arab Trade in the Twelfth and Thirteenth Centuries, entitled Chu-fan-ch'i,* transl. F. HIRTH - W. W. ROCKHILL, Amsterdam 1966; G. HUDSON, *Medieval Trade of China,* in D. S. RICHARDS (ed.), *Islam and the Trade of Asia,* London 1970, pp. 159-167.

[44] Cfr. P. PELLIOT, *Les grandes voyages maritimes chinois au début du XVe siècle,* in « T'oung Pao », XXX (1933), pp. 257-452; ID., *Notes additionnelles sur Tcheng Houo et sur ses voyages, ibidem,* XXXI (1935), pp. 274-314; J. J. L. DUYVENDAK, *The true dates of the Chinese maritime expeditions of the early fifteenth century, ibidem,* XXXIV (1938-39), pp. 149-168; J. GERNET, *Le Monde chinois,* Paris 1972, pp. 287-289, 346-348.

[45] Tien-Tze CHANG, *Sino-Portuguese Trade from 1514-1644,* London 1934.

[46] H. GARNER, *Notes on Oriental Blue and White,* London 1964².

[47] L. CATERINA, *Frammenti cinesi a Hurmuz,* in *Atti VII Conv. Intern. Ceramica, Albisola 1974,* Albisola [1976], pp. 31-40, in particolare pp. 33 s., 38 s.

La porcellana trovata a Failakah può essere messa in relazione con numerosi altri trovamenti di porcellana segnalati sulle coste dell'Arabia sud-
orientale e nell'area del Golfo. In particolare, porcellana dipinta in blu su
fondo bianco del tardo periodo Ming (XVI - inizi XVII secolo) è stata rinvenuta sulla costa settentrionale dell'isola di Bahrein,[48] nella penisola dell'Oman
nei Trucial States,[49] nella parte settentrionale dell'oasi di Buraimi nell'emirato di Abu Dhabi,[50] a Suhar e nelle vicinanze di Aden,[51] ad Hurmuz ove è
quasi tutta riferibile all'ultimo periodo del regno di Hurmuz al tempo della
sua occupazione da parte dei Portoghesi tra il 1514 e il 1622;[52] ad al-Huwailah
sulla costa nord-est del Qatar scenderebbe al XVIII secolo.[53] Da queste due
ultime località è segnalata anche della porcellana a decorazione policroma.[54]

Nel complesso tutti questi ritrovamenti prospettano un quadro abbastanza omogeneo delle importazioni di porcellana cinese nell'area del Golfo arabico: esse risalgono quasi tutte al tardo periodo Ming (sec. XVI - inizi XVII)
cioè al momento della massima espansione sui mari orientali dei Portoghesi,
le cui fortune commerciali si appoggiarono nel Golfo ad una serie di basi
fortificate fra le quali rientrava anche l'isola di Failakah, presidiata da due
forti.

Vetro

Al corredo ceramico delle abitazioni di questo villaggio si affiancava una
serie di vasi di vetro, dei quali si sono rinvenuti svariati frammenti. Si tratta
di recipienti in genere di vetro di colore verde chiaro (145, 154-155, 189,
260, 300, 348), più raramente blu (167, 349), eccezionalmente grigio-azzurro
(318) e verde scuro (174). Lo spessore delle pareti varia tra mm. 2 e mm. 4.
Ben poco si può dire della forma di questi vasi, per i quali ci sono pervenuti
un solo frammento di bocca (154), svasata, pertinente probabilmente ad una
bottiglia a larga imboccatura, ed un solo frammento di fondo (348), fortemente convesso verso l'interno.

Braccialetti (tabella 2, fig. 87)

Anche in questo villaggio abbandonato si è notata la presenza di braccialetti in vetro, di cui si sono raccolti frammenti relativi a nove esemplari.

---

[48] G. Bibby, *Bahrains Oldtidshovedstad Genmen 4000 Ar,* in « Kuml », 1957, pp. 128-163.

[49] De Cardi, *Archaeological Survey,* cit.

[50] Friefelt, *art. cit.*

[51] J. B. Da Silva, *Some Chinese Porcelain found in South Arabia,* in « Oriental Art »,
n. s., XIV, 1 (Spring 1968), pp. 41-45.

[52] Caterina, *art. cit.,* pp. 34-37.

[53] De Cardi, *Qatar,* cit., p. 174, n. 1.

[54] Caterina, *art. cit.,* p. 37; De Cardi, *Qatar,* cit., p. 174, n. 4 (forse cinese, secc.
XVIII-XIX).

Questi sono per lo piú in vetro nerastro (175, 261-263, 301, 319-320), due in vetro di colore blu-nero (190-191); la loro forma è assai semplice, trattandosi di un nastro basso e sottile (alt. mass. 0,6/1,2) piatto all'interno, mentre all'esterno è in generale bombato a sezione semicircolare schiacciata (261, 262, 301, 319, 320), in un caso a sezione subtriangolare (175), in un altro a profilo sinuoso (263).

Analoghi braccialetti sono stati rinvenuti a Failakah nel vicino villaggio di Sa'īdi, ove sono presenti con tre esemplari (70, 87, 128) e nel villaggio abbandonato di al-Qusūr ove ne è stato rinvenuto un esemplare (377). Nel complesso, dieci sono realizzati in vetro nerastro, due in vetro blu-nero (190, 191), uno in vetro verde scuro (377). Il loro diametro varia da cm. 5 a cm. 8 e per lo piú è di cm. 6/7. La loro forma è assai semplice: un anello alto cm. 0,4/1,2, ma per lo piú alto cm. 0,4/0,9, il cui spessore massimo è cm. 0,3/0,7, ma per lo piú cm. 0,4, appiattito all'interno, mentre il profilo esterno si articola in modi diversi. In base alla forma della loro sezione essi sono distinguibili in cinque tipi:

tipo A, a sezione semicircolare, è il piú frequente. Una sua variante (*tipo A₁*) può essere considerata quella a sezione semicircolare irregolare, perché schiacciata;

tipo B, a sezione semiovale;

tipo C, a sezione a goccia;

tipo D, a sezione subtriangolare;

tipo E, a profilo esterno sinuoso.

Braccialetti analoghi a questi di Failakah sono stati rinvenuti in diverse località dell'Arabia; in particolare, tra quelli noti dal Golfo Arabico si ricordino gli esemplari in vetro policromo trovati a Nuova Hurmuz [55] e quelli segnalati ad Huwailah sulla costa nord-est del Qatar.[56] Questi ultimi sembrano particolarmente vicini ai nostri, sia per la forma a sezione semicircolare o subtriangolare con la faccia interna piatta (cfr. rispettivamente i nostri *tipi A* e *D*), sia per le dimensioni che per il colore. Questo tipo di braccialetti fu in uso a lungo nell'area del Golfo; particolarmente importanti per la cronologia sono quelli rinvenuti a Nuova Hurmuz, databili tra il secolo XIV e il 1622, quando la città fu distrutta e abbandonata,[57] mentre gli esemplari da

---

[55] A. STEIN, *Archaeological Reconnaissances in North-Western India and South-Eastern Iran*, London 1937.

[56] DE CARDI, *Qatar*, cit., p. 176 s.

[57] Hormuz fu trasferita nell'isola di Jirun o Zarun nel sec. XIV e prese allora il nome di Nuova Hormuz. La città prosperò per due secoli, finché non fu presa dai Portoghesi nel 1515, quando cominciò il suo declino, conclusosi nel 1622 con la sua conquista e distruzione da parte delle forze riunite degli Inglesi e dei Persiani. Dal 1623 lo shāh 'Abbās I riutilizzò i suoi materiali per ampliare il villaggio di Gamru, sull'antistante costa persiana, cui diede la nuova denominazione di Bandar 'Abbās: L. LOCKHART, in *Encyclopedie de l'Islam*, III (1967), pp. 605-606, *s.v. Hurmuz*.

al-Huwailah sembrano scendere al secolo XVIII.[58] Per i nostri esemplari di Failakah, quelli rinvenuti nei villaggi di Saʿīdi e di Qurainīyah andranno riferiti alla media età islamica e forse anche alla fase piú recente di questi insediamenti, mentre l'unico esemplare rinvenuto ad al-Qusūr, isolato nel contesto dei materiali di questo villaggio, va considerato come un elemento sporadico, da collegare genericamente con tardive frequentazioni della zona interna dell'isola, cosí come l'unico frammento di porcellana rinvenutovi.

Tabella 2

Prospetto dei braccialetti in vetro rinvenuti a Failakah
(si rimanda ai numeri del catalogo)

Sito	Tipo A	Tipo A$_1$	Tipo B	Tipo C	Tipo D	Tipo E
9		128		70		
				87		
12	301	261	190		175	263
	319	262	191			
	320					
14	377					
Totale	4	3	2	2	1	1

Nel complesso, lo studio del materale ceramico rinvenuto in questo villaggio abbandonato fa intravvedere anche in questo caso un quadro economico piuttosto povero, tanto che non solo si restaura con cura il vasellame piú pregiato, cioè quello invetriato (247), ma si riutilizzano anche i cocci dei vasi piú comuni ritagliandoli per ricavarne, ad esempio, degli operculi (170, 283), come nel vicino villaggio di Saʿīdi. La tipologia della ceramica fa assegnare anche questo villaggio della costa settentrionale dell'isola nel suo impianto alla prima età islamica, nei suoi esiti alla media età islamica e all'epoca del dominio portoghese nell'isola nei secoli XVI - XVII, mentre alcuni frammenti piú recenti sono dovuti a frequentazione estemporanea, in relazione con la vicina dimora principesca della fine del secolo scorso.

---

[58] DE CARDI, *Qatar,* cit., p. 178.

CATALOGO

Materiali dell'area del cimitero

Ceramica invetriata turchese

136. Due frammenti di pareti di ciotola. Argilla color crema-rosato, ben depurata, compatta. Spessa vetrina turchese all'interno. Esterno nudo. Dimensioni: 2 × 3,5; 3 × 3,1; spess. 0,9.

Ceramica invetriata gialla

137. Frammento di fondo di ciotola. Argilla rosa, ben depurata. Si conserva parte del fondo con l'attacco delle pareti. Basso piede ad anello. Interno coperto da vetrina color giallo-olio, appena lucente. Alt. mass. 2,5; diam. del piede 7,4; spess. 0,8 (*fig. 28*).

138. Due frammenti di pareti di ciotola. Argilla rossiccia, compatta e uniforme. I frammenti sono ricomponibili. Interno coperto da vetrina color giallo-olio scuro, appena lucente. Esterno nudo. Alt. mass. 6 × 5; spess. 0,4.

Ceramica acroma a decorazione incisa

139. Frammento di boccale. Argilla color camoscio-rosato, ben depurata, compatta. Superficie liscia. Si conserva una porzione della parte inferiore del corpo, ricomposta da due frammenti. Sul corpo decorazione incisa a pettine a sette punte, che descrive fasci di solcature circolari distanti fra loro cm. 2. Alt. mass. 8 × 13; spess. 0,9 (*tav.* XLI *c*).

Ceramica nuda

140. Frammento di fondo di boccale. Argilla color camoscio. Superficie scabra. Si conserva parte del fondo con l'attacco delle pareti. Basso piede ad anello. Alt. mass. 3 × 3,5; spess. 1.

Impasto

141. Frammento di fondo di giara. Impasto color rosa con inclusi bruni. Superficie sfaldata. Si conservano parte del fondo e del piede e l'attacco inferiore delle pareti. Basso piede a disco a profilo convesso con base leggermente concava. Alt. mass. 3,4; diam. presumibile del piede 8 (*fig. 28*).

142. Frammento di fondo di giara. Impasto color grigio-nerastro con grossi inclusi bianchi e neri. Si conserva parte del fondo con l'attacco delle pareti. Basso piede a disco a fondo piano con margine arrotondato. Alt. mass. 11; diam. presumibile della base 12; spess. 0,8/1,3 (*fig. 28; tav.* XLIII *c*).

143. Frammento di fondo di giara. Impasto c.s. Alt. mass. 7 × 11; spess. 1,3.

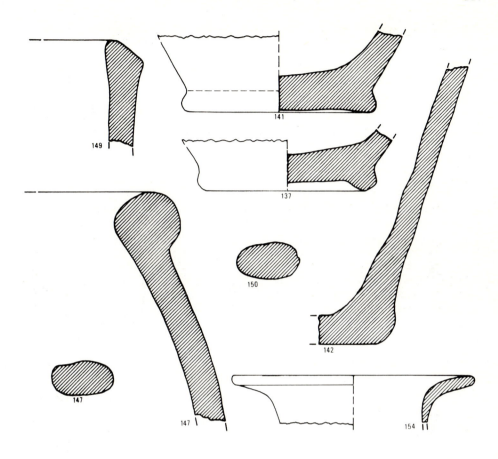

Fig. 28. - Materiali dal Sito 12.

    Cimitero

137. Ceramica invetriata gialla: ciotola.

141-142. Impasto: giare.

    Casa 1

147. Ceramica a vernice nera: giara.

149-150. Ceramica nuda: giare.

154. Vetro: bottiglia.

144. Frammento di parete. Impasto color rosso-ruggine con inclusi bianchi e neri. Alt. mass. 4,5 × 5,5; spess. 0,8.

Vetro

145. Tre frammenti di pareti di vasetto. Vetro verde chiaro. Spess. 0,2.

Casa 1

Ceramica invetriata turchese

146. Otto frammenti di pareti di ciotola. Argilla color crema, ben depurata. Spessa vetrina turchese, sia all'interno che all'esterno. Spess. 0,5/1,6.

Ceramica a vernice nera

147. Frammenti di giara. Impasto color camoscio chiaro, con fitta chamotte nerastra. Superficie grezza. All'interno resti del contenuto, che si presentano come una dura pellicola nera. Si conservano: tre frammenti della bocca ricomponibili; frammenti delle pareti e di un'ansa. Orlo della bocca ingrossato e ribattuto in fuori; spalla espansa, che si restringe verso la bocca; ansa a nastro verticale. Tracce di vernice nera opaca all'esterno sotto l'orlo. Alt. mass. 9; diam. presumibile della bocca 24; largh. dell'ansa 2,6 × 1,4; spess. 1,2 (*fig.* 28; *tav.* xxxix *a*).

Ceramica acroma a decorazione incisa

148. Frammento di boccale. Argilla color crema-rosato, ben depurata. Si conservano parte del collo e della spalla. Collo cilindrico. Sulla spalla decorazione incisa a pettine a cinque punte, che descrive una fascia di linee circolari. Alt. mass. 10; diam. del collo 5,5; diam. della spalla 12.

Ceramica nuda

149. Frammento di bocca di giara. Argilla color crema, ben depurata, con qualche vacuolo. Si conservano parte della bocca e del collo, cilindrico. Orlo della bocca ingrossato, appiattito, obliquo. Alt. mass. 4,5 × 3; spess. 1 (*fig.* 28).

150. Frammento di parete di giara. Argilla rosata. Si conserva l'attacco inferiore di un'ansa verticale a sezione ovale. Largh. dell'ansa 2,7 × 1,5 (*fig.* 28).

Impasto

151. Due frammenti di pareti. Impasto di colore rosso-arancio con inclusi bianchi. Uno presenta la superficie esterna nerastra. Dimensioni: 2 × 2; 3 × 5; spess. 0,4/0,5.

152. Due frammenti di pareti. Impasto grigio con chamotte nerastra. Dimensioni: 2 × 3; 2,5 × 1,7; spess. 0,5/0,7.

Porcellana

153. Frammento di bocca di ciotola. Labbro leggermente svasato. Porcellana bianca. Interno. bianco. All'esterno decorazione costituita da un rettangolo campito in verde e marginato in colore arancione; una sottile linea arancione sull'orlo. Alt. mass. 2 × 2; spess. 0,4.

Vetro

154. Tre frammenti di bottiglia. vetro colore verde chiaro. Si conservano due frammenti delle pareti e un frammento della bocca, svasata. Alt. mass. 2; diam. presumibile della bocca 10; spess. 0,2/0,4 (*fig.* 28).

155. Frammento di ansetta verticale. Vetro c.s. Sezione circolare. Lungh. mass. 2; diam. 0,4.

Fauna

156. Una conchiglia (*Murex*).

Zona B

Ceramica invetriata turchese

157. Frammento di fondo di ciotola. Argilla color crema-rosato, ben depurata. Si conservano parte del fondo e del piede con l'attacco delle pareti. Basso piede ad anello. Interno coperto da spessa vetrina turchese. Esterno nudo. Alt. mass. 3,5 × 4,5; spess. 1 (*fig.* 29).

158. Tre frammenti di pareti di ciotola. Argilla c.s. Spessa vetrina turchese all'interno e all'esterno. Spess. medio 0,5.

159. Due frammenti di pareti di boccale. Argilla c.s. Vetrina turchese all'esterno. Interno nudo. Spess. medio 0,5.

Ceramica nuda

160. Frammento di grossa ansa verticale. Argilla color camoscio-rosato. Sezione subcircolare. Lungh. mass. 8; largh. 3,1 × 2 (*fig.* 29).

161. Frammento di parete di giara. Argilla c.s. Si conserva l'attacco inferiore di una larga ansa a nastro verticale, al di sotto della quale sono visibili due profonde impressioni fatte con le dita a crudo. Alt. mass. 6 × 6,3; spess. 0,7.

162. Frammento di ansetta a nastro verticale. Argilla c.s. Sezione schiacciata. Lungh. mass. 3,5; largh. 1 × 0,7 (*fig.* 29).

163. Quattro frammenti di pareti di piccolo vaso chiuso. Argilla color camoscio-giallastro. Superficie esterna piuttosto liscia. Spess. 0,5.

Impasto

164. Frammento di bocca di bacile. Impasto color grigio scuro, con inclusi bianchi e neri, a superficie molto grezza, dilavata. Si conservano parte della bocca e delle pareti. Orlo della bocca ingrossato e stondato, piatto superiormente. Alt. mass. 6,5 × 6; spess. 2 (*fig.* 29).

165. Frammento di fondo di giara. Impasto c.s. Si conserva un frammento del fondo con l'attacco delle pareti. Base piana con margine stondato. Alt. mass. 3 × 7; spess. 1,5 (*fig.* 29).

166. Frammento di ansa a nastro verticale. Impasto color camoscio, con fitta chamotte nerastra. Sezione ovale. Lungh. mass. 4,5; largh. 2,7 × 1,7.

167. Frammento di parete. Impasto c.s. Alt. mass. 4,5 × 6; spess. 0,5.

168. Due frammenti di pareti. Impasto color rosso-ruggine, con inclusi nerastri. Superficie esterna nerastra. Dimensioni: 2 × 5; 2 × 3; spess. 0,4.

169. Tre frammenti di pareti. Impasto grigio con inclusi bianchi e neri. Spess. medio 1.

Ceramica da fuoco

170. Frammento di parete di pentola. Argilla color rosso-arancio, a superficie scabra, dura. Esso fu ritagliato per ricavarne un opercolo circolare con bordo stondato, conservato circa per metà. Diam. 5,1; spess. 1 (*fig.* 29).

171. Due frammenti di pareti di pentola. Argilla c.s.; spess. 0,6.

Porcellana

172. Frammento di parete di ciotola. Porcellana bianca. Interno bianco. Esterno a decorazione dipinta in rosso-violaceo con motivo di linea annodata ad occhielli ovoidali; ritocchi in verde chiarissimo all'interno di ogni occhiello. Alt. mass. 1 × 3; spess. 0,6 (*tav.* XLIV *a*).

173. Un piccolo frammento di parete di ciotola. Porcellana bianca con decorazione dipinta in blu, sia all'interno, che all'esterno. Spess. 0,3/0,4 (*tav.* XLIV *a*).

Vetro

174. Frammento di parete di grosso vaso. Vetro verde scuro. Alt. mass. 4,5 × 4,5; spess. 0,9.

175. Frammento di braccialetto in vetro nerastro. Sezione sub-triangolare a base piana. Superficie interna appiattita, esterna bombata. Alt. 0,6; diam. presumibile 6 (*fig.* 29; *tav.* XLIV *a*).

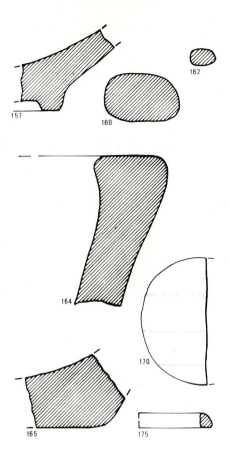

Fig. 29. - Materiali dal Sito 12.
    Zona B
157. Ceramica invetriata turchese: ciotola.
160, 162. Ceramica nuda: anse.
164-165. Impasto: bacile e giara.
170. Ceramica da fuoco: opercolo.
175. Vetro: braccialetto.

Casa 2

Ceramica invetriata turchese

176. Due frammenti di pareti di ciotola. Argilla color crema, uniforme, dura. Vetrina turchese all'interno. Esterno nudo. Dimensioni: 3×2; 2×2; spess. $0,5/1$.

Ceramica invetriata gialla

177. Frammento di parete di ciotola. Argilla rosa, dura, ben depurata. All'interno vetrina di color giallo-olio a chiazze piú scure marroni. Esterno nudo. Alt. mass. $2,7 \times 3$; spess. $0,5$.

178. Frammento di parete di ciotola. Argilla color camoscio-grigiastro. Superficie a larghe ondulazioni. Interno ed esterno a vetrina spessa e lucente di color giallo-bruno. Alt. mass. $2,2 \times 5$; spess. $0,6$.

Ceramica acroma a decorazione incisa

179. Frammento di boccale. Argilla color crema, ben depurata, compatta, a superficie molto liscia e uniforme. Si conservano tre frammenti del piede, due dei quali ricomponibili, a disco con base piana; due frammenti ricomponibili del corpo, decorati con una fascia circolare di lunghe solcature verticali, al di sotto delle quali corre una coppia di linee circolari; quattro frammenti della spalla, due dei quali ricomponibili, a netta carena a spigolo vivo, al di sotto della quale corre una decorazione incisa a pettine a tre punte, che descrive solcature profonde circolari. Dimensioni: diam. presumibile della base 11; frammenti del corpo ricomponibili $4,6 \times 9,5$, spess. $0,6$; frammenti della spalla ricomponibili $8,5 \times 7$, spess. $0,6$ (*fig.* 30; *tav.* XLI *d-f*).

180. Quattro frammenti di parete di boccale. Argilla c.s. Superficie liscia. Decorazione ottenuta con pettine a cinque punte larghe, che descrive gruppi di linee oblique, che si incrociano. Spess. $0,7$.

Ceramica nuda

181. Frammento di ansa verticale a nastro. Argilla c.s. Sezione ovale. Si conserva la parte superiore con l'attacco sul collo. Lungh. mass.6; largh. $3 \times 1,3$.

182. Frammento di ansa verticale. Argilla c.s. Sezione subcircolare. Lungh. mass. $4,5$; largh. $2,4 \times 1,8$ (*fig.* 30).

183. Frammento di fondo di giara. Argilla rosa, ben depurata, compatta e uniforme. Si conserva parte del fondo con l'attacco delle pareti. Base piana. Alt. mass. 3×7; diam. presumibile della base 13 (*fig.* 30).

Impasto

184. Frammento di ansa a nastro verticale. Impasto color camoscio-rosato, con piccola chamotte nera. Si conserva l'attacco superiore. Lungh. mass. 6; largh. $2,5$.

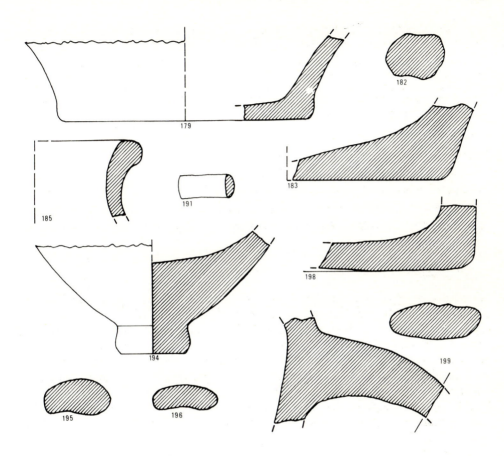

Fig. 30. - Materiali dal Sito 12.

Casa 2

179. Ceramica acroma incisa: boccale.

182-183. Ceramica nuda: ansa e giara.

185. Impasto: boccale.

191. Vetro: braccialetto.

Casa 5

194-196. Ceramica nuda: giara e anse.

198-199. Impasto: giare.

185. Frammento di bocca di boccale. Impasto color rosso-mattone, con chamotte bianca piuttosto rada. Si conservano parte della bocca e del collo. Bocca svasata con orlo ingrossato. Alt. mass. 3×3; diam. presumibile della bocca 9 (*fig.* 30).

186. Frammento di parete. Impasto color grigio scuro, con chamotte bianca e nera. Alt. mass. 5×6; spess. 1,2.

Porcellana

187. Frammento di bocca di ciotola. Porcellana bianca dipinta, all'esterno, con ciuffi di fogliette verdi verticali disposte in fila. Interno bianco. Alt. mass. 2×2; spess. 0,2 (*tav.* XLIV *b*).

188. Due frammenti di pareti di ciotola. Porcellana bianca. Superficie ondulata. Dimensioni: 2×2; $2 \times 1,3$.

Vetro

189. Tre piccoli frammenti di pareti. Vetro color verde acqua. Spess. 0,2.

190. Frammento di braccialetto. Vetro blu-nero. Sezione semi ovale a faccia interna appiattita verticale, esterna bombata. Alt. 0,5; lungh. mass. 3,5; diam. presumibile 5; spess. 0,5.

191. Frammento di braccialetto. Vetro c.s. Forma c.s. Alt. 0,9; lungh. mass. 2; spess. mass. 0,4 (*fig.* 30).

Bronzo

192. Dischetto subcircolare. Diam. $0,9 \times 1$; spess. 1.

Casa 5

Impasto a decorazione plastica

193. Frammento di parete di giara. Impasto grigio con fitta chamotte nera piuttosto grossa. All'esterno decorazione plastica, costituita da cordonature rilevate sottili a spigolo acuto (una visibile). Alt. mass. 6×9; spess. 1,8 (*tav.* XLII *b*).

Ceramica nuda

194. Frammento di fondo di giara. Argilla color crema-rosato, ben depurata. Si conserva il fondo, con la base e la parte inferiore delle pareti. Stretta base appiattita. Alt. mass. 5; diam. della base 3 (*fig.* 30).

195. Frammento di ansa verticale. Argilla c.s. Sezione sub-ovale. Lungh. mass. 8,5; largh. 2,8; spess. 4 (*fig.* 30).

196. Frammento di ansa verticale. Argilla c.s. Sezione a nastro convesso esteriormente e concavo all'interno. Lungh. mass. 5,5; largh. 2,6; spess. 0,9 (*fig.* 30).

197. Quattro frammenti di pareti. Argilla color crema-rosato con vacuoli. Spess. 0,6.

Impasto

198. Frammento di fondo di giara. Impasto grigio con fitta e grossolana chamotte nera. Si conserva parte della base con la parte inferiore delle pareti. Base piana con margine arrotondato. Alt. mass. 3,5; diam. presumibile della base 22 (*fig.* 30).

199. Frammento di collo di giara. Impasto c.s. Si conserva parte del collo con l'attacco superiore di un'ansa a nastro verticale con solcature all'esterno. Alt. mass. 4,4 × 6,5; largh. dell'ansa 3,8 × 1,4 (*fig.* 30).

200. Frammento di parete di giara. Impasto color rosso scuro con rara chamotte bianca e nera. Alt. mass. 7,5 × 7; spess. 0,7.

Vetro

201. Tre frammenti di pareti. Vetro nerastro. Dimensioni: 4 × 3; 2 × 1; 4 × 5; spess. 0,3/0,4.

Fauna

202. Una conchiglia (*Murex*).

Casa 6

Ceramica invetriata turchese

203. Cinque frammenti di pareti di ciotola. Argilla color crema-rosato, ben depurata, con qualche vacuolo. Spessa vetrina turchese all'interno. Esterno nudo. Spess. 0,8/0,9/1.

Ceramica invetriata gialla

204. Frammento di parete di ciotola. Argilla c.s. All'interno spessa vetrina lucente di colore giallo-olio. Alt. mass. 4 × 4; spess. 0,8.

205. Frammento di parete di vaso chiuso. Argilla color rosa vivo, ben depurata. All'interno vetrina nerastra. All'esterno vetrina color giallo-marrone. Alt. mass. 4 × 5; spess. 0,8.

Impasto a decorazione plastica

206. Frammento di spalla di giara. Impasto color camoscio con piccoli e rari inclusi. La superficie presenta molti vacuoli. Tracce del tornio all'interno. Ricomposta da due frammenti. Decorazione plastica all'esterno, costituita da un cordone rilevato mosso da impressioni digitali oblique. Alt. mass. 16 × 13; diam. presumibile della spalla ca. 30; spess. 1,2/1,9 (*tav.* XLII *c-d*).

207. Frammento di parete di giara. Impasto rossiccio con grossa chamotte bianca. Decorazione plastica c.s. Alt. mass. 9 × 5; spess. 1/1,5 (*tav.* XLIII *a*).

208. Due frammenti di pareti di giara. Impasto color camoscio, con chamotte nera e bianca molto grossolana. Decorazione plastica costituita da cordonature rilevate a margine appiattito (tracce di una su ogni frammento). Dimensioni: 7 × 10; 6 × 7; spess. 1.

209. Frammento di parete di giara. Impasto color grigio scuro con inclusi bianchi grossolani. Superficie piuttosto liscia. Decorazione plastica costituita da cordoni rilevati sottili e a spigolo vivo. Alt. mass. 9,5 × 10; spess. 1,1 (*tav.* XLIII *b*).

Ceramica nuda

210. Frammento di bocca di ciotola. Argilla color crema, uniforme. Restano parte della bocca e delle pareti. Bocca svasata con orlo arrotondato; all'interno sotto l'orlo una risega. Alt. mass. 3,5 × 4; spess. 0,6 (*fig.* 31).

211. Frammento di fondo di giara. Argilla c.s. Tracce del tornio all'interno. Base piana. Alt. mass. 3,5 × 4.

212. Due frammenti di pareti di boccale. Argilla c.s. Spess. 0,7.

Impasto

213. Frammento di bocca di giara. Impasto color camoscio con piccoli e rari inclusi. Si conservano parte della bocca e della spalla, rigonfia, che si restringe con la bocca ad orlo ingrossato. Alt. mass. 3 × 6; spess. 0,7 (*fig.* 31).

214. Frammento di bocca di giara. Impasto c.s. Si conservano parte della bocca e delle pareti. Forma c.s., ma spalla piú scivolata. Orlo della bocca appiattito. Alt. mass. 5,8 × 4,5; spess. 0,6 (*fig.* 31).

Porcellana

215. Due frammenti di ciotola. Porcellana bianca. Dimensioni: 2 × 2; 1 × 2; spess. 0,3.

Casa 7

Ceramica invetriata turchese

216. Frammento di parete di ciotola. Argilla color crema-rosato, ben depurata. Spessa vetrina turchese all'interno. Esterno nudo. Alt. mass. 2,5 × 1,5; spess. 0,5.

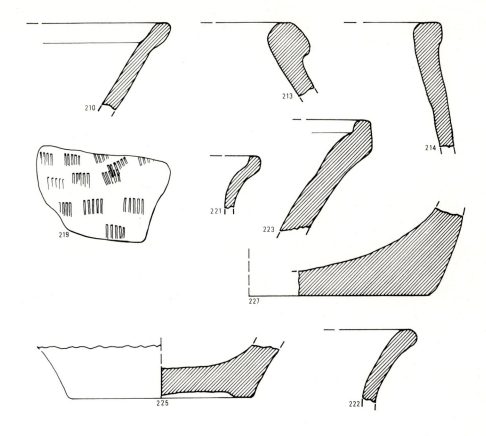

Fig. 31. - Materiali dal Sito 12.

    Casa 6

210. Ceramica nuda: ciotola.

213-214. Impasto: giare.

    Casa 7

219. Ceramica acroma incisa: giara.

221-225. Ceramica nuda: boccali e ciotola (?) (223).

227. Impasto: giara.

Ceramica a vernice nera

217. Frammento di parete di giara. Impasto color camoscio-rosato con inclusi bianchi e neri. All'esterno tracce di vernice nera, opaca e sottile. Decorazione all'esterno incisa con pettine a sette punte, che descrive fasci di sottili linee circolari, di cui due in parte visibili. Alt. mass. 4 × 6; spess. 0,7 (*tav.* xxxix *b*).

218. Frammento di parete di giara. Impasto color rosso-mattone, con grossolani inclusi bianchi e neri. Superficie esterna piú chiara. Esterno a vernice nera, opaca e sottile. Decorazione plastica e incisa: essa è costituita da un cordone mosso da impressioni digitali oblique, sotto il quale corre una fascia di linee circolari a sottile incisione a pettine. Alt. mass. 6,5 × 10; spess. 1,5 (*tav.* xxxix *c*).

Ceramica acroma a decorazione incisa

219. Frammento di parete di giara. Argilla color crema-rosato, ben depurata. Superficie esterna decorata con incisioni a pettine, forse a cinque punte, che descrive gruppi di lineette verticali e oblique, distituiti irregolarmente sfalsati lungo file circolari. Alt. mass. 3,6 × 5,5; spess. 0,8 (*tav.* xlii *a*; *fig.* 31).

Impasto a decorazione plastica

220. Frammento di parete di giara. Impasto color rosso-mattone, con inclusi bianchi e neri. Superficie esterna piú chiara, color camoscio. All'esterno, decorazione plastica costituita da un cordone rilevato mosso da impressioni digitali circolari, molto leggere. Alt. mass. 5 × 3.

Ceramica nuda

221. Frammento di bocca di boccale. Argilla color crema-rosato, ben depurata. Si conservano parte della bocca e delle pareti. Bocca svasata con orlo arrotondato. Alt. mass. 2,7 × 5,5; spess. 0,5 (*fig.* 31).

222. Frammento di bocca di boccale. Argilla c.s. Forma simile al precedente. Alt. mass. 3,5 × 3,7 (*fig.* 31).

223. Frammento di bocca di ciotola (?). Argilla color crema pallidissimo, con qualche vacuolo, dura. Bocca svasata con orlo rettilineo all'esterno e risega all'interno. Alt. mass. 5,5 × 4; spess. 1 (*fig.* 31).

224. Frammento di parte superiore di ansa verticale. Argilla color camoscio-rosato, uniforme, finemente depurata. Sezione ovale. Lungh. mass. 5,5; largh. 3 × 1,5.

225. Frammento di fondo di boccale. Argilla color camoscio-gialliccio ben depurata. Si conservano parte del fondo e del piede con l'attacco delle pareti. Basso piede ad anello; leggera protuberanza centrale sul fondo esterno. Alt. mass. 2; diam. presumibile del piede 7,5 (*fig.* 31).

226. Quattro frammenti di pareti. Argilla color crema pallidissimo. Spess. 0,5.

Impasto

227. Frammento di fondo di giara. Impasto color grigio scuro con radi inclusi bianchi. Superficie piuttosto liscia e uniforme. Si conservano parte del fondo e delle pareti. Base piana con margine arrotondato. Alt. mass. 3,5; diam. presumibile del piede 15; spess. 1,3 (*fig. 31*).

228. Frammento di parete di giara. Impasto color camoscio-rosato, con fitta chamotte bianca e nera. Alt. mass. 2,5 × 4; spess. 1,3.

229. Cinque frammenti di pareti di giara. Impasto c.s. Spess. medio 1,5.

230. Frammento di parete di vaso piú piccolo. Impasto c.s. Spess. 0,5.

Fauna

231. Una conchiglia (*Murex*).

Casa 12

Ceramica invetriata turchese

232. Frammento di parete di ciotola. Argilla color crema, ben depurata. Spessa vetrina turchese all'interno. Esterno nudo. Alt. mass. 3,5 × 3; spess. 0,9.

Casa 13

Ceramica invetriata turchese

233. Frammento di fondo di ciotola. Argilla color crema-rosato, ben depurata, con qualche vacuolo. Si conservano parte del fondo e del piede e l'attacco inferiore delle pareti. Basso e largo piede ad anello a profilo interno ed esterno obliquo. Spessa vetrina turchese all'interno. Esterno nudo. Alt. mass. 3 × 6; spess. 1 (*fig. 32*).

234. Frammento di parete di ciotola. Argilla c.s. Tracce di vetrina turchese all'interno e all'esterno. Alt. mass. 5,5 × 6; spess. 0,7.

Ceramica invetriata gialla

235. Frammento di parete di ciotola. Argilla c.s. Superfici molto deperite, abrase. Tracce di vetrina giallastra all'interno e all'esterno. Alt. mass. 4 × 4; spess. 1,2.

Impasto a decorazione plastica

236. Tre frammenti di parete di giara. Impasto color camoscio-rosato con fitti inclusi bruni· e piú rari inclusi bianchi piuttosto grandi. Uno dei frammenti presenta una decorazione plastica, costituita da un cordone rilevato, stretto, a spigolo vivo. Dimensioni rispettive: 9 × 4; 5,5 × 4; 4 × 6; spess. 0,8.

Ceramica nuda

237. Frammento di ansa verticale. Argilla color crema, ben depurata. Sezione ovale. Lungh. mass. 7,5; largh. 2,8 × 2 (*fig.* 32).

238. Frammento di bocca di boccale. Argilla c.s. Si conservano parte della bocca e delle pareti. Orlo della bocca appena ingrossato, obliquo all'esterno. Alt. mass. 2,6; diam. della bocca 6; spess. 0,4 (*fig.* 32).

Porcellana

239. Frammento di parete di ciotola. Porcellana bianca con tracce di decorazione illeggibile dipinta in rosso-violaceo all'esterno. Interno bianco. Alt. mass. 2 × 1,3; spess. 0,4.

Casa 14

Ceramica a vernice nera

240. Dieci frammenti di pareti di giara. Impasto grigiastro con inclusi neri e bianchi. Esterno coperto da vernice nera, sottile e opaca, e decorato con stretti cordoni plastici orizzontali a margini stondati. Spess. 1,5/1,8 (*tav.* XXXIX *d*).

241. Frammenti di giara. Impasto color grigio medio, con fittissima chamotte formata da ciottolini neri e da rari inclusi bianchi. Si conservano: parte del fondo, piano, a margine stondato; frammenti della bocca, che presenta un ampio orlo ingrossato revoluto; parte della spalla molto espansa; vari frammenti delle pareti. Superficie esterna con tracce di vernice nera, opaca. Decorazione plastica all'esterno, costituita da cordonature rilevate, decorate con impressioni digitali oblique. Diam. presumibile della bocca 15; diam. presumibile della base 16; spess. 1,5 (*fig.* 32; *tav.* XXXIX *e*).

242. Quattro frammenti di pareti di giara. Impasto c.s. Superficie esterna con tracce di vernice nera opaca. Decorazione incisa a pettine sottile a cinque punte che descrive fasci di linee circolari, alternati a fasci di linee ad ampie ondulazioni. Alt. mass. 6 × 4 (*tav.* XL *a*).

243. Frammento di parete di giara. Impasto c.s. Tracce di sottile vernice nera opaca all'esterno. Decorazione plastica, costituita da leggeri cordoni circolari a margine stondato, e incisioni a pettine con fasci di sottili linee circolari, che corrono presso i cordoni. Alt. mass. 4 × 4 (*tav.* XL *b*).

244. Frammento di parete di giara. Impasto grigiastro con fitti inclusi neri. All'esterno, tracce debolissime di vernice nera opaca. Decorazione all'esterno incisa con un grosso pettine a quattro punte, che descrive fasci di linee circolari piuttosto distanziati. Alt. mass. 7 × 3 (*tav.* XL *c*).

Impasto

245. Quarantasette frammenti di pareti di giara. Impasto c.s. Spess. 1,2/2.

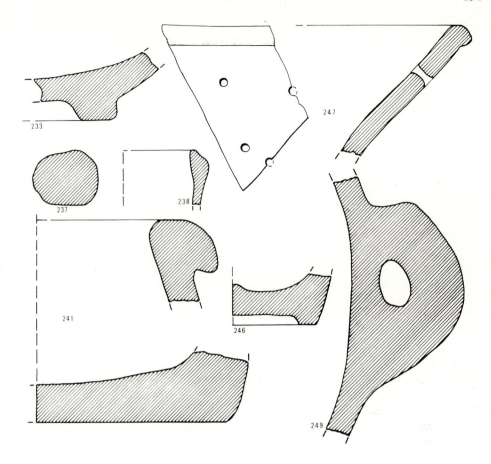

Fig. 32. - Materiali dal Sito 12.

Casa 13

233. Ceramica invetriata turchese: ciotola.
237-238. Ceramica nuda: ansa e boccale.

Casa 14

241. Ceramica a vernice nera: giara.

Casa 15

246. Ceramica invetriata turchese: ciotola.
247. Ceramica invetriata gialla: ciotola.
249. Impasto: vaso chiuso.

Casa 15

Ceramica invetriata turchese

246. Frammento di fondo di ciotola. Argilla color crema-rosato, ben depurata. Si conservano parte del fondo e del piede con l'attacco delle pareti. Basso piede ad anello; pronunciata protuberanza centrale sul fondo interno. Spessa vetrina turchese solo all'interno. Esterno nudo. Alt. mass. 2; diam. presumibile del fondo 7,5 (*fig.* 32).

Ceramica invetriata gialla

247. Frammento di bocca di ciotola. Argilla c.s. Spessa vetrina color giallo-olio, con macchie brune, sia all'interno, che all'esterno. Il frammento presenta quattro piccoli fori pervii serviti per un restauro antico. Alt. mass. 6,5 × 6; spess. 0,8 (*fig.* 32).

Ceramica nuda

248. Frammento di spalla di vaso chiuso. Argilla color camoscio-rosato, ben depurata. Alt. mass. 15 × 16; spess. 1,2.

Impasto

249. Frammento di parete di vaso chiuso. Impasto color camoscio-rosato con qualche incluso bruno. Superficie scabra e irregolare. Corta ansa verticale, ad occhiello, leggermente cornuta in alto. Tracce di annerimento da fuoco all'interno. Alt. mass. 10,5 × 4; diam. dell'ansa 2,2 (*fig.* 32).

Casa 16

Ceramica invetriata turchese

250. Frammento di bocca di ciotola. Argilla color crema-rosato, ben depurata. Si conservano parte della bocca e delle pareti. Orlo della bocca arrotondato. Spessa vetrina turchese lucente, all'interno e all'esterno. Alt. mass. 1,5 × 2,5; spess. 0,6 (*fig.* 33).

251. Frammento di collo di boccale. Argilla c.s. Invetriato in turchese all'interno e all'esterno. Alt. mass. 2 × 2; spess. 0,4.

252. Due frammenti di pareti di giara. Argilla c.s. Invetriati in turchese all'interno e all'esterno. Spess. 0,9.

253. Sei frammenti di pareti di giara. Argilla c.s. Vetrina color turchese all'esterno. Interno nudo. Spess. 0,9/1.

Ceramica nuda

254. Frammento di bocca di vaso aperto (ciotola ?). Argilla color camoscio-rosato, ben depurata, con vacuoli. Superficie liscia. Si conservano parte della bocca e delle pareti. Corpo svasato tronco-conico rovescio; orlo della bocca arrotondato. Alt. mass. 4 × 6; spess. 1,4 (*fig.* 33).

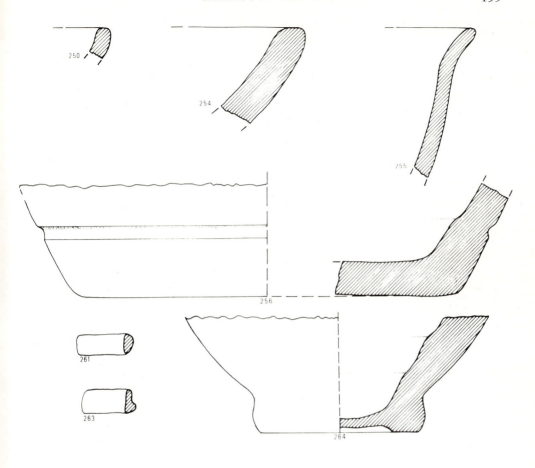

Fig. 33. - Materiali dal Sito 12.

Casa 16

250. Ceramica invetriata turchese: ciotola.

254. Ceramica nuda: vaso aperto.

255-256. Impasto: vaso aperto e giara.

261, 263. Vetro: braccialetti.

Casa 17

264. Ceramica invetriata turchese: ciotola.

Impasto

255. Frammento di bocca di vaso aperto. Impasto di colore camoscio-rosato con inclusi bruni. Si conservano parte della bocca e delle pareti. Bocca svasata con orlo arrotondato. Alt. mass. 6 × 8; spess. 0,7 (*fig.* 33).

256. Frammento di fondo di giara. Impasto grigio con fitta chamotte bianca e nera. Si conserva parte del fondo con l'attacco delle pareti. Base piana a margine stondato. All'esterno, poco sopra la base, una profonda solcatura circolare. Alt. mass. 4; diam. presumibile della base 16; spess. 1,2/1,5 (*fig.* 33).

257. Frammento di ansa verticale a nastro. Impasto di colore camoscio rosato con inclusi bruni. Lungh. mass. 8; diam. 3,5 × 1,6.

Porcellana

258. Frammento di fondo di ciotola. Porcellana bianca. Alt. mass. 1 × 3.

259. Frammento di parete di ciotola. Fondo grigio chiarissimo con decorazione dipinta in blu all'esterno: restano parte di una linea circolare ed una macchia. Interno bianco. Alt. mass. 2 × 3.

Vetro

260. Frammento di parete. Vetro verde chiaro. Alt. mass. 1 × 3; spess. 0,3.

261. Frammento di braccialetto in vetro nerastro. Sezione semicircolare. Superficie appiattita esterna. Alt. mass. 0,8; spess. 0,4; lungh. mass. 2 (*fig.* 33).

262. Frammento di braccialetto c.s. Alt. 0,4/0,6; diam. presumibile 7.

263. Frammento di braccialetto. Vetro c.s. Sezione a profilo dritto verticale all'interno, sinuoso all'esterno con rigonfiamento su un margine. Alt. 1; spess. 0,3; lungh. mass. 2 (*fig.* 33).

Casa 17

Ceramica invetriata turchese

264. Frammento di fondo di ciotola. Argilla di color crema rosato, ben depurata. Si conservano parte del fondo e del piede con l'attacco delle pareti. Basso piede ad anello a profilo convesso. Spessa vetrina turchese all'interno. Esterno nudo. Ampî segni del tornio all'interno. Alt. mass. 6; diam. presumibile del piede 6,5 (*fig.* 33).

265. Frammento di parete di ciotola. Argilla c.s. Invetriata turchese all'interno e all'esterno. Alt. mass. 2 × 2; spess. 0,6.

Ceramica a vernice nera

266. Quattro frammenti di pareti di giara. Impasto di colore grigio chiaro con fitta chamotte scura. Segni del tornio all'interno. Tracce di vernice nera opaca all'esterno. Decorazione plastica all'esterno, costituita da radi cordoni circolari sottili a spigolo vivo, con tracce di impressioni digitali oblique. Alt. mass. 9 × 11; spess. 1,5 (*tav.* XL *d*).

Vetro

267. Frammento di parete. Vetro blu. Alt. mass. 1 × 1, spess. 0,2.

Casa 18

Ceramica invetriata turchese

268. Frammento di ansetta verticale a nastro di boccale. Argilla di color crema rosato, ben depurata. Sezione ovale. Tracce di vetrina turchese. Lungh. mass. 4,5; largh. 1,5 × 0,6.

269. Frammento di parete di ciotola. Argilla c.s. Spessa vetrina turchese all'interno. Esterno nudo. Alt. mass. 1 × 2,5; spess. 0,8.

Impasto

270. Frammento di ansa a nastro verticale. Impasto di colore camoscio con fitta chamotte nera e bianca. Lungh. mass. 5; largh. 3 × 0,8 (*fig.* 34).

271. Frammento di parete. Impasto di colore grigio scuro con fitta chamotte nera e bianca. Alt. mass. 5,5 × 6; spess. 1,4.

Porcellana

272. Frammento di parete di piatto. All'interno decorazione dipinta in blu su fondo grigio chiaro: grande fiore radiato circondato da motivi a zig-zag in direzioni diverse. Esterno non decorato. Alt. mass. 8 × 4,5; spess. 0,6 (*tav.* XLIV *c*).

273. Frammento di parete di piatto o ciotola. Decorazione dipinta in blu su fondo bianco: tracce di motivi a zig-zag. Alt. mass. 1,5 × 2; spess. 0,3 (*tav.* XLIV *c*).

Casa 19

Ceramica invetriata turchese

274. Frammento di bocca di ciotola. Argilla di color crema-rosato, ben depurata. Si conservano parte della bocca e delle pareti. Bocca svasata con orlo arrotondato. Spessa vetrina turchese all'interno e sull'orlo. Esterno nudo. Alt. mass. 3 × 2,5; spess. 0,7 (*fig.* 34).

Ceramica a vernice nera

275. Frammento di parete di giara. Impasto di colore grigio medio con inclusi nerastri. Tracce di vernice nera opaca all'esterno. Decorazione plastica all'esterno costituita da cordoni rilevati lisci piuttosto stretti e a margine acuto. Alt. mass. 7,5 × 9,5; spess. 1,2 (*tav.* XLI *a*).

276. Frammento di parete di giara. Impasto c.s. Segni del tornio all'interno. Vernice nera opaca all'esterno, forse limitata alla parte superiore del vaso (fin subito sotto il cordone mosso da impressioni digitali). Decorazione plastica costituita da stretti cordoni circolari a margine vivo e da piú larghi cordoni circolari, mossi da impressioni digitali oblique. Alt. mass. 9,5 × 11,5; spess. 0,9 (*tav.* XLI *b*).

Casa 20

Impasto

277. Fondo di giara. Impasto di colore camoscio rosato con fitta chamotte nera e marrone e rari inclusi bianchi. Fondo piano con margine a spigolo vivo. Alt. mass. 2,5; diam. del fondo 9,5.

Casa 21

Ceramica invetriata turchese

278. Frammento di bocca di ciotola. Argilla color crema rosato, ben depurata, con qualche vacuolo. Si conservano parte della bocca e delle pareti. Orlo della bocca stondato; la parete presenta un'alta carena a margine arrotondato. Spessa vetrina turchese all'interno e all'esterno. Alt. mass. 2,5 × 3; spess. 0,6 (*fig.* 34).

279. Frammento di ansa verticale di boccale, a sezione ovale. Argilla c.s. Frammentata, ricomposta da due frammenti. Completamente coperta da vetrina turchese. Lungh. mass. 8,5; largh. 1,9 × 1,3 (*fig.* 34).

280. Dodici piccoli frammenti di pareti di ciotole. Argilla c.s. Vetrina turchese all'interno. Esterno nudo. Spess. medio 1.

281. Frammento di parete di ciotola. Argilla c.s. Vetrina turchese all'interno e all'esterno, ove cade in macchie. Alt. mass. 2 × 3,5; spess. 1.

282. Frammento di parete di vaso aperto (ciotola ?). Argilla c.s. Si conserva traccia dell'attacco di un'ansa. Spessa vetrina turchese all'interno. All'esterno essa copriva la parte superiore delle pareti, mentre la parte inferiore era lasciata nuda. Alt. mass. 8,5 × 9,5; spess. 1.

Impasto

283. Frammento di fondo. Impasto color camoscio-rosato con fitti inclusi marrone-nerastri e piú radi inclusi bianchi. Segni del tornio all'interno, che presenta al centro una bassa protuberanza. Il pezzo fu ritagliato in antico per ricavarne un opercolo. Diam. 6,2; spess. 0,7.

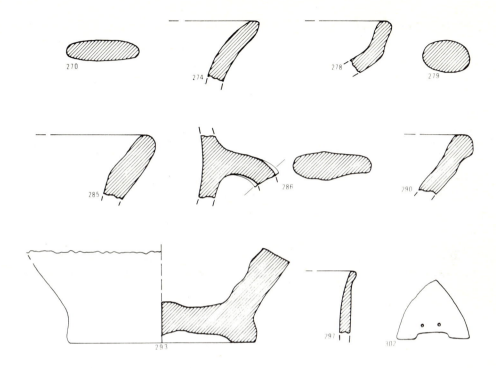

Fig. 34. - Materiali dal Sito 12.

    Casa 18

270. Impasto: ansa.

    Casa 19

274. Ceramica invetriata turchese: ciotola.

    Casa 21

278-279. Ceramica invetriata turchese: ciotola e ansa.

    Zona C

285-286. Ceramica invetriata turchese: ciotola e boccale.

290. Ceramica invetriata gialla: ciotola.

293. Ceramica nuda: boccale.

297. Porcellana: ciotola.

302. Bronzo: lamina.

284. Frammento di parete di boccale con tracce dell'attacco di un bocchino tronco-conico. Impasto c.s. Diam. del bocchino, alla base, 5; spess. della parete 0,6.

Zona C

Ceramica invetriata turchese

285. Frammento di bocca di ciotola. Argilla color crema-rosato, ben depurata. Si conservano parte della bocca e delle pareti. Bocca svasata con orlo arrotondato. Spessa vetrina turchese all'interno e all'esterno. Alt. mass. 3 × 3; spess. 1 (*fig.* 34).

286. Frammento di parete di boccale. Argilla c.s. Resta l'attacco superiore di un'ansa a nastro verticale. Interno nudo. Vetrina turchese all'esterno. Alt. mass. 2,5 × 4; largh. dell'ansa 3,2 (*fig.* 34).

287. Dieci piccoli frammenti di pareti di ciotola. Argilla c.s. Vetrina turchese all'interno. Esterno nudo. Spess. 0,7/1.

Ceramica invetriata verde

288. Frammento di fondo di ciotola. Argilla c.s. Si conservano parte del fondo e delle pareti. Base piana. All'interno vetrina color verde erba. Esterno nudo. Alt. mass. 1 × 5; diam. presumibile del fondo 4.

Ceramica invetriata gialla

289. Frammento di parete di ciotola. Argilla color crema con qualche incluso bianco. Vetrina spessa color giallo-olio, solo all'interno. Esterno nudo. Alt. mass. 5 × 4; spess. 1.

290. Frammento di bocca di ciotola. Argilla c.s. Si conservano parte della bocca e della parete. Bocca svasata con orlo arrotondato, sottolineato da una bassa e larga scanalatura. Vetrina color giallo-nerastro, sia all'interno, che all'esterno. Alt. mass. 3 × 3,5; spess. 0,7 (*fig.* 34).

291. Sette frammenti di pareti di vaso chiuso. Argilla rossiccia. Superficie esterna in qualche caso ondulata, a strette e piatte ondulazioni. Vetrina di colore giallo-marrone all'esterno. Sgorature e chiazze di vetrina all'interno. Spess. 0,8/1.

Impasto a decorazione plastica

292. Tre frammenti di parete di giara. Impasto grigio scuro con grossi inclusi bianchi. Un frammento reca tracce di decorazione plastica, costituita da un cordone circolare rilevato, ornato da impressioni digitali circolari. Alt. mass. 5,5 × 6; spess. 1,2.

Ceramica nuda

293. Frammento di fondo di boccale. Argilla color camoscio-rosato, uniforme, ben depurata. Si conservano parte del fondo e del piede con l'attacco delle pareti. Basso piede ad anello a profilo obliquo. Protuberanza conica centrale sul fondo esterno e interno. Segni del tornio all'interno. Alt. mass. 3,5; diam. del piede 8 (*fig.* 34).

Impasto

294. Frammento di fondo di giara. Impasto color camoscio chiaro con vacuoli e qualche incluso nerastro. Frammentato, ricomposto da due frammenti. Si conservano parte del fondo e delle pareti. Base piana. Alt. mass. 4; diam. presumibile della base 14.

Maiolica

295. Frammento di parete di piatto. Argilla rosa, dura. Spesso smalto bianco lucente, sia all'interno, che all'esterno. Alt. mass. 5 × 3.

Porcellana

a) *Dipinta in rosso-violaceo*

296. Frammento di fondo di ciotola. Si conserva parte del fondo e del piede. Piede a basso anello. Porcellana bianca. All'esterno decorazione dipinta in rosso-violaceo, costituita da una coppia di linee circolari e da linee verticali. Interno bianco. Alt. mass. 4 × 6 (*tav.* XLIV *d*).

297. Due frammenti di ciotola. Si conservano un frammento di parete e un frammento con parte della bocca e della parete. Interno bianco. Esterno a decorazione dipinta in rosso-violaceo: sotto la bocca una coppia di linee circolari; sulla parete ampi motivi sub-triangolari sfrangiati inferiormente. Frammento maggiore 2,5 × 1,8; spess. 0,2/0,4 (*fig.* 34; *tav.* XLIV *d*).

298. Frammento di parete di ciotola. Porcellana bianca a decorazione dipinta in rosso-violaceo all'esterno con un motivo a fitto reticolo. Interno bianco. Alt. mass. 3 × 2 (*tav.* XLIV *d*).

b) *Dipinta in blu*

299. Cinque piccoli frammenti di ciotole. Porcellana bianca dipinta in blu all'interno e all'esterno. Spess. 0,4/0,6 (*tav.* XLV *a*).

Vetro

300. Cinque piccoli frammenti di pareti. Vetro verde chiaro. Spess. 0,2.

301. Frammento di braccialetto in vetro nerastro. Sezione semicircolare. Superficie interna piatta, esterna bombata. Alt. 1,2; diam. presumibile 6; spess. mass. 0,5.

Bronzo

302. Piccola lamina di forma sub-triangolare, fornita di due corte e larghe appendici su un lato, presso il quale presenta due fori ravvicinati e allineati. Alt. 2,4; largh. 3,1; spess. 0,1 (*fig. 34*).

Fauna

303. Una conchiglia (*Murex*).

304. Una conchiglia (cono).

Zona D

Ceramica invetriata turchese

305. Frammento di fondo di ciotola. Argilla color crema, ben depurata. Tracce di vetrina turchese all'interno. Esterno nudo. Alt. mass. 2 × 5.

306. Frammento di parete di ciotola. Argilla c.s. Invetriata in turchese all'interno. Esterno nudo. Alt. mass. 4,5 × 7; spess. 1.

307. Frammento di parete di ciotola. Argilla c.s. Superficie ondulata, a larghe ondulazioni. Vetrina turchese all'interno e all'esterno, ove ricopriva solo la parte superiore delle pareti, mentre la zona inferiore presso il piede era nuda. Alt. mass. 6,5 × 7,5; spess. 0,6.

Ceramica invetriata gialla

308. Frammento di fondo di vaso chiuso. Argilla rosa con inclusi bianchi e neri. Si conserva parte del fondo con l'attacco delle pareti. Base piana. Interno nudo. Esterno coperto da vetrina color giallo-olio nella parte superiore delle pareti; essa si arresta a cm. 4,5 dalla base. Alt. mass. 6 × 4.

Ceramica nuda

309. Frammento di fondo di boccale. Argilla color crema, uniforme, finemente depurata. Superficie liscia. Si conservano parte del fondo e del piede con l'attacco delle pareti. Basso piede ad anello a profilo differenziato. Alt. mass. 5,5 × 8,5; spess. 1 (*fig. 35*).

310. Frammento di fondo di vaso (boccale ?). Argilla c.s. Si conserva parte del fondo con l'attacco delle pareti. Basso piede a disco a base piana. Alt. mass. 3 × 5; spess. 0,5 (*fig. 35*).

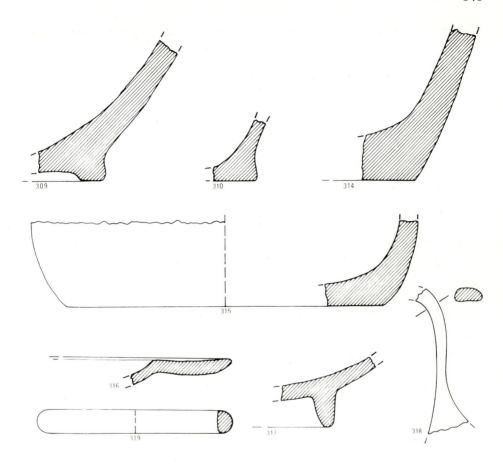

Fig. 35. - Materiali dal Sito 12.
    Zona D
309-310. Ceramica nuda: boccali.
314-315. Impasto: giare.
316-317. Maiolica: piatti.
318-319. Vetro: ansa e braccialetto.

311. Frammento di fondo di boccale. Argilla c.s. Superfici molto sfaldate. Si conservano parte del fondo e delle pareti. Base piana con margine arrotondato. Alt. mass. 4,5; diam. presumibile della base 4,5.

312. Frammento di parete di boccale. Argilla c.s. Si conserva l'attacco inferiore di un'ansa a nastro verticale. Alt. mass. 9,5 × 8; spess. 0,7.

313. Otto frammenti di pareti di vaso chiuso. Argilla c.s. Spess. 0,5/0,7.

Impasto

314. Frammento di fondo di giara. Impasto color camoscio-rosato con inclusi bruni molto fitti. Si conservano parte del fondo e delle pareti. Base piana con margine a spigolo netto. Alt. mass. 6 × 7; spess. 1 (*fig. 35*).

315. Frammento di fondo di giara. Impasto c.s. Si conservano parte del fondo e delle pareti. Base piana con margine netto. Alt. mass. 3,5 × 7; spess. 0,8; diam. presumibile della base 13 (*fig. 35*).

Maiolica

316. Frammento di tesa di piatto. Argilla color rosa molto pallido. Si conservano parte della tesa e delle pareti. Ampia tesa aggettante orizzontale, leggermente concava superiormente. Spesso smalto bianco lucente all'interno e all'esterno. Dimens. mass. 5 × 6; largh. della tesa 3,3; spess. 0,4/0,6 (*fig. 35*).

317. Frammento di fondo di piatto. Argilla color camoscio-rosato. Si conservano parte del fondo e del piede con l'attacco inferiore delle pareti. Piede ad anello piuttosto alto e obliquo. All'interno e all'esterno smalto color grigio-verde pallidissimo, lucente. Alt. mass. 3; spess. 0,5 (*fig. 35*).

Vetro

318. Frammento di ansa verticale a sezione ovale. Vetro color grigio-azzurro pallido. Lungh. mass. 6; largh. 1,1 × 0,6 (*fig. 35*).

319. Frammento di braccialetto. Vetro nerastro. Sezione semicircolare. Superficie interna appiattita ed esterna bombata. Alt. 0,9; diam. presumibile 8; spess. 0,6/0,7 (*fig. 35*).

320. Quattro frammenti di braccialetto. Vetro c.s. Forma c.s. Alt. 0,7; diam. presumibile 7; spess. 0,6.

Zona E

Ceramica invetriata turchese

321. Frammento di fondo di ciotola. Argilla color crema-rosato, ben depurata. Si conservano parte del fondo e del piede con l'attacco delle pareti. Basso e largo piede ad anello. Vetrina turchese all'interno, piuttosto spessa; esterno nudo. Alt. mass. 3,7 × 5,5 (*fig. 36*).

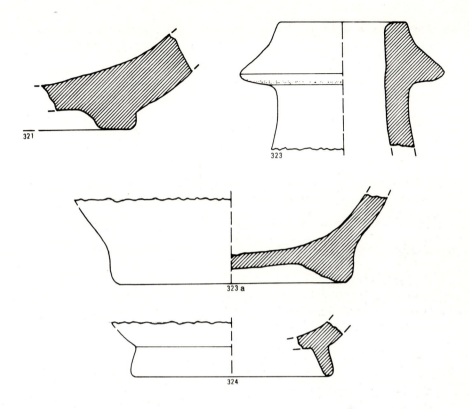

Fig. 36. - Materiali dal Sito 12.
    Zona E
321. Ceramica invetriata turchese: ciotola.
323-323 a. Ceramica nuda: boccali.
324. Porcellana: ciotola.

Ceramica invetriata gialla

322. Frammento di parete di ciotola. Argilla color crema, ben depurata. All'interno spessa vetrina color giallo-olio. Esterno nudo. Alt. mass. 3 × 2; spess. 1,2.

Ceramica nuda

323. Frammento di collo e bocca di vaso chiuso. Argilla color camoscio chiaro con grossi inclusi scuri. Largo e lungo collo cilindrico; la bocca presenta un ampio labbro pendente. Alt. mass. 5; diam. del collo 6 (*fig.* 36).

323 a. Frammento di fondo di boccale. Argilla color crema, ben depurata. Si conservano metà del fondo e del piede con l'attacco delle pareti. Basso piede ad anello. Alt. mass. 3,5; diam. del piede 9,3 (*fig.* 36).

Porcellana

a) *Dipinta in rosso-violaceo*

324. Frammento di fondo di ciotola. Si conservano parte del fondo e del piede. Piede ad anello piuttosto alto ed obliquo. Porcellana bianca con tracce di decorazione dipinta in rosso-violaceo all'esterno. Interno bianco. Alt. mass. 2,2; diam. presumibile del piede 8 (*fig.* 36).

325. Frammento di parete di ciotola. Presenta un foro pervio, servito per un restauro antico. Porcellana bianca con tracce di motivi illeggibili dipinti in rosso-violaceo all'esterno. Interno bianco. Alt. mass. 2 × 3; spess. 0,3/0,4 (*tav.* XLV *b*).

326. Frammento di parete di ciotola. Porcellana bianca. Tracce di decorazione dipinta in rosso-violaceo all'esterno. Interno bianco. Alt. mass. 3 × 3,5 (*tav.* XLV *b*).

327. Due frammenti di parete di ciotola. Porcellana bianca, all'esterno dipinta in rosso-violaceo, con motivi a frange. Interno bianco. Spess. 0,3/0,4 (*tav.* XLV *b*).

b) *Dipinta in color arancio, nero e verde*

328. Frammento di parete di ciotola. Porcellana bianca, con tracce di decorazione dipinta in arancio e verde pallido all'esterno. Interno bianco. Alt. mass. 3,5 × 3,5; spess. 0,3.

329. Frammento di bocca di ciotola. Orlo semplice. Porcellana bianca; all'interno decorazione dipinta in nero, costituita da una linea sottile sull'orlo e da un fiore marginato in nero su campo color arancione. Esterno bianco. Alt. mass. 1,2 × 2; spess. 0,2 (*tav.* XLVI *a*).

330. Frammento di bocca di ciotola. Orlo semplice. Porcellana bianca con decorazione dipinta in arancione. All'interno, subito sotto l'orlo, una fascia circolare; sulla parete una foglia obliqua. All'esterno una linea circolare. Alt. mass. 3,5 × 2,8; spess. 0,3 (*tav.* XLVI *a*).

331. Frammento di bocca di ciotola. Orlo semplice. Porcellana bianca con tracce di decorazione dipinta in arancione all'esterno. Interno bianco. Alt. mass. 3,5 × 3,5; spess. 0,3/0,6.

332. Frammento di bocca di ciotola. Orlo semplice. Porcellana bianca con decorazione dipinta nei colori arancione e nero. All'interno, subito sotto l'orlo, una linea nerastra circolare, da cui pende un fiore. All'esterno, sotto l'orlo, una linea che si allarga in campi quadrangolari in arancio, racchiusa fra due linee circolari nere. Alt. mass. 4 × 3 (*tav.* XLVI *b*).

c) *Dipinta in blu*

333. Sette piccoli frammenti di pareti di ciotole. Porcellana bianca con tracce di decorazione dipinta in blu piú o meno scuro all'interno. Spess. 0,2/0,3 (*tav.* XLVI *c-e*).

334. Due piccoli frammenti di pareti di ciotola. Porcellana bianca con tracce di decorazione dipinta in blu, sia all'interno, che all'esterno. Spess. 0,3/0,4.

Zona F

Ceramica invetriata turchese

335. Frammento di bocca di vaso aperto. Argilla color crema-rosato, ben depurata. Si conserva parte della bocca con l'attacco delle pareti. Orlo della bocca ingrossato; bocca svasata. Spessa vetrina turchese, brillante, sia all'interno, che all'esterno. Alt. mass. 1,5 × 4,5; spess. 0,8.

336. Quattro piccoli frammenti di pareti di una stessa ciotola. Argilla c.s. Invetriata in turchese, sia all'interno, che all'esterno. Spess. 1.

337. Cinque piccoli frammenti di pareti di ciotola. Argilla c.s. Invetriata in turchese all'interno. Esterno nudo. Spess. 0,8/1.

Ceramica a vernice nera

338. Frammento di parete di giara. Argilla color camoscio con grossi inclusi bianchi. Frammentato, ricomposto da due frammenti. Esterno coperto da vernice nera, opaca e sottile, molto deperita, e decorato ad incisione con un pettine sottile a cinque punte, che descrive una fascia di solcature circolari. Anche l'interno è coperto da vernice nera, che scende in sgorature. Alt. mass. 4,5 × 6; spess. 1.

Ceramica nuda

339. Frammento di ansa a nastro verticale. Argilla color camoscio-rosato. Lungh. mass. 7; largh. 2 × 0,8.

340. Quattro frammenti di pareti. Argilla c.s. Spess. 0,4/1,4.

Impasto

341. Frammento di bocca di boccale. Impasto color camoscio chiaro, con piccoli inclusi bruni. Si conserva parte della bocca con l'attacco delle pareti. Bocca svasata con orlo ingrossato, appiattito superiormente. Alt. mass. 2,5 × 3.

342. Frammento di parete. Impasto c.s. Spess. 1.

Porcellana

a) *Dipinta in rosso-violaceo e verde*

343. Frammento di fondo di ciotola. Si conservano parte del fondo e delle pareti. Porcellana bianca con decorazione dipinta in rosso-violaceo e verde chiaro. All'interno, sul fondo, una larga fascia verde-chiaro, delimitata da una striscia rosso-viola, racchiudente due cerchi violacei concentrici. All'esterno, presso il piede, decorazione in rosso-violaceo costituita da due coppie di linee circolari, collegate da gruppi di tre lineette verticali. Alt. mass. 4 × 6 (*tavv.* XLVI *f*, XLVII *a-b*).

344. Due frammenti di pareti di ciotola. Porcellana bianca. All'esterno tracce di decorazione in rosso-violaceo con motivo a reticolo. Interno bianco. Spess. 0,3.

345. Tre frammenti di pareti di ciotola. Porcellana bianca con tracce di decorazione in rosso-violaceo all'esterno. Interno bianco. Spess. 0,3.

b) *Dipinta in blu*

346. Frammento di fondo di ciotola. Si conservano ca. metà del fondo e del piede con l'attacco delle pareti. Basso piede ad anello. Porcellana di colore bianco, leggermente grigio, con decorazione dipinta in blu all'esterno: una larga fascia circolare presso il piede. Interno bianco. Alt. mass. 3 × 5 (*tav.* XLVII *c*).

347. Un piccolo frammento di parete di ciotola. Porcellana bianca con tracce di decorazione dipinta in blu all'esterno. Interno bianco. Spess. 0,3/0,4.

Vetro

348. Frammento di fondo di bicchiere. Vetro color verde chiaro. Fondo molto convesso verso l'interno. Alt. mass. 1; diam. presumibile del fondo ca. 3.

349. Frammento di parete. Vetro blu. Alt. mass. 1 × 2; spess. 0,2.

Pietra

350. Disco in pietra (conglomerato calcareo-gessoso biancastro del Neogene). Se ne conserva circa metà. Presenta una faccia piana liscia, l'altra grezza come i bordi. È attraversato da un foro pervio leggermente eccentrico, a doppia strombatura. Diam. 39; spess. 7; diam. del foro, in superficie 5,5; al centro 3. Si tratta probabilmente di una rudimentale ancora.

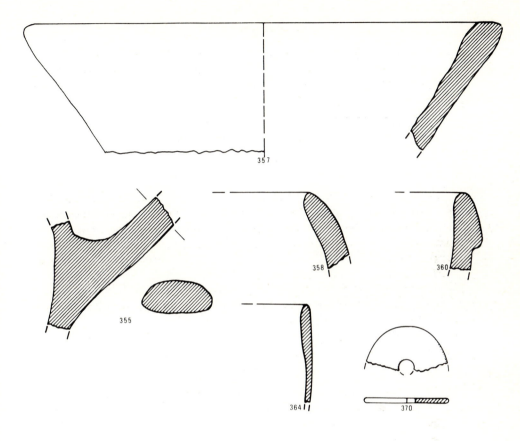

Fig. 37. - Materiali dai Siti 12 e 13.

    Sito 12, Zona G
355. Ceramica nuda: vaso chiuso.
357, 358, 360. Impasto: bacili e giara (?) (358).

    Sito 13
364. Porcellana: ciotola.
370. Vetro: frammento.

Zona G

Ceramica invetriata turchese

351. Frammento di ansa verticale a sezione ovale. Argilla color crema-rosato, ben depurata. Spessa vetrina turchese, che ricopre completamente l'ansa. Lungh. mass. 3; largh. 2,5 × 1,5.

352. Frammento di parete di ciotola. Argilla c.s. Spessa vetrina color turchese, sia all'interno, che all'esterno. Alt. mass. 5 × 3,5; spess. 1.

Ceramica invetriata verde

353. Frammento di parete di ciotola. Argilla color crema, ben depurata. Spessa vetrina verde all'interno e all'esterno. Alt. mass. 2 × 2; spess. 0,6.

Ceramica nuda

354. Frammento di bocca di boccale. Argilla color rosa pallido, con qualche vacuolo. Bocca ad orlo semplice, sulla quale si imposta un'ansa verticale a nastro, conservata in parte. Alt. mass. 4 × 5; largh. dell'ansa 3.

355. Frammento di parete di vaso chiuso. Argilla c.s. Si conserva l'attacco inferiore di un'ansa a nastro verticale (sezione 2,9 × 1,3). Alt. mass. 5 × 6,5; spess. 0,8 (*fig.* 37).

356. Frammento di ansa a nastro verticale. Argilla c.s. Lungh. mass. 5; largh. 3 × 1,5.

Impasto

357. Frammento di bocca di bacile. Impasto color camoscio-rosato con fine chamotte nera. Superficie scabra. Si conservano parte della bocca e delle pareti. Corpo tronco-conico rovescio; orlo della bocca appiattito superiormente. Alt. mass. 5; diam. presumibile della bocca 20 (*fig.* 37).

358. Frammento di bocca di giara (?). Impasto c.s. Si conservano parte della bocca e della parete. Orlo della bocca semplice, arrotondato; bocca rientrante. Alt. mass. 3,5 × 5; spess. 1 (*fig.* 37).

359. Frammento di bocca di boccale: Impasto c.s. Si conservano parte della bocca e di un'ansa. Bocca ad orlo semplice, sul quale si imposta un'ansa a nastro verticale. Alt. mass. 5 × 6; largh. dell'ansa 2,5 × 1,5.

360. Frammento di bocca di bacile. Impasto c.s., mal cotto, con grosse bolle. Si conserva parte della bocca con l'attacco delle pareti. Alto orlo ribattuto in fuori, appiattito. Alt. mass. 3 × 4,5 (*fig.* 37).

361. Frammento di parete di giara. Impasto di color grigio medio, con grossi inclusi neri e bianchi. Alt. mass. 4 × 7; spess. 1,8.

SITO 13

Il Forte

(*Tavv.* XLVII *d* - L *a*; *Figg.* 27, 37; nn. 362-370)

Contigua alla delimitazione dell'area archeologica del villaggio di al-Qurainīyah sul lato orientale è la delimitazione quadrangolare dell'area di rispetto del Forte (*fig.* 27).

Il Forte sorge a una cinquantina di metri dalla spiaggia. Ha pianta quasi quadrata, rafforzata con delle piccole torrette rotonde, sporgenti ai quattro angoli, che guardano verso i punti cardinali. Misura una quarantina di metri di lato. Le murature superstiti sono costruite con pietrame locale (*tavv.* XLVIII - L *a*).

Oggi i muri determinano un rialzo del terreno, che si eleva per circa m. 1 sulla campagna circostante, ed affiorano appena dalla sabbia desertica, che vi si è ammassata addosso, dando la sensazione di una costruzione abbandonata da secoli.

Il sito del Forte sembra essere stato scelto in modo da fiancheggiare il preesistente villaggio di Qurainīyah. Lo si poteva cosí controllare e si poteva avere accesso libero al mare in un tratto di spiaggia abbastanza sicuro come fondali.[1] La sua principale attività dovette consistere nel controllo del commercio delle perle, lungo la grande rotta marittima, che collegava il Bahrain con Basrah.[2] Si ricordi che un minore forte portoghese di analoga struttura sorgeva sulla costa occidentale dell'isola di Failakah, a controllo di un altro villaggio costiero, che possiamo considerare come l'antenato dell'attuale az-Zōr.[3] Va notato che l'orientamento dei due forti è analogo e non appare legato alle condizioni topografiche dei due siti; bisognerà forse pensare ad una soluzione a riparo dallo *shamāl*, il vento di nord-nord-ovest dominante nell'isola, in ottemperanza alle tradizioni costruttive dell'isola.[4]

La planimetria del Forte, con la sua recinzione quadrangolare rinforzata da quattro torri angolari rotonde, obbedisce invece ad un criterio che accomuna tutte le piccole fortificazioni coloniali portoghesi del sec. XVI; basti

---

[1] Per la fase di occupazione portoghese dell'isola (1515-1648), si rimanda a quanto è stato premesso, *supra*, pp. 25-27. Per la posizione del forte rispetto al villaggio, v. *infra*, nota 5.

[2] MOKRI, *La Pêche des perles*, cit.

[3] V. *supra*, sito 7, p. 53.

[4] V. *supra*, p. 14, per lo « shamāl »; *infra*, sito 14, p. 157, per l'orientamento costante delle costruzioni dell'isola.

ricordare il forte di Comoran a Bandar 'Abbās o la fortezza vecchia di Achem.[5] Esso ospitava dei pezzi di artiglieria.[6]

Nell'esplorazione dell'area del Forte si sono rinvenuti in superficie alcuni frammenti ceramici (362-369) e un vetro (370). Si tratta di un frammento di boccale (362), di un frammento di giara d'impasto (363) e soprattutto di resti di vasi in porcellana (364-369), ciotole e un piatto, quasi tutti a decorazione floreale policroma, tranne un pezzo a decorazione monocroma blu (368), riferibile al periodo di vita del Forte tra gli inizi del secolo XVI e il primo ventennio del secolo successivo.[7]

CATALOGO

Ceramica nuda

362. Frammento di bocca di boccale. Argilla color crema, ben depurata. Si conserva parte della bocca con l'attacco delle pareti. Orlo della bocca arrotondato; bocca svasata. Alt. mass. 2,5 × 4; spess. 0,6.

Impasto

363. Frammento di parete di giara. Impasto color rosso-arancio con piccoli inclusi bianchi e vacuoli. Alt. mass. 2,5 × 2; spess. 0,4.

Porcellana

364. Frammento di bocca di ciotola: forma cilindrica a orlo semplice. Porcellana bianca. All'esterno decorazione policroma con foglie e fiori: un fiore è di co-

---

[5] Si vedano le piante di M. Godinho de Erédia (ca. 1615-22), ora riprodotte in A. CORTESÃO - A. TEIXEIRA DA MOTA, *Portugaliae monumenta cartographica*, Lisboa 1960, tav. 420 C (Ormus) e tav. 421 E (Achem). V. anche Teixeira Albernaz I, *Atlas de 1648 ca.*, mappe 3 (Comoran) e 7 (Chaul), riprod. *ibid.*, tav. 511; nonché tav. 512, 15 (Achem) e 18 (Maugalor); ID., 1649, in M. THÉVENOT, *Relation de divers voyages curieux*, 1664, I, tav. I (riprod. *ibid.*, tav. 515), per la « fortaleza de Sofala ».

Si vedano anche gli stessi baluardi rappresentati da Pedro Bavuto de Resende (1632), in A. BOCCARO, *El libro do estado da India Oriental*, 1646, e nel *Plan exact de Gomron, ou du Bandar Abassi, de l'Isle d'Ormus et des Isles voisines*, in J. B. TAVERNIER, *Les Six Voyages*, Paris 1679, I, c. p. 763.

Un forte assai simile al nostro, trapezoidale e con torri angolari rotonde è stato recentemente rilevato ad al-Huwailah da P. S. GARLAKE, *Fieldwork at Al-Huwailah, site 23*, in B. DE CARDI, *Qatar Archaeological Report, Excavations 1973*, Oxford 1978, p. 172, tav. XXIX a (cfr. anche p. 191, 23). Si noti la stretta analogia nella dislocazione rispetto al villaggio con la posizione del nostro rispetto ad al-Qarainīyah.

[6] V. Fernão Vaz Dourado, *Atlas de 1568*, fol. 15 (Madrid, Bibl. Duques de Alba; riprod. in CORTESÃO - TEIXEIRA, *op. cit.*, III, tav. 256: « tem este baluarte com artelharia »).

[7] Per le considerazioni generali sulla porcellana rinvenuta a Failakah, v. *supra*, sito 12, pp. 110-113.

lore rosa, un altro a margherita è color arancione, gli altri sono in azzurro pallidissimo con cuore giallo; le foglie sono verdi. Alt. mass. 4 × 3,5; spess. 0,2/0,4 (*fig.* 37; *tav.* XLVII *e*).

365. Frammento di bocca di ciotola. Forma c.s. Decorazione all'esterno c.s.: restano una grande rosa di color viola e tracce di un altro fiore color arancione con foglie verdi. Alt. mass. 2,5 × 2; spess. 0,2 (*tav.* XLVII *e*).

366. Frammento di parete di ciotola c.s. Decorazione policroma all'esterno su fondo bianco: restano una grande rosa di color viola e tracce di un altro fiore colo arancione con foglie verdi. Alt. mass. 2,5 × 2; spess. 0,2 (*tav.* XLVII *e*).

367. Frammento di parete di ciotola c.s. All'esterno decorazione policroma: restano alcuni fiori blu con cuore color rosa-violaceo e verde ed alcune fogliette verdi. Alt. mass. 3,5 × 2; spess. 0,3 (*tav.* XLVII *d*).

368. Frammento di piatto. All'interno decorazione dipinta in blu con fiori grandi e piccoli. Esterno bianco. Dimensioni: 4,5 × 1; spess. 0,3 (*tav.* XLVII *d*).

369. Cinque frammenti di pareti di ciotola. Porcellana bianca. Spess. 0,3.

Vetro

370. Mezzo dischetto. Vetro a superficie color rosa-arancio. Superfici piane. Un foro pervio centrale. Diam. 3,6; spess. 0,2 (*fig.* 37).

Per il Sito 14, al-Quṣūr, v. infra, p. 155 ss.

SITO 15

Dār al-Maʻaiyan

(Fig. 7)

Località situata all'interno dell'isola nella sua parte sud-orientale, circa km. 1,6 a nord-est del nuovo porto in costruzione e a est del villaggio abbandonato di as-Subaihīyah (*infra*, sito 16). Essa dista solamente km. 1,4 dalla costa nord e km. 1,2 dalla costa sud dell'isola.

Il posto è caratterizzato da una grande struttura circolare di tipo babilonese, ben visibile nella fotografia aerea;[1] essa ha un diametro di circa m. 80 e contiene al centro un edificio a pianta quadrata di circa m. 10 di lato e con gli spigoli rivolti ai punti cardinali.

L'esplorazione di superficie ha permesso alla missione del 1958 di raccogliere alcuni frammenti di vasellame ed altri materiali riferibili all'età del Bronzo (seconda metà del III millennio a.C.).[2]

Si noti che H. R. P. Dickson ha segnalato Dār al-Maʻaiyan sulla costa orientale (ad Awazim), mentre ha segnato qui all'interno un lungo muro diretto a sud-est (*old wall*).[3] Il toponimo Awazim deriva da una delle principali tribú arabe del Kuwait e dell'arco del Golfo subito a sud.

---

[1] *Hunting Surveys*, London 1967, Phot. 240/205.

[2] GLOB 1958, pp. 168, 170.

[3] DICKSON, p. 57.

SITO 16

Subaihīyah

(Tavv. LXII b - LXIII; Fig. 7)

Un villaggio abbandonato domina una piccola insenatura della costa meridionale dell'isola, nella parte piú frastagliata tra le baracche del piccolo nucleo di pescatori di al-Gelah (*tav.* LXIII a-b) e il promontorio su cui si sta costruendo il nuovo porto, che si protende circa km. 1,5 piú a sud-est.

Fino all'inizio del secolo alle spalle di questo villaggio abbandonato spiccava una lussureggiante oasi con una novantina di vecchie palme.[1] La località si presenta oggi notevolmente degradata (*tav.* LXII b).

Sul terreno sono stati notati in superficie diversi manufatti, fra i quali si segnalava in particolare la presenza di frammenti vascolari fittili riferibili alla media età islamica, oltre a frammenti di contenitori in vetro. Durante l'esplorazione non è stato però possibile procedere ad una sistematica raccolta di campioni dei materiali affioranti in questo sito.

---

[1] LORIMER, p. 270 s.; DICKSON, p. 57.
Freya STARK, *Baghdad Sketches,* cit., p. 134 s., chiama questo villaggio abbandonato semplicemente *Sabhiya,* che è la denominazione corrente attuale. Il toponimo ha riscontro nella parte meridionale del Kuwait presso Burqān.

PARTE SECONDA

SITO 14

AL-QUSŪR

ESPLORAZIONI TOPOGRAFICHE

I - IL VILLAGGIO

(*Tavv.* L *b* - LXII *a*; *Figg.* 36-61; *pianta f.t.* A; nn. 371-676)

La zona denominata al-Qusūr, ossia « i Castelli », si estende nell'area desertica, che occupa la parte centrale dell'isola, circa km. 6 ad est della cittadella antica di *Ikaros* (Sa'īd, sito 2) e dall'attuale abitato di az-Zōr, km. 2 a sud-est della spiaggia di Qurainīyah e km. 1,5 a nord della cala di al-Gelah.

La zona archeologica copre un'estensione irregolare lunga circa km. 1,8 in direzione nord-sud e di circa un chilometro nella larghezza ovest-est. La particolare posizione, scelta opportunamente in lontananza del mare, benché su una piccola isola nella quale nessun posto per quanto interno dista dalla costa piú di due chilometri, indica il proposito strategico con cui è stato impiantato il villaggio, che si estende su una distesa sabbiosa uniforme, dove le sole asperità del paesaggio sono costituite da qualche *tell* formato dalle macerie degli edifici, che hanno trattenuto le sabbie eoliche del deserto. Dal mare, a causa della costa praticamente piú elevata dei terreni interni, il villaggio non era visibile. Esso risultava quindi naturalmente riparato e sicuro.

Malgrado la sua denominazione di « Castelli » questo villaggio non ha alcuna difesa, costituita da recinzioni murarie oppure da sistemi di torri opportunamente dislocate. Esso pare rientrare pertanto nella tipologia dei villaggi « aperti » a carattere agricolo-pastorale, che risultano dall'aggregazione di diverse fattorie appartenenti a piccoli proprietari, che abitavano presso i propri campi; questi villaggi risultano particolarmente diffusi nella prima età islamica.[1] Può darsi che a questa mancanza di opere di fortificazione complessive abbiano supplito in proseguo di tempo le torri con cui sono state rafforzate alcune case, che possono avere assunto cosí l'aspetto di vere e proprie case-torri, come quelle che conosciamo nelle campagne del mondo ellenistico o quelle che caratterizzano le città medievali italiane.

L'orientamento non è basato sui punti cardinali, ma presenta invece costantemente dei muri ininterrotti che chiudono le abitazioni dal lato nord-occidentale, proteggendole nella direzione da cui spira un violento vento, prevalente dall'inverno all'estate e che non pare sia cambiato dall'età preistorica, come provano la forma e la direzione delle dune di sabbia e le costruzioni della prima età del Bronzo.[2]

---

[1] J. SCHMIDT, *Flights over ancient cities of Iran*, 1940, p. 53; ADAMS, *Land behind Baghdad*, cit., p. 16; K. FISCHER, *Types of architectural remains in the northern parts of Afghan Seistan*, in « Bulletin of the Asian Institute of Pahlavi University », II (Shiraz 1971), p. 45, figg. 35-37; K. FISCHER - D. MORGENSTERN - V. THEWALT, *Nimruz. Geländebegehungen in Sistan 1955-1973 und die Aufnahme von Dewal-i Khodaydad 1970*, I-II, Bonn 1974-76; T. AL-JANABI, *Islamic archaeology in Iraq: recent excavations at Samarra*, in « World Archaeology », XIV, 3 (febr. 1983), pp. 305-327, figg. 2-3.

[2] Si vedano in particolare i grandi edifici messi in luce nel sito 1 (v. *supra*, pp. 36-38).

Nell'apparente caoticità della distribuzione delle abitazioni nell'ambito del villaggio, si può forse tentare di rintracciare un qualche criterio organizzativo, anche se esso non risalta a prima vista. Si riconosce anzitutto un nucleo centrale molto denso e con un impianto di strade ortogonali, dove si concentra un terzo delle abitazioni (34-66), ossia il villaggio vero e proprio. Un altro terzo si trova disseminato verso nord su un'area di un chilometro quadrato (1-33) e un altro terzo a sud-est del villaggio su un'area di circa mezzo chilometro quadrato (67 sgg.).

Il villaggio accentrato (*fig.* 39) sembra organizzarsi su cinque strade parallele con orientamento ovest-est; si individuano infatti sei file di case (I: case 34-35; II: case 39-44; III: case 36-53; IV: case 57-59; V: case 61-63; VI: case 64-66). Una strada nord-sud, che lo congiunge con le aree periferiche a nord e a sud, sembra dividerlo in due parti (essa è particolarmente evidente tra le case 40 e 41, oppure 61 e 62); la fiancheggiano due strade parallele, l'una tra le case 38 e 45, l'altra tra le case 50 e 51. Pare probabile anche l'esistenza di due aree libere, un piazzale settentrionale nella terza fascia, allungato da ovest a est tra le case 38 e 50, e un piazzale meridionale nella quarta fascia, allungato tra le case 58 e 59.

Orientamento difforme, marcatamente a sud-est presentano alcune strutture nella parte ovest del villaggio (case 54-56), che vanno ritenute estranee alla fase pianificata accentrata.

L'area diradata settentrionale presenta pure una certa organizzazione, in quanto è possibile distinguere due file di abitazioni all'estrema periferia e una zona intermedia d'insediamento diradato. La prima fila (case 2-10) si allinea per circa un chilometro da ovest ad est ed è caratterizzata da grandi recinti sia ellittici, che rettangolari o absidati; solo il recinto rettangolare 1 pare situarsi al di là di questa linea. La seconda fila è meno ordinata (case 11-15); essa si allunga per mezzo chilometro a una distanza di 30/80 metri dalla prima. L'altra metà di abitazioni giace sparpagliata tra le due file settentrionali e il centro del villaggio e alcuni recinti distano tra di loro anche duecento metri; solo pochi si possono ricondurre a generici allineamenti, come i tre sul bordo settentrionale della depressione di *sebkah* (case 20-22), oppure i due complessi affiancati 23-24 e i tre complessi affiancati 26-28 (*fig.* 38). Anche qui si ritrovano mescolate tutte le tipologie di case e di recinti.

Questo vento che imperversa frequentemente e violentemente da nord-nord-ovest nel Golfo freddo in inverno ed in primavera, caldo d'estate, è detto genericamente *shamāl* (ossia vento del nord), v. Schott, *Geographie des Persischen Golfes,* cit.; Evans, *Persian Gulf,* cit. Esso è considerato cosí temibile nella *Weltanschaung* araba che è considerato generoso per antonomasia colui che offre al povero un riparo contro il vento del nord: Kazimirski, II, p. 768 A, *s. v. shamāl.* Talora, specialmente durante l'inverno, può scatenarsi un violento turbine di sabbia, che può durare anche diversi giorni e che si chiama *thaurān.*

Soluzioni del tutto simili sono state escogitate in condizioni praticamente analoghe negli insediamenti islamici della regione del Sistan in Afghanistan, battuta per tutta l'estate da un forte vento di nord-ovest, detto il vento dei 120 giorni (*Bad-i-sad-o-bist-o-roz*): K. Fischer, *Fortified and open settlements in medieval Sistan,* in « Storia della città », 1978, p. 59.

L'area diradata meridionale presenta caratteri distributivi delle abitazioni piuttosto analoghi a quelli riscontrati nell'area settentrionale, in modo da dar luogo a una certa simmetria. Ritroviamo infatti due file di abitazioni all'estrema periferia; di queste la fila piú esterna è stata individuata nel corso dell'esplorazione di superficie, ma non è stata rilevata e numerata (casa 89 sgg.); la penultima fila è quella costituita dalle case 81-87, dislocate per quasi quattrocento metri con andamento ovest-est, con un intervallo medio quindi di m. 80. Anche qui abbiamo in corrispondenza del centro un recinto piú avanzato, che è rappresentato dalla casa 88. Nell'area diradata, intermedia tra i due allineamenti meridionali e il villaggio accentrato, si trovano sparpagliate una dozzina di abitazioni, distanti anche un centinaio di metri l'una dall'altra. Anche qui si possono riconoscere generici allineamenti; di questi è piú verosimile il primo, in parte ricollegabile con la zona centrale, dalla casa 67 alla 71.

La tipologia delle abitazioni e dei recinti è estremamente varia e pare rispecchiare una rapida evoluzione da un mondo pastorale e patriarcale ad un ambiente culturale riccamente articolato. Si cominci con l'osservare i recinti ellittici od ovali, di remota ascendenza preistorica, grandi ovili limitati da un muro di mattoni crudi su uno zoccolo di pietrame, vigilati dall'abitazione del pastore situata all'interno, in prossimità di una delle estremità. Questo tipo di recinto piú semplice trova numerosi riscontri nel mondo islamico. Si possono qui ricordare i recinti medievali di analogo orientamento nord-ovest/sud-est e di ca. m. 30 per m. 10 del villaggio di Dewal-i Khodaydad nella regione orientale del Sistān, con quelli di analoghe dimensioni (m. 20-30 per m. 10-15) del moderno villaggio di Raddadeh nella zona di Susa.[3]

Uno stadio piú evoluto sembra rappresentato dal recinto absidato, che dà un prospetto al recinto ellittico, smussandone l'estremità su cui si affaccia la casa, in modo che questo lato corto rettilineo possa venire a insistere su una strada.[4] Il recinto rettangolare rappresenta l'estremo sviluppo del processo di geometrizzazione; ma anche in questo caso l'abitazione continua a trovarsi spesso in posizione eccentrica, tendendo ad avvicinarsi ad uno dei lati corti o ad un angolo.[5] Da questa nuova unità abitativa prendono l'avvio

---

[3] M. ROUHOLAMINI, *L'habitation dans la region de Suse: Raddadeh (Khuzistan),* in « Cahiers de la Délegation Archéologique Française en Iran », III (1973), p. 178. FISCHER, *Fortified and open settlements,* cit., p. 59. Recinti ellittici attorno ad abitazioni islamiche sono ampiamente diffusi anche in Occidente, cfr. ad es. A. BAZZANA - P. GUICHARD, *Recherches sur les habitats musulmans du Levant Espagnol,* in *Atti Coll. Int. Archeol. Mediev. (Palermo-Erice, 20-22 sett. 1974),* Palermo 1976, p. 59 ss., Torre Bufilla (Betera) VIII.

[4] I recinti absidati sono presenti già nelle ville rustiche romane, cfr. ad es. quella di Zurzach nell'Aargau in Germania (*Enciclopedia Classica, X, IV, Topografia antica,* p. 466). Assai vicini ai nostri si presentano anche i coevi recinti absidati del villaggio bizantino di Caucana in Sicilia (P. PELAGATTI, in *Enc. Arte Ant., Suppl. 1970* [Roma 1973], p. 192 s., figg. 206-208).

[5] Recinti rettangolari analoghi, chiusi da alti muri e includenti un edificio centrale e una alberatura perimetrale, osservò in Persia — ma già in abbandono nella seconda metà del secolo

due distinti processi di maturazione urbanistica; perché se da una parte il recinto rettangolare si presta ad essere suddiviso ed articolato in una complessa varietà di ambienti e di funzioni, dall'altra esso si presta ad essere aggregato in moduli urbanistici, che possiamo difatti riconoscere nella zona centrale del villaggio.

Passando ai particolari della tecnica costruttiva, va notata nel villaggio la netta prevalenza delle murature in mattone crudo su zoccolo in pietrame; alcune case-torri ed alcuni monumenti particolarmente ricchi presentano l'alzato in pietra da taglio o anche di pietrame raccogliticcio accuratamente connesso; solo i muri di delimitazione agraria sembrano realizzati completamente in mattone crudo. Blocchi di arenaria di notevoli dimensioni sono utilizzati per soglie, stipiti, cantonate e basi di pilastri. Le pavimentazioni sono realizzate con lastre di arenaria, oppure con ghiaietto; negli ambienti interni sono rivestite di stucco bianco, che viene usato anche per intonacare le pareti.

Diverse caratteristiche delle abitazioni di questo villaggio si riscontrano in un complesso umayyade scavato nel 1971 da Mundhir Al-Bakr a Telul Shu'aiba, una ventina di chilometri a sud-ovest di Basrah. Si tratta di una casa a pianta quadrata di circa m. 21 di lato, costruita in mattoni crudi di circa cm. $40 \times 40 \times 8$ e intonacata e pavimentata con stucco bianco. Essa ha restituito anche materiali ceramici analoghi a quelli rinvenuti nel villaggio di al-Qusūr, a cominciare naturalmente dalla ceramica invetriata turchese e dalla ceramica a decorazione stampigliata con bolli o con raffigurazioni di animali.[6]

Motivi concomitanti, urbanistici, strutturali, stilistici e di tipologia delle ceramiche portano pertanto ad assegnare tutto il complesso del villaggio alla prima età islamica, fra la metà del VII e il IX-X secolo, con qualche sopravvivenza, che non sembra scendere tuttavia oltre il XII-XIII secolo.

Casa 1 (fig. 40; nn. 371-377)

È stato individuato un grande recinto rettangolare, nella cui parte nord-ovest si dispone l'abitazione vera e propria, con un corpo piú rilevato nel centro.

Questa casa sembra essere la piú settentrionale del villaggio, risultando avanzata rispetto alla prima linea delle case 5-10.

XVII — Sir John Chardin (1643-1713): *The Travels of Sir J. Chardin into Persia and the East Indies,* London, Pitt, 1686. Non molto dissimili risultavano del resto i recinti all'interno della parte vecchia del villaggio di az-Zōr, ora progressivamente abbandonata e distrutta (v. *supra,* p. 29).

Un tipo analogo di recinti, varianti tra i m. 5 e i m. 20, con ambienti periferici ed isolati e focolare esterno, è stato rilevato in un villaggio abbandonato, ma recente, della Mesopotamia da H. J. Nissen, *Survey of an abandoned modern village in Southern Iraq,* in « Sumer », XXIV (1968), pp. 107-114, tavv. 1-3.

[6] Si vedano intanto le prime notizie, essendo lo scavo inedito, in « Sumer », XXVII (1971), introd., pp. c-d; XXVIII (1972), *Arabic Section,* pp. 243-246; « Iraq », XXXIV (1972), p. 145.

V. ora per Samarra AL-JANABI, *Islamic archaeology,* cit., figg. 2-3.

Durante l'esplorazione di superficie vi sono stati raccolti alcuni materiali affioranti: ceramica invetriata turchese (371-372), ceramica nuda (373-374) e da fuoco (375), un frammento di vaso d'impasto (376) e di un'armilla di vetro (377).

Casa 2 (fig. 40; nn. 378-383)

Questo complesso pare essere quello piú occidentale del villaggio. Giace all'estremità ovest della prima fila di case, che si allunga da occidente ad oriente.

Si tratta di una recinzione, chiusa a nord e ad ovest da due lunghi muri ortogonali, mentre ad est il muro è piú breve e raccordato con due rientranze. Forse si ha una suddivisione interna in due recinti rettangolari, che inglobano ognuno un'abitazione vera e propria a pianta rettangolare. Due vani isolati sono riconoscibili, l'uno a nord e l'altro a sud della recinzione.

In superficie durante la ricognizione sono stati raccolti pochi frammenti ceramici, pertinenti a vasi a invetriata turchese (378-380), a ceramica acroma a decorazione incisa (381) e a semplice ceramica nuda (382-383).

Casa 3

Si trova verso l'estremità occidentale della fila piú settentrionale delle case del villaggio, tra i recinti 2 e 4.

Si tratta di un grande recinto rettangolare, all'interno del quale è situata la casa vera e propria, in prossimità del centro del lato corto meridionale.

Casa 4

Si trova nella parte occidentale della fila piú settentrionale delle case del villaggio, parallela e intermedia tra la casa 3 a ovest e la pista proveniente da al-Qurainīyah ad est.

Si tratta di una grande recinzione rettangolare allungata da nord a sud, le cui tracce appaiono labilissime, forse per un piú prolungato periodo trascorso dall'abbandono. Nessuna struttura è stata riconosciuta al suo interno durante l'esplorazione di superficie.

Casa 5

Si trova nella parte centrale della fila piú settentrionale di case del villaggio, circa m. 200 ad est della pista proveniente da al-Qurainīyah. Giace tra la casa 1 a nord e la casa 12 a sud.

Si tratta di un grandioso recinto ellittico, che include al centro l'abitazione a pianta rettangolare.

Casa 6 (tavv. LV d - LVI a; fig. 41; nn. 384-393)

Si trova al centro della fila piú settentrionale di case del villaggio, tra la casa 5 a ovest e la casa 7 a est, súbito a nord della casa 12.

Si tratta di una grande recinzione rettangolare, segnata da una duplice linea di muri, che potrebbero aver sostenuto un porticato. All'interno, al centro, ma leggermente spostato verso nord, sorgeva un edificio rettangolare.

Durante l'esplorazione di superficie all'interno di questa recinzione sono stati raccolti alcuni frammenti ceramici, relativi a vasi a invetriata, sia turchese (384-387), che verde (388), a ceramica acroma a decorazione sia stampigliata (389), che plastica (390), e infine a semplice ceramica nuda (391-393).

Casa 7

Si trova nella parte centrale della fila piú settentrionale delle case del villaggio, tra le case 6 a ovest e 8 a est e súbito a nord della casa 13.

Si tratta di una grande recinzione rettangolare, che include nel suo interno, ma spostato verso sud, un edificio pure rettangolare, allungato da nord a sud e con un ambiente piú rilevato al centro del lato orientale.

Casa 8

È situata nella parte orientale della fila piú settentrionale delle case del villaggio, tra la casa 7 a ovest e la casa 9 a est.

Si presenta come un grande recinto ellittico, con asse maggiore in senso nord-sud, che include un edificio rettangolare con lo stesso orientamento, ma spostato piuttosto verso il centro della metà ovest dell'ellisse.

Casa 9 (tav. LX b; fig. 41; nn. 394-399)

È situata verso l'estremità orientale della fila piú settentrionale delle case del villaggio, súbito ad est della casa 8.

Si tratta di una recinzione ovale, con asse maggiore nella direzione nord-sud, che include al centro un edificio rettangolare con analogo orientamento.

Nel corso dell'esplorazione di superficie vi furono rinvenuti alcuni frammenti vascolari di ceramica invetriata turchese (394-396), di comune ceramica nuda (397-398) e una conchiglia di murice (399).

Casa 10

Si tratta probabilmente del complesso piú orientale, nell'ambito della fila piú settentrionale delle abitazioni del villaggio. È situato circa m. 160 ad est della casa 9.

Si presenta come un recinto absidato con asse longitudinale nord-sud e con lato corto rettilineo a sud. All'interno sorgeva un edificio rettangolare di analogo orientamento, piú ravvicinato al lato sud.

Casa 11 (fig. 42; nn. 400-412)

Questo complesso può forse considerarsi come il piú occidentale della seconda fila di case con allineamento ovest-est del villaggio. Si trova un centinaio di metri a sud del recinto 4 e a nord-est della moderna capanna dei pastori, sul ciglio occidentale della pista che viene da al-Qurainīyah.

Si tratta di una recinzione rettangolare con asse maggiore in direzione nord-sud, di circa m. 40 × 30. Esso include un edificio rettangolare con analogo orientamento al centro della parte settentrionale e mostra un muro di suddivisione nord-sud nella parte sud-est. All'esterno del lato settentrionale sono situati due vani; uno ad una ventina di metri di distanza; l'altro ad una trentina di metri ed un po' spostato verso nord-ovest.

Nel corso dell'esplorazione di superficie vi furono raccolti materiali diversi ed in particolare: frammenti di vasi a invetriata turchese (400-402), a vernice nera (403), acromi a decorazione stampigliata (404) e plastica (405-406), ceramica nuda (407-409), resti di vasellame d'impasto (410) e di vetro (411), infine una valva di conchiglia (412).

Casa 12

È situata al centro della seconda fila di case del villaggio a partire da nord, subito a sud della casa 6 e circa m. 200 a est della pista che viene da al-Qurainīyah.

Si tratta di un recinto rettangolare con asse maggiore nella direzione nord-sud e con al centro un edificio rettangolare di analogo orientamento. È stata notata all'esterno dei lati est e sud una traccia piuttosto obliterata di recinzione ovale; si può forse avanzare l'ipotesi che una precedente recinzione ovale sia stata sostituita piú tardi dalla recinzione rettangolare meglio conservata.

All'esterno si notano le tracce di due vani isolati; uno situato una ventina di metri ad ovest; l'altro una trentina di metri ad est, circa a metà distanza rispetto alla casa 13.

Casa 13

Si trova nella seconda fila di case della parte nord del villaggio, piuttosto al centro, tra la casa 7 a nord, la casa 12 ad ovest e la casa 14 a sud-est.

Pare trattarsi di un recinto absidato con asse longitudinale nord-sud e lato corto diritto a nord. Al centro rimangono le tracce di una piccola casa quadrangolare.

Casa 14 (*tav.* LVI *b*; *fig.* 43; nn. 413-416)

È situata su una linea appena un po' arretrata rispetto alla seconda fila di case del villaggio, una ventina di metri a sud-est della casa 13 e una quarantina di metri a nord-ovest della casa 15.

Si tratta di un recinto subcircolare di una ventina di metri di diametro, che include al centro un piccolo edificio quadrato.

In occasione dell'esplorazione di superficie, all'interno di questo recinto sono stati raccolti alcuni frammenti ceramici, relativi a vasi ad invetriata turchese (413-414), a ceramica acroma a decorazione stampigliata (415) e a semplice ceramica nuda (416).

Casa 15 (fig. 43; nn. 417-419)

Questo complesso è situato a sud delle due file settentrionali di case del villaggio e in corrispondenza della zona centrale di esse, una quarantina di metri a sud-est della casa 14; ad una ottantina di metri dalla 8 a nord e dalla 17 a sud-est.

Si tratta di un recinto rettangolare di circa m. 21 × 25, con asse maggiore nella direzione nord-ovest/sud-est; esso include in posizione eccentrica verso sud un edificio rettangolare di m. 8,5 × 6, che conserva un'accurata pavimentazione lastricata. Un vano allungato è adiacente all'esterno al recinto sul lato nord-orientale. Due strutture isolate sono dislocate nelle vicinanze; la minore appena qualche metro ad ovest; la maggiore una ventina di metri ad est.

Durante l'esplorazione di superficie, all'interno di questo recinto furono raccolti soltanto un frammento di giara a invetriata turchese (417) e frammenti delle bocche di due giare di semplice ceramica nuda (418-419).

Casa 16

Si trova nella zona di recinti più diradata situata tra le due file settentrionali e il nucleo accentrato del villaggio. Giace sul ciglio orientale della pista proveniente da al-Qurainīyah, circa m. 200 a sud-est della casa 11 e circa m. 250 a nord-ovest della casa 26.

È riconoscibile un recinto ellittico con asse maggiore nord-sud, con un piccolo edificio rettangolare situato all'interno, al centro della metà meridionale dell'area.

Casa 17

Anche questa casa si trova nell'area di recinti più diradati, situata tra le due file settentrionali e il nucleo accentrato, circa m. 120 a sud-est della casa 15 e un centinaio di metri a nord-ovest della casa 20.

Si tratta di un recinto rettangolare con asse maggiore nord-sud, di circa m. 40 × 30, che include l'edificio principale nella parte più meridionale, mentre un piccolo vano si riconosce isolato al centro della parte nord, un altro nell'angolo nord-ovest e uno minore nell'angolo sud-ovest. L'edificio principale è organizzato su un rettangolo allungato parallelamente al lato sud.

Casa 18 (fig. 43; nn. 420-422)

Si trova un centinaio di metri ad est della casa 17.

Si tratta di un piccolo *tell* circolare che oblitera delle rovine, che non è stato possibile interpretare, perché invase dalla sabbia eolica.

Nell'esplorazione di superficie si sono raccolti alcuni frammenti di vasi a invetriata turchese (420), di ceramica nuda (421) e di vasellame da fuoco (422).

Casa 19 (nn. 423-424)

Giace sul bordo di una piccola bassura di *sebkah*, tra le due file di case a nord e l'insediamento accentrato a sud, circa m. 150 a sud della casa 17.

Consta di un recinto ellittico di circa m. 40 × 24, che include nella metà meridionale un'abitazione a pianta rettangolare con lo stesso andamento nord-sud del recinto.

Durante l'esplorazione di superficie, nell'ambito di questo recinto furono raccolti due frammenti di vasi, uno a invetriata turchese (423) e l'altro in ceramica nuda (424).

Casa 20

Situata anche questa sul bordo della bassura di *sebkah*, a metà tra le due file di case a nord e il nucleo accentrato a sud, giace tra la casa 19 a sud-ovest e la 21 a est e dista dall'una e dall'altra una sessantina di metri. A sud si stende il *sebkah*; all'intorno si stende il deserto con una caratteristica sabbia di colore rosa.

Si tratta di un recinto rettangolare allungato da nord a sud, valutato in circa m. 30 × 20. L'edificio sorge in posizione eccentrica, in prossimità dell'angolo sud-ovest; è rettangolare e con orientamento analogo a quello del recinto.

Una trentina di metri ad est del recinto si nota una anomalia ad esso parallela. Pare trattarsi della maceria di un muro di divisione tra i terreni spettanti alla casa 20 e quelli spettanti alla casa 21. Probabilmente è realizzato in mattoni crudi.

Casa 21

È situata sulla sponda nord della depressione di *sebkah*, tra la casa 20 a ovest e la casa 22 a est; dista una sessantina di metri dalla prima e una ottantina di metri dalla seconda.

Si individua un recinto rettangolare molto piccolo, con un vano centrale. Il muro orientale del recinto pare continuato verso nord da una maceria rettilinea, forse di un muro di mattoni crudi, che sembra delimitare una proprietà terriera, alla stregua della traccia parallela notata tra questa casa e la precedente.

Casa 22 (fig. 43; nn. 425-427)

È situata sulla sponda orientale della depressione di *sebkah*, notata tra le file di case settentrionali e il centro del villaggio.

Risulta nettamente riconoscibile il grande recinto ovale con l'asse maggiore orientato da nord a sud e lungo una cinquantina di metri.

All'interno sorgeva un edificio quadrangolare, leggermente eccentrico verso sud; si trattava probabilmente di una torre quadripartita all'interno da due muri in croce, ancòra riconoscibili.

In occasione dell'esplorazione di superficie vi si raccolsero alcuni frammenti ceramici, relativi ad una ciotola di invetriata turchese (425), ad una giara acroma (426) e ad un vaso d'impasto (427).

Casa 23 (figg. 38, 44; nn. 428-432)

Questa casa è situata a metà strada tra la depressione di *sebkah* ad oriente e la pista di al-Qurainīyah ad occidente; dista da quest'ultima circa m. 160.

È un complesso caratterizzato da un grande recinto rettangolare di circa m. 50 × 30, con asse maggiore in direzione ovest-est. L'abitazione situata all'interno risulta eccentrica, piú vicina alla parete sud e all'angolo sud-ovest, con lo stesso orientamento. Ha l'ambiente piú rappresentativo a sud-ovest e attorno a questo si dispongono gli ambienti minori a nord e a est. Un vano isolato è accostato al centro del muro nord del recinto. Un altro è situato all'esterno, appoggiato all'estremità settentrionale del muro ovest del recinto. Due ambienti isolati giacciono l'uno una quindicina di metri a nord dello spigolo nord-ovest del recinto; l'altro a una decina di metri dallo spigolo sud-ovest del recinto.

Durante l'esplorazione di superficie, nell'area di questo recinto furono raccolti pochi materiali, consistenti in due frammenti di vasi a invetriata turchese (428-429), in due frammenti di comune ceramica nuda (430-431) e in una pietra focaia (432).

Casa 24 (fig. 38; nn. 433-434)

Questo complesso è situato súbito ad oriente del precedente, ad una trentina di metri da esso ed a circa settanta metri dalla casa 19 e dalla depressione di *sebkah*.

Si tratta di un recinto quadrangolare di una trentina di metri di lato e con orientamento nord-sud. L'edificio è in posizione eccentrica, in prossimità del lato sud del recinto. Due piccoli vani si attaccano al recinto verso l'esterno, l'uno all'estremità sud del muro ovest e l'altro all'estremità est del muro sud.

Durante l'esplorazione di superficie furono raccolti soltanto un frammento di ciotola invetriata turchese e un frammento di vaso acromo liscio (433-434).

Casa 25 (fig. 44; nn. 435-441)

Questa casa è situata sul bordo sud-orientale della depressione di *sebkah*, che interessa l'area di insediamento diradato tra le due file di case settentrio-

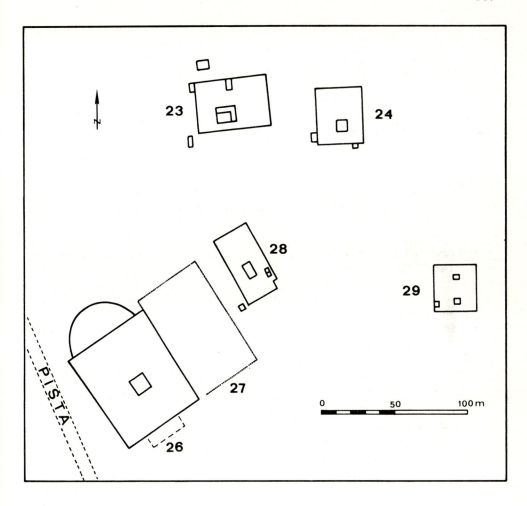

Fig. 38. - Al-Qusūr: particolare della zona nord-occidentale del villaggio. Scala 1 : 2500.

nali e il villaggio accentrato. Essa dista all'incirca m. 170 dalle case piú vicine, rispettivamente la casa 22 a nord, la casa 19 a nord-ovest e la casa 29 a sud-ovest.

Si riconosce un recinto rettangolare con uno smanco a sud-ovest e con l'edificio spostato verso il lato orientale.

Durante l'esplorazione di superficie all'interno del recinto furono raccolti pochi frammenti ceramici, relativi a vasi ad invetriata turchese (435-439), a ceramica nuda (440) e alle pareti di una pentola da fuoco (441).

Casa 26 (figg. 38, 45; tav. LI; nn. 442-456)

Si tratta del grande complesso rettangolare absidato che fiancheggia sul ciglio orientale la pista per al-Qurainīyah (tav. LI).

È costituito da un grande recinto rettangolare di circa m. 70 × m. 60, con asse maggiore nord-sud, accresciuto all'esterno del muro settentrionale da un recinto semicircolare. All'esterno del lato sud pare di riconoscere le tracce di un lungo vano rettangolare accostato alla parete del recinto. Al centro del recinto rimangono i ruderi di un edificio quadrangolare.

Nel corso delle ricognizioni di superficie nell'ambito del recinto sono stati raccolti frammenti di vasi a invetriata turchese (442-443), acromi stampigliati (444), a decorazione incisa (445) o nudi (446-451), e di vasellame d'impasto (452) e di vetri (453-456).

Casa 27 (tav. LI a; fig. 38)

Giace affiancata al complesso 26 lungo il lato orientale. È costituita da un grande recinto rettangolare, di circa m. 80 × m. 40; ma le sue definizioni sono appena riconoscibili su tre lati, mentre il lato occidentale sfrutta il muro del recinto 26. Anche le tracce di un probabile edificio all'interno, spostato verso sud, sono estremamente fatiscenti. Probabilmente tutte le strutture in alzato erano di mattoni crudi e questo potrebbe spiegare la tenuità delle tracce. Pare comunque verosimile riconoscervi uno dei soliti recinti con abitazione centrale, piuttosto che una semplice definizione di podere.

Non vi sono stati raccolti materiali.

Casa 28 (tav. L b - LI a; figg. 38, 46; nn. 457-458 c)

Questo complesso è situato una ventina di metri ad est dei due precedenti (26-27). Si tratta di un recinto rettangolare di circa m. 53 × m. 25, con orientamento nord-sud. Si notano una piccola rientranza allo spigolo sud-est ed un vano appoggiato all'esterno allo spigolo sud-ovest del recinto. L'edificio centrale ha una pianta quadrata di m. 12 di lato ed appare appena spostato verso sud ed affiancato a levante da un gruppo isolato di due vani, posti tra l'abitazione propriamente detta e la rientranza della recinzione.

Durante l'esplorazione di superficie all'interno del recinto furono raccolti pochi frammenti ceramici, relativi a vasi ad invetriata turchese (457), a semplice ceramica nuda (458-458 b) e a vasellame d'impasto (458 c).

Casa 29 (figg. 38, 46; nn. 459-463)

È situata un centinaio di metri a nord del nucleo accentrato del villaggio e ad est della fila delle case 26-28.

Si tratta di un recinto rettangolare di una trentina di metri, con asse maggiore in direzione nord-sud, sul quale si dispongono due vani isolati, l'uno al centro della metà nord e l'altro al centro della metà sud, con un criterio pertanto affatto eccezionale nel villaggio. Un piccolo vano è appoggiato sul lato interno al muro occidentale del recinto verso l'estremità sud. Una depressione di *sebkah* si nota a sud-ovest del recinto.

Durante l'esplorazione di superficie entro questo recinto furono raccolti alcuni frammenti di ceramica invetriata turchese (459), di ceramica nuda (460-462) e una conchiglia (463).

Casa 30 (n. 464)

Con questa denominazione sono stati indicati due vicini edifici quadrangolari all'estremità orientale del villaggio di al-Quṣūr, in una piatta zona desertica, che non presenta strutture nettamente differenziate. Pare trattarsi di due vani situati l'uno a est dell'altro. In quello occidentale durante l'esplorazione di superficie fu raccolto un frammento di ciotola invetriata turchese (464).

Casa 31 (fig. 46; nn. 465-469)

Possiamo raggruppare sotto quest'unica indicazione una serie di piccoli edifici disseminati nella parte orientale del villaggio, súbito a sud della zona 30. Pare trattarsi di tre piccole case allineate in direzione nord-sud e situate a una ventina di metri l'una dall'altra; di una quarta casa una quarantina di metri ad est e di un'altra una quarantina di metri a sud-est di quest'ultima.

Nella casa situata in posizione centrale furono raccolti durante l'esplorazione di superficie alcuni frammenti ceramici, relativi a vasi ad invetriata turchese (465-466), a ceramica acroma a decorazione stampigliata (467) e a ceramica nuda (468-469).

Casa 32

È situata a sud-ovest dei complessi 30-31, già descritti, e sembra avere una maggiore consistenza. Essa dista poco piú di un centinaio di metri dal nucleo accentrato del villaggio. Si tratta di un edificio rettangolare con orientamento nord-ovest/sud-est, lungo una ventina di metri.

Casa 33

È situata a sud dei complessi 30-31, già descritti, e si presenta come l'edificio piú monumentale di quest'area orientale del villaggio.

Si presenta come un recinto rettangolare, scompartito all'interno da un muro parallelo al lato corto settentrionale e da due muri longitudinali, che si attestano sul primo.

Casa 34 (fig. 39)

Si tratta del primo complesso del nucleo accentrato del villaggio di al-Qusūr, situato alla sua estremità settentrionale.

Si articola in un recinto occidentale, piú chiaramente riconoscibile, ed in un altro attiguo recinto, apparentemente di maggiori dimensioni, che si attacca anche al successivo complesso 35 e che sembra includere un piccolo vano nella parte nord-orientale.

Casa 35 (figg. 47-48; nn. 470-489)

È situata al margine settentrionale del nucleo accentrato del villaggio, attigua sul lato orientale al complesso 34, precedentemente descritto. Pare trattarsi anche qui di due recinzioni; la maggiore a nord, include nell'angolo sud-ovest un edificio rettangolare con asse maggiore nord-sud; minore quella meridionale, che si affaccia sulla prima stradina ovest-est del villaggio.

Nell'area dell'edificio durante l'esplorazione di superficie furono raccolti diversi materiali: frammenti di vasi a invetriata turchese (470-472) o verde (473-477), di ceramica nuda (478-482), di vasellame d'impasto (483-485) e di vetro (486-487), infine alcune conchiglie (488-489).

Casa 36 (fig. 48; nn. 490-496)

È situata all'estremità occidentale del nucleo accentrato del villaggio, una ottantina di metri ad est della pista per al-Qurainīyah.

Si tratta di un piccolo recinto ovale, che forma un *tell*, cui fa seguito un altro piccolo rialzo verso nord.

Nel corso dell'esplorazione di superficie vi furono raccolti alcuni frammenti ceramici, relativi a vasi a invetriata turchese (490-495) e a ceramica nuda (496).

Casa 37 (tavv. LX c - LXI a, c; figg. 39, 49; nn. 497-501)

È situata nella parte occidentale del nucleo accentrato del villaggio, una ventina di metri ad est del complesso 36 precedentemente descritto.

Si tratta di un recinto absidato con asse maggiore nord-sud e con lato rettilineo a sud. Esso include al centro un'abitazione rettangolare con analogo orientamento e un piccolo vano nell'angolo sud-est.

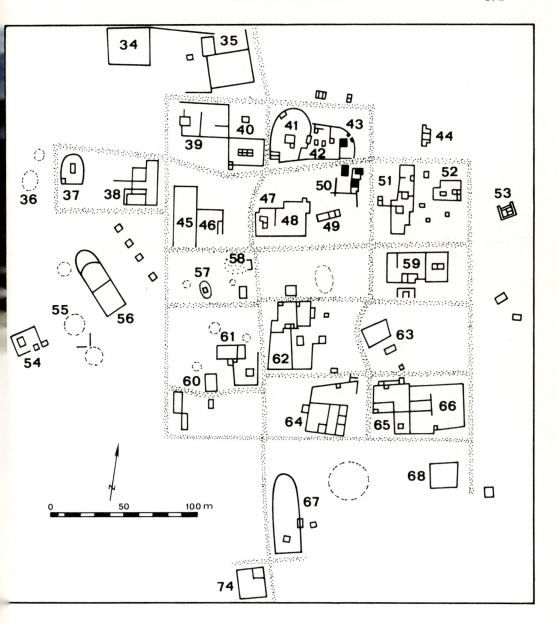

Fig. 39. - Al-Qusūr: planimetria della zona accentrata del villaggio con suggerimento dei percorsi (resi a punteggio). Le abitazioni scavate sono campite in nero. Scala 1 : 2500.

Nel corso dell'esplorazione di superficie vi furono raccolti pochi materiali ceramici, relativi a vasi acromi a decorazione plastica (497-498), o semplicemente nudi (499-500) e a vasellame da fuoco (501).

Casa 38 (figg. 49-50; nn. 502-513)

Questo edificio ricade nella parte accentrata del villaggio e presenta struttura edilizia urbana, con un complesso articolato di recinti e di ambienti rettangolari, che si addensano a sud, ove pare prospettare l'abitazione vera e propria. L'insieme si estende per una trentina di metri in direzione nord-sud e una ventina in direzione ovest-est.

Nella parte meridionale, ove pare attestarsi l'abitazione, allungata da ovest ad est, in occasione dell'esplorazione di superficie furono raccolti alcuni materiali ed in particolare: resti di vasi a invetriata turchese (502-506), acromi (507-510), vitrei (511-512) e una conchiglia (513).

Casa 39 (figg. 50-51; nn. 514-523)

È situata nella parte nord-occidentale del nucleo accentrato del villaggio, tra la prima fila (case 34-35) e la terza (case 36-38). Sembra essere la prima della seconda fila (39-44) a partire da ovest. Si individuano due recinti rettangolari. Il primo ingloba al centro del muro occidentale l'abitazione vera e propria; il secondo sembra suddiviso da un muro ovest-est.

All'estremità occidentale, nella zona dell'abitazione, in occasione della esplorazione di superficie, furono raccolti diversi materiali, tra i quali figurano frammenti di vasi a invetriata turchese (514-517) e verde (518), ceramica nuda (519), vasellame d'impasto (520-521) e vetri (522-523).

Casa 40 (fig. 51; nn. 524-525)

È situata nella seconda fila di case del nucleo accentrato del villaggio, attigua al complesso 39, con il quale confina verso ovest. Si individuano due nuclei: uno a nord con un vano isolato, l'altro a sud con un recinto rettangolare orientato ovest-est. Al centro di quest'ultimo si dispone un edificio rettangolare con orientamento analogo e suddiviso in sei vani da un muro longitudinale e da due muri trasversali. Nell'angolo sud-ovest del recinto sono appoggiati due vani, uno all'interno e l'altro all'esterno della parete sud.

Nell'ambito del recinto, in occasione dell'esplorazione di superficie, furono raccolti un frammento di vaso a invetriata turchese (524) e di uno in vetro (525).

Casa 41 (tavv. LVIII d - LXI b; figg. 39, 51-53; nn. 526-549)

Questo grande complesso è situato al centro della seconda fila di case del nucleo accentrato del villaggio; a ovest una strada la divide dal complesso 39-40, mentre ad est è contiguo con il complesso 42-43, con il quale forma un unico isolato.

Si riconosce un recinto absidato con asse nord-sud e prospetto diritto a sud, al centro di una piazzetta. L'edificio principale si dispone al centro; è quadrangolare, con un vano aggiunto all'angolo sud-est. Una rientranza caratterizza l'angolo sud-ovest del recinto, tra la piazzetta e la strada ad ovest; vi si affacciano un complesso di due vani a nord e un piccolo vano a est. Un altro piccolo ambiente si appoggia, sempre all'interno, al muro concavo absidale verso nord-ovest.

Un edificio rettangolare, scompartito probabilmente in quattro ambienti, si individua a nord-est dell'abside, ad una diecina di metri. Non è chiaro se esso si disponga autonomamente sul primo allineamento di case o se sia in relazione con le case 41 o 42 della seconda fila.

Nel corso dell'esplorazione di superficie numerosi materiali furono raccolti nell'area absidale: ceramica invetriata turchese (526) e soprattutto verde (527-532), ceramica acroma a decorazione incisa (533-537), semplice ceramica nuda (538-542), impasto (543) e vetro (544-545).

Nel complesso di edifici a sud-ovest si raccolsero pochi frammenti di invetriata turchese (546-547), di ceramica nuda (548) e di vetro (549).

Casa 42 (*tav.* LVI *d*; *figg.* 39, 53; nn. 550-557)

Si tratta di un complesso trapezoidale compreso nell'isolato orientale della seconda fila di case del nucleo accentrato del villaggio. Confina sul lato ovest con il grande recinto absidato 41 e sul lato est con la casa 43. Il lato lungo prospetta a sud sulla piazzetta. Sull'asse longitudinale si dispongono in serie quattro piccoli edifici, la cui pertinenza può dirsi sicura per i due centrali, mentre quello a ovest potrebbe anche appartenere al complesso absidato 41 e quello a est al recinto 43. Due piccoli vani si appoggiano al muro settentrionale del recinto 42.

Nel corso dell'esplorazione di superficie sono stati raccolti all'interno di questo recinto pochi materiali, riferibili a vasi a invetriata turchese (550-555 b), a ceramica acroma a decorazione stampigliata (556), a ceramica nuda (556 a) e a vetri (557).

Casa 43

È situata nell'isolato orientale della seconda fila di case del nucleo accentrato del villaggio. Confina ad ovest con il recinto 42.

Si tratta di un recinto trapezoidale, che si affaccia a sud sulla seconda strada ovest-est del villaggio e che include un edificio centrale e due vani minori presso l'angolo nord-est del recinto.

Questo recinto è stato fatto oggetto di un saggio di scavo, per cui si rimanda alla relazione, *infra,* pp. 278-85.

Casa 44

Questa denominazione convenzionale spetta ad un piccolo edificio di carattere monumentale, situato all'estremità orientale della seconda fila di case del nucleo accentrato del villaggio.

Si presenta come una struttura allungata da nord a sud, di circa m. 14 × m. 6. Al centro si riconosce un lastricato di circa m. 6 × m. 6, fiancheggiato da due vani rettangolari di circa m. 2 × m. 6 e sul prospetto occidentale da due torrioncini di circa m. 2 di lato.

Questa soluzione architettonica ricorda gli archi di trionfo situati all'ingresso delle città romane; ma, dato il diverso ambiente culturale, può trovare forse piú calzante riscontro nell'*aivān* delle moschee della prima età islamica.[7]

Casa 45 (fig. 54; nn. 558-560)

Si trova nella parte centrale della terza fila di case del nucleo accentrato del villaggio e prospetta a nord su uno spiazzo libero.

Si è riconosciuto soltanto un grande recinto rettangolare allungato da nord a sud per circa m. 40, largo circa m. 15. Non sono stati individuati edifici all'interno, per cui potrebbe trattarsi della recinzione di un orto.

Vi è stata raccolta soltanto della ceramica invetriata turchese (558-560).

Casa 46

Si tratta di un recinto contiguo al precedente, con il quale ha in comune la parete ovest. Si presenta rettangolare e con un vano allungato annesso alla parete occidentale.

Casa 47 (tav. LVIII e; figg. 39, 54; nn. 561-563)

È situata nell'isolato al centro del villaggio ed è contigua alla casa 48, che le si affianca ad est; verso la casa 46 lascia uno spiazzo vuoto della lunghezza di circa m. 20.

Si riconosce un recinto rettangolare con orientamento nord-sud, lungo circa m. 20 e con una rientranza a nord-ovest. Al centro si individua l'abitazione, con un vano orientato ovest-est ed uno contiguo a sud nella metà orientale.

In quest'area furono raccolti soltanto pochi frammenti ceramici, relativi a vasi ad invetriata turchese (561), ad invetriata verde (562) e a ceramica acroma a decorazione incisa (563).

---

[7] Cfr. G. GROPP, *Eine Reise in West-und Südirans,* in « Archaeol. Mitt. aus Iran », N.F., III (1970), p. 188, fig. 7, tav. 89, 1.

Casa 48 (*fig.* 54; nn. 564-572)

Contigua alla precedente, fa parte dell'isolato centrale del villaggio, prospettando sulle due aree libere a nord e a sud; ha in comune con il recinto 47 la parete ovest, mentre a nord e ad est presenta un perimetro frastagliato; a sud il muro è allineato con quello della casa 47.

Benché si riconosca chiaramente l'andamento del recinto, non è possibile definire la consistenza dell'edificio centrale, che è completamente coperto da un notevole *tell*, che cela le rovine, ma che certo ne riflette l'andamento, articolandosi in due cime, che si dispongono da nord a sud.

Durante l'esplorazione di superficie vi sono stati raccolti diversi materiali, consistenti in frammenti di vasi a invetriata turchese (564), in ceramica nuda (565-569) e in vetro (570-571), e una conchiglia (572).

Casa 49 (*tav.* LXI *d-e*; *fig.* 54; nn. 573-574)

Si tratta di un piccolo *tell* situato tra quello della casa 48 e quello della casa 50, sull'angolo sud-est della piazzetta, nella parte orientale dell'isolato centrale del villaggio.

Nella parte alta si riconoscono tre ambienti allineati da ovest ad est pavimentati con un lastricato parzialmente affiorante dalle sabbie.

Della recinzione, probabilmente rettangolare, che abbracciava il *tell*, si riconosce soltanto l'angolo nord-est, che è emerso nel corso del saggio di scavo praticato nella casa 50 (v. *infra,* p. 270).

Non sono stati raccolti materiali nell'area del *tell*.

Nella bassura a sud-est del *tell* è stato raccolto invece un frammento di vaso di porcellana (574).

Probabilmente un recinto distinto si affianca sul lato orientale a quello del *tell*: infatti in occasione del saggio fu individuato un muro nord-sud, che certamente divideva due ambienti, se non due case diverse. Si tratta di una zona piana, senza particolari emergenze.

Sul presumibile angolo sud-est di questo recinto piú orientale, o subito fuori di esso, si nota un piccolo rialzo del terreno, che deve celare una piccola rovina; vi è stato raccolto soltanto un frammento di ceramica nuda (573).

Casa 50

È situata sul lato corto orientale della piazzetta, tra la seconda fila di case del villaggio a nord e la terza a sud.

Questa zona forma un piccolo *tell*, che fu notato per la sua caratteristica conformazione durante l'esplorazione di superficie e fu allora individuato con il n. 50.

Esso constava di un rilievo piú pronunciato verso nord-ovest (dove fu poi individuata e parzialmente scavata la torre) e di una vasta superficie pianeggiante e cosparsa di pietrame verso est e verso sud (dove fu poi scavata la « casa A »).

In superficie fu allora raccolto diverso materiale, che — insieme alla posizione e alla conformazione del *tell* — indusse ad intraprendere in questa zona il saggio di scavo, cui si rimanda anche per i materiali erratici raccolti nel corso dell'esplorazione preventiva (v. *infra,* pp. 259-77, nn. 677-709).

Casa 51 (*tav.* LVII *a*; *figg.* 55-56; nn. 575-599)

È situata circa m. 10 ad oriente dei complessi 49-50.

Si tratta di una recinzione poligonale, allungata da nord a sud, che abbraccia un nucleo settentrionale con almeno due piccoli ambienti all'interno ed un nucleo meridionale con un ambiente a nord-ovest e almeno due ambienti all'esterno, sempre a nord-ovest. Può darsi che allo stesso complesso spettino anche due ambienti isolati disposti all'esterno lungo il lato orientale, una verso nord e l'altro verso il centro; a quest'ultimo fa seguito un vano piú piccolo a sud-est.

Nel corso dell'esplorazione sono stati tenuti distinti i materiali raccolti nei due nuclei di questo complesso. Nella parte nord figurano frammenti di vasi a invetriata turchese (575-578), acromi a decorazione stampigliata (579) o incisa e plastica (580), ceramica nuda (581-587), un frammento di coppa vitrea (588) e una conchiglia (589). Nella parte sud pochi frammenti ceramici, relativi a vasi ad invetriata turchese (590-594), acromi a decorazione incisa (595) e ceramica nuda (596-599).

Casa 52

È situata circa m. 10 ad est della precedente.

Si presenta come una recinzione quadrangolare con un protendimento a sud-ovest, dove include un vano, mentre altri tre si dispongono nell'angolo sud-est. Un vano isolato è adiacente all'esterno del lato sud. Altri, a sud-ovest e ad ovest, possono spettare alla casa 51, come si è detto in precedenza.

Non sono stati raccolti materiali su quest'area.

Casa 53

Giace isolata all'estremità orientale del nucleo accentrato del villaggio, circa m. 25 ad est della casa 52.

Si tratta di una costruzione monumentale, con muri di conci di notevole spessore e di tecnica accurata. Si riconosce chiaramente un edificio rettangolare, largo circa m. 7 e profondo circa m. 5,5, con la facciata a nord protetta da due ante laterali, che potevano chiudere un portichetto a colonne o pilastri lignei. Lo spessore dei muri è di m. 0,74. All'interno della costruzione si notano due muri, che dividono un lungo vano ad ovest da due ad est, dei quali quello a sud-est è minore dell'altro. La solidità dell'impianto lascia supporre che l'edificio avesse un piano superiore.

Non sono stati raccolti materiali in prossimità di questa costruzione.

Casa 54 (*tavv.* LV *a*, LVII *b-e*, LVIII *f*; *figg.* 39, 56; nn. 600-604)

È situata nella zona sud-occidentale del villaggio, che pare avere orientamento differente, cioè piú accentuatamente nord-ovest/sud-est. Essa dista circa m. 20 dal ciglio orientale della pista per al-Qurainīyah.

Si riconosce un recinto rettangolare di circa m. 15 di lato, con un'abitazione eccentrica verso ovest e due vani nell'angolo sud-est che affiancavano con ogni verosimiglianza l'ingresso.

In occasione dell'esplorazione di superficie vi furono raccolti alcuni frammenti relativi a vasi ad invetriata dipinta (600) ad invetriata turchese (601-602) ed acromi decorati a stampiglie (603) o a semplice incisione (604).

Casa 55 (*fig.* 56; n. 605)

Si tratta di un complesso di rialzi del terreno disposti su un allineamento nord-ovest/sud-est tra la casa 54 e la casa 56, nella zona occidentale della parte piú accentrata del villaggio. Sulla pendice settentrionale del rialzo piú consistente si notano due muri paralleli, ma il complesso delle strutture obliterate da questi cumuli di sabbia non è leggibile.

In prossimità dei due muretti è stato raccolto un fondo di ciotola a invetriata turchese (605).

Casa 56 (*fig.* 57; nn. 606-612)

Complesso con orientamento nord-ovest/sud-est, come i due precedenti (54-55), situato tra quelli e il nucleo centrale del villaggio. Si riconosce a sud un recinto quadrangolare, cui si attaccano lungo l'asse longitudinale, verso nord, due successive strutture semicircolari, che possono rappresentare due fasi diacroniche di un recinto absidato. Sono stati tenuti distinti i materiali raccolti nell'abside settentrionale da quelli del recinto quadrangolare.

Nella parte nord sono stati rinvenuti alcuni frammenti di vasi ad invetriata turchese (606-607) e un frammento di macina lavica (608). Nella parte sud alcuni frammenti di vasi a invetriata turchese (609-611) e un frammento di ceramica nuda (612).

Quattro piccoli edifici isolati si allineano parallelamente al fianco orientale del recinto alla distanza di circa m. 20, tra questo complesso e i complessi 38 e 45 della parte centrale del villaggio. Non si hanno elementi per decidere se avessero funzione autonoma o se fossero in rapporto con qualcuno dei tre complessi che li circondano. Non vi sono stati raccolti materiali.

Casa 57

Sembra far parte di un quarto allineamento di case, riconoscibile nella parte centrale del villaggio, a sud del complesso 45-46.

Si tratta di una piccola recinzione ellittica con asse nord-sud, che include un edificio rettangolare. Un'altra piccola struttura appare obliterata circa m. 10 a nord-ovest, sotto un cumulo di sabbia eolica.

In prossimità dell'abitazione è stato raccolto soltanto un vaso di vetro frammentario (613).

Casa 58 (figg. 57-58; nn. 614-627)

Anche questo complesso pare inserirsi nella quarta fila di case del villaggio, súbito ad est del recinto 57. Pare affacciarsi a nord sulla piazzetta settentrionale e ad est su quella meridionale.

Attualmente risulta obliterato da un *tell* di notevoli proporzioni, che non consente di riconoscere le strutture centrali piú monumentali. Nell'angolo nord-est si vedono tre muri delimitanti uno spazio quadrangolare; un ambiente rettangolare si riconosce a sud-est.

Nell'area del *tell* sono stati raccolti numerosi frammenti ceramici, relativi a vasi ad invetriata turchese (614-617), a ceramica acroma stampigliata (618-619), a decorazione plastica (620-621) e nuda (622-627).

Casa 59 (figg. 58-59; nn. 628-635)

È situata all'estremità orientale della quarta fila di case del nucleo accentrato del villaggio, súbito a sud della casa 51 ed apparentemente separata dalla casa 58 da un piazzale lungo circa m. 90. Si tratta di diversi recinti, almeno tre, affiancati in modo da formare un unico isolato di direzione ovest-est, e di un quarto recinto isolato a sud del secondo. Il primo è un lungo rettangolo nord-sud, di circa m. 10 × m. 20; il secondo è all'incirca quadrato, con una rientranza a sud-est e due vani sul lato sud; il terzo, pure quadrato, di circa m. 20 di lato include al centro due vani adiacenti in fila ovest-est. Il quarto recinto, anch'esso quadrangolare, comprende un'abitazione centrale.

Alcuni materiali sono stati raccolti nella zona degli edifici del secondo recinto: frammenti vascolari a invetriata turchese (628-629), verniciati in nero (630), acromi a decorazione incisa (631), nudi (632-634) e d'impasto (635).

Casa 60

Questa indicazione fu usata per contrassegnare convenzionalmente un gruppo di piccoli recinti con orientamento nord-sud, situati súbito a nord della pista, che si addentra nel villaggio di al-Qusūr. I due recinti ad ovest sono contigui e il minore giace a sud-est del maggiore; i due recinti ad est sono isolati a circa m. 20 dai primi e il minore è sito a sud del maggiore; un piccolo rialzo di terreno a nord-ovest di quest'ultimo sembra obliterare altri ruderi.

Non sono stati raccolti materiali in quest'area.

Casa 61

Si tratta di un complesso poligonale di recinti situato nella quinta fila di abitazioni del villaggio, a sud della casa 58.

Verso nord alcuni ruderi risultano obliterati da due rialzi del terreno; al centro dell'area si riconosce una recinzione rettangolare con andamento ovest-est, bipartita da un muro trasversale; a sud un'altra recinzione rettangolare include un edificio eccentrico verso l'angolo sud-est e presenta un vano esterno nell'angolo con il recinto centrale.

Non sono stati raccolti materiali nell'area di questo complesso.

Casa 62 (*fig.* 59; nn. 636-640)

Si tratta di un complesso articolato in almeno quattro recinti, situato ad est di quello precedente e a sud del supposto piazzale meridionale. Il nucleo principale forma all'incirca un rettangolo lungo oltre quaranta metri in direzione nord-sud e largo circa m. 30 in direzione ovest-est; esso è scompartito in quattro recinti, dei quali quello nord-ovest ha lo spigolo rientrante, che include un piccolo vano, mentre un altro si dispone sul lato sud; il recinto a nord-est presenta un piccolo vano nell'angolo nord-ovest e uno attaccato alla parete esterna orientale; il recinto a sud-ovest è apparentemente vuoto; quello a sud-est include un'abitazione in posizione eccentrica verso nord-ovest e probabilmente un vano all'esterno della parete orientale. Isolati risultano un piccolo vano a est del recinto nord-est e uno piú grande a nord del recinto nord-ovest, entro il presunto piazzale. Probabilmente un'altra area di ruderi è da riconoscere circa m. 10 a nord-est di questo complesso, sempre nella zona del piazzale.

Nel recinto nord-ovest furono raccolti alcuni frammenti di vasi ad invetriata turchese (636-637) e in ceramica nuda (638-639). Nell'angolo sud-est del recinto nord-est furono rinvenuti invece i frammenti di una coppa di vetro (640).

Casa 63 (*fig.* 59; n. 641)

Questo complesso giace nell'angolo sud-est del piazzale meridionale, tra la casa 62 a ovest e la casa 59 a nord.

Si riconoscono un grande recinto rettangolare ovest-est e un piccolo recinto isolato a sud del primo.

In quest'area è stato raccolto soltanto un frammento di ceramica invetriata dipinta (641).

Casa 64 (*tav.* LV *b-c*; *fig.* 59; nn. 642-645)

Si tratta di un complesso molto articolato, che fa parte di una sesta fila di case nella zona meridionale del nucleo accentrato del villaggio, a sud-est della casa 62. Si riconoscono due recinti. Quello settentrionale, piú allungato in direzione ovest-est, ha un piccolo vano all'interno, appoggiato al centro del muro nord, due vani nell'angolo nord-est, appoggiati all'esterno dello stesso muro nord e uno o due vani isolati a nord. Il recinto meridionale è chiaramente tripartito da due muri nord-sud; nella prima zona si notano un vano esterno a occidente e uno interno nell'angolo sud-est; la seconda zona sembra vuota; nella terza si riconosce una tripartizione, ottenuta con due muri trasversali ovest-est.

Nel recinto settentrionale sono stati raccolti pochi frammenti ceramici, relativi a vasi ad invetriata turchese (642-643) e a semplice ceramica nuda (644-645).

Casa 65

Si tratta del complesso al centro della sesta fila di case del villaggio, tra la casa 64 a ovest e la casa 66 a est. Si riconosce parzialmente un recinto rettangolare, con alcuni piccoli vani aderenti all'esterno alla parete nord e uno aderente all'interno; una delimitazione rettangolare nell'angolo sud-ovest inscrive un vano minore. Due piccoli vani isolati si collocano rispettivamente a nord e a sud del recinto.

In quest'area non sono stati raccolti materiali.

Casa 66

Si colloca all'estremità orientale dell'isolato precedentemente descritto ed ha probabilmente in comune con la casa 65 il muro occidentale del recinto. Questo ha orientamento ovest-est; è probabilmente diviso da un muro nord-sud ed include nella metà occidentale un edificio con analogo orientamento; un piccolo vano è situato all'interno del muro sud del recinto.

In quest'area non sono stati raccolti materiali.

Casa 67 (fig. 60; nn. 646-647)

Giace all'estremità occidentale di una probabile settima fila di case, alla periferia meridionale del nucleo accentrato del villaggio, sul ciglio settentrionale della pista ovest-est.

Si tratta di un grande recinto absidato, con l'asse longitudinale orientato da nord a sud e con il lato corto rettilineo prospettante a sud, per cui risulta estraniato rispetto al centro del villaggio. L'abitazione sorge al centro della parte meridionale del recinto; due piccoli vani si affiancano al muro orientale ed un altro giace piú all'esterno, isolato. All'interno del recinto sono stati raccolti soltanto due frammenti ceramici, relativi ad un vaso a invetriata turchese (646) e ad un fondo di vaso acromo (647).

Casa 68

Giace nella presunta settima fila di case della zona accentrata del villaggio, súbito a sud della casa 66. Si riconosce un recinto rettangolare di circa m. 20 di lato.

Non sono stati raccolti materiali in quest'area.

Casa 69

Si tratta di un recinto rettangolare localizzato nella settima fila di case, all'estremità sud-est del nucleo accentrato del villaggio. Si riconoscono i muri perimetrali lunghi nord-sud, una debole traccia del muro corto a sud e l'edificio rettangolare centrale con analogo orientamento.

Non sono stati raccolti materiali in quest'area.

Casa 70

Giace circa m. 40 ad est della casa precedente e circa m. 30 a nord della pista ovest-est. Si individua soltanto un piccolo recinto rettangolare.

Non sono stati raccolti materiali in quest'area.

Casa 71

Si trova sulla stessa linea delle precedenti case 67-70, circa m. 40 ad est di quest'ultima. Si riconoscono un recinto rettangolare allungato da nord a sud e un edificio centrale con lo stesso orientamento.

In quest'area non sono stati raccolti materiali.

Casa 72

Si trova circa m. 300 ad est del nucleo accentrato del villaggio e a circa m. 120 dalla casa 71, dalla quale è divisa da un lungo muro nord-sud, che sembra rappresentare un confine di poderi e che è probabilmente realizzato in mattoni crudi. Il complesso 72 è costituito da un recinto absidato con asse nord-sud che comprende un edificio al centro della parte meridionale. Pare di riconoscere un vano esterno isolato a sud-ovest.

In quest'area non sono stati raccolti materiali.

Casa 73

È sita all'estremità orientale del villaggio di al-Qusūr, circa m. 150 a sud-est della casa 33 e m. 50 a nord della casa 72.

Pare di riconoscervi una recinzione ovale con al centro un edificio rettangolare suddiviso da un muro ovest-est.

Non sono stati raccolti materiali in quest'area.

Casa 74 (nn. 648-649)

È situata all'estremità meridionale del nucleo accentrato del villaggio, súbito a sud-ovest della casa 67, in mezzo alle moderne piste ovest-est. Si riconosce una recinzione quadrata di circa m. 20 di lato, con un vano nell'angolo nord-est.

All'interno del recinto sono stati raccolti due frammenti ceramici relativi ad un vaso a invetriata turchese (648) e ad un altro acromo (649).

Casa 75

Giace nella zona di insediamento diradato a sud del nucleo principale del villaggio a struttura accentrata, circa m. 100 a sud-est delle case 67 e 74 e a sud delle case 68 e 69, in mezzo alle piste attuali.

Si riconosce un recinto rettangolare con orientamento nord-sud, che include un edificio, eccentrico verso nord-ovest, con analogo orientamento. Un piccolo vano è appoggiato alla parete orientale del recinto.

In quest'area non è stato raccolto materiale.

Casa 76 (*tav.* LIX *a-b*; *fig.* 60; nn. 650-655)

È situata sull'orlo orientale di una depressione di *sebkah* all'estremità sud-occidentale del villaggio, circa m. 120 a sud della grande pista centrale e m. 70 a ovest della pista per al-Gela.

Si riconoscono un recinto probabilmente ovale, che include due ambienti contigui, all'esterno verso est altri due ambienti isolati e piú a sud due contigui.

Nell'ambito del recinto sono stati raccolti alcuni frammenti di vasi acromi a decorazione incisa (650-651), acromi (652-653), da fuoco (654) e di vetro (655).

Casa 77

Si trova sul lato orientale della pista per al-Gela, tra la casa 76 a ovest e la casa 78 a est, dalle quali dista circa m. 100. Si riconosce un recinto absidato con asse nord-sud e con lato corto rettilineo a nord, comprendente un edificio centrale quadrato. Un vano è ricavato all'estremità occidentale dell'abside; un piccolo vano è isolato all'esterno verso est.

Non è stato raccolto materiale nell'ambito di questo complesso.

Casa 78 (nn. 656-658)

Si trova a sud della grande pista centrale, al centro della zona di abitazioni diradate, tra la casa 74 a nord-est e la casa 77 a ovest. Pare di riconoscere le tracce di un recinto ovale, che include un'abitazione rettangolare centrale e due vani minori, l'uno addossato alla parete nord e l'altro a quella ovest del recinto.

Nell'area del recinto sono stati raccolti soltanto un frammento di vaso acromo a decorazione plastica (656) e alcuni frammenti di vasi in vetro (657-658).

Casa 79

Giace nell'area diradata meridionale del villaggio, circa m. 100 a sud-ovest della casa 75 e a sud-est della casa 78, a ovest della pista, che staccandosi da quella centrale all'altezza della casa 75 va a ricongiungersi alla pista per al-Gela all'altezza della casa 88.

Si riconoscono un rialzo meridionale con un recinto quadrangolare e due minori recinti rettangolari piú a nord. All'interno del recinto, l'abitazione risulta spostata verso il lato occidentale; mentre un piccolo vano si inserisce nell'angolo sud-est.

Non sono stati raccolti materiali nell'ambito di questo complesso.

Casa 80

Si localizza a meridione della zona di abitazioni diradate, circa m. 100 a sud-est della casa 77 e a sud-ovest della casa 79, sul ciglio orientale della pista per al-Gela.

Si riconosce un recinto quadrangolare di circa m. 30 di lato, che include un edificio eccentrico verso sud-ovest, un vano appoggiato alla parete nord, uno ricavato nell'angolo nord-est ed uno nell'angolo sud-ovest; un muro trasversale pare dividere a est la parte nord dalla parte sud del recinto; sul suo prolungamento un vano si addossa all'esterno al recinto sul lato orientale. Un vano isolato si nota all'esterno a est ed un altro a sud.

Nell'area di questo complesso non sono stati raccolti materiali.

Casa 81

È probabilmente la piú occidentale delle case della grande fila meridionale (81-87). Giace circa m. 170 a sud-ovest della casa 80.

Si riconosce un recinto rettangolare, di circa m. 30 × m. 20, con asse maggiore ovest-est; esso include un edificio rettangolare in posizione eccentrica verso sud.

Non vi è stato raccolto materiale.

Casa 82

È apparentemente la seconda casa della fila meridionale, contando a partire da ovest. Dista dalla precedente circa m. 70 e circa m. 150 dalla casa 80 in direzione sud.

È possibile individuare un recinto rettangolare di circa m. 30 × m. 20, con asse principale ovest-est. Un ambiente è ricavato nell'angolo nord-ovest; altri due si addossano all'esterno alle estremità settentrionali delle pareti ovest ed est. Pare di riconoscere altresí un lungo muro rettilineo, forse riferibile ad una divisione agraria, che partendo dal centro della parete nord si dirige verso nord-ovest e al quale pare addossarsi un vano sul lato nord.

Non sono stati raccolti materiali nell'area di questo complesso.

Casa 83

È situata in posizione centrale nella fila meridionale, circa m. 60 ad est della casa 82 e circa m. 150 a sud-est della casa 80, tra le due piste, che si dirigono ad al-Gela.

Si riconosce una recinzione grossolanamente quadrangolare con un ambiente nella parte sud-ovest e altri due addossati alle pareti, l'uno a nord, l'altro a sud-est.

Non sono stati raccolti materiali in questo recinto.

Casa 84 (tavv. LVII, LVIII a, LX a; figg. 60-61; nn. 659-671)

Questo complesso si dispone circa m. 10 a sud del precedente. È allungato da ovest ad est ed è fiancheggiato ad ovest da una pista ed attraversato al centro dall'altra pista per al-Gela.

Si distinguono nettamente due parti: quella occidentale si presenta come un recinto rettangolare vuoto; quella orientale come una serie di ambienti rettangolari allungati in direzione nord-sud ed un piccolo recinto ad oriente con un vano nell'angolo sud-est. Due vani accostati sono situati poco a sud.

Diversi materiali sono stati raccolti nel recinto occidentale: si tratta di frammenti di vasi a invetriata turchese (659-661), acromi a decorazione stampigliata (662) o incisa (663), nudi (664-666), in vetro (667-669), e di due corna di gazzella (670) e una valva di conchiglia (671).

Casa 85 (fig. 61; nn. 672-676)

Questa casa fa parte della fila meridionale di abitazioni e giace tra le case 83-84 ad ovest e 86 ad est.

Si riconosce un recinto quadrato di circa m. 20 di lato, con all'interno un lungo edificio ovest-est, che si attacca alla parete ovest. Un piccolo vano è addossato all'esterno allo spigolo sud-ovest.

Nell'area di questo recinto sono stati raccolti pochi frammenti ceramici relativi a vasi ad invetriata turchese (672-673) e nudi (674-676).

Casa 86

Fa parte della fila meridionale delle case del villaggio e giace circa m. 20 ad est della casa 85.

Si riconosce un recinto quadrangolare di circa m. 30 di lato. All'interno di questo si dispongono l'abitazione centrale, un piccolo vano verso nordovest e uno allungato addossato all'estremità meridionale della parete ovest. Un altro vano allungato si addossa all'esterno all'estremità meridionale della parete est.

Non sono stati raccolti materiali nell'ambito di questo recinto.

Casa 87

È apparentemente l'ultima di questa fila meridionale di case (81-87), alla estremità est, a circa m. 20 dal recinto 86. Si riconosce una recinzione quadrata, di circa m. 20 di lato, con l'abitazione spostata verso l'angolo nordovest e con un piccolo vano ricavato nell'angolo sud-est.

Non sono stati raccolti materiali nell'ambito di questo recinto.

Casa 88

È situata a sud della fila meridionale di abitazioni, in corrispondenza del centro, circa m. 20 a sud-ovest della casa 84. Si tratta di un *tell* particolarmente elevato e dominante da sud tutto il villaggio di al-Quṣūr. È fiancheggiato sul lato est dalla pista che scende ad al-Gela.

Si riconosce una recinzione rettangolare di circa m. 30 × m. 20, allungata da nord a sud e suddivisa da un muro trasversale. Nella parte settentrionale si dispone un vano eccentrico verso sud-est; nella parte meridionale un grande edificio occupa l'angolo nord-ovest; in esso si distingue un vano nell'angolo sud-ovest; un altro vano si riconosce nell'angolo sud-ovest del recinto; un lungo corridoio affianca il lato orientale del recinto, ma potrebbe trattarsi di un portico.

Non sono stati raccolti materiali nell'area di questo recinto.

Qui si è interrotta la nostra esplorazione topografica del villaggio.

II - I MATERIALI

I materiali rinvenuti sono costituiti per lo piú da frammenti vascolari fittili, meno spesso vitrei, da rare armille in vetro, una pietra focaia, una macina lavica e resti faunistici (tabella 8). Se ne deduce che il villaggio fiorí nella prima età islamica tra la seconda metà del VII e il IX-X secolo. Alcuni elementi piú recenti (403, 630, 574, 829, 377) andranno riferiti ad occasionali frequentazioni del sito, piuttosto che ad un attardamento dell'insediamento.

Ceramica

Ceramica invetriata

La ceramica invetriata è di due tipi: a decorazione dipinta oppure monocroma a vetrina alcalina turchese. La *ceramica invetriata dipinta* è rarissima, essendo rappresentata soltanto da tre frammenti di ciotole (600, 641, 829), in argilla color crema, ben depurata. La loro forma non è valutabile, poiché solo di una (600) si conserva parte della bocca, ad orlo arrotondato. La decorazione interessa solo l'interno, mentre l'esterno è lasciato nudo; è dipinta in un caso in bruno-nerastro su fondo bianco (600) e del motivo restano parte di una coppia di linee circolari subito sotto la bocca e di linee oblique sottostanti; nell'altro (641) si scorgono tracce di un motivo marginato in nero e campito in verde chiaro su fondo color turchese. Il terzo frammento (829), emerso dallo scavo della torre, precisamente dall'interro che copriva il crollo dei muri, reca all'interno tracce di una decorazione dipinta in nero sotto la vetrina turchese (v. *infra*).

La *ceramica invetriata monocroma* è ben rappresentata. I vasi sono realizzati in argilla color crema o crema-rosato, ben depurata, compatta e uniforme.[1] La vetrina è di colore turchese, generalmente spessa, consistente e uniforme, salvo quando la superficie del vaso è ondulata, risultando in tal caso piú o meno scura.[2] In alcuni pezzi il tono della vetrina è piú decisamente verde (388, 435-439, 473-477, 518, 527-532, 562), ma poiché si constata un notevole parallelismo di impasti e di forme tra vasi a invetriata turchese e vasi a invetriata piú verde, li si considera unitariamente.

Il repertorio delle forme è limitato alla ciotola, alla giara, al bacile e alla brocchetta o boccale, la cui frequenza è decrescente nell'ordine indicato.

---

[1] Questo impasto appare leggermente diverso da quello caratteristico della ceramica invetriata prodotta nel bacino del Tigri e dell'Eufrate nella prima età islamica, piú raffinata e di colore giallo-crema molto pallido.

[2] Il fenomeno è comune nella ceramica invetriata turchese ed è stato osservato spesso, v. ad es. ADAMS, *Abū Sarīfa,* p. 107; O. GRABAR - R. HOLOD - J. KNUSTAD - W. TROUSDALE, *City in the Desert, Qasr al-Hayr East,* Cambridge Mass. 1978, p. 114.

Ciotola. La forma preferita è la ciotola. Essa è presente ad al-Quṣūr in due forme denominate rispettivamente Forma 1, quella piú frequente, Forma 2, quella piú rara, presente per altro anche nelle abitazioni scavate.[3]

La Forma 1 è caratterizzata da un'alta carena piú o meno pronunciata, a margine stondato o a spigolo vivo. A seconda dell'articolazione assunta dalla parte superiore del corpo e dalla bocca si possono distinguere le seguenti varianti (*fig.* 91):

a) carena molto alta (575, 601);

b) orlo semplicemente stondato e parete rettilinea al di sopra della carena (435, 659);

c) orlo ingrossato appiattito (491);

d) orlo stondato sottolineato all'interno da una risega (502);

e) parete concava al di sopra della carena e orlo della bocca superiormente incavato o con risega (436, 636);

f) bocca svasata, ad orlo stondato, parete concava al di sopra della carena; è questa la variante piú frequente (385, 394, 474, 492, 514, 528, 553, 590);

g) carena molto pronunciata, orlo della bocca appiattito ed ingrossato, aggettante orizzontalmente (378, 428, 459, 576);

h) labbro aggettante e pendente (384, 490).

La Forma 2 è caratterizzata da corpo svasato non carenato. L'orlo della bocca assume le seguenti articolazioni:

a) orlo semplicemente stondato, assottigliato e leggermente inflesso (527);

b) orlo ingrossato all'esterno e stondato (457);

c) orlo ingrossato ed appiattito (529).

La base (*fig.* 91) è di tre tipi: piana (395, 465, 476, 493, 547), anche con accenno di piede a disco (515, 530); a fondo leggermente concavo (562, 609, 629); con piede a disco e fondo accentuatamente concavo (503, 577, 602, 605, 642).

La vetrina copre sia l'interno che l'esterno, che talvolta ha la superficie ondulata (547). Due ciotole (384, 491) presentano dei fori pervii, indice di un restauro antico. Un'altra (515) ha il piede attraversato da un foro praticato per farvi passare una cordicella, che permetteva di sospendere il vaso, secondo un uso già riscontrato, in altri villaggi abbandonati dell'isola. Le ciotole venivano cotte in fornace impilate le une sulle altre, separandole con dei treppiedi, le cui tracce si notano su un fondo, all'interno e all'esterno (642), oltre che su due altri fondi rinvenuti nello scavo (855, 858). Un'analoga constatazione è stata fatta a Susa per alcune ciotole a invetriata verde.[4]

---

[3] V. *infra,* p. 288.

[4] ROSEN-AYALON, p. 147, nota 4, tav. XXXII *f-g.*

Le ciotole, destinate alla presentazione dei cibi, sono, insieme con le giare, tra i vasi piú comuni nella ceramica invetriata dei contesti archeologici della prima età islamica, ove figurano in numerose varianti.[5] In particolare per le ciotole carenate di al-Qusūr si possono richiamare confronti da Abū Sarīfa, Tulūl al-Uhaidir e Susa.[6]

Bacile. Oltre alla ciotola, un'altra forma aperta è indiziata da alcuni frammenti che rimandano a dei bacili a corpo tronco-conico rovescio, con l'orlo della bocca obliquo, ingrossato e aggettante all'interno e all'esterno (470, 614) su base piana (504; cfr. 830), eccezionalmente su piede ad anello (558). Definiamo questa forma di bacili Forma 1, per distinguerla da un'altra, carenata, che chiameremo Forma 2, molto rara. Per l'articolazione assunta dalla bocca essi corrispondono alla Forma 1 *d* dei bacili in ceramica acroma. La parete presenta a volte basse e larghe ondulazioni orizzontali. La vetrina si estende all'interno e all'esterno, tranne in un caso (558) in cui ricopre solo l'interno.

Questi recipienti, di dimensioni in genere maggiori delle ciotole ed adatti ad usi domestici diversi, sono anch'essi molto comuni nei contesti islamici, soprattutto nella loro espressione piú semplice, cioè non invetriati. Gli esemplari invetriati di al-Qusūr hanno i loro confronti piú immediati nei numerosi esemplari non invetriati rinvenuti in questo villaggio sia nell'esplorazione di superficie sia nei saggi di scavo (v. *infra*), ma trovano confronti piú estesi in analoghi vasi da contesti della prima età islamica che vanno dall'area siro-palestinese al bacino mesopotamico, ove in particolare si possono richiamare gli esemplari di Susa, presenti in tutti i periodi della città islamica dalla sua prima fase al suo declino.[7]

Giara. Dopo la ciotola, la giara è il vaso piú frequente nella ceramica invetriata di al-Qusūr, mentre, come si è visto, in altri insediamenti abbandonati dell'isola essa appare senz'altro la forma piú attestata.[8] I frammenti

---

[5] Cfr. le osservazioni di ROSEN - AYALON, p. 29, nota 2, e pp. 145-150 (gruppo 12 B); KERVRAN, p. 83.

[6] Cfr. ADAMS, *Abū Sarīfa*, p. 107 (Tipo P), dal IV livello, databile ca. 650-800; FINSTER - SCHMIDT, p. 102, fig. 46/*h, m*; KERVRAN, fig. 36/1-4, 15-16 (dai livelli I-III dell'Apadana, databili fine VII-IX secolo).

[7] Cfr. ad esempio, per la forma, alcuni bacili non invetriati dell'area siro-palestinese: H. SCHNEIDER, *The Memorial of Moses on Mt. Nebo, Part III* (Studium Biblicum Franciscanum, 1), Jerusalem 1950, p. 86, nn. 348-349, tavv. 151/24, 153/19-20; S. J. SALLER, *Excavations at Bethany,* Jerusalem 1957, pp. 266-269, figg. 51-53; GRABAR, *City in the Desert,* cit., pp. 112, 114, figg. A 2/3, A 3/1-2. Per l'area mesopotamica si richiamano gli analoghi bacili di Tulūl al-Uhaidir e di Susa: FINSTER - SCHMIDT, p. 102 fig. 46/*h, l, m, o, r*; KERVRAN, p. 80, fig. 33 (bacili non invetriati); p. 83, fig. 34 (bacili invetriati).

[8] La giara è il tipo di contenitore piú frequente nella ceramica invetriata turchese per es. ad Hīra (TALBOT RICE, *Hīra*, p. 70), a Sīrāf nel periodo I della Grande Moschea, che risale a poco dopo il 780 (D. WHITEHOUSE, *Excavations at Sīrāf, Third Interim Report,* in « Iran », VIII (1970), p. 5 e p. 8 per la cronologia). La giara e la ciotola sono i tipi di contenitori piú frequenti nella ceramica invetriata di Abū Sarīfa e di Susa: ADAMS, *Abū Sarīfa*, p. 106 e fig. 7; ROSEN - AYALON, p. 150; KERVRAN, pp. 80, 83.

mostrano un'unica forma (Forma 1), a spalla rigonfia, che si restringe verso la bocca ad orlo ingrossato, piú o meno schiacciato (386, 591). La base per lo piú è a disco piano con margine stondato (396, 401, 413, 672), piú raramente a disco accentuatamente concavo (494, 530) in un caso con larga fascia perimetrale (530). Questa forma (Forma 1) si ritrova nelle giare non invetriate, insieme con un'altra (Forma 2).[9] La vetrina alcalina turchese ricopre l'esterno, mentre all'interno appare di colore molto scuro o nerastro in qualche caso (555 b, 617). Due frammenti di pareti conservano tracce della decorazione (471-472) che consiste in cordoni plastici ondulati o lisci, un partito decorativo molto comune in diverse varianti nella prima età islamica sia sulle giare che su altri vasi.[10]

Boccale. Un'altra forma chiusa è appena individuabile attraverso alcuni frammenti, che si riferiscono a vasi di dimensioni ridotte, cioè a boccali (423, 429, 442, 551, 552, 560, 607). Due frammenti di bocche (551, 552) hanno un corto orlo piatto. L'unico fondo rinvenuto presenta piede ad anello (555), a profilo interno ed esterno obliquo; l'unico frammento di spalla (429) è mosso da una coppia di solcature circolari. La vetrina copre solo la superficie esterna, mentre quella interna è nuda.

Da segnalare infine la presenza di un peso da telaio ricavato da un frammento di parete di giara invetriata, ritagliandolo in modo da conferirgli l'aspetto dei tradizionali pesi tronco-piramidali (388), confrontabile con un altro peso da telaio (877), rinvenuto nell'area scavata, ottenuto con lo stesso procedimento.

Nel complesso la ceramica invetriata di al-Qusūr rientra nel tipo piú comune, cioè quello monocromo a vetrina alcalina turchese; quantitativamente è meno frequente di quella non invetriata, una constatazione che trova confronto ad esempio negli strati riferibili alla prima età islamica di Abū Sarīfa e di Susa.[11] In effetti, fuori dei maggiori centri urbani e del loro territorio, la ceramica invetriata rappresenta una percentuale molto ridotta nel complesso del contesto ceramico.

Ceramica a vernice nera

Solo due frammenti (403, 630) di vasi coperti da ingobbio nerastro sono stati rinvenuti ad al-Qusūr. Si tratta di due frammenti di pareti, che si riferiscono rispettivamente ad un grosso vaso chiuso, forse una giara, in impasto rosato con inclusi bianchi e neri, e ad un ampio vaso aperto in impasto di

---

[9] V. *infra*, p. 197.

[10] Cfr. ad es. ROSEN - AYALON, p. 51, gruppo 3, motivo n. 2; p. 159, gruppo 13 D, figg. 368-369; cfr. *infra*, n. 881.

[11] Cfr. G. FEHERVARI, *Islamic Pottery*, London 1973, p. 34; ADAMS, *Abū Sarīfa*, p. 113; ROSEN - AYALON, p. 150, che osserva che nel livello III di Susa (650 - seconda metà del sec. VIII) la ceramica non invetriata predomina nettamente.

colore grigio scuro. Sono caratterizzati da una vernice nera opaca ed uniforme, che ricopre la superficie esterna del primo e sia l'interno che l'esterno del secondo: essi rientrano in quel tipo di ceramica a vernice nera, che è stata individuata nei siti 8, 9 e 12 dell'isola, dove peraltro è molto piú frequente.[12]

Ceramica acroma a decorazione stampigliata (tabella 3; *fig.* 89)

Nell'ambito della ceramica acroma di particolare importanza è quella con decorazione impressa a stampo (389, 404, 415, 444, 467, 556, 579, 603, 618, 619, 662, 662 a). Si tratta di giare, destinate alla conservazione dell'acqua e delle derrate, realizzate in argilla color crema o crema-rosato, a volte camoscio-giallino, ben depurata, compatta ed uniforme, eccezionalmente con qualche vacuolo. La decorazione interessa la spalla, salvo in un caso in cui si svolge sull'orlo della bocca (812). Essa è ottenuta a crudo con uno stampo in negativo; le impressioni sono distribuite circolarmente lungo file orizzontali.[13] Non abbiamo esempi di bolli diversi su uno stesso pezzo, per cui è probabile che la decorazione usasse solo uno stampo nei singoli vasi.

I bolli sono di due tipi: circolari e sub-rettangolari o quadrangolari. I motivi emergono in rilievo sul campo ribassato. I bolli circolari sono i piú numerosi (tabella 3) essendo presenti con nove esemplari, contro solo tre esemplari di bolli dell'altro tipo. Considerando anche i vasi rinvenuti nella esplorazione dell'isola condotta nel 1975, abbiamo un totale di diciotto giare decorate con bolli circolari contro solo otto decorate con bolli subrettangolari.

I bolli circolari sono piuttosto piccoli, variando tra cm. 2,5 e cm. 3 di diametro. Per lo piú presentano dei motivi geometrici: quello piú frequente e piú semplice comporta piú giri concentrici di puntini, da due a quattro giri, separati da cerchi, racchiudenti al centro tre o cinque puntini (579, 603, 618-619); ma abbiamo anche motivi piú complessi, seppure piú rari, quali la triscele entro cerchio circondata da tre punti (389) e il motivo ad alveoli (556, 662, 662 a). Di un bollo non è piú leggibile la decorazione interna (444). Questi bolli trovano i piú immediati confronti nei bolli circolari rinvenuti nei nostri saggi di scavo, ove ricorrono sia il motivo a cerchi concentrici di puntini, che quello ad alveoli.[14] Tuttavia i bolli circolari potevano comportare anche dei motivi figurativi. Lo attestano due frammenti di giare, uno rinvenuto in superficie ad al-Quṣūr nel 1975 che presenta un bollo circolare con quadrupede (gazzella?) stante di profilo a destra entro una cornice dentellata (*tav.* LVIII *b*); l'altro proveniente invece dallo scavo della Casa A (805) con quadrupede (gazzella?) stante di profilo a destra.

I bolli subquadrangolari sono meno frequenti (404, 415, 467 dalla ricognizione di superficie; 691, 776, 882, 883 dalle abitazioni scavate); non sap-

---

[12] Per questo tipo di ceramica, v. in particolare *supra,* pp. 105-107.

[13] Su un frammento di spalla di giara rinvenuto nello scavo della Casa A (743) si nota che i bolli sono distribuiti lungo file circolari.

[14] V. *infra,* nn. 690 e 873, rispettivamente bollo con motivo ad alveoli e bollo con motivo di puntini distribuiti in cerchi plurimi.

piamo se fossero prevalentemente quadrati o rettangolari poiché nessuno è conservato integralmente; hanno gli angoli smussati ed i lati leggermente convessi. Sono caratterizzati da una cornice dentellata a trattini trasversali equidistanti tra due linee parallele; in un caso (415) la cornice è doppia, eccezionalmente (883) è costituita da una fila di puntini. Solo in un bollo possiamo leggere il motivo decorativo interno, un quadrupede stante di profilo a sinistra, forse una gazzella (415). Esso ha immediati paralleli in un bollo rinvenuto in superficie sull'area del villaggio nel 1975, anch'esso subquadrangolare e con analoga cornice, che presenta un quadrupede di profilo a sinistra (*tav.* LVIII *c*), ed in un altro dallo scavo della Casa A (776). Molto più problematica è l'interpretazione di un esemplare quasi illeggibile (404) che comunque aveva un motivo figurativo. In conclusione, tutti i bolli subquadrangolari leggibili rinvenuti ad al-Qusūr comportano un quadrupede stante di profilo.

Questa decorazione ottenuta a stampo poteva associarsi con altre ottenute con procedimenti tecnici diversi. Cosí in un caso (603) oltre a bolli stampigliati circolari troviamo delle solcature circolari, tagliate da trattini obliqui, rese ad incisione, un motivo che si ritrova su giare non invetriate di Abū Sarīfa, di Tulūl al-Uhaidir e di Susa,[15] ed inoltre una decorazione plastica ottenuta con impressioni digitali. Anche il più ampio frammento di giara non invetriata rinvenuto nello scavo della Casa A (812) presenta una pluralità di partiti decorativi diversi. L'associazione sullo stesso vaso di decorazioni ottenute con sistemi diversi si ritrova altrove su giare di epoca umayyade e del primo periodo abbaside.[16]

La ceramica acroma decorata a stampo è tra i tipi più comuni nel mondo islamico. Continuando tradizioni preislamiche legate in particolare all'arte della glittica, essa vi è in uso dall'età più antica e vi trova un'ampia diffusione, dalle regioni dell'Asia centrale alla Spagna con diversi esiti stilistici e morfologici.[17] Più specificamente il tipo di ceramica acroma a decorazione stampigliata rinvenuto ad al-Qusūr manca ancora di uno studio dettagliato.[18]

---

[15] ADAMS, *Abū Sarīfa*, p. 103 e fig. 10/*s, y*; FINSTER - SCHMIDT, tav. 49 *f*; ROSEN - AYALON, fig. 146 (giara dal II livello, fine dell'VIII sec. - IX sec.).

[16] Si vedano gli esemplari di Tulūl al-Uhaidir: FINSTER - SCHMIDT, tav. 49 *b*, fig. 49 *c*, giare acrome con decorazione sia a stampo che incisa a pettine; di Susa: ROSEN - AYALON, p. 67, gruppo 4, figg. 142-143 (livello II); KERVRAN, p. 79, figg. 21/2, 22/2 (livello I dell'Apadana).

[17] Si veda l'ampia bibliografia in G. GRUBE, *Islamic Pottery from the Eight to the Fifteenth Century in the Keir Collection,* London 1977, Bibliography, Section 7, p. 343.

[18] Si veda al riguardo soprattutto: SARRE - HERZFELD, I, pp. 180, 225, 237, figg. 83, 115-116, 121-122; ID., IV, p. 11 figg. 388-390; SARRE, pp. 8-12; TALBOT RICE, *Hira,* p. 69 e fig. 22; Government of Iraq, Department of Antiquities, *Excavations at Samarra 1936-1939,* Baghdad 1940, tavv. 31-32; F. SAFAR, *Wāsit, the 6th Season's Excavations,* Cairo 1945, figg. 16, 36-39; J. LACAM, *La céramique musulmane des époques omeyyade et abbasside, VII*e *au X*e *siècle,* in « Cahiers de la Céramique, du Verre et des Arts du feu », 20 (1960), p. 278 e figg. 66-70; R. MC C. ADAMS, *Land behind Baghdad, a History of Settlement on the Diyala Plains,* Chicago 1965, p. 133 s., fig. 16; ADAMS, *Abū Sarīfa,* p. 101 e fig. 9; GIBSON MCGUIRE, *The City and Area of Kish,* Miami 1972, p. 284, fig. 37 F; ROSEN - AYALON, pp. 65-71, gruppo 4; FINSTER -

Non ne conosciamo quindi né la cronologia, né i centri di produzione e l'area di diffusione. Dai pochi elementi finora segnalati si può rilevare che questa ceramica è piuttosto diffusa nel bacino mesopotamico[19] dove è in uso in età umayyade e protoabbaside trasformandosi lentamente e accrescendo il repertorio decorativo con una tendenza generale che sembra evolversi dal semplice al complesso. In particolare, i bolli circolari di al-Qusūr, a motivi piccoli e semplici, trovano confronto in esemplari rinvenuti ad Hīra risalenti all'VIII secolo,[20] nel castello di al-Ukhaidhir e a Tulūl al-Uhaidir,[21] nel quarto livello di Abū Sarīfa e nel secondo e nel terzo livello di Susa.[22] I bolli subquadrangolari con il motivo del quadrupede trovano confronto a Wāsit in un bollo rinvenuto sotto il primo pavimento della Moschea I, databile perciò al IX secolo, nel quarto livello di Abū Sarīfa e nel terzo livello di Susa.[23] Per la cornice dentellata, cosí come per il quadrupede, si possono ricordare anche alcuni bolli circolari di Samarra.[24] In definitiva, la ceramica decorata a stampo rinvenuta ad al-Qusūr è databile in età umayyade e protoabbaside (metà VII - IX secolo).

È probabile che non vi sia discrepanza cronologica nell'uso dei due tipi di bolli circolari e subquadrangolari, anche perché in due delle abitazioni scavate in questo villaggio (Casa A e Casa B) sono stati rinvenuti dei frammenti di giare decorate con entrambi questi tipi di bolli.[25] Si dovrà comunque chiarire l'evoluzione interna di questo tipo di ceramica a decorazione stampigliata in uso nella prima età islamica, anche per distinguervi dei possibili caratteri locali e quindi enuclearne diversi centri di produzione e le relative aree di diffusione.

SCHMIDT, p. 93 e fig. 49 *a-g, i*, tav. 49 *a-d*; *Islamische Keramik Hetijens Museum,* Düsseldorf 1973, p. 31; GRUBE, *Islamic Pottery,* cit., p. 105 s.

[19] Ceramica decorata a stampo con bolli del nostro tipo è documentata per esempio a Samarra, Hīra, Wāsit, nei pressi di Kish, Abū Sarīfa, nei pressi di Baghdad, ad al-Ukhaidhir e Tulūl al-Uhaidir, v. nota prec. e note segg.

[20] TALBOT RICE, *Hīra,* fig. 22, bollo centrale della seconda fila e ultimo bollo a destra della terza fila, confrontabili con i nostri bolli, nn. 579, 603, 618-619, 873.

[21] Cfr. M. BAQIR AL-HUSAINI, *Al-Ukhaidhir,* in « Sumer », XXII (1966), fig. 15; FINSTER - SCHMIDT, p. 93, fig. 49/*a, d* (bolli che presentano cerchi di puntini racchiudenti al centro altri puntini, confrontabili con i bolli da al-Qusūr, citati *supra*, nota 20), *i* e tav. 49/*d* (bollo con *triskele* tra punti, confrontabile con il nostro n. 389).

[22] Cfr. ADAMS, *Abū Sarīfa,* fig. 9, bollo con *triskele* dal IV livello, confrontabile con il nostro n. 389; ROSEN - AYALON, p. 66 s., figg. 138-139, 141-143, tavv. XVI *h*, XVIII *e*.

[23] Cfr. SAFAR, *Wāsit,* p. 38 e fig. 16/38; ADAMS, *Abū Sarīfa,* fig. 9 (bolli dal IV livello), sesto bollo da sinistra; ROSEN - AYALON, p. 67 e tav. XVIII*f*. La rappresentazione dell'antilope e della gazzella è molto frequente nell'arte del bacino mesopotamico: E. D. van BUREN, *The Fauna of Ancient Mesopotamia as Represented in Art,* Roma 1939, pp. 43-45 per l'antilope e pp. 46-48 per la gazzella.

[24] SARRE, p. 10, n. 30 e fig. 27.

[25] Cfr. *infra,* nn. 743 (circolare), 776 (subquadrangolare), 805 (circolare), dalla Casa A; nn. 872 (circolare), 873 (circolare), 882-883 (subquadrangolari), 895 (circolare) dalla Casa B.

Tabella 3
Prospetto dei bolli della ceramica
a decorazione stampigliata rinvenuta ad al-Qusūr
(i numeri rimandano al catalogo)

Sito	Bolli circolari a motivi geometrici	Bolli circolari figurativi	Bolli subquadrangolari o subrettangolari
Casa 6	389, triscele		
» 11			404, animale (?)
» 14			415, gazzella
» 26	444 (illeggibile)		
» 31			467 (illeggibile)
» 42	556, alveoli		
» 51 N	579 puntini		
» 54	603 »		
» 58	618 »		
	619 »		
» 84	662, alveoli		
	662 a »		
Err. 1975, A		s. n., gazzella a ds.	
» » B			s. n., quadrupede
Casa A	690, alveoli		691 (illeggibile)
	692 (illeggibile)		
	743, quadrati e puntini		776, quadrupede (?)
		805, gazzella (?)	
	812, triangoli		
» B	872 (illeggibile)		
	873, puntini		
			882 (illeggibile)
	895 (illeggibile)		883 (illeggibile)
Totale	16	2	8

Ceramica acroma a decorazione incisa

Le giare di Forma 1 sono decorate, oltre che a stampo, spesso anche
con dei motivi resi ad incisione (381, 445, 533-537, 563, 580, 595, 604,
650, 663). L'incisione è ottenuta con una punta sottile o con una stecca,
risultando cosí piú o meno sottile e profonda. La decorazione si dispone
preferibilmente sulla spalla, raramente sul collo e sulla bocca del vaso. I motivi decorativi sono assai semplici e il loro repertorio è limitato: una fila di
piccoli trattini equidistanti verticali o leggermente obliqui (533-537); fasci

di linee circolari ottenuti a pettine (381); solcature tracciate a stecca, sia circolari che ondulate (445, 563, 580, 595, 663); infine, profondi punti ottenuti con le punte di un pettine, sovrapposti su piú file circolari, sia abbinati
a fasci di linee disordinate, anch'essi incisi a pettine a tre punte, che sembrano riempire dei campi triangolari (650), sia isolati, come su un frammento
di ciotola carenata (651). Un frammento (631) si riferisce ad un bacile con
una linea ondulata incisa sotto l'orlo all'esterno. Su una giara (580) alla decorazione incisa si abbina quella plastica ottenuta muovendo la superficie
vascolare con impressioni digitali. Del resto si è già visto che su altre giare
(603, 812) alla decorazione impressa a stampo si associano quella incisa e
quella plastica.

L'associazione di elementi decorativi di tipo diverso è frequente nella
ceramica non invetriata della prima età islamica.[26] Questi motivi decorativi
sono stati già osservati in parte sulla ceramica nuda di altri insediamenti abbandonati di Failakah. Su giare del sito 8 si ritrovano sia la serie di trattini
verticali, sia le file di punti che ritornano anche su vasi di Susa.[27] La decorazione a linee incrociate incise è presente, oltre che nei siti 7 e 8,[28] nella
ceramica di Hīra, databile all'VIII secolo,[29] di Tulūl al-Uhaidir, riferibile ad
epoca umayyade,[30] di Samarra, riferibile al IX secolo, di Babilonia e di Susa.[31]
Le incisioni a pettine e quelle a stecca, sia circolari che ondulate, sono un
partito decorativo molto frequente nella ceramica della prima età islamica,
che è continuato a lungo per la sua elementarità.[32]

Ceramica acroma a decorazione plastica

Questo tipo di decorazione è presente abbastanza frequentemente sulle
giare non invetriate (390, 405-406, 497, 498, 620-621, 656), eccezionalmente
anche sui bacili (497). Sulle giare essa interessa soprattutto la spalla, ma po-

---

[26] Cosí per esempio a Susa: ROSEN - AYALON, pp. 30-87, gruppi 2-6; KERVRAN, figg. 21, 22,
24 (livelli I-III).

[27] V. *supra,* nn. 29,30. Cfr. per le incisioni ottenute con la punta di un pettine che determina file di puntini M. ROSEN-AYALON, *Niveaux islamiques de la "Ville Royale",* in « Cahiers
de la Délegation Archéologique Française en Iran », II (1974), fig. 60/5 (dal I livello); ROSEN -
AYALON, p. 45, fig. 89 (dal III livello).

[28] Cfr. *supra,* n. 21, dal sito 7; n. 27, dal sito 8.

[29] TALBOT RICE, *Hīra,* fig. 20.

[30] FINSTER - SCHMIDT, tav. 51/*f, g, h.*

[31] Government of Iraq, Department of Antiquities, *Excavations at Samarra,* cit., tavv.
43-45; FINSTER - SCHMIDT, tav. 57 *b*; ROSEN-AYALON, *Niveaux islamiques,* cit., fig. 60/*l* (dal I
livello); ROSEN - AYALON, p. 30 ss., gruppo 2, figg. 64-68, 81-83; KERVRAN, tav. XI/6.

[32] Si vedano gli esempi di Abū Sarīfa, ADAMS, *Abū Sarīfa,* p. 103, fig. 10/*a-k* (dal III
livello); da Tulūl al-Uhaidir, FINSTER - SCHMIDT, p. 109, figg. 43/*o, q,* 49/*h,* 50/*a,* 51/*h, i,* tavv.
49/*e-f,* 50/*c, g, h*; da Babilonia, FINSTER - SCHMIDT, tav. 57/*a*; da Susa, ROSEN - AYALON, *Niveaux
islamiques,* cit., pp. 175, 179 (livelli I-III); ROSEN - AYALON, p. 30 ss., gruppo 2, figg. 31-33,
72-74, 90-91; KERVRAN, figg. 21/2, 22/7, 24/8-10; 26/5, 27/13-14; da Nishapur, LACAM, *op.
cit.,* p. 264, fig. 27; p. 265, fig. 33 (boccali, IX-X sec.).

teva estendersi anche al corpo; sui bacili si svolge all'esterno sulla parte alta delle pareti. I motivi decorativi documentati sono assai semplici: vanno dai cordoni circolari a margine stondato (498, 656), al cordone plastico ondulato (621), al cordone mosso da impressioni digitali oblique (405-406, 497), a una fila di dentelli rettangolari (620).

Il motivo dei cordoni circolari a margine stondato ritorna frequentemente sul vasellame grossolano d'impasto, che è tanto diffuso sull'isola, sia acromo,[33] che a vernice nera.[34] I cordoni mossi da impressioni digitali sono presenti sia sui vasi d'impasto di altri insediamenti abbandonati dell'isola,[35] sia raramente su giare invetriate di questo villaggio.[36] Si tratta di un motivo decorativo tra i piú diffusi nella ceramica della prima età islamica, documentato dal bacino mesopotamico al Levante spagnolo.[37] Per la decorazione a dentelli plastici disposti in file circolari si richiamano esempi di Susa.[38]

Isolato per ora, non solo ad al-Qusūr, ma in tutta l'isola, è un frammento di giara (390) caratterizzato da una superficie corrugata ad alveoli,[39] che sembra collegarsi a tradizioni preislamiche di epoca sassanide, quando questo partito decorativo si trova esteso ampiamente alla suppellettile vascolare sia fittile, che vitrea.[40]

Ceramica nuda

La ceramica nuda è quella quantitativamente predominante ad al-Qusūr. I vasi sono realizzati in argilla di colore variante da crema a crema-rosato, rosa, camoscio-giallino, rosso-ruggine, generalmente ben depurata, compatta, uniforme e dura, a volte con inclusi bruni o micacei e vacuoli. Le forme attestate sono sia chiuse, che aperte: si tratta di giare, brocchette, bacili e ciotole. La giara è la forma preferita, seguita dal bacile e dalla brocchetta, mentre delle ciotole si hanno soltanto pochissimi frammenti.

---

[33] Vasi d'impasto con decorazione plastica costituita da semplici cordoni circolari sono stati rinvenuti nel sito 8 (nn. 33-34, 45), nel sito 9 (n. 107) e nel sito 12 (nn. 193, 208-209, 236).

[34] Cfr. *supra,* nn. 240, 243, 266, 275, dal sito 12.

[35] Cfr. *supra,* sito 9, nn. 77, 106, 108; sito 12, nn. 218, 241, 276.

[36] V. *infra,* n. 881.

[37] Per questo tipo di decorazione, cfr. *supra,* sito 9, p. 74 e note 13-19.

[38] Cfr. KERVRAN, fig. 24/12, piccola giara non invetriata (dal I livello dell'Apadana).

[39] Un analogo trattamento della superficie compare su giare di Susa: R. KOECHLIN, *Les céramiques musulmanes de Suse au Musée du Louvre,* in «Mém. de la Mission Archéologique de Perse», XIX (Paris 1928), tav. II, 18.

[40] Per i precedenti sassanidi nella ceramica v. ad esempio W. ANDREAE - H. LENZEN, *Die Partherstadt Assur* (Wissenschaftliche Veröffentlichung der Deutschen Orient-Gesellschaft, 57), Leipzig 1933, tav. 56/*h-k;* ADAMS, *Abū Sarīfa,* p. 102 e fig. 10/*aa-ac, ag-ai;* FINSTER - SCHMIDT, tavv. 52/*a-f,* 53/*b-i* da Ruqhat al-Mada'in, tavv. 60/*h* e 61/*a* da Uruk. Per i precedenti nella suppellettile vascolare in vetro v. ad esempio FINSTER - SCHMIDT, p. 116, figg. 62/*c-d,* 63/*b-d,* 64/*a-e, g, i.* Per i vetri sassanidi, v. l'ampia bibliografia di M. NEGRO PONZI, *Islamic Glassware from Seleucia,* in «Mesopotamia», V-VI (1970-71), p. 67 ss.

Ciotola. Le ciotole non invetriate sono rarissime, come è stato osservato analogamente a Susa e negli altri contesti ceramici islamici di Failakah.[41]
Si possono riferire a ciotole pochi frammenti (507, 508, 583, 612, 676) raggruppabili in due forme, distinte in base alla presenza (Forma 1) o meno
(Forma 2) della carena.

Piú attestata è la prima (Forma 1) che raggruppa le ciotole a corpo mosso da un'alta carena. Vi si distinguono le seguenti varianti in base all'articolazione assunta dalla bocca e dalla parte superiore del corpo:

  a) orlo della bocca assottigliato e stondato, parete a profilo concavo al
     di sopra della carena (508);

  b) orlo della bocca ingrossato e stondato, parete a profilo concavo al
     di sopra della carena (583);

  c) orlo della bocca ingrossato e pendente rettilineo verso l'interno (507).

All'altra forma (Forma 2), a corpo non carenato, è ascrivibile un frammento (676) a bocca svasata con orlo ingrossato, superiormente concavo,
simile a quello di alcune ciotole invetriate (cfr. 636).

Per entrambe le forme si hanno confronti nelle ciotole invetriate di
questo villaggio.

È incerta l'attribuzione ad una ciotola di un fondo (612) con piede a
disco a base accentuatamente concava e con protuberanza centrale sul fondo
esterno.

Bacile. Piú documentato della ciotola è il bacile (383, 393, 397, 468,
541, 542, 548, 582, 584, 622, 639, 644, 664, 665). Si tratta di contenitori
a bocca svasata, corpo troncoconico rovescio non carenato, su base piana (397),
raggruppabili in un'unica forma (Forma 1), all'interno della quale si distinguono le seguenti varianti in base all'articolazione della bocca (*fig.* 94):

  a) orlo semplicemente stondato (468);

  b) orlo leggermente ingrossato all'esterno (541);

  c) orlo ingrossato, aggettante all'interno e all'esterno, stondato (542,
     622);

  d) orlo obliquo, ingrossato all'interno e all'esterno (393, 548, 582); è
     la forma assunta dai bacili invetriati;

  e) orlo revoluto, a volte appiattito superiormente (644, 664-665);

  f) orlo piatto, piú o meno largo, aggettante all'interno e all'esterno
     (584);

  g) a labbro pendente (383).

---

[41] Cfr. Rosen-Ayalon, p. 29, nota 2. Ciotole non invetriate sono presenti con pochi
frammenti nel sito 12 (v. *supra,* nn. 210, 223, 254).

È questa la forma assunta dagli analoghi bacili invetriati già conside-rati[42] e da quelli d'impasto, presenti in questo come in altri siti di Failakah.[43]

I bacili di forma tronconica sono frequenti a Susa in tutti i livelli del-la città islamica.[44]

È da sottolineare la presenza di un fondo di bacile (397) con al centro un largo foro pervio, indice di un riutilizzo del recipiente, forse come vaso da fiori.

Giara. Le giare presentano due forme nettamente distinguibili in base all'articolazione della parte superiore del corpo e dalla bocca.

La prima (Forma 1), piú frequente della seconda, è caratterizzata dalla spalla molto rigonfia, che si restringe verso la bocca, nella quale trapassa direttamente. La bocca ha costantemente l'orlo ingrossato, piú o meno schiac-ciato (382, 391-392, 398, 416, 418-419, 430, 449, 460, 478, 496, 499, 500, 565-566, 623-624, 638, 674-675). Come si è visto, questa forma com-pare anche nella ceramica invetriata.

La seconda forma (Forma 2) è caratterizzata dal collo piuttosto svi-luppato, distinto dalla spalla, inflesso o svasato alla bocca. La bocca assume diverse articolazioni in base alle quali si possono distinguere le seguenti varianti (*fig.* 96):

a) bocca inflessa con orlo stondato (382, 416, 448);

b) bocca dritta con orlo ingrossato e piatto (556 a, 632);

c) bocca dritta con orlo ingrossato all'esterno, stondato (419, 581, 604);

d) bocca dritta con orlo revoluto (509, 539);

e) bocca svasata con orlo stondato (461);

f) bocca svasata con largo orlo aggettante orizzontale, variamente arti-colato (446, 538, 595);

g) bocca svasata con largo labbro pendente obliquo (447).

La base è di quattro tipi (*fig.* 97): piana, o appena concava (373, 469, 567); con piede a disco (426); con piede a basso anello (647, 652); a stretto tronco di cono (407, 480).

Giare di queste due forme sono ampiamente documentate nei contesti ceramici dei siti islamici abbandonati dell'isola di Failakah già presi in esa-me e rientrano nel repertorio delle forme vascolari della prima età islamica, essendo presenti già nel primo livello islamico di Susa.[45]

---

[42] V. *supra,* p. 188 e nota 7.

[43] Per i bacili d'impasto dei siti 7, 9, 12, v. *supra,* pp. 55, 75, 109.

[44] Cfr. KERVRAN, p. 83, fig. 34.

[45] Si vedano i numerosi esemplari di Tulūl al-Uhaidir, ben illustrati; FINSTER - SCHMIDT, figg. 39-42. Le giare sono presenti in entrambe le varianti a Susa: ROSEN - AYALON, *Niveaux islamiques,* cit., fig. 57/7; ROSEN - AYALON, figg. 26, 31 (dal III livello) per la nostra Forma 1; figg. 62 (dal III livello) e 78 (dal I livello) per la nostra Forma 2 per la cui evoluzione v. in particolare *ibidem,* p. 43, nota 2, e p. 49 per le considerazioni generali.

Boccale. I boccali sono molto rari. Vi si riferiscono pochi frammenti (424, 450, 451, 458, 458 b, 481). Non è possibile valutarne esattamente la forma. Un frammento rimanda ad un esemplare a bocca svasata con orlo ingrossato e aggettante (458); il fondo è sia piano che leggermente concavo a margine stondato o a spigolo vivo (450, 451, 481). Questi boccali sono confrontabili con degli esemplari di Susa.[46]

Vasi d'impasto

Assai raro ad al-Qusūr è il vasellame domestico piú grossolano, realizzato in un impasto di colore variante da rosa a rosso-ruggine, a rosso-violaceo, ricco di inclusi bianchi e neri (376, 410, 427, 452, 458 c, 483-485, 520-521, 543, 635).

I frammenti si riferiscono per lo piú a giare, quindi a bacili e a boccali. L'unica forma aperta documentata è il bacile sia di Forma 1 che di Forma 2, cioè a tronco di cono liscio o carenato, con orlo revoluto o a labbro aggettante (520-521). Le giare sono di Forma 1, cioè a spalla rigonfia che si restringe verso la bocca ad orlo ingrossato (410, 543); presentano base piana (376). Rarissimi sono i boccali, a bocca dritta o svasata ed ansa a nastro verticale (452, 483, 635).

Le forme documentate sono simili a quelle dei vasi acromi che abbiamo già esaminato. Nei contesti della prima età islamica non mancano vasi di impasto grossolano, come si è constatato per esempio a Susa.[47]

Ceramica da fuoco

La ceramica da fuoco è stranamente scarsa in questo villaggio, come ha confermato lo scavo.

I pochi frammenti rinvenuti (375, 422, 441, 501, 654) si riferiscono a pentole realizzate nel tipico impasto color rosso-ruggine, talora con inclusi bianchi, a pareti sottili a superficie scabra, talora annerite dal fuoco.

La loro forma non è pienamente valutabile. Conosciamo solo la parte superiore del corpo di due esemplari che riconducono a due varianti morfologiche. La prima (Forma 1) è caratterizzata da spalla rigonfia che si restringe verso la bocca alla quale trapassa direttamente (654). L'altra (Forma 2) presenta invece collo breve, distinto dalla spalla, svasato alla bocca (422). Queste pentole dovevano essere fornite di ansette per la presa, a stretto e piatto nastro verticale, attaccate sotto la bocca e sulla spalla, tipicamente piú strette nella parte mediana (501).

La ceramica da fuoco è un vasellame tipicamente conservativo, le cui forme perciò variano molto poco nel corso del tempo. Le pentole presentano

---

[46] Cfr. ROSEN-AYALON, p. 26, fig. 19 (dal III livello); KERVRAN, fig. 28/8, 10 (dal I livello).

[47] Cfr. KERVRAN, p. 79, dove sono ricordate giare in argilla ricca di inclusi silicei.

per lo piú corpo globulare, bocca larga, fondo spesso convesso per esigenze di funzionalità e corte ansette o a nastro verticale o a linguetta orizzontale. Pentole siffatte sono ampiamente documentate nei contesti islamici e la loro cronologia non scaturisce dall'osservazione di una loro evoluzione formale, ma dipende esclusivamente dai materiali associati.[48]

Vetro

Abbastanza frequente ad al-Qusūr è la suppellettile vascolare in vetro. Salvo qualche eccezione, i vetri sono stati rinvenuti molto deteriorati, con la superficie opaca, porosa, a volte coperta da una spessa patina incolore che rende difficile stabilirne il colore originario. I vasi, a pareti molto sottili, sono per lo piú in vetro verde, piú o meno scuro, raramente in vetro chiaro,[49] spesso con la superficie metamorfosata giallastra o color camoscio (411, 453, 456, 487, 523, 545, 667). Di nessun vaso si conserva interamente la forma: dai frammenti piú significativi sembra tuttavia emergere un repertorio di forme alquanto limitato e semplice. Le bocche, piuttosto larghe, presentano l'orlo preferibilmente stondato (511, 544, 571, 657), piú raramente ingrossato e ribattuto in fuori (525, 588, 640); i fondi sono per lo piú molto concavi verso l'interno, ingrossati al centro e con margine stondato (454, 487, 557, 640, 668); molto rara è la base piana (411), cosí come il piede ad anello (667). Sembra di poter attribuire i frammenti a coppe ad imboccatura larga, con orlo a volte ingrossato e ribattuto in fuori, corpo a parete quasi verticale o svasata e fondo concavo verso l'interno,[50] forse talora con ansette aggettanti subtriangolari (455-456); a rare bottiglie a bocca svasata con orlo semplice, a fondo sia concavo che piano e a spalla scivolata (523); infine a qualche bicchiere a calice (545) su gambo sottile e con base a disco.[51]

Conseguente con la semplicità delle forme è il trattamento delle superfici; completamente assente è la decorazione plastica. Un frammento di coppa in vetro verde (571) presenta all'esterno una fascia bluastra orizzontale, poco sotto la bocca.

In assenza di forme complete e della decorazione riesce difficile puntualizzare la cronologia di questi vetri, che tuttavia, nel complesso sono attribuibili alla prima età islamica.[52]

---

[48] Cfr. per esempio alcune pentole da Susa: ROSEN-AYALON, *Niveaux islamiques,* cit., pp. 174, 178, fig. 59/6 (III livello); KERVRAN, p. 82, fig. 32/7-9 (I livello); altre da Qasr el-Hayr: GRABAR, *City in the Desert,* cit., figg. 159 B/6, 161 C/17 a-c; altre da Hamman: C. N. BENNET, *Excavations at the Citadel (El Qal'ah). Amman. Jordan,* in « Levant », X (1978), p. 7, fig. 6 (p. 6 per la datazione).

[49] Anche ad Abū Sarīfa sono state notate nei vetri queste due varianti cromatiche: ADAMS, *Abū Sarīfa,* p. 114. Cfr. *infra,* tabella 5.

[50] Cfr. ad esempio le coppe da Tulūl al-Uhaidir: FINSTER-SCHMIDT, figg. 54-55 per le bocche, 60-61 per i fondi.

[51] Cfr. ad esempio FINSTER-SCHMIDT, fig. 58 per le bottiglie, 59/d-g per i bicchieri a calice.

[52] Pochi sono i contesti di scavo di epoca protoislamica, i cui vetri siano stati adeguata-

Oltre alla suppellettile vascolare vitrea, ad al-Quṣūr è stato rinvenuto un frammento di braccialetto in vetro di color verde scuro (377), a basso anello, appiattito all'interno e convesso all'esterno, dello stesso tipo (tipo A) di alcune armille rinvenute nel sito 12, ove per altro sono piú frequenti.[53]

Altri materiali

La suppellettile domestica in uso nel villaggio, anche se era costituita per lo piú da recipienti fittili e in minor misura vitrei, doveva includerne anche altri in materiali diversi. Probabilmente numerosi dovevano essere gli oggetti di legno, anche se di uno solo (738 a) abbiamo testimonianza diretta. Piú rari forse erano i manufatti litici, attestati da pochi frammenti di vasi rinvenuti nello scavo della Casa A e della torre[54] e da un frammento di macina lavica consunta dall'usura (608), che documenta la molitura dei cereali all'interno dell'abitazione. Certamente assai rari erano i manufatti metallici, presenti soltanto con due chiodi (840, 898), e del resto sempre assai scarsi nei contesti della prima età islamica.[55] Nessuna traccia si è rilevata di manufatti in pelle ed in fibre vegetali, che certamente dovevano avere un ruolo rilevante nell'arredamento e nel corredo della casa.

Catalogo

Casa 1

Ceramica invetriata turchese

371. Frammento di bocca di ciotola. Argilla color crema ben depurata. Si conserva parte dell'orlo. Vetrina turchese all'interno e all'esterno. Alt. mass. 1 × 2; spess. 0,4.

372. Tre frammenti di pareti di giara. Argilla c.s. Vetrina turchese all'esterno. Interno nudo. Spess. 1

---

mente pubblicati, v. soprattutto: C. J. LAMM, *Les verres trouvés à Suse,* in « Syria », XII (1931), pp. 358-367; ID., *Das Glas von Samarra, Ausgrabungen von Samarra,* IV, Berlin 1928; ID., *Mittelalterliche Gläser und Steinschnittarbeiten aus dem Nahen Osten,* I-II, Berlin u. Leipzig 1929-1930; D. TALBOT RICE, *The Oxford Excavations at Hira, 1931,* in « Antiquity », VI (1932), p. 290; O. PUTTRICH-REIGNARD, *Glassfunde von Ktesiphon,* Kiel 1934; M. NEGRO PONZI, *Islamic Glassware from Seleucia,* cit., pp. 67-104; FINSTER - SCHMIDT, pp. 115-139.

[53] Per le armille v. *supra,* p. 75 (dal sito 9) e soprattutto pp. 113-115 e la tabella 2.

[54] Per i vasi litici, v. *infra,* pp. 297-298.

[55] Cfr. ADAMS, *Abū Sarīfa,* p. 115.

Ceramica nuda

373. Frammento di fondo di giara. Argilla color crema, ben depurata. Si conservano parte del fondo e delle pareti. Base piana con margine a spigolo vivo. Segni dei giri del tornio all'esterno. Alt. mass. 6; diam. della base 10 (*fig.* 40).

374. Dieci frammenti di pareti di giara. Argilla rosa. Spess. medio 1.

Ceramica da fuoco

375. Dieci frammenti di pareti di pentola. Argilla color rosso-ruggine. Spess. 0,7.

Impasto

376. Mezzo fondo di giara. Impasto rosa con inclusi neri. Si conserva circa metà del fondo con l'attacco inferiore delle pareti. Base piana con margine a spigolo vivo. Superficie interna ondulata. Alt. mass. 10; diam. della base 18 (*fig.* 40).

Vetro

377. Frammento di braccialetto. Vetro color verde scuro. Sezione semicircolare. Superficie interna appiattita, esterna bombata. Alt. 0,4; lungh. mass. 3; diam. presumibile 7; spess. 0,4.

Casa 2

Ceramica invetriata turchese

378. Frammento di bocca di ciotola. Argilla color crema, ben depurata. Si conservano parte della bocca e delle pareti. Largo labbro aggettante orizzontale, leggermente sporgente anche verso l'interno ad orlo stondato; carena alta e pronunciata. Vetrina turchese all'interno e all'esterno. Alt. mass. 4 × 6 (*fig.* 40).

379. Sei frammenti di pareti di ciotola. Argilla c.s. Vetrina turchese all'interno e all'esterno. Spess. 0,5/0,6.

380. Frammento di parete di giara. Argilla c.s. Vetrina turchese all'esterno. Interno nudo. Spess. 1.

Ceramica acroma a decorazione incisa

381. Frammento di spalla di giara. Argilla color crema. Decorazione a pettine alla base del collo: sei solcature circolari. Alt. mass. 8 × 6; spess. 0,9.

Ceramica nuda

382. Frammento di bocca di giara. Argilla color camoscio chiaro. Si conservano parte della bocca e del collo con l'attacco superiore di un'ansa a nastro verticale. Orlo della bocca stondato. Alt. mass. 5 × 5 (*fig.* 40).

383. Frammento di bocca di bacile. Argilla c.s. Si conserva parte della bocca con l'attacco delle pareti. Ampio labbro aggettante leggermente obliquo, a profilo convesso. Alt. mass. 3 × 8 (*fig.* 40).

Casa 6

Ceramica invetriata turchese

384. Frammento di ciotola. Argilla color crema, ben depurata. Si conservano parte della bocca e delle pareti. Bocca ad ampio labbro aggettante, leggermente pendente, ad orlo arrotondato; parete ad alta carena pronunciata. Interno molto sfaldato. Tracce di vetrina turchese all'esterno. Il frammento presenta tre fori pervii, serviti per un restauro antico, allineati lungo una fila orizzontale, poco sopra la carena, alla distanza di cm. 2,5 l'uno dall'altro. Alt. mass. 3,5 × 5,5; diam. dei fori 0,6 (*fig.* 41).

385. Frammento di bocca di ciotola. Argilla c.s. Si conservano parte della bocca e delle pareti. Orlo della bocca arrotondato; alta carena a spigolo vivo. Alt. mass. 2,4 × 4; spess. 0,4 (*fig.* 41).

386. Frammento di bocca di giara. Argilla c.s. Si conservano parte della bocca e della spalla. Spalla espansa, che si restringe verso la bocca; orlo della bocca ingrossato e schiacciato; sulla spalla una risega appena rilevata. Interno nudo. Esterno coperto da vetrina turchese. Alt. mass. 5 × 11 (*fig.* 41).

387. Dieci frammenti di pareti di giara. Argilla c.s. Interno nudo. Esterno a vetrina turchese. Spess. 1.

Ceramica invetriata verde

388. Peso. Argilla color crema. È stato ricavato da un frammento di parete di giara. Forma trapezoidale a margini stondati. Interno nudo. Vetrina verde all'esterno. Un largo foro pervio presso il lato piú corto. Alt. 7,5; largh. 3,7/5,4; spess. 1,5 (*fig.* 41; *tav.* LV d).

Ceramica acroma a decorazione stampigliata

389. Frammento di spalla di giara. Argilla color camoscio rosato, dura. All'esterno, decorazione stampigliata: resta un bollo circolare con triscele entro cerchio, circondata da tre punti. Alt. mass. 7,5 × 7; diam. del bollo 2,9 (*figg.* 41, 89; *tav.* LVI *a*).

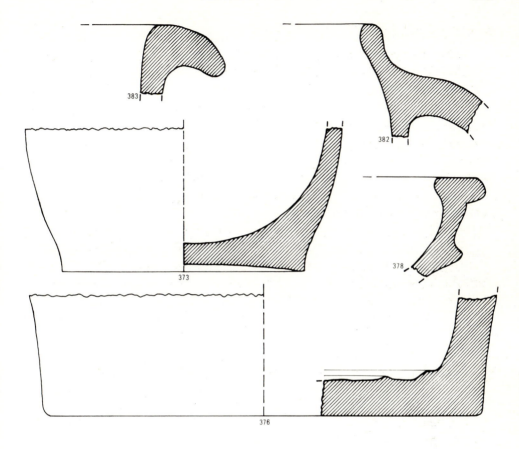

Fig. 40. - Materiali da al-Quṣūr.

Casa 1

373. Ceramica nuda: giara.

376. Impasto: giara.

Casa 2

378. Ceramica invetriata turchese: ciotola.

382-383. Ceramica nuda: giara e bacile.

Ceramica acroma a decorazione plastica

390. Frammento di parete di giara. Argilla color crema, ben depurata. La superficie esterna presenta una decorazione plastica ad alveoli. Alt. mass. 4 × 4,5; spess. 1,2 (*tav.* LX *b*).

Ceramica nuda

391. Frammento di bocca di giara. Argilla rosa. Si conservano parte della bocca e della spalla. Spalla rigonfia, che si restringe verso la bocca; orlo della bocca appena ingrossato. Alt. mass. 2,5; diam. presumibile della bocca 10 (*fig.* 41).

392. Tre frammenti di bocca di giara. Argilla color rosso-ruggine, micacea. Si conservano parte della bocca e della spalla. Bocca con orlo ingrossato; spalla rigonfia. Frammento maggiore: alt. mass. 4 × 9 (*fig.* 41).

393. Frammento di bocca di bacile. Argilla color crema. Si conserva parte della bocca con l'attacco delle pareti. Bocca svasata; orlo della bocca ingrossato, aggettante verso l'interno e verso l'esterno. Alt. mass. 3 × 7 (*fig.* 41).

Casa 9

Ceramica invetriata turchese

394. Frammento di bocca di ciotola. Argilla color crema-rosato, ben depurata. Si conservano parte della bocca e delle pareti. Orlo arrotondato; alta carena arrotondata. Vetrina turchese all'interno e all'esterno. Alt. mass. 2,3 × 3,5 (*fig.* 42).

395. Frammento di fondo di ciotola. Argilla c.s. Si conserva parte della base con l'attacco delle pareti. Base piana con margine a spigolo vivo. Vetrina turchese all'interno e all'esterno. Alt. mass. 1,5 × 5; spess. 1.

396. Frammento di fondo di giara. Argilla c.s. Si conservano parte del fondo e delle pareti. Basso piede a disco; base piana. Superfici molto sfaldate. Tracce di vetrina turchese sul piede. Alt. mass. 6 × 15; diam. presumibile della base 14 (*fig.* 42).

Ceramica nuda

397. Fondo di bacile. Argilla rosa con vacuoli. Si conserva circa metà del fondo con l'attacco delle pareti. Base piana con largo foro pervio centrale. Alt. mass. 8; diam. della base 15,5.

398. Frammento di bocca di giara. Argilla rossiccia micacea. Si conservano parte della bocca e della spalla. Spalla rigonfia, che si restringe verso la bocca; orlo della bocca ingrossato e revoluto. Alt. mass. 4 × 7.

Fauna

399. Una conchiglia (*Murex*).

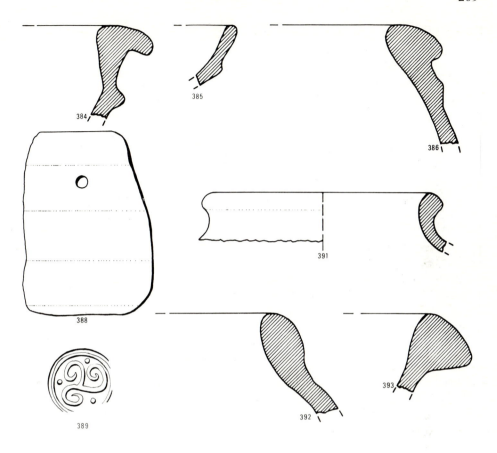

Fig. 41. - Materiali da al-Qusūr.
    Casa 6
384-386. Ceramica invetriata turchese: ciotole e giara.
388. Ceramica invetriata verde: peso da telaio.
389. Ceramica acroma stampigliata: bollo su giara.
391-393. Ceramica nuda: giare e bacile.

Casa 11

Ceramica invetriata turchese

400. Frammento di ciotola. Argilla color crema, ben depurata. Si conserva parte della parete con un tratto della bocca. Orlo della bocca arrotondato; alta carena a spigolo vivo. Alt. mass. 3 × 5.

401. Frammento di fondo di giara. Argilla c.s. Si conserva parte del fondo con l'attacco inferiore della parete. Basso piede a disco a profilo esterno appena convesso. Esterno coperto da vetrina turchese; interno nudo. Alt. mass. 8,5 × 7,5 (*fig*. 42).

402. Cinque frammenti di pareti di una giara. Argilla c.s. Esterno a vetrina turchese; interno nudo. Spess. 0,4/0,6.

Ceramica a vernice nera

403. Frammento di parete di giara. Impasto rosato con inclusi bianchi e neri. Tracce di vernice nera, opaca, all'esterno; interno nudo. Alt. mass. 5 × 4.

Ceramica acroma a decorazione stampigliata

404. Frammento di parete di giara. Argilla color camoscio-rosato, depurata. Superficie corrosa e consunta. Tracce di decorazione impressa con stampo rettangolare; resta parte di uno stampo con decorazione a rilievo, delimitato su tre lati da una cornice a trattini paralleli entro due linee; all'interno tracce di testa di animale, di profilo a destra. Alt. mass. 3,3 × 5; spess. 0,6; largh. del bollo 2,3 (*figg*. 42, 89).

Ceramica acroma a decorazione plastica

405. Frammento di parete di giara. Argilla color camoscio-giallino, ben depurata. All'esterno decorazione ad impressioni oblique. Alt. mass. 3 × 4; spess. 1,2.

406. Frammento di parete di giara. Argilla c.s. Decorazione costituita da una fascia di impressioni rilevate oblique, sormontate da una striscia incisa a stecca. Alt. mass. 7,5 × 8; spess. 1,3 (*fig*. 42).

Ceramica nuda

407. Frammento di fondo di giara. Argilla color camoscio-giallastro, ben depurata. Si conserva parte del fondo con l'attacco delle pareti. Stretta base piana a margine arrotondato; all'interno protuberanza centrale rilevata. Alt. mass. 3,3; diam. della base 4 (*fig*. 42).

408. Ansa frammentaria. Argilla c.s. Sezione ovale molto appiattita, nastriforme; era impostata verticalmente. Lungh. mass. 7; largh. 4.

409. Ansa c.s. Lungh. mass. 6; largh. 3.

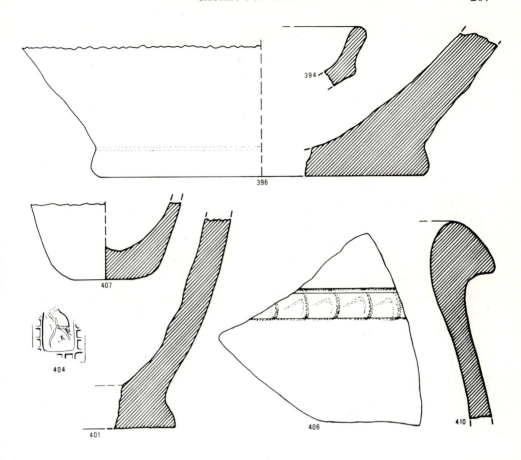

Fig. 42. - Materiali da al-Qusūr.

Casa 9

394, 396. Ceramica invetriata turchese: ciotola e giara.

Casa 11

401. Ceramica invetriata turchese: giara.
404. Ceramica acroma stampigliata: bollo su giara.
406. Ceramica acroma a decorazione plastica: giara.
407. Ceramica nuda: giara.
410. Impasto: giara.

Impasto

410. Frammento di bocca di giara. Impasto rossastro, con grossolani inclusi bianchi e neri. Si conserva parte della bocca con un tratto della parete. Grosso orlo ribattuto in fuori; il vaso si restringe verso la bocca. Alt. mass. 8 × 12; spess. della parete 0,6 (*fig.* 42).

Vetro

411. Frammento di fondo di bicchiere, piano. Vetro giallastro, corroso. Alt. mass. 1,5 × 2.

Fauna

412. Una valva di conchiglia. Largh. mass. 3.

Casa 14

Ceramica invetriata turchese

413. Frammento di fondo di giara. Argilla di colore crema-rosato ben depurata. Si conserva parte del fondo con l'attacco delle pareti. Basso piede a disco; base piana. Interno nudo. Vetrina turchese all'esterno. Alt. mass. 4 × 5; diam. presumibile della base 8 (*fig.* 43).

414. Frammento di parete di giara. Argilla c.s. Vetrina turchese all'interno e all'esterno. Spess. 0,8.

Ceramica acroma a decorazione stampigliata

415. Frammenti di parete di giara. Argilla di colore camoscio-rosato con vacuoli. Su uno dei frammenti resta parte di un bollo subrettangolare ad angoli stondati con cornice a duplice quadrettatura: nel campo una gazzella stante di profilo a sinistra con coda ritta, mancante nella parte anteriore, ma di cui sono visibili le corna. Alt. mass. 7 × 6; dimensioni conservate del bollo 3 × 1,5 (*figg.* 43, 89; *tav.* LVI *b*).

Ceramica nuda

416. Frammento di bocca di giara. Argilla di color crema, ben depurata. Si conservano parte della bocca e del collo con l'attacco superiore di un'ansa verticale. Orlo della bocca stondato; ansa a sezione ovale. Alt. mass. 6 × 5,5 (*fig.* 43).

Casa 15

Ceramica invetriata turchese

417. Frammento di parete di giara. Argilla color crema, ben depurata. Superfici molto sfaldate. Interno nudo, con vistose tracce dei giri del tornio. Vetrina turchese all'esterno. Alt. mass. 10 × 9; spess. 1,5.

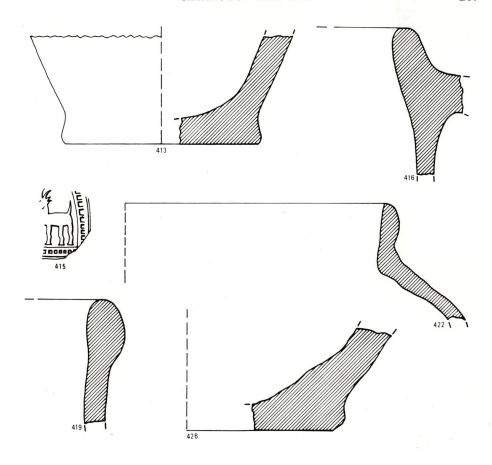

Fig. 43. - Materiali da al-Qusūr.

    Casa 14
413. Ceramica invetriata turchese: giara.
415. Ceramica acroma stampigliata: bollo su giara.
416. Ceramica nuda: giara.

    Casa 15
419. Ceramica nuda: giara

    Casa 18
422. Ceramica da fuoco: pentola.
    Casa 22
426. Ceramica nuda: giara.

Ceramica nuda

418. Due frammenti di bocca di giara. Argilla color rosso-ruggine. Si conservano parte della bocca e della spalla. Spalla rigonfia, che si restringe verso la bocca; orlo della bocca revoluto e ingrossato. Superficie esterna della spalla leggermente ondulata. Alt. mass. 2 × 5; spess. 0,8.

419. Frammento di bocca di giara. Argilla color crema. Si conserva parte della bocca con l'attacco delle pareti. Orlo della bocca ingrossato. Alt. mass. 5 × 7 (*fig.* 43).

Casa 18

Ceramica invetriata turchese

420. Frammento di parete di ciotola. Argilla color crema, ben depurata. Vetrina turchese all'interno e all'esterno. Alt. mass. 1,5 × 5; spess. 0,4.

Ceramica nuda

421. Due frammenti di pareti di giara. Argilla color camoscio, ben depurata. Dimensioni: 3 × 2; 5 × 4; spess. 1.

Ceramica da fuoco

422. Frammento di bocca di pentola. Argilla color rosso-ruggine, con inclusi bianchi. Si conservano parte della bocca, del collo e della spalla. Spalla dilatata, che si restringe verso la bocca; bocca svasata con orlo arrotondato. Superficie esterna annerita dalla fiamma. Alt. mass. 5; diam. presumibile della bocca 22 (*fig.* 43).

Casa 19

Ceramica invetriata turchese

423. Frammento di parete di boccale. Argilla color crema-rosato, ben depurata. Interno nudo. Esterno a vetrina turchese. Alt. mass. 3 × 6; spess. 0,8.

Ceramica nuda

424. Frammento di spalla di boccale. Argilla c.s. Superficie sfaldata. Alt. mass. 4 × 7; spess. 0,7.

Casa 22

Ceramica invetriata turchese

425. Due frammenti di parete di ciotola. Argilla color crema-rosato, ben depurata. Vetrina turchese all'interno e all'esterno. Dimensioni: 5 × 4; 3 × 2; spess. 0,4 e 0,6.

Ceramica nuda

426. Frammento di fondo di grosso vaso chiuso (giara ?). Argilla rossiccia con grandi vacuoli. Si conservano parte del fondo e del piede con l'attacco delle pareti. Basso piede a disco, a profilo convesso; base piana con margine stondato. Alt. mass. 4,2; diam. presumibile del fondo 12 (*fig.* 43).

Impasto

427. Due frammenti di pareti di giara. Impasto color rosso scuro-violaceo con inclusi bianchi. Dimensioni: 2 × 6; 2 × 3; spess. 1.

Casa 23

Ceramica invetriata turchese

428. Frammento di bocca di ciotola. Argilla di colore crema-rosato, ben depurata. Si conservano parte della bocca e delle pareti. Ampio labbro aggettante orizzontale; alta carena pronunciata. Vetrina turchese all'interno e all'esterno. Alt. mass. 3 × 5; diam. presumibile della bocca 20 (*fig.* 44).

429. Frammento di spalla di boccale. Argilla c.s. Interno nudo. Esterno coperto da vetrina turchese e decorato con una coppia di solcature circolari. Alt. mass. 6 × 4,5; spess. 0,7.

Ceramica nuda

430. Frammento di bocca di giara. Argilla di colore rosso-ruggine, micacea. Si conservano parte della bocca e della spalla. Spalla rigonfia, che si restringe verso la bocca; orlo della bocca ingrossato e schiacciato. Alt. mass. 3 × 6; diam. presumibile della bocca 12 (*fig.* 44).

431. Frammento di ansa verticale. Argilla c.s. Sezione ovale. Lungh. mass. 10; largh. 3.

Pietra

432. Pietra focaia in quarzo bianco. Forma quadrangolare.

Casa 24

Ceramica invetriata turchese

433. Frammento di bocca di ciotola. Argilla color crema-rosato ben depurata. Orlo della bocca arrotondato. Vetrina turchese all'interno e all'esterno. Alt. mass. 2 × 2; spess. 0,4.

Ceramica nuda

434. Frammento di parete. Argilla color camoscio-rossiccio. Alt. mass. 4 × 6; spess. 0,5.

Casa 25

Ceramica invetriata verde

435. Frammento di bocca di ciotola. Argilla color crema-rosato, ben depurata. Si conservano parte della bocca e delle pareti. Orlo della bocca stondato; alta carena poco pronunciata. Vetrina verde all'interno e all'esterno. Alt. mass. 3 × 5 (*fig.* 44).

436. Frammento di ciotola. Argilla c.s. Si conservano parte della bocca e delle pareti. La bocca presenta uno stretto labbro aggettante con orlo interno rilevato; alta carena molto pronunciata. Vetrina verde all'interno e all'esterno. Alt. mass. 4,5 × 6,4; spess. 0,7 (*fig.* 44).

437. Cinque frammenti di pareti di ciotola. Argilla c.s. Vetrina verde all'interno e all'esterno. Spess. medio 0,5.

438. Due frammenti di pareti di piccolo vaso chiuso (boccale ?). Vetrina verde all'esterno. Argilla c.s. Spess. medio 0,5 e 0,7.

439. Tre frammenti di pareti di giara. Argilla c.s. Vetrina verde all'esterno. Spess. 1.

Ceramica nuda

440. Dodici frammenti di pareti di giara. Argilla color camoscio chiaro. Spess. medio 1.

Ceramica da fuoco

441. Sette frammenti di pareti di pentola. Argilla color rosso-ruggine, a superficie scabra, micacea. Spess. 0,4.

Casa 26

Ceramica invetriata turchese

442. Due frammenti di spalla di boccale, a pareti sottili. Argilla color crema, con qualche vacuolo. Vetrina color turchese scuro, spessa, solo all'esterno. Alt. mass. 4 × 3.

443. Frammento di parete di bacile. Argilla c.s. Invetriata c.s., sia all'esterno che all'interno. Alt. mass. 3 × 4.

Ceramica acroma a decorazione stampigliata

444. Frammento di parete di giara. Argilla color crema, ben depurata. All'esterno tracce di bollo circolare con motivo illeggibile (quadrupede ?). Alt. mass. 5 × 5; spess. della parete 0,7; diam. del bollo 2 (*figg.* 45, 89).

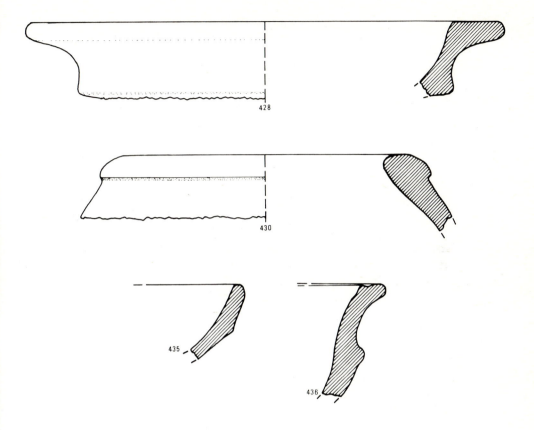

Fig. 44. - Materiali da al-Qusūr.

　　Casa 23
428. Ceramica invetriata turchese: ciotola.
430. Ceramica nuda: giara.

　　Casa 25
435-436. Ceramica invetriata verde: ciotole.

Ceramica acroma a decorazione incisa

445. Frammento di parete di giara. Impasto rosso-ruggine con inclusi bruni e bianchi. Superficie esterna color grigio scuro, decorata con una fascia orizzontale sormontata da altra fascia ondulata, entrambe incise a stecca. Alt. mass. 5 × 5,5; spess. 0,6.

Ceramica nuda

446. Frammento di bocca di giara. Argilla color camoscio-giallino con vacuoli. Si conserva parte della bocca con l'attacco delle pareti. Orlo ingrossato, aggettante, superiormente piatto, a margine concavo. Alt. mass. 3 × 10 (*fig.* 45).

447. Frammento di bocca di giara. Argilla c.s. Si conservano parte della bocca e del collo. Ampio labbro aggettante obliquo. Alt. mass. 15 × 9; spess. 1,2 (*fig.* 45).

448. Frammento di bocca di giara. Argilla c.s. Si conservano parte della bocca e del collo e l'attacco superiore di un'ansa. Orlo della bocca stondato; ansa a nastro verticale. Alt. mass. 4 × 7; largh. dell'ansa 3,5 × 1,1 (*fig.* 45).

449. Frammento di bocca di giara. Argilla color rosa con qualche incluso bianco. Si conserva parte della bocca con l'attacco delle pareti. Spalla rigonfia che si restringe verso la bocca, ad orlo ingrossato e appiattito superiormente. Alt. mass. 3 × 5 (*fig.* 45).

450. Frammento di fondo di boccale. Argilla c.s. Se ne conserva circa la metà con parte delle pareti. Base piana a margine stondato. Segni del tornio all'interno. Alt. mass. 2; diam. presumibile 10 (*fig.* 45).

451. Frammento di fondo di boccale. Argilla di colore camoscio-rosato. Superficie corrosa. Si conserva parte del fondo con l'attacco delle pareti, su cui resta traccia dell'attacco inferiore di un'ansa verticale a sezione ovale. Base concava con margine smussato. Alt. mass. 3 × 4; diam. presumibile della base 7 (*fig.* 45).

Impasto

452. Due frammenti di bocca di boccale, non ricomponibili. Impasto color rosso-ruggine, con inclusi nerastri e bianchi. Si conserva parte della bocca con l'attacco del collo. Orlo della bocca ingrossato e aggettante, stondato. Alt. mass. 1 × 2; diam. presumibile della bocca 14 (*fig.* 45).

Vetro

453. Frammento di parete. Vetro verde, superficie corrosa, opaca. Spess. 0,1.

454. Frammento di fondo concavo. Vetro opacizzato, ora color camoscio. Alt. mass. 1; diam. presumibile 5 (*fig.* 45).

455. Frammento di ansa subtriangolare. Vetro c.s. Dimensioni: 3,5 × 3; spess. 0,3.

456. Frammento di ansetta. Forma c.s. Vetro c.s. Dimensioni: 1,5 × 3.

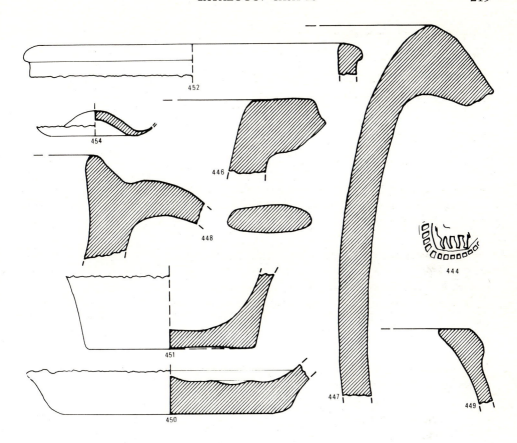

Fig. 45. - Materiali da al-Qusūr.

Casa 26

444. Ceramica acroma stampigliata: bollo su giara.

446-451. Ceramica nuda: giare e boccali (450-451).

452. Impasto: boccale.

454. Vetro: fondo di vaso.

Casa 28

Ceramica invetriata turchese

457. Frammento di bocca di ciotolina. Argilla color crema, ben depurata. Si conservano parte della bocca e delle pareti. Orlo arrotondato. Vetrina turchese all'interno e all'esterno. Alt. mass. 3 × 3; spess. 0,4 (*fig.* 46).

Ceramica nuda

458. Frammento di bocca di brocchetta. Argilla color camoscio-giallastro. Si conservano parte della bocca e del collo. Bocca leggermente svasata con orlo ingrossato e aggettante. Alt. mass. 2 × 1,8; diam. presumibile della bocca 4.

458 a. Frammento di collo di giara. Argilla color camoscio-rosato. Alt. mass. 6,5 × 8; spess. 1,5.

458 b. Frammento di parete di boccale. Argilla c.s. Si conserva l'attacco inferiore di un'ansa verticale nastriforme. Alt. mass. 9 × 8; largh. dell'ansa 3.

Impasto

458 c. Frammento di parete di giara. Impasto color vinaccia con grossi inclusi bianchi. Alt. mass. 5 × 5; spess. 0,7.

Casa 29

Ceramica invetriata turchese

459. Frammenti di bocca di ciotola. Argilla color camoscio-rosato, ben depurata. Si conservano parte della bocca e delle pareti. Ampio labbro aggettante orizzontale; alta carena arrotondata al di sopra della quale la parete assume profilo convesso. Vetrina turchese all'interno e all'esterno. Frammento maggiore: alt. mass. 4,5 × 8,5 (*fig.* 46).

Ceramica nuda

460. Frammento di bocca di giara. Argilla colore camoscio. Si conservano parte della bocca e della spalla. Spalla espansa, che si restringe verso la bocca; orlo della bocca ingrossato e ribattuto in fuori; spalla a superficie ondulata. Alt. mass. 3,5 × 4 (*fig.* 46).

461. Quattro frammenti di bocca di giara. Argilla color camoscio-rosato con qualche vacuolo. Bocca svasata ad orlo stondato. Alt. mass. 5,3 × 6; spess. parete 0,8 (*fig.* 46).

462. Frammento di collo di giara. Argilla c.s. Si conservano parte del collo e della spalla con tracce dell'attacco inferiore di un'ansa a nastro verticale. Alt. mass. 19 × 9; diam. presumibile del collo 6,5.

Fauna

463. Una conciglia (*Murex*).

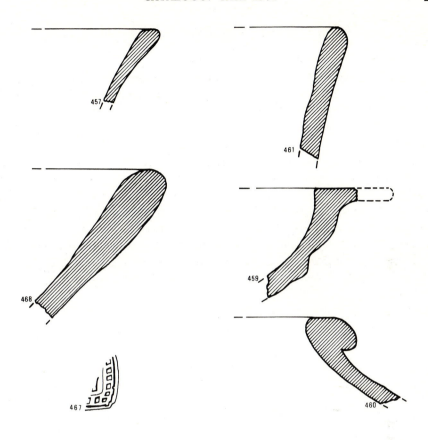

Fig. 46. - Materiali da al-Qusūr.

Casa 28

457. Ceramica invetriata turchese: ciotola.

Casa 29

459. Ceramica invetriata turchese: ciotola.

460-461. Ceramica nuda: giare.

Casa 31

467. Ceramica acroma stampigliata: bollo su giara.

468. Ceramica nuda: bacile.

Casa 30

Ceramica invetriata turchese

464. Frammento di bocca di ciotola. Argilla color crema-rosato, ben depurata. Si conservano parte della bocca e delle pareti. Orlo della bocca appiattito. Superficie interna ed esterna molto deperite e sfaldate. Tracce di vetrina turchese all'interno e all'esterno. Alt. mass. 5 × 6; spess. 1.

Casa 31

Ceramica invetriata turchese

465. Frammento di fondo di ciotola. Argilla color crema; ben depurata. Si conservano parte del fondo e delle pareti. Superfici sfaldate. Base piana. Vetrina turchese all'interno e all'esterno. Alt. mass. 3,6 × 5; diam. presumibile della base 6.

466. Due frammenti di pareti di ciotola. Argilla c.s. Vetrina turchese all'interno e all'esterno. Dimensioni: 2 × 3; 1,5 × 2; spess. 0,6.

Ceramica acroma a decorazione stampigliata

467. Frammento di parete di giara. Argilla rosa, ben depurata. Tracce di decorazione stampigliata: resta parte (cm. 2 × 1,4) di un bollo rettangolare con cornice a dentelli fra due linee. Alt. mass. 5,5 × 5; spess. 1 (*figg.* 46, 89; *tav.* LVI *c*).

Ceramica nuda

468. Frammento di bocca di bacile. Argilla color camoscio. Si conservano parte della bocca e delle pareti. Corpo troncoconico rovescio; orlo della bocca stondato. Alt. mass. 6 × 13 (*fig.* 46).

469. Frammento di fondo di giara. Argilla c.s. Si conserva parte del fondo con l'attacco delle pareti. Base piana con margine stondato. Alt. mass. 2,5; diam. della base 9.

Casa 35

Ceramica invetriata turchese

470. Frammento di bocca e parete di bacile. Argilla color crema ben depurata. Si conserva parte della bocca con l'attacco della parete. Orlo della bocca ingrossato, aggettante sia all'interno che all'esterno. Vetrina turchese all'esterno e all'interno. Alt. mass. 4 × 6,5; spess. 1 (*fig.* 47).

471. Frammento di collo di giara. Argilla c.s. La superficie esterna è mossa da due cordoni plastici orizzontali ed è invetriata; l'interno è nudo. Alt. mass. 8 × 7; spess. 0,8 (*fig.* 47).

472. Frammento di parete di giara. Argilla c.s. All'esterno decorazione plastica costituita da un grosso cordone orizzontale ondulato. Esterno a vetrina turchese; interno sfaldato. Alt. mass. 4,5 × 5; spess. 0,5/1.

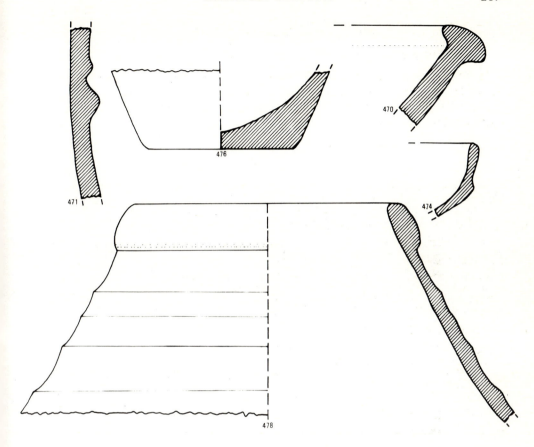

Fig. 47. - Materiali da al-Qusūr.

   Casa 35

470-471. Ceramica invetriata turchese: bacile e giara.

474, 476. Ceramica invetriata verde: ciotole.

478. Ceramica nuda: giara.

Ceramica invetriata verde

473. Frammento di parete di giara. Argilla c.s. Vetrina verde all'esterno, nerastra all'interno. Alt. mass. 6 × 7; spess. 1.

474. Frammento di ciotola. Argilla color crema ben depurata. Si conservano parte della bocca e della parete. Orlo della bocca stondato; alta carena a spigolo vivo. Vetrina verde all'interno e all'esterno. Alt. mass. 3 × 5 (*fig.* 47).

475. Frammento di ciotola. Argilla, forma e vetrina c.s. Alt. mass. 3 × 4.

476. Frammento di fondo di grossa ciotola (?). Argilla c.s. Si conserva parte del fondo con l'attacco delle pareti. Base piana a spigolo vivo. Vetrina verde sia all'interno, che all'esterno. Alt. mass. 3; diam. presumibile della base 6 (*fig.* 47).

477. Frammento di altro fondo c.s. Alt. mass. 4; diam. presumibile 8.

Ceramica nuda

478. Frammento di bocca di giara. Argilla di color camoscio rosato. Si conservano parte della bocca e della parete. Bocca rientrante con grosso orlo ribattuto in fuori. La parete esterna è leggermente ondulata a partire da cm. 2 sotto l'orlo; le ondulazioni, basse, presentano margini arrotondati. Alt. mass. 10 × 9; diam. presumibile della bocca 11; spess. pareti 0,5 (*fig.* 47).

479. Frammento di spalla di giara. Argilla c.s. Si conserva l'attacco inferiore di un'ansa verticale. Tre solcature circolari segnano il punto d'attacco con il collo. Alt. mass. 4 × 5.

480. Frammento di fondo di giara. Argilla c.s. Stretta base piana con margine arrotondato. All'interno protuberanza centrale rilevata. Alt. mass. 3,5; diam. della base 4,6 (*fig.* 48).

481. Frammento di fondo di boccale. Argilla c.s. Base piana con margine a spigolo vivo. Superficie interna corrosa. Alt. mass. 3,5; diam. presumibile della base 4.

482. Frammento di ansa verticale a sezione ovale. Argilla c.s. Alt. mass. 2; largh. 3.

Impasto

483. Frammento di bocca di boccale. Impasto nerastro. Bocca svasata con orlo leggermente ingrossato. Alt. mass. 2; diam. presumibile della bocca 13 (*fig.* 48).

484. Frammento di ansetta verticale con costola centrale rilevata all'esterno. Impasto c.s. Lungh. mass. 3,5; largh. 2,3; spess. 0,7 (*fig.* 48).

485. Frammento di parete. Impasto rossiccio all'interno, grigio in superficie, con molti vacuoli. La superficie esterna presenta larghe ondulazioni. Alt. mass. 2 × 3.

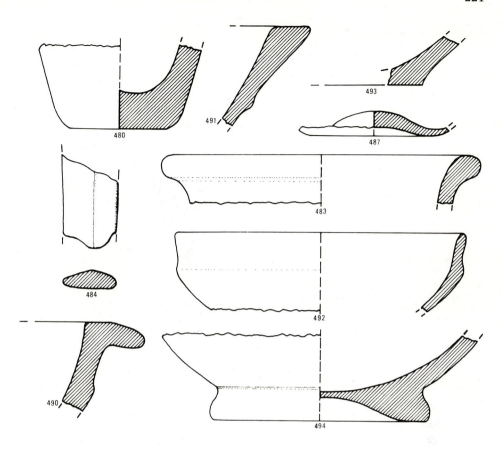

Fig. 48. - Materiali da al-Qusūr.

Casa 35

480. Ceramica nuda: giara.

483-484. Impasto: ansa e boccale.

487. Vetro: fondo di vaso.

Casa 36

490-494. Ceramica invetriata turchese: ciotole e giara (494).

Vetro

486. Cinque frammenti di pareti di vasetto. Vetro verde. Spess. 0,3.

487. Frammento di fondo di vaso a base concava, ingrossato al centro. Vetro trasparente. Alt. mass. 1; diam. presumibile della base cm. 5 (*fig.* 48).

Fauna

488. Una conchiglia (*Murex*).

489. Una valva di conchiglia (ostrica).

Casa 36

Ceramica invetriata turchese

490. Frammento di bocca di ciotola. Argilla color crema-rosato, ben depurata. Si conservano parte della bocca e delle pareti. Bocca ad ampio labbro aggettante, piatto superiormente, leggermente pendente e con orlo arrotondato all'esterno e a spigolo netto all'interno. Parete ad alta carena a spigolo vivo. Vetrina turchese all'interno e all'esterno. Alt. mass. 3,5 × 8; spess. 0,9 (*fig.* 48).

491. Frammento di bocca di ciotola. Argilla c.s. Si conservano parte della bocca e delle pareti. Orlo della bocca appena ingrossato, appiattito superiormente; parete carenata, con carena a margine arrotondato. Vetrina turchese all'interno e all'esterno. Restano due fori pervii per un restauro antico (distanza fra loro 0,3). Alt. mass. 4 × 6; spess. 0,5 (*fig.* 48).

492. Frammento di bocca di ciotola. Argilla c.s. Si conservano parte della bocca e delle pareti. Orlo della bocca arrotondato; alta carena, al di sopra della quale la parete assume profilo concavo. Vetrina turchese all'interno e all'esterno. Alt. mass. 3 × 9,5; diam. presumibile della bocca 12 (*fig.* 48).

493. Frammento di fondo di ciotola. Argilla c.s. Si conservano parte del fondo e delle pareti. Base piana a margine netto. Vetrina turchese all'interno e all'esterno. Alt. mass. 2 × 4,5 (*fig.* 48).

494. Frammento di fondo di giara. Argilla c.s. Si conserva circa metà del fondo con l'attacco delle pareti. Basso piede a disco a profilo esterno leggermente convesso. Tracce di vetrina turchese all'esterno. Il piano di appoggio del piede è consunto dall'uso. Alt. mass. 3,5; diam. del piede 9 (*fig.* 48).

495. Due frammenti di pareti di giara. Argilla c.s. Interno nudo. Esterno coperto da vetrina turchese. Dimensioni: 6 × 7,5; 6 × 5,5; spess. 1.

Ceramica nuda

496. Frammento di bocca di giara. Argilla rossiccia. Superficie scabra. Si conservano parte della bocca e della spalla. Ampia spalla, che si restringe verso la bocca; orlo della bocca ingrossato. Alt. mass. 4 × 8; spess. 0,6.

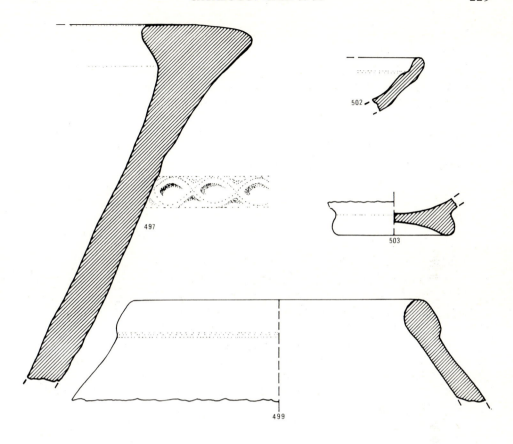

Fig. 49. - Materiali da al-Qusūr.

   Casa 37
497. Ceramica acroma a decorazione plastica: bacile.
499. Ceramica nuda: giara.

   Casa 38
502-503. Ceramica invetriata turchese: ciotole.

Casa 37

Ceramica acroma a decorazione plastica

497. Frammento di bocca di bacile. Argilla color mattone con vacuoli. Si conservano parte della bocca e delle pareti. Corpo troncoconico rovescio; bocca con orlo ingrossato, aggettante sia verso l'interno che verso l'esterno e appiattito superiormente. Decorazione plastica all'esterno, costituita da un cordone rilevato mosso da impressioni digitali circolari. Alt. mass. 14 × 11,5; spess. 1,5 (*fig.* 49; *tav.* LX *c*).

498. Frammento di parete di giara. Argilla rossastra poco compatta. Decorazione plastica all'esterno costituita da cordoni rilevati circolari a margine stondato, distanti fra loro cm. 4. Alt. mass. 10 × 11; spess. 0,7 (*tav.* LX *d*).

Ceramica nuda

499. Frammento di bocca di giara. Argilla rossiccia, micacea. Superfici scabre, corrose. Si conservano parte della bocca e della spalla. Spalla molto ampia, che si restringe alla bocca; orlo della bocca ingrossato. Alt. mass. 4; diam. presumibile della bocca 12 (*fig.* 49; *tav.* LXI *a*).

500. Frammento di bocca di giara. Argilla color camoscio. Si conservano parte della bocca e della spalla. Forma identica alla precedente. Alt. mass. 8 × 9 (*tav.* LXI *a*).

Ceramica da fuoco

501. Frammento di parete di pentola. Argilla color rosso-ruggine vivo. Resta un'ansa a corto nastro verticale, poco aggettante e che si restringe al centro. Alt. mass. 12 × 8; largh. dell'ansa 3,5 alla base; 1,5 al centro; spess. 1 (*tav.* LXI *c*).

Casa 38

Ceramica invetriata turchese

502. Frammento di bocca di ciotola. Argilla color crema-rosato, ben depurata. Si conservano parte della bocca e delle pareti. Orlo della bocca sottolineato all'interno da una risega; parete con alta carena a spigolo vivo. Vetrina turchese all'interno. Alt. mass. 2 × 3; spess. 0,5 (*fig.* 49).

503. Frammento di fondo di ciotola. Argilla c.s. Si conserva parte del fondo con l'attacco delle pareti. Basso piede a disco a profilo esterno leggermente convesso; fondo esterno molto concavo. Tracce di vetrina turchese sul piede, all'esterno. Le superfici sono molto sfaldate. Alt. mass. 1,5; diam. del piede 5 (*fig.* 49).

504. Frammento di fondo di bacile. Argilla c.s. Si conservano parte del fondo e delle pareti. Superficie interna molto sfaldata. Base piana. Esterno coperto da spessa vetrina turchese. Alt. mass. 3,5; diam. presumibile del piede 6.

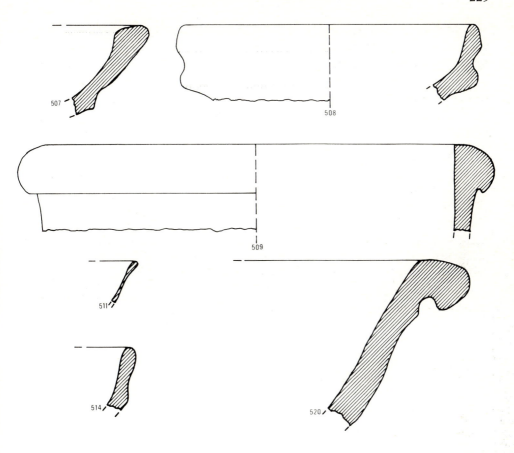

Fig. 50. - Materiali da al-Qusūr.

   Casa 38

507-509. Ceramica nuda: ciotole e giara (509).

511. Vetro: vaso aperto.

   Casa 39

514. Ceramica invetriata turchese: ciotola.

520. Impasto: bacile.

505. Quattro frammenti di pareti di vaso chiuso. Argilla di color crema ben depurata. Superfici molto sfaldate. All'interno vetrina nerastra. Tracce di vetrina turchese all'esterno. Superfici interna ed esterna ondulate. Spess. 0,5.

506. Quattro frammenti di pareti di vaso chiuso. Argilla c.s. Superfici molto corrose all'interno e all'esterno. Tracce di vetrina turchese all'esterno. Spess. 0,7.

Ceramica nuda

507. Frammento di bocca di ciotola. Argilla color camoscio-rosato, ben depurata. Si conservano parte della bocca e delle pareti. Bocca ad orlo ingrossato, obliquo verso l'interno; parete ad alta carena a spigolo vivo. Alt. mass. 3,5 × 6,5 (*fig.* 50).

508. Frammento di bocca di ciotola. Argilla c.s. Si conservano parte della bocca e delle pareti. Orlo della bocca stondato; parete ad alta carena a spigolo arrotondato, al di sopra della quale la parete assume profilo accentuatamente concavo. Alt. mass. 4,5 × 12; diam. presumibile della bocca 18; spess. 0,8 (*fig.* 50).

509. Frammento di bocca di giara. Argilla color camoscio-rossiccio. Superfici sfaldate e corrose. Si conserva parte della bocca con l'attacco del collo. Orlo della bocca ingrossato e revoluto. Diam. presumibile della bocca 20; alt. mass. 3,5 × 9,5; spess. 0,8 (*fig.* 50).

510. Frammento di ansa verticale. Argilla color camoscio. Sezione ovale. Lungh. mass. 8; largh. 2,3 × 1,5.

Vetro

511. Tre frammenti di uno stesso vasetto. Vetro color verde chiaro. Si conservano sette frammenti delle pareti e un frammento della bocca con parte del collo. Bocca svasata ad orlo arrotondato. Dimensioni del frammento della bocca: alt. mass. 1,7 × 2,5; spess. 0,2 (*fig.* 50).

512. Frammento di parete di grosso vaso, forse bottiglia. Vetro color verde scuro. Superfici scabre per corrosione. Alt. mass. 1,5 × 3,5; spess. 0,3.

Fauna

513. Una conchiglia (*Murex*).

Casa 39

Ceramica invetriata turchese

514. Frammento di bocca di ciotola. Argilla di colore crema-rosato, ben depurata. Si conservano parte della bocca e delle pareti. Orlo della bocca stondato; alta carena arrotondata. Vetrina turchese all'interno e all'esterno. Alt. mass. 2,5 × 3,5; spess. 0,5 (*fig.* 50).

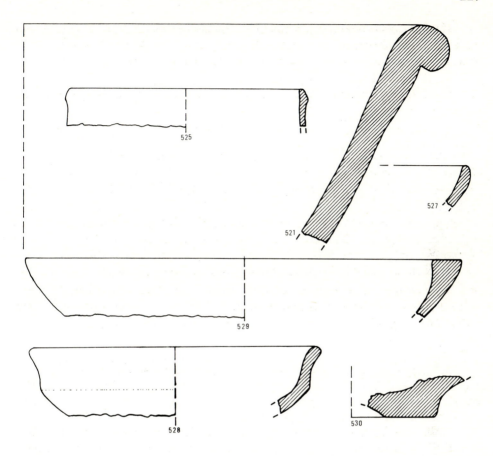

Fig. 51. - Materiali da al-Qusūr.

Casa 39

521. Impasto: bacile.

Casa 40

525. Vetro: coppa.

Casa 41 nord

527-530. Ceramica invetriata verde: ciotole, giara (530).

515. Frammento di fondo di ciotola. Argilla c.s. Restano parte del fondo e delle pareti. Bassissimo piede a disco con base piana. Un foro pervio (diam. 0,5) attraversa il piede. Tracce di vetrina turchese all'interno e all'esterno. Alt. mass. 1,5 × 3; diam. del piede 5,5.

516. Sei frammenti di pareti di ciotola. Argilla c.s. Spessa vetrina turchese all'interno. Spess. 0,3/0,5.

517. Frammento di parete di giara. Argilla c.s. Superficie molto sfaldata ed erosa. Tracce di vetrina turchese all'esterno. Alt. mass. 7 × 6,5; spess. 1.

Ceramica invetriata verde

518. Frammento di parete di ciotola. Argilla c.s. Tracce di carena a margine arrotondato. Superficie interna sfaldata. Esterno coperto da vetrina molto spessa di colore verde bottiglia scuro, con craquelure. Alt. mass. 4 × 4,5; spess. 0,9.

Ceramica nuda

519. Frammento di spalla di giara. Argilla di colore camoscio-rosato, uniforme. Resta traccia dell'attacco inferiore di un'ansa. All'altezza di questa la superficie è percorsa da cinque basse solcature a margine stondato. Alt. mass. 6,5 × 8,5; spess. 0,8.

Impasto

520. Frammento di bocca di bacile. Impasto di colore camoscio rosato con rari inclusi bruni. Superficie molto sfaldata. Si conservano parte della bocca e delle pareti. Corpo troncoconico rovescio; orlo della bocca ingrossato e revoluto; accenno di alta carena a spigolo vivo subito sotto l'orlo. Alt. mass. 6,5 × 10; spess. 1,2 (*fig.* 50).

521. Frammento di bocca di bacile. Impasto c.s. Ricomposto da quattro frammenti. Restano parte della bocca e delle pareti. Corpo troncoconico rovescio; orlo della bocca revoluto. Alt. mass. 8,5 × 4; diam. presumibile della bocca 35 (*fig.* 51).

Vetro

522. Frammento di parete di vaso. Vetro verde scuro. Dimensioni: 2 × 0,5; spess. 0,3.

523. Frammento di spalla di bottiglia. Vetro verde chiaro. Superficie scabra, perché corrosa. Alt. mass. 2 × 2,2; spess. 0,2.

Casa 40

Ceramica invetriata turchese

524. Frammento di parete di vaso aperto (ciotola ?). Argilla color crema-rosato, ben depurata. Si conserva parte del corpo presso il fondo. Interno coperto da spessa vetrina turchese; superficie interna leggermente ondulata. Esterno nudo. Alt. mass. 6,5 × 4; spess. 1/2.

Vetro

525. Due frammenti di coppa. Vetro verde piuttosto scuro. Si conservano un frammento della bocca e uno delle pareti. Larga bocca ad orlo ingrossato. Dimensioni del frammento della bocca: alt. mass. 1,5 × 4,2; diam. presumibile della bocca 10; spess. 0,2 (*fig.* 51).

Casa 41

Parte Nord

Ceramica invetriata turchese

526. Tre frammenti di pareti di giara. Argilla di colore giallo crema con qualche incluso bruno. Superficie esterna coperta da vetrina turchese molto spessa. Un solo frammento conserva la superficie interna, che si presenta anch'essa invetriata, mentre negli altri frammenti è erosa. Dimensioni: 4 × 7,5; 3,5 × 6; 1,5 × 5,5; spess. 1,3.

Ceramica invetriata verde

527. Frammento di ciotola. Argilla color crema ben depurata. Si conservano parte della bocca e delle pareti. Orlo stondato. Vetrina verde all'interno e all'esterno. Alt. mass. 1,7 × 1,5 (*fig.* 51).

528. Frammento di ciotola. Argilla c.s. Si conservano parte della bocca e della parete. Bocca leggermente svasata con orlo stondato; alta carena a spigolo smussato. Vetrina verde all'interno e all'esterno. Alt. mass. 2,5 × 4; diam. presumibile della bocca 12 (*fig.* 51).

529. Frammento di ciotola. Argilla c.s. Si conservano parte della bocca e della parete. Orlo della bocca ingrossato e appiattito. Vetrina verde all'interno e all'esterno. Alt. mass. 2,3 × 3; diam. presumibile della bocca 18 (*fig.* 51).

530. Frammento di fondo di giara. Argilla c.s. Si conserva parte della base con l'attacco della parete. Piede a disco, con ampia fascia piana marginale, concavo al centro. Superficie interna sfaldata. Vetrina verde all'esterno. Alt. mass. 1,5 × 3; diam. presumibile della base 7 (*fig.* 51).

531. Frammento di parete di giara. Argilla c.s. Vetrina verde all'esterno. Alt. mass. 6 × 7; spess. 1,8.

532. Frammento di parete. Argilla c.s. Invetriato in verde all'interno e all'esterno, ove la superficie si presenta leggermente ondulata. Alt. mass. 2,5 × 2,5.

Ceramica acroma a decorazione incisa

533. Frammento di spalla di giara. Argilla di color crema, ben depurata. Decorazione incisa all'esterno, costituita da una fila di piccole tacche verticali equidistanti. Alt. mass. 7 × 9; spess. 1,2.

534. Frammento di spalla di giara. Argilla e decorazione c.s. Alt. mass. 6,5 × 6.

535. Frammento di spalla di giara. Argilla c.s. Decorazione a tacche oblique nel punto di passaggio tra il collo e la spalla e a solcature circolari sul collo. Alt. mass. 7 × 10; spess. 1.

536. Frammento di spalla di giara. Argilla c.s. Si conserva l'attacco inferiore di un'ansa verticale a nastro. Decorazione incisa costituita da una fila di corte tacche verticali. Alt. mass. 8 × 13; spess. 1,2.

537. Frammento di parete di giara (?). Argilla di colore crema-verdastro con grossi vacuoli. Superficie esterna mossa da profonde solcature circolari, irregolari, a costola appiattita. S'intravvedono tracce di una decorazione incisa a tacche oblique. Alt. mass. 9 × 15; spess. 1 (*tav.* LVIII *d*).

Ceramica nuda

538. Frammento di giara. Argilla color crema ben depurata. Si conserva parte della bocca con l'attacco del collo. Ampio labbro aggettante e modanato, a margine arrotondato. Alt. mass. 3,5 × 4 (*fig.* 52).

539. Frammento di giara. Argilla c.s. Si conserva parte della bocca con l'attacco del collo. Ampio labbro ingrossato, stondato e revoluto. Alt. mass. 6,7 × 10 (*fig.* 52).

540. Frammento di giara. Argilla c.s. Si conservano parte della bocca e del collo. Bocca ad orlo ingrossato, appiattito superiormente e obliquo verso l'esterno. Alt. mass. 4 × 5 (*fig.* 52).

541. Frammento di orlo di bacile. Argilla c.s. Bocca svasata con orlo leggermente ingrossato. Alt. mass. 4 × 7; diam. presumibile della bocca 24 (*fig.* 52).

542. Frammento di bacile. Argilla di colore rosso con inclusi neri. Restano parte della bocca e della parete. Corpo troncoconico rovescio; bocca con orlo leggermente ingrossato; tracce dell'attacco della base, forse piana. Alt. mass. 6,8 × 12 spess. 1 (*fig.* 52; *tav.* LXI *b*).

Impasto

543. Frammento di giara. Impasto color rosso-ruggine con inclusi bianchi. Si conservano parte della bocca e della spalla. Spalla rigonfia che si restringe verso la bocca a orlo verticale ingrossato e stondato, distinto dalla spalla da una sottile scanalatura. Alt. mass. 4 × 5 (*fig.* 52).

Vetro

544. Due frammenti di bocca e un frammento di parete di uno stesso vaso. Vetro verde. Orlo stondato. Dimensioni: 1 × 2,5; 2,5 × 1,5; 1 × 1; spess. 0,3.

545. Frammento di piede di bicchiere a calice. Vetro a iridescenze bruno-violacee. Alt. mass. 1,5; diam. della base 3,2 (*fig.* 52).

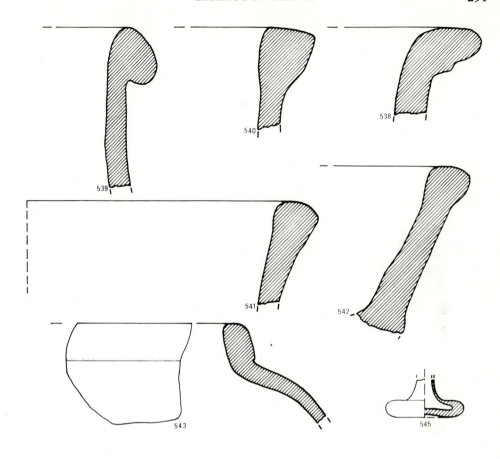

Fig. 52. - Materiali da al-Qusūr.

   Casa 41 nord

538-542. Ceramica nuda: giare e bacili (541-542).

543. Impasto: giara.

545. Vetro: bicchiere.

Parte Sud

Ceramica invetriata turchese

546. Frammento di fondo di ciotola. Argilla di colore crema-rosato. Si conservano parte del fondo e del piede con l'attacco delle pareti. Basso piede ad anello. Vetrina turchese all'interno e all'esterno. Alt. mass. 5 × 10; spess. 1,4.

547. Frammento di fondo di ciotola. Argilla c.s. Si conserva parte del fondo con l'attacco delle pareti. Base piana a margine stondato. Superficie esterna ondulata. Vetrina turchese all'interno e all'esterno. Alt. mass. 2,5 × 3 (*fig.* 53).

Ceramica nuda

548. Frammento di bocca di bacile. Argilla rosa. Si conservano parte della bocca e delle pareti. Corpo troncoconico rovescio; orlo della bocca revoluto. Alt. mass. 3,5 × 8 (*fig.* 53).

Vetro

549. Frammento di fondo di vaso. Vetro verde chiaro. Base piana, ma molto ingrossata al centro verso l'interno. Lungh. 3,5; spess. mass. 0,8.

Casa 42

Ceramica invetriata turchese

550. Frammento di fondo di giara. Argilla color crema-rosato. Si conserva parte del fondo con l'attacco delle pareti. Superficie interna sfaldata. Fondo esterno leggermente concavo. Esterno invetriato in turchese. Alt. mass. 2,5; diam. presumibile della base 8.

551. Frammento di bocca di boccale. Argilla c.s. Corto labbro svasato. Vetrina turchese all'esterno. Alt. mass. 5 × 7; spess. 0,8.

552. Frammento di bocca di boccale. Argilla c.s. Si conserva parte della bocca con l'attacco del collo. Orlo della bocca ingrossato. Vetrina turchese all'interno e all'esterno. Alt. mass. 2,5 × 3,5; diam. presumibile della bocca 5 (*fig.* 53).

553. Frammento di bocca di ciotola. Argilla color crema-rosato, ben depurata. Si conservano parte della bocca e delle pareti. Orlo della bocca stondato; alta carena a margine smussato. Vetrina turchese all'interno e all'esterno. Alt. mass. 2,5 × 6,5 (*fig.* 53).

554. Frammento di ansa a nastro verticale. Argilla c.s. Completamente coperta da vetrina turchese. Lungh. mass. 2,5; largh. 2,5.

555. Fondo di boccale. Argilla di colore crema-rosato, ben depurata. Restano circa metà del fondo e del piede con l'attacco delle pareti. Tracce dei giri del tornio all'interno. Basso piede ad anello. Interno nudo. Invetriato in turchese all'esterno. Alt. mass. 3; diam. del piede 9 (*fig.* 53).

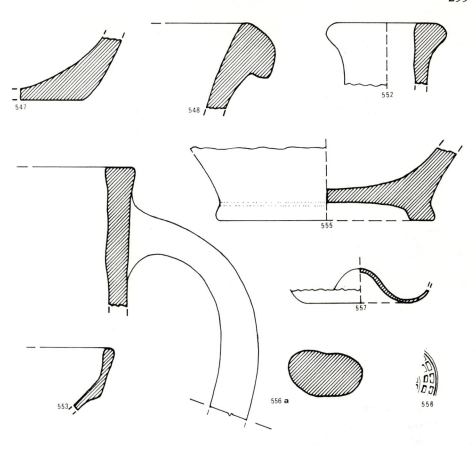

Fig. 53. - Materiali da al-Qusūr.

    Casa 41 sud

547. Ceramica invetriata turchese: ciotola.

548. Ceramica nuda: bacile.

    Casa 42

552, 553, 555. Ceramica invetriata turchese: boccali (552, 555) e ciotola (553).

556. Ceramica acroma stampigliata: bollo su giara.

556a. Ceramica nuda: giara.

557. Vetro: fondo di vaso.

555 a. Quattro frammenti di pareti di ciotola. Argilla di color crema, ben depurata. Vetrina turchese all'interno e all'esterno. Dimensione mass. 2 × 2; spess. 0,7.

555 b. Cinque frammenti di pareti di giara, due dei quali ricomponibili. Argilla c.s. Superficie esterna leggermente ondulata, coperta da vetrina turchese. Vetrina nerastra all'interno, dove si arresta ad una certa altezza irregolarmente. Frammento maggiore: 5 × 6; spess. 0,7.

Ceramica acroma a decorazione stampigliata

556. Frammento di spalla di giara. Argilla color camoscio-rosato. Decorazione stampigliata: resta parte di un bollo circolare con giri di alveoli. Alt. mass. 9 × 9; diam. presumibile del bollo 3 (*figg.* 53, 89; *tav.* LVI *d*).

Ceramica nuda

556 a. Frammento di bocca di giara. Argilla di colore camoscio-rosato. Si conservano parte della bocca e del collo con un tratto di ansa. Bocca stretta con orlo leggermente ingrossato e appiattito superiormente. Ansa a nastro verticale a sezione ovale, attaccata sul collo. Alt. mass. 10 × 6 (*fig.* 53).

Vetro

557. Fondo di vaso di vetro verde scuro, molto inflesso verso l'interno. Alt. mass. 1,4; diam. della base 4,2 (*fig.* 53).

Casa 45

Ceramica invetriata turchese

558. Frammento di fondo di ciotola o bacile. Argilla color crema-rosato, ben depurata. Si conservano parte del fondo e del piede con l'attacco delle pareti. Piede ad alto anello a profilo interno obliquo, esterno convesso. Interno coperto da spessa vetrina color turchese; esterno nudo. Alt. mass. 6,5 × 10; spess. 1,1/1,6 (*fig.* 54).

559. Frammento di parete di vaso aperto. Argilla c.s. Spessa vetrina turchese all'interno e all'esterno. Alt. mass. 7 × 6; spess. 2,8.

560. Due frammenti di pareti di piccolo vaso chiuso. Argilla c.s. Superficie interna sfaldata. Esterno coperto da vetrina turchese. Dimensioni: 3 × 3; 2 × 3; spess. 0,6 e 0,7.

Casa 47

Ceramica invetriata turchese

561. Quattro frammenti di pareti di giara. Argilla color crema-rosato. ben depurata. Superfici molto sfaldate. Tracce di vetrina turchese all'esterno. Spess. medio 1.

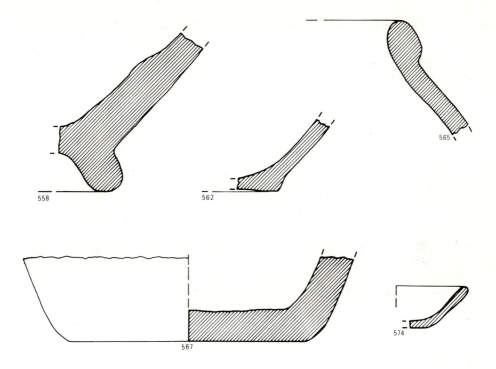

Fig. 54. - Materiali da al-Quṣūr.

    Casa 45
558. Ceramica invetriata turchese: bacile (?).

    Casa 47
562. Ceramica invetriata verde: ciotola.

    Casa 48
565, 567. Ceramica nuda: giare.

    Casa 49
574.   Porcellana: ciotola (?).

Ceramica invetriata verde

562. Frammento di fondo di ciotola. Argilla rosa, ben depurata. Si conserva parte del fondo con l'attacco delle pareti. Base leggermente concava. Vetrina verde all'interno e all'esterno. Alt. mass. 3 × 4 (*fig. 54*).

Ceramica acroma a decorazione incisa

563. Frammento di spalla di giara. Argilla rosata all'interno, giallo-verdastra in superficie, con molti vacuoli. Ricomposto da due frammenti. All'esterno decorazione incisa, costituita da tre leggere solcature circolari parallele, quella superiore disturbata da una linea ondulata piú ravvicinata al collo, che viene parzialmente a sovrapporvisi. Alt. mass. 7,5 × 15,1; spess. 1,2 (*tav.* LVIII *e*).

Casa 48

Ceramica invetriata turchese

564. Due frammenti di pareti di vaso chiuso (giara ?). Argilla di colore camoscio giallastro, ben depurata. Vetrina turchese all'esterno. Superficie interna sfaldata. Dimensioni: 1 × 2; 0,7 × 2,5; spess. 0,6.

Ceramica nuda

565. Frammento di bocca di giara. Argilla rossastra, dura, con vacuoli. Si conservano parte della bocca e della spalla. Orlo della bocca ribattuto in fuori, spalla rigonfia. Alt. mass. 4,8 × 6,3; spess. 0,8 (*fig. 54*).

566. Frammento di bocca di giara. Argilla e forma c.s. Alt. mass. 4 × 3; spess. 0,8.

567. Frammento di fondo di giara. Argilla di colore camoscio rosato, dura, ben depurata. Si conservano parte del fondo e delle pareti. Base piana a margine stondato. Alt. mass. 3,5; diam. presumibile della base 10 (*fig. 54*).

568. Frammento di ansa verticale a nastro. Argilla c.s. Alt. mass. 4; largh. 3.

569. Frammento di spalla di giara. Argilla c.s. Superficie esterna ondulata, con ondulazioni a margine vivo. Alt. mass. 2,7 × 3; spess. 0,5.

Vetro

570. Quattro frammenti di pareti. Vetro verde. Spess. 0,3.

571. Frammento di bocca di coppa o bicchiere. Vetro verde chiaro. Orlo stondato decorato all'esterno da una fascia circolare di colore bluastro. Alt. mass. 1 × 3.

Fauna

572. Una conchiglia (*Murex*).

Casa 49

Ceramica nuda

573. Frammento di parete di giara. Argilla rosa. Superficie leggermente ondulata. Alt. mass. 12 × 14; spess. 1.

Porcellana

574. Frammento di ciotola (o lucerna), a profilo intero: orlo della bocca arrotondato; basso corpo tronco-conico rovescio; base piana. La bocca non è perfettamente circolare, per cui potrebbe aver avuto un becco. Porcellana color grigio chiaro. All'interno decorazione dipinta in blu: una linea circolare subito sotto la bocca e motivi diversi geometrici su tutto l'interno. Esterno grigio. Alt. 1,5; diam. presumibile della bocca ca. 6; spess. 0,4 (*fig.* 54; *tav.* LXI *d-e*).

Casa 51

Parte Nord

Ceramica invetriata turchese

575. Frammento di bocca di ciotola. Argilla di colore crema ben depurata. Si conserva parte della bocca con l'attacco delle pareti. Orlo della bocca stondato; alta carena a spigolo vivo, al di sopra della quale la parete diventa verticale. Vetrina turchese all'interno e all'esterno. Alt. mass. 2 × 4,5 (*fig.* 55).

576. Frammento di bocca di ciotola. Argilla color crema-rosato, ben depurata. Si conservano parte della bocca e delle pareti. Ampio labbro aggettante orizzontale, lacunoso all'orlo; alta carena a margine arrotondato. Vetrina turchese all'interno e all'esterno. Alt. mass. 3,5 × 3 (*fig.* 55).

577. Fondo di ciotola. Argilla color crema, ben depurata. Si conserva il fondo con l'attacco delle pareti. Basso piede a disco, a base concava. Interno coperto da spessa vetrina turchese. Esterno nudo. Alt. mass. 2; diam. del piede 4,7; spess. 0,4 (*fig.* 55).

578. Due piccoli frammenti di pareti di ciotola. Argilla c.s. Vetrina turchese all'interno e all'esterno. Spess. 0,6.

Ceramica acroma a decorazione stampigliata

579. Frammento di spalla di giara. Argilla di colore crema. Superficie sfaldata. Decorazione stampigliata: tracce di bollo circolare con due cerchi concentrici, che dividono due giri di puntini e racchiudono tre puntini centrali rilevati. Alt. mass. 6 × 7; spess. 0,9; diam. del bollo 2,5 (*figg.* 55, 89; *tav.* LVII *a*).

Ceramica acroma a decorazione incisa e impressa

580. Frammento di spalla di giara. Argilla c.s. Superficie scabra. Sulla spalla decorazione incisa a stecca, che descrive larghe e piatte solcature circolari a distanza non uniforme. Alla base del collo, nel punto di passaggio alla spalla, decorazione a impressioni circolari ottenute con le dita. Alt. mass. 5,5 × 9; spess. 1,7.

Ceramica nuda

581. Frammento di bocca di giara. Argilla di colore crema. Si conservano parte della bocca e del collo. Orlo della bocca ingrossato. Alt. mass. 4,5 × 5 (*fig. 55*).

582. Frammento di bocca di bacile. Argilla c.s. Si conservano parte della bocca e delle pareti. Corpo troncoconico rovescio. Orlo della bocca ingrossato, aggettante sia all'interno, che all'esterno. Alt. mass. 3,8 × 8 (*fig. 55*).

583. Frammento di bocca di bacile (o ciotola ?). Argilla rosa con vacuoli. Si conservano parte della bocca e delle pareti. Corpo troncoconico rovescio; orlo della bocca ingrossato; alta carena a margine arrotondato. Alt. mass. 5,5 × 8 (*fig. 55*).

584. Frammento di bocca di bacile. Argilla color camoscio. Si conservano parte della bocca e delle pareti. Corpo troncoconico rovescio; orlo della bocca ingrossato, appiattito superiormente. Alt. mass. 5 × 17 (*fig. 55*).

585. Frammento di ansa verticale a nastro. Argilla di colore crema. Sezione ovale. Largh. 2.

586. Frammento di ansa verticale c.s. Largh. 2,3.

587. Frammento di ansa verticale c.s. Largh. 2,6.

Vetro

588. Frammento di bocca di coppa. Vetro di colore verde scuro. Si conservano parte della bocca e delle pareti. Bocca svasata con orlo ingrossato. Alt. mass. 1,8 × 2,2 (*fig. 55*).

Fauna

589. Una grossa conchiglia (*Murex*).

Parte Sud

Ceramica invetriata turchese

590. Frammento di bocca di ciotola. Argilla color crema-rosato, ben depurata. Si conservano parte della bocca e delle pareti. Orlo della bocca stondato; alta carena molto pronunciata, a spigolo smussato. Vetrina turchese all'interno e all'esterno. Alt. mass. 2,5 × 5; spess. 0,4/0,9 (*fig. 56*).

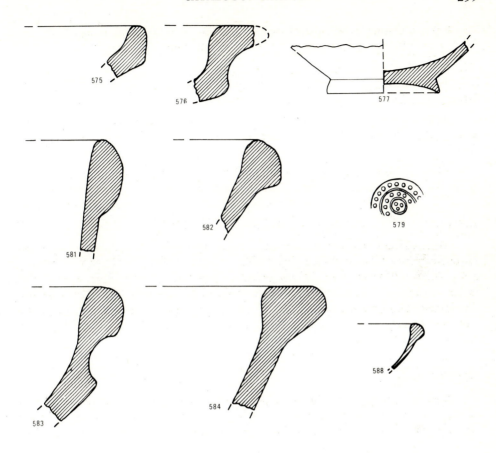

Fig. 55. - Materiali da al-Qusūr.

Casa 51 nord

575-577. Ceramica invetriata turchese: ciotole.

579. Ceramica acroma stampigliata: bollo su giara.

581-584. Ceramica nuda: giara e bacili.

588. Vetro: coppa.

591. Frammento di orlo di bocca di giara. Argilla color crema-rosato, ben depurata. Orlo appiattito superiormente. Completamente coperta da vetrina color turchese. Alt. mass. 2 × 4,8; spess. mass. 1,8.

592. Frammento di parete di giara. Argilla c.s. Spessa vetrina turchese all'interno e all'esterno. Alt. mass. 3 × 6; spess. 1,7.

593. Frammento di parete di giara. Argilla c.s. Vetrina turchese all'interno e all'esterno. Superficie esterna a larghe e basse ondulazioni. Alt. mass. 3 × 4,5; spess. 1,5.

594. Frammento di parete di giara. Argilla c.s. Interno nerastro. All'esterno spessa vetrina turchese. Superficie esterna ondulata. Alt. mass. 4 × 4,5; spess. 0,7.

Ceramica acroma a decorazione incisa

595. Cinque frammenti di bocca di giara. Argilla color camoscio-rosato, ben depurata, dura. Si conservano parte della bocca e del collo. Quattro frammenti sono ricomponibili fra loro. Orlo aggettante, appiattito superiormente. Decorazione incisa all'esterno: una linea orizzontale ondulata corre subito sotto l'orlo, mentre due larghe fasce circolari ravvicinate decorano la spalla. Dimensioni del frammento ricomposto: alt. mass. 11 × 15; dell'altro frammento 11 × 13; spess. 1; diam. presumibile della bocca 25 (*fig. 56*).

Ceramica nuda

596. Frammento di collo di giara. Argilla color camoscio-rosato ben depurata. Collo cilindrico a superficie mossa da larghe e basse ondulazioni. Una profonda solcatura circolare segna il passaggio alla spalla. Alt. mass. 7,5 × 12,5; spess. 0,7.

597. Frammento di ansa verticale. Argilla c.s. Sezione ovale. Lungh. mass. 8,5; largh. 2,5.

598. Quindici frammenti di pareti di una stessa giara. Argilla color camoscio-rosato, ben depurata. Due frammenti recano all'interno tracce di ditate impresse a crudo per unire una parte del vaso ad un'altra. Spess. 1.

599. Frammento di parete di vaso chiuso con l'attacco inferiore di un'ansa a nastro verticale. Argilla c.s. Alt. mass. 14 × 11.

Casa 54

Ceramica invetriata dipinta

600. Frammento di bocca di ciotola. Argilla color crema. Si conservano parte della bocca e delle pareti. Orlo della bocca stondato. All'interno decorazione dipinta in bruno-nerastro su fondo bianco: sotto l'orlo una coppia di linee circolari, al di sotto delle quali resta parte di una linea obliqua. Esterno bianco. Alt. mass. 1,5 × 2; spess. 0,6 (*tav. LV a*).

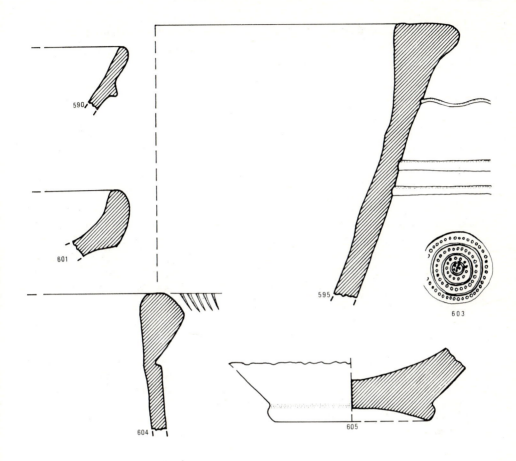

Fig. 56. - Materiali da al-Qusūr.

Casa 51 sud

590. Ceramica invetriata turchese: ciotola.
595. Ceramica acroma incisa: giara.

Casa 54

601. Ceramica invetriata turchese: ciotola.
603. Ceramica acroma stampigliata: bollo su giara.
604. Ceramica acroma incisa: giara.

Casa 55

605. Ceramica invetriata turchese: ciotola.

Ceramica invetriata turchese

601. Frammento di bocca di ciotola. Argilla di colore crema-rosato, ben de-purata. Si conservano parte della bocca e delle pareti. Orlo della bocca arrotonda-to, piuttosto alto, a spigolo vivo inferiormente. Vetrina turchese all'interno e al-l'esterno. Alt. mass. 2,5 × 3 (*fig.* 56).

602. Frammento di fondo di ciotola. Argilla c.s. Si conserva parte del fondo con l'attacco delle pareti. Basso piede a disco con fondo esterno molto concavo. Interno ed esterno coperti da vetrina turchese. Alt. mass. 2; diam. del piede 7.

Ceramica acroma a decorazione stampigliata e incisa

603. Frammenti di pareti di giara. Argilla color crema, ben depurata. Un frammento presenta una fila di impressioni circolari ottenute con le dita; tre fram-menti, due dei quali ricomponibili fra loro, presentano una decorazione incisa con pettine a cinque punte, che descrive fasci di solcature circolari, tagliate da trattini obliqui equidistanti; un frammento presenta un bollo circolare impresso a stampo, costituito da tre fasce concentriche a puntini, che racchiudono cinque puntini cen-trali. Diam. del bollo 3; spess. pareti 1 (*figg.* 56, 89; *tav.* LVII *b-e*).

Ceramica acroma a decorazione incisa

604. Frammento di bocca di giara. Argilla color camoscio. Si conservano par-te della bocca, della spalla e di un'ansa a nastro verticale. Spalla rigonfia, che si restringe verso la bocca; orlo della bocca ingrossato, a curvatura differenziata, sot-tolineato da una profonda solcatura a margine inferiore a spigolo vivo. Sulla bocca corre una fila di trattini obliqui incisi. Alt. mass. 5,5 × 4,5 (*fig.* 56; *tav.* LVIII *f*).

Casa 55

Ceramica invetriata turchese

605. Mezzo fondo di ciotola. Argilla di colore crema-rosato, ben depurata. Si conservano metà del fondo e del piede con l'attacco delle pareti. Basso piede a profilo esterno convesso; fondo esterno concavo. Vetrina turchese all'interno e al-l'esterno. Alt. mass. 3; diam. del piede 6,8 (*fig.* 56).

Casa 56

Parte Nord

Ceramica invetriata turchese

606. Frammento di parete di bacile. Argilla color crema-rosato, ben depu-rata. Spessa vetrina turchese all'interno e all'esterno. Alt. mass. 3,5 × 3; spess. 2.

607. Due frammenti di pareti di boccale. Argilla c.s. Interno nudo. Esterno coperto da vetrina turchese. Dimensioni: 3,2 × 2; 3 × 3; spess. 0,6.

Pietra

608. Frammento di macina di lava. Base piana, liscia, abrasa e consunta dall'uso; parte superiore a profilo convesso. Lungh. mass. 7 × 9; spess. mass. 3,5 (*fig.* 57).

Parte Sud

Ceramica invetriata turchese

609. Frammento di fondo di ciotola. Argilla di colore crema-rosato, ben depurata, compatta. Si conserva circa metà del fondo con l'attacco delle pareti. Accenno di piede a disco con base leggermente concava. Vetrina turchese all'interno. Esterno nudo. Alt. mass. 2; diam. della base 5,6 (*fig.* 57).

610. Due frammenti di pareti di vaso aperto. Argilla c.s. Spessa vetrina turchese all'interno e all'esterno. Dimensioni: 5 × 6,5; 4 × 3; spess. 1,5.

611. Due piccoli frammenti di pareti di ciotola. Argilla c.s. Spessa vetrina turchese all'interno e all'esterno. Spess. 1,5.

Ceramica nuda

612. Frammento di fondo di ciotola. Argilla di colore camoscio-rosato, ben depurata. Si conservano parte del fondo, del piede e delle pareti. Basso piede a disco a profilo esterno leggermente obliquo; fondo esterno concavo con protuberanza centrale. Alt. mass. 4; diam. del piede 9,2 (*fig.* 57).

Casa 57

Vetro

613. Dieci frammenti di pareti di uno stesso vaso. Vetro verde. Superfici scabre, deperite. Spess. 0,2.

Casa 58

Ceramica invetriata turchese

614. Frammento di bocca di bacile. Argilla color crema-rosato, ben depurata. Si conservano parte della bocca e delle pareti. Corpo troncoconico rovescio; orlo della bocca ingrossato verso l'interno e verso l'esterno. Vetrina turchese all'interno e all'esterno. Alt. mass. 6 × 11; spess. 1 (*fig.* 57).

615. Frammento di parete di bacile. Argilla c.s. Si conserva un tratto della parete presso il piede. Spessa invetriata turchese all'interno e all'esterno. Alt. mass. 5 × 6; spess. 1,5.

616. Tre frammenti di pareti di ciotola. Argilla di colore camoscio rosato, dura, ben depurata. Vetrina turchese all'esterno e all'interno. Spess. 0,6/0,7.

617. Frammento di parete di giara. Argilla c.s. Interno a vetrina nerastra. Superficie esterna molto ondulata, coperta da vetrina turchese. Alt. mass. 4 × 7,5; spess. 1.

Ceramica acroma a decorazione stampigliata

618. Frammento di parete di giara. Argilla di colore camoscio-giallastro, dura, ben depurata. All'esterno resta circa metà di un bollo circolare con tre giri di puntini rilevati, separati da cerchi concentrici rilevati. Alt. mass. 4,5 × 8; spess. 1; diam. presumibile del bollo 2 (*figg.* 57, 89).

619. Frammento di parete di giara. Argilla c.s. All'esterno resta parte di un bollo circolare con quattro giri di puntini a rilievo, separati da cerchi concentrici pure a rilievo. Alt. mass. 8 × 3,5; spess. 1; diam. del bollo ca. 2 (*figg.* 57, 89).

Ceramica acroma a decorazione plastica

620. Tre frammenti di spalla di giara. Argilla di colore rosa, fine, a superficie liscia. Nel punto di attacco con il collo presenta una decorazione plastica costituita da una fila di dentelli rettangolari rilevati. Dimensioni del frammento maggiore: 6,5 × 7,5; spess. 1,2 (*fig.* 58).

621. Frammento di spalla di giara. Argilla c.s. Decorazione plastica nel punto di passaggio tra il collo e la spalla, costituita da una striscia orizzontale ondulata e rilevata. Alt. mass. 8 × 3,5; spess. 0,9 (*fig.* 58).

Ceramica nuda

622. Frammento di bocca di bacile. Argilla di colore camoscio-rosato, ben depurata. Si conserva parte della bocca con l'attacco della parete. Corpo troncoconico rovescio; orlo della bocca ingrossato. Alt. mass. 4,5 × 16; spess. 0,4/0,6; diam. presumibile della bocca, all'esterno, 26 (*fig.* 58).

623. Frammento di bocca di giara. Argilla c.s. Si conservano parte della bocca e della spalla. Orlo della bocca ingrossato. Spalla espansa che si restringe verso la bocca e a superficie leggermente ondulata. Alt. mass. 7 × 5; spess. 0,8 (*fig.* 58).

624. Frammento di bocca di giara. Argilla rossastra piuttosto grossolana. Forma c.s. Alt. mass. 5 × 6.

625. Frammento di ansa verticale. Argilla di colore camoscio-rosato. Sezione ovale. Lungh. mass. 12; largh. 3.

626. Frammento di ansa c.s. Argilla c.s. Lungh. mass. 4; largh. 3,8.

627. Tre frammenti di spalla di giara. Argilla di colore camoscio-rosato. Superficie esterna leggermente ondulata. Dimensioni: 4,5 × 6; 6,5 × 7,5; 5,5 × 5; spess. 1.

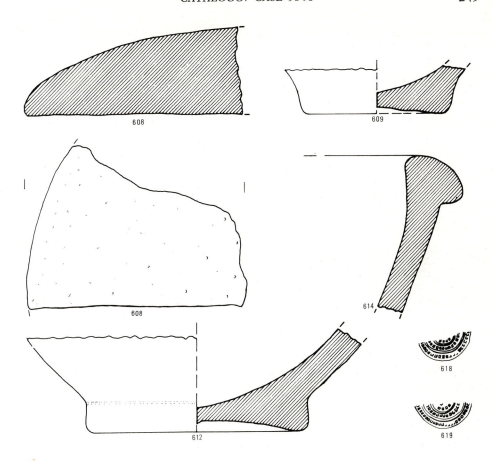

Fig. 57. - Materiali da al-Qusūr.

Casa 56

608. Pietra lavica: macina.
609. Ceramica invetriata turchese: ciotola.
612. Ceramica nuda: ciotola.

Casa 58

614. Ceramica invetriata turchese: bacile.
618-619. Ceramica acroma stampigliata: bolli su giare.

Casa 59

Ceramica invetriata turchese

628. Frammento di parete di giara presso il piede. Argilla color crema, depurata, dura. Superficie esterna leggermente ondulata. Spessa vetrina turchese all'esterno. Alt. mass. 10 × 7,5; spess. 1,7/1,5.

629. Frammento di fondo di ciotola. Argilla c.s. Si conserva parte del fondo con l'attacco delle pareti. Base piana a fondo esterno concavo e con segni del tornio; margine a spigolo vivo. Vetrina turchese all'esterno. Superficie interna sfaldata. Alt. mass. 2; diam. della base 5 (*fig. 58*).

Ceramica a vernice nera

630. Frammento di parete di vaso aperto (?). Argilla color grigio scuro. Vistosi segni del tornio all'interno. Vernice nera, compatta, uniforme, opaca, all'interno e all'esterno. Alt. mass. 6 × 9; spess. 0,7.

Ceramica acroma a decorazione incisa

631. Frammento di bocca di bacile. Argilla rossiccia con inclusi bianchi e bruni. Si conservano parte della bocca e l'attacco del collo. Bocca con labbro pendente all'esterno, leggermente obliquo. Decorazione incisa a stecca all'esterno: una linea ondulata orizzontale sotto l'orlo. Alt. mass. 4 × 13; spess. 0,4 (*fig. 58*).

Ceramica nuda

632. Frammento di bocca di giara. Argilla giallina, con vacuoli e qualche incluso. Si conservano parte della bocca, del collo e di un'ansa. Bocca ad orlo appena ingrossato, piatto superiormente; collo a profilo convesso, ansa verticale a nastro, attaccata sul collo. Alt. mass. 10,5 × 8; spess. 0,5 (*fig. 59*).

633. Frammento di spalla di giara. Argilla c.s. Superficie esterna leggermente ondulata. Alt. mass. 4,5 × 8; spess. 0,8.

634. Frammento di spalla di giara. Argilla color crema, ben depurata. Alt. mass. 9 × 8; spess. 0,5.

Impasto

635. Frammento di spalla di boccale. Impasto color rosso-violaceo con grossi inclusi bianchi. Si conserva anche un'ansa a nastro verticale, appiattita esteriormente, alla cui base è un incavo circolare impresso con un dito a crudo. Alt. mass. 8,5 × 6; spess. 0,4 (*fig. 59*).

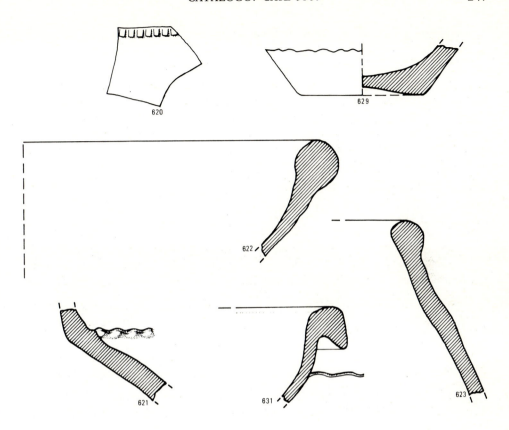

Fig. 58. - Materiali da al-Qusūr.

   Casa 58

620-621. Ceramica acroma a decorazione plastica: giare.
622-623. Ceramica nuda: bacile e giara.

   Casa 59

629. Ceramica invetriata turchese: ciotola.
631. Ceramica acroma incisa: bacile.

Casa 62

Ceramica invetriata turchese

636. Frammento di bocca di ciotola. Argilla color crema-rosato, ben depurata. Si conservano parte della bocca e delle pareti. Orlo della bocca ingrossato e leggermente concavo superiormente; alta carena molto accentuata a margine stondato, al di sopra della quale la parete assume profilo sinuoso. Vetrina turchese all'interno e all'esterno. Alt. mass. 3,4 × 5 (*fig. 59*).

637. Dieci frammenti di pareti di ciotola. Argilla c.s. Vetrina turchese all'interno e all'esterno. Spess. 0,5/0,7.

Ceramica nuda

638. Frammento di bocca di giara. Argilla color camoscio-rosato, ben depurata. Si conservano parte della bocca e della spalla. Spalla rigonfia, che si restringe verso la bocca; orlo della bocca leggermente ingrossato. Alt. mass. 3 × 4,5 (*fig. 59*).

639. Frammento di bocca di bacile. Argilla rossiccia. Si conserva un frammento della bocca e delle pareti. Corpo troncoconico; orlo leggermente ingrossato. Alt. mass. 6 × 7; spess. 1.

Vetro

640. Frammenti di coppa. Vetro color verde scuro. Si conservano due frammenti: uno con parte della bocca e delle pareti, l'altro con piccola parte del fondo. Bocca larga con orlo ingrossato e ribattuto all'infuori; corpo piuttosto profondo, che si restringe verso la base, leggermente concava verso l'interno. Alt. mass. 2,5 × 3 (*fig. 59*).

Casa 63

Ceramica invetriata dipinta

641. Frammento di parete di ciotola. Argilla color crema-rosato, ben depurata. Interno a decorazione dipinta con tracce di motivo marginato in nero e campito in verde chiaro, su fondo color turchese. Esterno nudo. Alt. mass. 3 × 3,5; spess. 0,8 (*fig. 59*).

Casa 64

Ceramica invetriata turchese

642. Fondo di ciotola. Argilla di colore crema, ben depurata. Si conserva il fondo con l'attacco delle pareti. Basso piede a disco con fondo esterno concavo. Vetrina turchese all'interno e all'esterno. Sia sul fondo interno, che su quello ester-

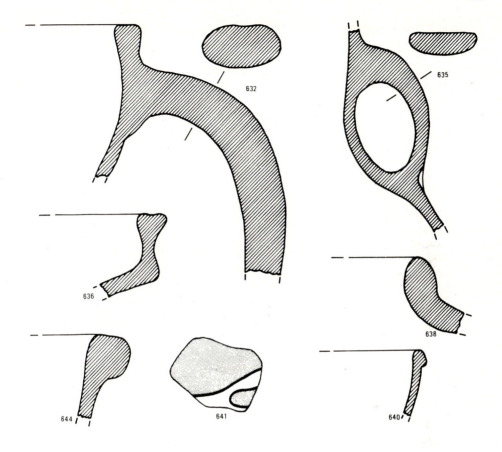

Fig. 59. - Materiali da al-Qusūr.

    Casa 59

632. Ceramica nuda: giara.

635. Impasto: boccale.

    Casa 62

636. Ceramica invetriata turchese: ciotola.

638. Ceramica nuda: giara.

640. Vetro: coppa.

    Casa 63

641. Ceramica invetriata dipinta: ciotola.

    Casa 64

644. Ceramica nuda: bacile.

no sono ben visibili le tracce dei distanziatori a zampa di gallina. Alt. mass. 2,5; largh. mass. 10; diam. del piede 5,5 (*tav.* LV *b-c*).

643. Tre frammenti di parete di ciotola. Argilla c.s. Vetrina turchese all'interno e all'esterno. Spess. 0,8/1.

Ceramica nuda

644. Frammento di bocca di bacile. Argilla di colore crema, ben depurata. Superficie sfaldata. Si conserva parte della bocca con l'attacco delle pareti. Corpo troncoconico rovescio; orlo della bocca ingrossato e revoluto. Alt. mass. 3,3 × 7 (*fig.* 59).

645. Frammento di parete di giara. Argilla color crema-rosato, ben depurata. Alt. mass. 5 × 6; spess. 1.

Casa 67

Ceramica invetriata turchese

646. Frammento di parete di ciotola. Argilla di colore crema-rosato, ben depurata. Vetrina turchese all'interno e all'esterno. Alt. mass. 1 × 2; spess. 0,5.

Ceramica nuda

647. Mezzo fondo di giara. Argilla di colore crema. Superficie abbastanza liscia. Segni del tornio all'interno. Si conservano parte del fondo e del piede con l'attacco delle pareti. Basso piede ad anello. Alt. mass. 5; diam. presumibile del piede 8 (*fig.* 60).

Casa 74

Ceramica invetriata turchese

648. Frammento di parete di ciotola. Argilla di colore crema, ben depurata. Vetrina turchese all'interno e all'esterno. Alt. mass. 4,5 × 5; spess. 1.

Ceramica nuda

649. Frammento di spalla di vaso chiuso. Argilla di colore camoscio-rosato, con qualche vacuolo. Superficie liscia. Alt. mass. 5 × 5,5; spess. 0,7.

Casa 76

Ceramica acroma a decorazione incisa

650. Cinque frammenti di giara. Argilla di colore camoscio-rosato, ben depurata. Si conservano un frammento della bocca con parte della spalla e quattro frammenti di pareti. Spalla rigonfia, che si restringe verso la bocca, la quale pre-

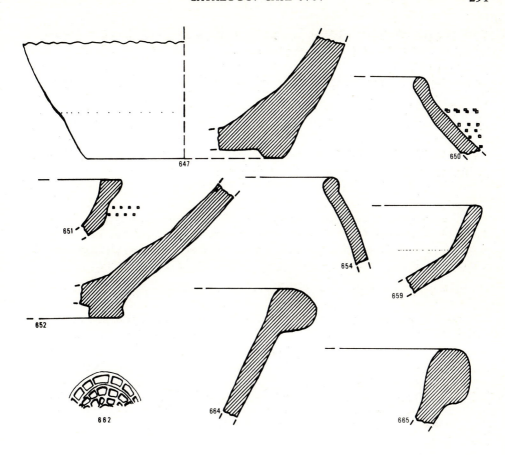

Fig. 60. - Materiali da al-Qusūr.

    Casa 67

647. Ceramica nuda: giara.

    Casa 76

650-651. Ceramica acroma incisa: giara e ciotola.

652. Ceramica nuda: giara.

654. Ceramica da fuoco: pentola.

    Casa 84

659. Ceramica invetriata turchese: ciotola.

662. Ceramica acroma stampigliata: bollo su giara.

664-665. Ceramica nuda: bacili.

senta un orlo stondato, appena ingrossato. Sulla spalla decorazione costituita da sei file di piccole incisioni quadrangolari equidistanti; sulle pareti rimangono tracce di decorazione incisa con pettine a tre punte, che determina gruppi di linee con andamento irregolare. Spess. 0,5 (*fig.* 60; *tav.* LIX *a-b*).

651. Frammento di bocca di ciotola. Argilla c.s. Si conserva parte della bocca con l'attacco delle pareti. Orlo della bocca ingrossato, appiattito superiormente. Alta carena a spigolo vivo. All'esterno, sopra la carena, decorazione costituita da due file di piccole incisioni quadrangolari equidistanti ottenute con i denti di un pettine. Alt. mass. 2,5 × 3 (*fig.* 60; *tav.* LIX *a*).

Ceramica nuda

652. Frammento di fondo di giara. Argilla di colore crema, ben depurata. Si conservano parte del fondo e delle pareti. Superficie interna ad ampie ondulazioni. Basso e largo piede ad anello. Alt. mass. 5,5 × 7 (*fig.* 60).

653. Tre frammenti di pareti. Argilla di colore crema. Spess. 0,7.

Ceramica da fuoco

654. Frammento di bocca di pentola. Argilla di colore rosso-ruggine con molti vacuoli. Ricomposto da due frammenti. Si conservano parti della bocca e della spalla. Spalla rigonfia, che si restringe verso la bocca, la quale presenta un piccolo orlo ingrossato. Alt. mass. 3,5 × 4,5; spess. 0,5 (*fig.* 60).

Vetro

655. Un frammento di parete di vasetto. Vetro verde. Alt. mass. 3 × 2; spess. 0,2.

Casa 78

Ceramica acroma a decorazione plastica

656. Frammento di parete di giara. Impasto nerastro con grandi vacuoli. Decorazione plastica all'esterno: un cordone circolare rilevato. Alt. mass. 5,5 × 7; spess. 1.

Vetro

657. Frammenti di coppetta. Vetro di colore verde chiaro. Si conservano un frammento della bocca ad orlo semplice e due frammenti delle pareti. Spess. 0,2.

658. Due frammenti di pareti di vasetto. Vetro di colore verde scuro. Frammento maggiore: alt. mass. 5 × 2; spess. 0,3.

Casa 84

Ceramica invetriata turchese

659. Frammento di bocca di ciotola. Argilla di colore crema, ben depurata. Si conservano parte della bocca e delle pareti. Orlo della bocca arrotondato; accenno di alta carena stondata. Vetrina turchese all'interno e all'esterno. Alt. mass. 3,5 × 5 (*fig.* 60).

660. Cinque frammenti di pareti di ciotola. Argilla c.s. Vetrina turchese all'interno e all'esterno. Spess. 0,7/0,8.

661. Un frammento di parete di giara. Argilla c.s. Superficie interna sfaldata; vetrina turchese all'esterno. Spess. 1.

Ceramica acroma a decorazione stampigliata

662. Frammento di spalla di giara. Argilla rosa. Superficie liscia. Alla base del collo tre basse e larghe solcature circolari. Decorazione stampigliata: resta parte di un bollo circolare con motivo ad alveoli a giri concentrici. Alt. mass. 5,5 × 5; spess. 0,8; diam. presumibile del bollo 3,5 (*figg.* 60, 89; *tav.* LVII *f*).

662 a. Frammento di spalla di giara. Argilla color camoscio rosato. Superficie esterna liscia. Segni del tornio all'interno. Decorazione stampigliata con bolli circolari distribuiti lungo una fila orizzontale. Restano in parte due bolli uguali con motivo ad alveoli distribuiti su tre giri concentrici attorno ad un campo circolare con puntino centrale rilevato. Alt. mass. 8 × 10; spess. 0,7; diam. presumibile dei bolli 4 (*figg.* 61, 89; *tav.* LVIII *a*).

Ceramica acroma a decorazione incisa

663. Frammento di spalla di giara. Argilla rosa. Alla base del collo due basse e larghe solcature circolari, al di sotto delle quali corre una linea ondulata incisa. Alt. mass. 6,5 × 7; spess. 1 (*tav.* LX *a*).

Ceramica nuda

664. Frammento di bocca di bacile. Argilla di colore crema. Si conservano parte della bocca e delle pareti. Corpo troncoconico rovescio; orlo della bocca ingrossato e revoluto. Alt. mass. 5 × 8; spess. 0,6 (*fig.* 60).

665. Frammento di bocca di bacile. Argilla di colore rosa-gialliccio. Si conserva parte della bocca con l'attacco delle pareti. Forma come il precedente. Alt. mass. 3 × 5 (*fig.* 60).

666. Sette frammenti di pareti di vaso chiuso. Argilla di colore variante da crema a rosa. Superficie spesso ondulata; spess. medio 0,5.

Vetro

667. Mezzo fondo di ciotola. Vetro trasparente. Basso piede ad anello. Alt. mass. 1,5; diam. del piede 6 (*fig.* 61).

668. Fondo di vaso. Vetro verde scuro. Fondo incavato e ispessito al centro. Alt. mass. 1; diam. della base 5 (*fig.* 61).

669. Cinque frammenti di pareti di vaso. Vetro di colore verde scuro. Spess. 0,3.

Fauna

670. Due corna di gazzella. Lungh. 14 (*tav.* LXII *a*).

671. Una valva di conchiglia (*Pecten*) (*tav.* LXII *a*).

Casa 85

Ceramica invetriata turchese

672. Frammento di fondo di giara. Argilla color crema, ben depurata. Si conservano parte del fondo e delle pareti. Superficie interna molto sfaldata. Basso piede a disco, a profilo convesso. Vetrina turchese all'esterno. Alt. mass. 1 × 3; diam. presumibile della base 8 (*fig.* 61).

673. Tre frammenti di pareti di ciotole. Argilla c.s. Vetrina turchese all'interno e all'esterno. Spess. 0,4.

Ceramica nuda

674. Frammento di bocca di giara. Argilla color camoscio. Si conservano parte della bocca e della spalla. Spalla rigonfia, che si restringe verso la bocca; orlo della bocca appena ingrossato. Alt. mass. 3 × 9 (*fig.* 61).

675. Frammento di bocca di giara. Argilla color crema-rosato. Si conservano parte della bocca e della spalla. Superficie esterna appena ondulata. Forma c.s. Alt. mass. 4 × 8 (*fig.* 61).

676. Frammento di bocca di ciotola. Argilla rosa. Si conservano parte della bocca e delle pareti. Orlo della bocca concavo superiormente. Alt. mass. 4 × 8 (*fig.* 61).

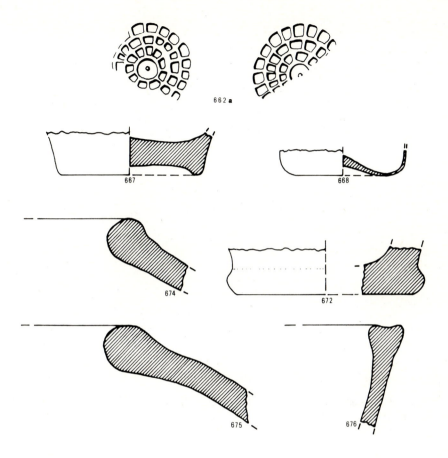

Fig. 61. - Materiali da al-Qusūr.

    Casa 84

662 a. Ceramica acroma stampigliata: bollo su giara.

667-668. Vetro: fondi di vasi.

    Casa 85

672. Ceramica invetriata turchese: giara.

674-676. Ceramica nuda: giare e ciotola (676).

PARTE TERZA

SITO 14

AL-QUṢŪR

GLI SCAVI

I - RELAZIONE DEGLI SCAVI 1976

(Tavv. LXIV - CVI; *Figg.* 62-84; *pianta f.t.* B; nn. 677-921)

Il saggio di scavo archeologico dell'autunno 1976 ha interessato una piccola area al centro del villaggio di al-Qusūr (complessi 43 e 50; *fig.* 62), dove a titolo di campione si è voluta mettere in luce una porzione del caratteristico tessuto urbanistico di questa vasta zona archeologica.

È stato possibile riconoscere un complesso di strutture murarie quasi affioranti, orientate all'incirca in direzione nord-sud, su un'area valutabile complessivamente in circa m². 800 (*pianta f.t.* B).

Per comodità di esposizione, considereremo convenzionalmente le strutture come orientate esattamente secondo i punti cardinali; per la loro esatta inclinazione si vedano le planimetrie.

Nell'ambito dell'area saggiata sono state messe in luce tre distinte unità abitative: una nell'area individuata durante l'esplorazione di superficie come casa 43 e due a sud di questa, nell'ambito delle strutture individuate preliminarmente come casa 50, ed articolate in una torre a ovest e una casa a est.

Di queste tre unità soltanto quella situata a sud-est (50 est) è stata scavata piú estesamente, anche se non in maniera esaustiva; essa verrà indicata convenzionalmente come « casa A » nell'ambito della relazione di scavo. Delle altre due abitazioni si è dovuta limitare l'indagine al semplice riconoscimento parziale della planimetria e allo scavo completo di un solo vano per ognuna, a titolo di campione; queste due unità nell'ambito della relazione di scavo saranno indicate convenzionalmente come « casa B » (a nord, complesso 43 del villaggio) e come « torre » (a sud-ovest, complesso 50 ovest).

Tutte le strutture presentavano resti di murature realizzate in pietrame locale, un conglomerato arenaceo, con uno spessore oscillante tra cm. 43 e cm. 50, salvo punte eccezionali in difetto o in eccesso. I muri erano quasi affioranti sul piano di campagna, anche se commisti con la congerie del pietrame di crollo e perciò difficilmente riconoscibili. Il primo intervento è stato dedicato allo sgombero delle macerie alterate dall'azione eolica e all'evidenziamento dei tracciati murari, che vi risultavano inglobati. Una volta liberati dal pietrame e dalla sabbia eolica, che a sud-ovest si elevano formando un vero *tell* in corrispondenza delle rovine della Torre, i muri si presentavano generalmente ben conservati per una sola assise di fondazione, ossia per una altezza massima di cm. 10/30; nella Torre invece raggiungevano l'altezza massima di m. 1 nelle parti meglio conservate.

Pare doversi dedurre da questa osservazione che nelle Case A e B la struttura in pietrame costituiva soltanto uno zoccolo di fondazione. Esso era adagiato direttamente sulla sabbia consolidata del deserto e sosteneva un alzato in mattoni crudi, apparentemente di cm. 40 × 40 di lato e spessi cm. 8, di cui si notarono i resti nell'angolo nord-ovest della Casa A, che è rimasto piú interrato, venendo a trovarsi subito sotto il *tell* formato dal crollo della Torre. Nella Torre le strutture litiche sono piú monumentali e sono conservate in alzato, segno che almeno le murature del piano terreno erano in pietrame; i resti di crollo di mattoni crudi rinvenuti nel vano 2 della Torre fanno però arguire che le volte o le murature del piano superiore dovessero essere realizzate in mattoni crudi.

La circostanza che nel corso degli scavi, in particolare nella « casa A » e nella « casa B » gli oggetti siano stati rinvenuti tutti aderenti al pavimento e collocati specialmente negli angoli degli ambienti, sta a comprovare che queste abitazioni avevano soltanto il pianterreno. Nell'ambito della « torre », invece, l'esistenza di un piano superiore è comprovata dagli oggetti rinvenuti piú in alto del piano pavimentale, nella sabbia e nell'argilla del crollo.

L'altezza dei muri delle case era piuttosto limitata, come si può arguire dal limitato spessore delle pareti e dalla scarsa entità del volume attribuibile al crollo. Possiamo calcolarne l'altezza sui metri 3 - 3,50. I muri, data la loro fragile struttura, essenzialmente in mattoni crudi, dovevano essere protetti da uno spesso strato d'intonaco, che — secondo l'uso ancòra di recente vivo nella regione — doveva essere rinnovato periodicamente dalle donne, all'esterno magari ogni paio d'anni, ma piú spesso in caso di temporali.

Per quanto riguarda le coperture, non sono emersi dallo scavo elementi determinanti, ma pensiamo che possa essere indicativo di soluzioni tradizionali quanto possiamo riscontrare in qualche vecchia casa del moderno villaggio di az-Zōr (*tav.* xiv *a*). Il solaio delle case doveva essere a terrazzo piano, sostenuto nella larghezza degli ambienti da travi orizzontali, in prevalenza tronchi di palma, su cui si appoggiavano trasversalmente listelli di legno o rami spogli di palma, che sostenevano le fascine, di solito ad intreccio di foglie di palma, sulle quali venivano distesi strame ed intonaco, che formavano una crosta impermeabilizzante. Le volte dovevano essere poco frequenti e soltanto in mattoni crudi; forse si limitavano agli ambienti monumentali con muri a struttura litica, che potessero resistere alle spinte laterali, come nel caso delle case-torri. Non sono stati rinvenuti resti sicuri di gradinate, che potessero consentire l'accesso al piano superiore; ma almeno nel caso piú frequente dei terrazzi piani sui pianterreni dobbiamo pensare che vi si accedesse per mezzo di semplici scalette a pioli.[1]

Passiamo ora a descrivere lo scavo, procedendo secondo l'ordine in cui è stato condotto, ossia da sud a nord, iniziando dalla Casa A e passando quindi alla Torre ed alla Casa B.

---

[1] Per quanto riguarda le tradizioni costruttive ed edilizie sopravvissute nel villaggio di az-Zōr, si rimanda al capitolo introduttivo, *supra,* p. 29, *tavv.* XI - XIV.

Situazioni estremamente conservative e perciò illuminanti per chiarire le nostre frammentarie evidenze archeologiche sono state constatate dalla delegazione francese in Iran nella regione di Susa e sono state oggetto della ricerca etnologica di M. ROUHOLAMINI, *L'habitation,* cit., pp. 171-183.

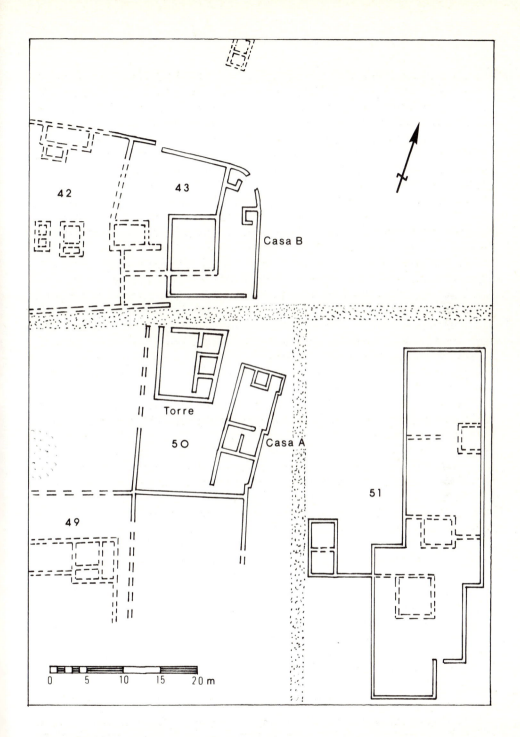

Fig. 62. - Al-Qusūr: particolare dell'area centrale del villaggio con i tre edifici scavati. Scala 1 : 2000.

Casa A

(*Tavv.* LXIV - LXXIX; *Figg.* 62-64, 69-78; nn. 677-817)

Il complesso piú meridionale e piú estesamente scavato corrisponde alla metà orientale della « casa 50 » individuata durante l'esplorazione di superficie. Esso consta di un corpo di fabbrica allungato da nord a sud, situato a sud-est della torre, cioè della zona 50 ovest, e di un recinto rettangolare sui lati sud ed ovest, che pare abbracciare anche la Torre.

Il corpo principale ha una lunghezza di m. 17,50 e una larghezza massima di m. 7,25. Esso si articola in tre zone. Quella a nord è la piú estesa (m. 7,25 × 8,27) ed ha l'aspetto di un vasto cortile rettangolare, da cui si accede in un piccolo ambiente sporgente nell'angolo nord-est del complesso che è stato identificato con la cucina, a causa dei resti evidenti di tre focolari. Un piccolo ripostiglio o dispensa era annesso alla cucina sul suo lato ovest, in corrispondenza del centro del lato nord del cortile.

La seconda zona, situata al centro del complesso, costituisce l'abitazione vera e propria, risultante da due stanzette gemelle di circa m. 3 × 1,75, messe in comunicazione tra di loro da una porta situata all'estremità nord del muro divisorio ed ancòra ben riconoscibile dalla traccia sul pavimento. I due vani ed il passaggio intermedio conservano infatti il pavimento finemente stuccato e le tracce dell'analogo intonaco delle pareti interne.

La terza zona del complesso è costituita da un vano di circa m. 4 × 5, da cui si accedeva alla vasta area recintata situata ad ovest della casa.

Il muro di recinzione verso sud è lungo m. 16; il muro ovest è stato seguito a partire dall'estremità sud-ovest del recinto soltanto per m. 6,20, ma può darsi che prosegua a nord includendo la torre.

Analoghe recinzioni si attaccano a sud e a sud-ovest a quella di questa abitazione, ma le loro tracce non sono state seguite ulteriormente.

Vano 1 (*tav.* LXVII; *figg.* 63, 66; nn. 710-741)

Si tratta di un recinto rettangolare, che ha una lunghezza utile di m. 7,35 in direzione nord-sud e una larghezza utile di m. 5,10 in direzione ovest-est; esso include due piccoli ambienti nella parte nord-orientale.

Il muro ovest era molto interrato, perché veniva a trovarsi proprio a ridosso della torre ed era stato pertanto raggiunto dal *tell* formatosi sul crollo di questa. Ne fu riconosciuto l'andamento scavando una trincea lungo la sua faccia esterna occidentale. La sua lunghezza è di m. 8,27; la larghezza è di circa m. 0,45. Anche il muro settentrionale era molto insabbiato, specialmente nella parte piú occidentale sottostante al *tell* e via via sempre meno verso est, dove veniva ad affiorare; esso fu liberato lungo il lato esterno nord

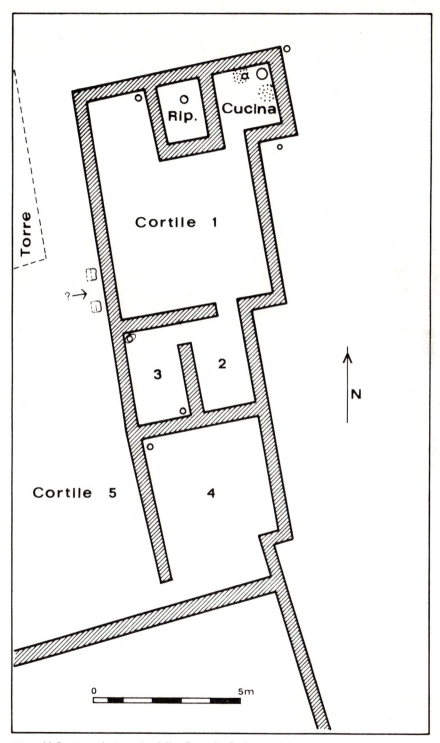

Fig. 63. - Al-Qusūr: planimetria della Casa A. Scala 1 : 125.

con una trincea che lo fiancheggiava. La sua larghezza è di m. 0,47. Al di
sopra delle assise di fondazione in pietrame sono state rinvenute tracce consistenti dell'alzato in mattoni crudi, conservato nella parte ovest, protetta
dalla sabbia, per un'altezza di ca. m. 0,20. A questo muro si addossano due
muri perpendicolari sul lato sud, che definiscono un piccolo ambiente (il cosiddetto « ripostiglio »). La lunghezza del muro nord è di m. 7,25, per cui
esso viene a sporgere rispetto al rettangolo dell'ambiente 1, formando nel-
l'angolo nord-est del recinto il vano della cucina.

Il muro orientale era affiorante e fu il primo ad essere individuato e scavato. Esso è lungo m. 5,90 e largo m. 0,44; all'estremità nord flette ad angolo retto, in modo da formare con il muro nord la sporgenza utilizzata per
ricavarvi la cucina. Il muro sud (di complessivi m. 6,05 di lunghezza) era
stato in gran parte asportato da cercatori di pietrame da costruzione o da
calce ed è ora riconoscibile soltanto in negativo dalla base dell'intonaco for-
tunatamente conservatosi lungo i due vani a sud (vani 2-3); nell'angolo sud-
est dell'ambiente il muro è conservato immorsato tra i muri esterni nord-sud,
determinando una rientranza di m. 1,20 della cortina esterna orientale. In
questo muro si apriva la porta di comunicazione con il vano 2 (luce di m.
0,70). Non è chiaro finora dove si aprisse la porta di accesso all'ambiente 1
dall'esterno. In linea di ipotesi potremo supporre che l'ingresso si aprisse
lungo il lato ovest, perché all'esterno del muro, nella trincea che ne mise in
luce la faccia occidentale, furono notati due blocchi litici parallelepipedi, che
potrebbero aver sostenuto due travi lignee verticali in funzione di protiro.

Da questo ambiente si accedeva sicuramente alla cucina a nord e alla
cameretta 2 a sud; non pare che vi fossero accessi diretti al ripostiglio a nord
e alla cameretta 3 a sud.

In definitiva, il vano 1 va interpretato come un atrio o cortile centrale
della casa, un ambiente almeno in massima parte, se non del tutto, scoperto
che era pavimentato con ciottolini bianchi. È possibile che fosse coperta con
una tettoia la rientranza a nord-ovest, tra il muro esterno ovest e il « ripostiglio ». Nell'angolo nord-est di questa rientranza, tra il muro esterno nord
e quello ovest del « ripostiglio », furono trovati *in situ* su un sasso piatto i
resti di una giara con un foro sul fondo (723), probabilmente usata come
vaso da fiori. Può suggerirsi una destinazione di questa presumibile tettoia
come stalla. Il cortile scoperto verrebbe a ridursi in questo caso ad un quadrato di m. 5 di lato.

Per il materiale rinvenuto sparpagliato in questo cortile, v. *infra*, nn.
710-741.

Cucina (*tavv.* LXVIII - LXXI *a*; 63-66; nn. 742-762)

Si tratta di un vano quadrato, che misura all'interno m. 2 di lato. Questo piccolo ambiente è ricavato in una sporgenza dell'abitazione nell'angolo
nord-est del cortile, il cui muro orientale è spostato in fuori in questo punto
di m. 1,35.

Il vano è limitato a nord dal muro settentrionale del recinto 1, che è spesso m. 0,47; a est da un muro che immorsa nel precedente ad angolo retto con una lunghezza di m. 3 e uno spessore di m. 0,45. A sud da un muro esterno di raccordo, lungo m. 1,35 e largo m. 0,48. A ovest da un muro interno, che lo divide dal cosiddetto « ripostiglio », lungo m. 2,50 e largo m. 0,45. La porta di accesso a questo ambiente dal cortile 1 ha una luce di m. 0,65 e si apre tra lo spigolo del muro sud e lo spigolo sud-est del ripostiglio. Il pavimento e lo spicco delle pareti conservavano tracce dell'originario rivestimento di stucco bianco, particolarmente ben conservato nelle pareti est e sud per un'altezza di cm. 15 all'interno del saggio.

All'interno di questo ambiente si individuarono tre focolari. Il primo era addossato al centro della parete est; la cenere si addensava contro il muro su un'area di cm. 50×50 ed appariva già in superficie; vi era sistemata la « tannura »[2] con due grossi sassi, dei quali quello a sud fu rinvenuto ancora *in situ*, appoggiato al muro est, mentre l'altro si trovò spostato verso ovest. Un secondo focolare fu individuato circa cm. 10 al di sotto, al centro della parete nord; esso scendeva per una ventina di centimetri e conservava un sasso della « tannura » sul lato est, accanto al muro.

L'arredo principale della cucina risultò costituito da una giara (747), collocata nell'angolo nord-est dell'ambiente, ossia tra i due focolari, dove ne restava su una piccola piattaforma in stucco la parte inferiore (diametro cm. 36), alla distanza di cm. 11 dal muro nord e di cm. 13 dal muro est. Pochi frammenti si raccolsero sul resto del pavimento (745, 747-749, 758); diversi frammenti giacevano tra la cenere del focolare est (744, 750-753, 758-761) e del focolare nord (754-757, 762).

Si può supporre che nella parete occidentale, che è la sola libera da ingombri, si aprisse la porta di accesso al « ripostiglio », della quale peraltro non si è riscontrata traccia alcuna.

Nella parte orientale della cucina è stato eseguito un saggio di scavo in profondità per indagare le relazioni tra i due focolari individuati e per conoscere la stratigrafia del sito (*fig. 64*). Il saggio ha interessato dapprima tutta la parte est della cucina con una larghezza di m. 1,10. È stata risparmiata soltanto una zona di cm. 40×80 a nord-est per mantenere *in situ* la piccola piattaforma con la traccia della giara e la spalletta est della « tannura » nord. Si è asportata la sabbia consolidata per una potenza di cm. 8/10; successivamente nella parte centrale del vano si è tolta una lente di cenere, derivata

---

[2] *Tannur* è il forno per cuocere il pane, che in Oriente è ancora costituito da una buca circolare scavata nella terra e profonda da 30 a 50 centimetri: DOZY, I, p. 153; KAZIMIRSKI, I, p. 267 A, *s.v.* 1. Per l'uso della *tanûr* nella Persia attuale, v. M. ROUHOLAMINI, *L'habitation dans la region de Suse*, cit., pp. 178-181. *Tannùra* è termine vivo anche in Sicilia per indicare il fornello: C. AVOLIO, *Introduzione allo studio del dialetto siciliano*, Palermo (1975), p. 48; G. ALESSIO, in *Dizionario Etimologico Italiano*, V, Firenze 1957, p. 3713. Lo spagnolo rende *atanor*: R. DOZY - W. H. ENGELMANN, *Glossaire des mots espagnols et portuguais tirés de l'arabe*, Leyle, Brill, 1869, p. 211.

dall'espandimento di un focolare, fino a cm. 11/13; ancòra sabbia fino a cm. 19; a questo punto si estendeva di nuovo nella parte centrale del vano uno strato di cenere, che si ricongiungeva a nord con la base del focolare nord, ma che scendeva al centro, individuando un terzo focolare centrale fino alla profondità di cm. 35, incavato nella sabbia desertica indurita, la cui superficie, cosparsa di sassi, è comparsa a sud. In un'area più ristretta di m. 1 (nord-sud) per m. 0,80 (ovest-est) il saggio è stato approfondito fino alla roccia arenaria di base, situata a − 0,44 dalla sponda del saggio (− 0,58 rispetto alla sommità del muro est). Il focolare est scende a sfiorare la roccia.

Il saggio permette qualche conclusione in ordine a due problemi: per quanto riguarda antefatti insediativi, li esclude, almeno per questo punto; per quanto riguarda l'abitazione islamica, mostra che il focolare est è quello originario nella nostra cucina ed anche l'unico che sia rimasto sempre in uso fino all'abbandono della casa; in esso — nel corso del saggio — si rinvennero due frammenti di una giara a decorazione stampigliata (743); secondo in ordine di tempo risulta il focolare centrale, che fu abbandonato in corrispondenza dell'insorgere del focolare nord, ma che dopo pare essere stato ripreso superficialmente, sia pure per un periodo limitato; il focolare nord è il più recente, ma fu anche abbandonato prima di quello est e al di sopra di esso fu rinvenuto un frammento di bacile d'invetriata turchese (742).

Ripostiglio (*tav.* LXXI *b-c*; *figg.* 63, 66; nn. 763-766)

Si tratta di un piccolo vano rettangolare, che ha le seguenti dimensioni utili: lunghezza m. 2 in direzione nord-sud e larghezza m. 1,45 in direzione ovest-est. A questo ambiente si accedeva probabilmente soltanto dalla cucina, mediante una porta ricavata nella parete orientale; non ne è stata però rilevata alcuna traccia.

Il muro nord è quello esterno del recinto; il muro ovest è lungo m. 2,45 e largo m. 0,40; il muro sud è lungo m. 2,30 e largo m. 0,45; il muro est è in comune con la cucina.

All'interno di questo vano furono trovati, probabilmente *in situ*, i resti di una giara (763) rovesciata in prossimità dell'angolo nord-est; questa circostanza fece supporre che l'ambiente fosse destinato a « ripostiglio » o magazzino.

Il pavimento del « ripostiglio », alla pari di quello della cucina, apparve costituito di un sottile stucco bianco, su cui furono raccolti pochi materiali (763-766).

Vano 2 (*tavv.* LXXII - LXXIII *a-b*; *fig.* 63, nn. 767-769)

Si tratta di un ambiente rettangolare, lungo m. 3 in direzione nord-sud e largo m. 1,73 in direzione ovest-est. Il muro nord è comune con il recinto 1, con il quale comunicava mediante una porta, ricavata all'estremità est accanto allo spigolo della rientranza della parete esterna. Il muro est è ester-

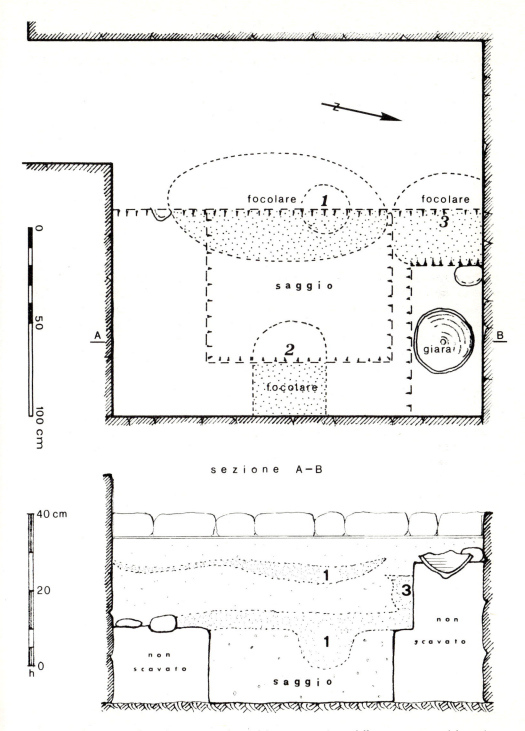

Fig. 64. - Al-Qusūr, Casa A, cucina: pianta del vano e sezione della parete ovest del saggio. Scala 1 : 20 (nell'alzato 1 : 10).

no, lungo m. 3 e largo m. 0,45. Il muro sud è lungo m. 1,73 e largo m. 0,44.
Il muro ovest è lungo m. 2,40 e largo m. 0,47; esso lascia all'estremità nord
la porta di comunicazione con il vano 3, con una luce di m. 0,65.

Il pavimento di questo piccolo ambiente è ricoperto da un fine stucco
bianco. Anche le pareti erano rivestite di un fine stucco bianco, come si ricava
dalle tracce dello spiccato dell'intonaco, conservatesi anche dove il pietrame
è stato asportato dai cercatori di materiali da costruzione. Anche la soglia
della porta di comunicazione con il vano 3 è coperta di stucco in continuazione con quello dei pavimenti delle due camerette. È probabile che questo
ambiente, come quello attiguo, fosse destinato a camera da letto. Sul pavimento si rinvennero pochi frammenti (767-769).

Vano 3 (*tavv.* LXXII - LXXIII; *fig.* 63; nn. 770-773)

Identico al parallelo vano 2, col quale comunica a nord-est. Non pare
avesse altre porte. È lungo all'interno m. 3,06 in direzione nord-sud e largo
m. 1,75 in direzione ovest-est. Il muro nord è in comune con il cortile 1;
il muro est è in comune con il vano 2; il muro sud è lungo m. 1,75 e largo
m. 0,44; il muro ovest è lungo m. 3,06 e largo m. 0,45.

Il pavimento e le pareti erano ricoperti di fine stucco bianco in conti-
nuità con il vano 2. Negli angoli nord-ovest e sud-est del vano furono trovati *in situ* i fondi di due giare, rispettivamente l'una invetriata (770) sistemata su un sasso piano e l'altra acroma (773). Erano evidentemente in angoli
ben protetti e questo sembra far escludere l'esistenza di porte verso nord o
verso sud. Dovrebbe trattarsi quindi con ogni probabilità di una camera da
letto ancora più riservata, cui si poteva accedere solo attraverso il vano 2.

Sul pavimento, oltre ai resti delle due giare, furono rinvenuti pochi frammenti di ceramica (771-772).

Vano 4 (*tavv.* LXXIV - LXXV; *fig.* 63; nn. 774-781)

Si tratta di un ambiente quasi rettangolare, lungo m. 5,40 in direzione
nord-sud e largo m. 4 in direzione ovest-est, con una piccola rientranza, che
lo intacca a sud-est e che incide per m. 0,70 in direzione ovest-est e per m.
1,37 in direzione nord-sud.

Il muro nord è in comune con i vani 3-2; il muro est è esterno, lungo
m. 4,25 e largo m. 0,45; il muro sud è continuo con quello dell'ambiente 5
attiguo ad ovest; è lungo in tutto m. 14,30 (dei quali m. 3,65 in corrispondenza del vano 4), largo m. 0,47. Il muro ovest è lungo m. 4,75 e largo m.
0,45. Esso non si congiunge con il muro sud, ma lascia all'estremità sud il
varco di una porta di m. 0,75 di luce. Probabilmente a questo ambiente si
poteva accedere soltanto tramite questa apertura a ovest, dal recinto 5.

Il pavimento del vano 4 è formato da uno strato di ciottolini bianchi
dello spessore di cm. 5, per cui pare trattarsi di un cortile scoperto. Non si
raccolsero indizi utili per definire la destinazione di questo cortile, né appare

significativo al riguardo il materiale rinvenutosi sparso sul pavimento, cioè i frammenti di almeno cinque giare, oltre a una ciotola e una coppa di vetro (774-781). L'ambiente non è stato scavato se non lungo il perimetro e perciò i dati sono limitati; ma potrebbero indicare un deposito, magari parzialmente coperto da tettoia.

Vano 5 (tavv. LXXVI - LXXVII; *fig.* 63; nn. 782-802)

Si tratta di una grande recinzione rettangolare con orientamento nord-sud, che fiancheggia verso occidente la Casa A per tutta la sua lunghezza. Rimane incerto, pur essendo probabile, se questo recinto abbracciasse entro il suo perimetro anche la torre. In questo caso la sua lunghezza in direzione nord-sud risulterebbe di circa m. 22; mentre la sua larghezza ovest-est è di m. 10,65 all'estremità sud e va aumentando a nord fino a circa m. 12. Se invece bisognerà escludere la torre, che occupa la metà nord, lo spazio libero del vano 5 assume una lunghezza nord-sud di m. 12,10 e risulta quindi approssimativamente quadrato.

Non si conosce per quest'area una delimitazione a nord. Il lato est è costituito dalle pareti degli ambienti 1, 3 e 4 già descritti. Il muro sud è la continuazione di quello del vano 4, lungo in tutto m. 14,30, dei quali m. 10,65 ricadono nel vano 5, con uno spessore di m. 0,47. Il muro ovest è stato individuato a partire dall'angolo sud-ovest dell'ambiente per soli m. 6,20 (spessore m. 0,47) ma può darsi che esso si prolunghi verso nord per un totale di m. 22, in modo da includere la torre nella perimetrazione del recinto 5.

La pavimentazione era costituita da uno strato di ciottolini spesso cm. 5. Fu saggiata lungo il muro sud della torre.

Si tratta chiaramente, date anche le considerevoli dimensioni, di un recinto scoperto annesso all'abitazione, secondo un costume che si riscontra nell'architettura dell'isola fino all'età moderna.

In tutta quest'area lo scavo è stato appena cominciato ed ha messo quasi soltanto allo scoperto i muri della parte sud-est, per cui scarso è il materiale rinvenuto finora (782-802).

Probabilmente questo recinto era accessibile dalla strada a nord, di fianco alla torre. Da esso si accedeva alla casa A (cortile 1) e certamente al cortile 4, come indica la porta all'estremità sud. L'ingresso al cortile 1 è supposto sulla base di due plinti litici rinvenuti accanto al muro e destinati probabilmente a sostenere i due pilastri lignei di un protiro.

Adiacenze (tavv. LXXVIII - LXXIX; *fig.* 63 e *pianta f.t.* B)

La casa A prospetta a nord su una strada, che la separa dalla casa B. Ad ovest prospetta su una viuzza, forse privata, che la divide dalla torre. Ad est della casa A si stende un vasto spiazzo libero, che la divide dalla parallela casa 51 (secondo la numerazione generale dell'abitato di al-Qusūr).

Da questa parte la casa A offre un fianco molto frastagliato per le tre rientranze, che forma in corrispondenza della cucina, della camera 2 e del vano 4.
A partire da nord abbiamo: una parete di m. 3, una rientranza di m. 1,35;
una seconda parete di m. 5,40, una seconda rientranza di m. 1,20; una terza
parete di m. 7,65, una terza rientranza di m. 0,65; a questo punto comincia
una quarta parete nord-sud, che soltanto per m. 1,40 spetta alla casa A,
mentre il suo proseguimento verso sud forma la parete orientale di un altro
recinto confinante con questa abitazione sul lato sud, non evidente nella
esplorazione di superficie e perciò non individuato specificamente nella numerazione delle abitazioni del villaggio. Questo muro di direzione nord-sud
è stato seguito per una lunghezza complessiva di m. 6,30; poi lo scavo è stato
interrotto; la sua larghezza è di m. 0,44.

Del recinto a sud della casa A, oltre alla parete già descritta, che lo
delimita ad oriente per almeno m. 4,90, quant'è la lunghezza messa in luce,
conosciamo il muro nord, comune con la casa A (ambienti 4 e 5) e l'immor-
satura nord del muro occidentale, che è stato seguito soltanto per la lunghezza di m. 0,50. Nell'angolo nord-ovest di questo recinto, formato dai due
muri testé ricordati, sono stati trovati diversi frammenti di un vaso chiuso
(800).

Súbito a sud-ovest di questo incrocio di muri si intravvedeva un altro
recinto, il cui muro orientale era in comune con il recinto sud, mentre il
muro nord era costituito dal prolungamento del muro ovest-est, che divideva la casa A dal recinto sud; questo muro fu seguito soltanto per una lunghezza di m. 0,50 a ovest dell'incrocio. Questo recinto a sud-ovest della casa A
sembra includere il piccolo *tell* che durante la ricognizione di superficie fu
individuato con il numero 49 (v. *supra*). Anche nell'angolo nord-est di questo recinto furono trovati frammenti delle pareti di una giara, che vi poteva
essere stata sistemata (801), e una conchiglia (802).

Sul lato esterno ovest del cortile 5, ossia ad occidente del complesso 50
oggetto dello scavo (casa A e torre), non ci sono tracce di strutture affioranti,
ma pare invece di poter riconoscere abbastanza chiaramente un vasto spiazzo
libero allungato all'incirca da ovest a est, limitato a nord dai complessi 39-43,
a est dal complesso 50, a sud dai complessi 45-49 ed ovest dal complesso 38.

In questo spiazzo, a m. 12-13 dal muro ovest del cortile 5 si conserva
un cumulo di valve di ostriche (meleagrine), che sembra sia da mettere in
relazione con l'attività dei cercatori di perle, come in altri villaggi dell'arco
meridionale del Golfo.[3]

---

[3] Cfr. ad es. l'abbondanza di conchiglie di ostriche ad al-Huwailah sulla costa nord-orientale
della penisola del Qatar, DE CARDI, *Qatar,* cit., p. 173.

Considerazioni

Nel complesso denominato « casa A » si evidenzia nettamente un'unità abitativa a nord-est, cui si attaccano due recinti, l'uno a sud, l'altro maggiore a ovest, di incerta spettanza.

L'unità individuata si articola organicamente attorno ad un atrio centrale quadrato di m. 5 di lato; vi si accede dalla stradetta, che la fiancheggia da ovest e che la divide dalla torre. A nord sono disposti i servizi: stalla, ripostiglio e cucina; a sud le due camerette da letto, probabilmente la prima destinata agli uomini (vano 2: *selāmlik*?) e la seconda, piú interna, alle donne (vano 3: *harīm*?). La pavimentazione in stucco sembra indicare che in queste camerette sul pavimento veniva distesa una stuoia, intrecciata con foglie di palma, che fungeva da letto.[4] Questi pavimenti di stucco bianco sono tipici del periodo umayyade[5] e si ritrovano anche nelle moschee, che erano pure ricoperte di stuoie e di tappeti.[6] Anche la tecnica muraria, con l'alzato in mattoni crudi e uno zoccolo di pietrame per fondazione, si riscontra in epoca umayyade,[7] benché si tratti piuttosto di un sistema costruttivo conosciuto ed ampiamente adottato in tutto l'Oriente, anche mediterraneo.

A parte, rispetto all'unità abitativa cosí individuata, ci pare che vadano considerati i due cortili 4 e 5, che forse rientrano tra gli spazi a destinazione non strettamente privata ma semicollettiva. Il recinto 4, che ha un ingresso distinto rispetto alla casa A, dallo stesso recinto 5, può aver servito da deposito e magari da orto o da ovile. Il recinto 5, che pare includere sia la casa A che la torre, sembra servire a separare la vita di questa « vicinanza » dalla vista del resto del villaggio, secondo un costume che si ritrova negli insediamenti medievali dell'isola, come nel vecchio borgo di az-Zōr, ma che trova riscontro nell'edilizia spontanea dell'Oriente e del Mediterraneo.

---

[4] La stuoia di palma è denominata in arabo *ṭalīl*. Corrisponde nell'ambiente mediterraneo a quella che i Greci chiamavano genericamente χαμείνη e specificamente ψίαθος e i Latini *matta*: Augustin. *Contra Faustum* V 5; Dionys. Exig. *Vita s. Pachomii* (MIGNE, *Patrologia*, LXXIII, 228 ss.) 43.

[5] Cfr. il complesso umayyade scavato da Mundhir Al-Bakr a Telūl Schu'aiba: « Sumer », XXVII (1971), introd.; XXVII (1972), *arabic section*, pp. 243-246; « Iraq », XXXIV (1972), p. 145.

[6] Cfr. FINSTER - SCHMIDT, p. 76, tav. 30 *a*: moschea di Tulūl al-Uhaidir.

[7] Si tratta di mattoni di cm. 40 × 40 × 8; cfr. Qasr el-Hayr oppure Rosāfa (di Hishām). J. SAUVAGET, *Les Ruines Omeyyades du Djebel Seis*, in « Syria », XX (1939), pp. 239-256; cfr. anche *supra*, nota 2.

TORRE

(*Tavv.* LXXX *a* - LXXXIX *b*; *Figg.* 65-66; nn. 818-869)

Questo edificio si trovava al di sotto dell'ammasso di macerie piú rilevante, che formava un vero *tell* al centro dell'area 50, che fu prescelta per questo saggio di scavo.

La parziale rimozione del crollo superficiale, degradato dagli agenti atmosferici e dalla sabbia eolica, ha permesso di mettere in evidenza, sia pure per un piccolo tratto del lato nord, strutture murarie molto piú consistenti e meglio conservate che nel resto dell'area dello scavo, per un'altezza inoltre assai superiore rispetto a quella degli edifici circostanti.

Vano 1 (*tavv.* LXXXI - LXXXIV *a*; *figg.* 65-66; nn. 818-828)

Si tratta del vano rettangolare situato nell'angolo nord-est della torre, lungo m. 3,65 in direzione nord-sud e largo m. 2,65 in direzione ovest-est. Non pare avesse accessi dall'esterno. Vi si accedeva sicuramente dal vano 4 mediante una porta con una luce di m. 0,75. I muri esterni nord ed est sono di conci e pietrame ben connesso ed hanno uno spessore di m. 0,50. Il muro ovest immorsa a nord in quello esterno; è lungo m. 2,90 e largo m. 0,52; lascia a sud il varco della porta. Il muro sud è spesso m. 0,47 e continua forse nel vano 4, facendo da stipite alla porta di comunicazione tra i due vani. Tutta la parte nord-occidentale di questo vano risultò pavimentata con lastre di arenaria locale; cm. 10 al di sotto del lastricato pavimentale fu rinvenuto un altro pavimento piú antico, sempre di lastre di arenaria allettate nella sabbia. Questo rifacimento può forse essere considerato indicativo della lunga durata dell'edificio.

All'interno del vano, sopra i lastricati si trovarono solo pochi frammenti vascolari. La maggior parte del materiale era inglobato nella sabbia dell'interro e sembra spettare al piano superiore della torre.

Vano 2 (*tav.* LXXXIV *b*; *figg.* 65-66; nn. 829-840)

L'ambiente centrale del lato est della torre è un rettangolo di m. 2 in direzione nord-sud per m. 1,60 nella larghezza ovest-est. Il muro esterno ovest è largo m. 0,50; esso è mancante a partire da m. 1,50 da nord, ma non pare che vi si aprisse una porta; è da ritenere piuttosto che sia stato asportato da cercatori di materiale da costruzione. Il muro sud è lungo m. 1,68 e largo m. 0,47; il muro est è stato messo in luce limitatamente alla sua faccia est ed è rimasto per il resto inglobato nel *tell*. Il muro nord è quello in comune con il vano 1.

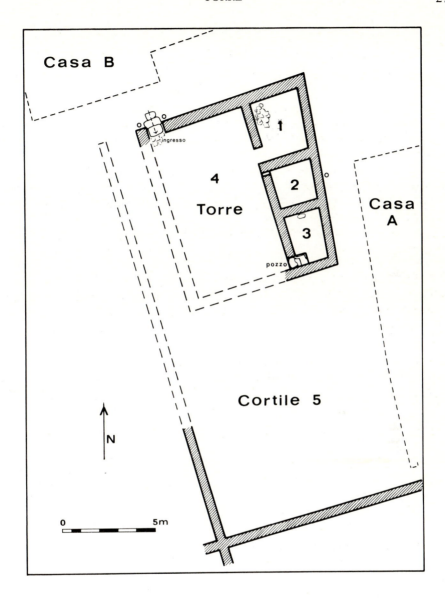

Casa B

Casa A

4
Torre

ingresso

1

2

3

pozzo

Cortile 5

N

0   5m

Fig. 65. - Al-Qusūr: planimetria della Torre. Scala 1 : 200.

Nella sabbia che ricopriva quest'ambiente furono rinvenuti pochi materiali (829-840), al di sopra del piano di crollo sul quale si è arrestato lo scavo. È evidente pertanto che essi non spettano al vano 2, ma piuttosto al piano superiore della torre.

Vano 3 (tavv. LXXXV a - LXXXVI c; figg. 65-66; nn. 841-854)

Si tratta dell'ambiente situato nell'angolo sud-est della torre. È un rettangolo di m. 2,74 nella lunghezza nord-sud per m. 1,68 nella larghezza ovest-est. Il muro esterno est è spesso m. 0,48; quello esterno sud m. 0,53; quello nord è in comune con il vano 2 e quello ovest, lungo m. 2,10, è stato liberato solo sulla faccia verso questo vano e rimane per il resto inglobato nel *tell*. Esso non si congiunge con il muro sud, ma lascia un vano di m. 0,64, in cui si apre un pozzo, che interessa lo spessore del muro ed una porzione del vano 3 con una lunghezza complessiva di m. 1,05. Una risega sporgente corre cm. 5 sotto il pavimento, con un aggetto di cm. 5; si tratta evidentemente di una cornice o battente, destinato ad alloggiare un coperchio, probabilmente di legno, che — una volta chiuso — veniva a risultare cosí allo stesso livello del pavimento. Un blocco infisso nella parete sud divide in due il pozzo poco al di sotto della cornice. In corrispondenza dello spessore del muro nord-sud una lastra di arenaria quadrata, grande come la metà ovest dell'imboccatura del pozzo, era sprofondata subito al di sotto del blocco trasversale, ma dobbiamo supporre che essa sia sprofondata successivamente e che fosse stata collocata originariamente sulla cornice e sul blocco in modo da coprire la metà ovest del pozzo in corrispondenza dello spessore del muro.

Il pavimento e le pareti di questo vano, come anche l'imboccatura del pozzo sono rivestiti di fine stucco bianco.

In una seconda fase, sopra la lastra di copertura del pozzo si impiantò un focolare (*tannura*), attestato da una spessa coltre di cenere e da frammenti di pentolame rinvenuti nell'interro superficiale del pozzo e sparsi sul pavimento del vano, insieme a frammenti di steatite e di vetro (841-854). A questa fase di riutilizzo può forse venir riferita la sommaria ostruzione del pozzetto con dei blocchi, come abbiamo indicato sopra.

Una trincea di saggio condotta all'esterno del muro sud ha mostrato che questo ha un bel paramento di blocchi, che risultano poggiati direttamente sulla sabbia compatta desertica.

Vano 4 (tavv. LXXXVII - LXXXIX b; figg. 65-66)

Ben poco è stato rimesso in luce di questo vano, oltre la sua definizione a nord ed a est. Esso era rettangolare, con una lunghezza di m. 5,04 nella direzione ovest-est e una larghezza presumibile di m. 3,65 nella direzione nord-sud. Il muro esterno nord è lungo m. 4,19 e largo m. 0,48. Alla sua estremità ovest si apre la porta d'ingresso alla torre, con una luce di m. 0,85;

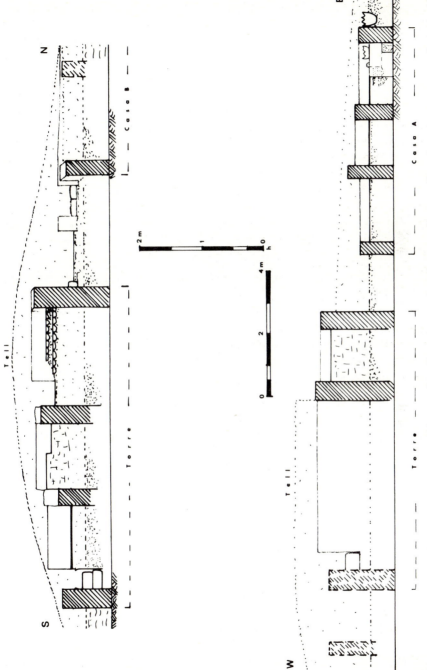

Fig. 66. - Al-Quṣūr. Sezione dello scavo: sopra, Torre e Casa B, sezione sud-nord; sotto, Torre e Casa A, sezione ovest-est. Scala 1 : 120 (nell' alzato 1 : 60).

gli stipiti sono molto accurati, costruiti con conci di notevoli dimensioni.
La soglia d'ingresso è monolitica, formata da una lastra larga m. 0,50 e spessa
m. 0,12. Subito all'esterno si scende su un gradino, anche questo monolitico,
costituito da una lastra di arenaria di m. 0,90 per m. 0,48, spesso m. 0,14.

La parete est è quella in comune con il vano 1, lunga m. 2,90, larga
m. 0,52; essa lascia a sud la porta di accesso al vano 1 ed è limitata probabilmente dalla parete sud del vano 4. Del muro esterno ovest conosciamo
solo la testata nord, larga m. 0,59, che fa da stipite alla porta d'ingresso alla
torre. È costruito con grandi conci ben connessi. Il resto della parete è
spanciato e crollato verso l'esterno e non è stato scavato, ma è tuttora inglobato nel *tell*.

Non si conoscono i materiali conservati all'interno del vano 4.

Davanti e accanto alla porta d'ingresso furono trovati resti di giare, che
forse fiancheggiavano l'ingresso (859-860, 862) e lo spigolo della torre (861).
I materiali trovati nel liberare la testata del muro ovest dalle macerie, possono spettare piú facilmente al piano superiore (855-856).

Probabilmente erano collocate lungo la parete esterna orientale della
torre, in corrispondenza del vano 2, due giare di cui si rinvennero alcuni
frammenti in quel punto (865-866). Il restante materiale rinvenuto sporadicamente all'esterno lungo i muri nord ed est della torre va interpretato probabilmente come suppellettile rottasi e gettata fuori dell'abitazione.

Considerazioni

Per quanto riguarda la torre nel suo complesso, si può osservare anzitutto che la denominazione, che è stata convenzionalmente attribuita a questo
edificio sembra giustificata sia dalla planimetria a compatto blocco rettangolare di complessivi m. 10,30 nella lunghezza nord-sud per m. 9,50 nella larghezza ovest-est; sia dal notevole spessore dei muri; sia dalla tecnica costruttiva, che impiega materiale litico scelto e sovente conci di dimensioni
rilevanti; sia infine dal fatto che non soltanto lo zoccolo di fondazione, bensí
tutta la struttura sembra realizzata in pietrame, che di fatto è conservato in
qualche punto per quasi un metro di altezza. Le condizioni di giacitura del
crollo e dell'interro fanno pensare inoltre che questa abitazione avesse un
piano superiore. Questo poteva essere costruito in mattoni crudi; oppure in
mattoni crudi potevano essere le volte tra i due piani, dal momento che
tracce di un crollo di mattoni crudi si notarono nella metà scavata dell'edificio ed in maniera piú massiccia nel vano 2. Anche la suppellettile rinvenuta
nel crollo superficiale sembra spettare ad un piano superiore.

Per quanto concerne l'articolazione planimetrica della parte conservata
al pianterreno, le nostre conoscenze sono al momento attuale assai incomplete a causa della limitata estensione e del mancato approfondimento dello
scavo in questa prima campagna di saggi.

L'ingresso principale alla torre, che potrebbe verosimilmente essere l'unico, sembra essere quello messo in luce all'estremità occidentale della parete nord, su una strada che divide l'edificio dalla casa B del nostro scavo (complesso 43 dell'esplorazione preliminare del villaggio). Dall'ingresso si accedeva direttamente ad un vano di notevoli dimensioni (vano 4, di almeno m.² 18), che — anche per la sua posizione, oltre che per il suo prestigio — avrebbe potuto assolvere alla funzione di *dīwān*, con il solito arredamento di tappeti e di cuscini, che ne facevano innanzitutto una sala di rappresentanza destinata ad accogliere i visitatori.[8] Da questo primo ambiente si passava a est nel vano 1, caratterizzato dal pavimento di lastre d'arenaria, ma d'ignota destinazione.

Per il momento non è possibile definire la funzione del vano 2, che per le sue ridotte dimensioni potrebbe essere tanto un ripostiglio, come una cameretta da letto. Esso è rimasto ingombro del crollo dei mattoni crudi della parte superiore dell'edificio.

Il vano 3 si presenta appena piú piccolo delle consimili camerette 2 e 3 della casa A (m. 2,74 per m. 1,68; contro m. 3,00 per m. 1,74) ed è allo stesso modo rivestito di stucco sul pavimento e sulle pareti, per cui analoga ne dovette essere la funzione, ossia di cameretta da letto; il pavimento doveva essere coperto da stuoie, che probabilmente nascondevano il pozzo, il cui coperchio alloggiava nell'apposito incasso, risultando perfettamente in pari con il pavimento stuccato di questo vano. Il pozzo non è stato scavato e se ne ignorano pertanto profondità e contenuto. Nulla è possibile dire sugli ambienti della parte sud-occidentale della torre, che è ancora inglobata su questo lato dentro il *tell*.

In conclusione, benché la nostra conoscenza di questo edificio sia attualmente molto limitata, emerge chiaramente come alla sua imponenza esteriore corrisponda una maggiore opulenza interna, indicata dalla presenza di una stanza lastricata e dalla cameretta a stucco con il pozzo. La presenza di un duplice strato pavimentale nel vano 1 sembra indicare una lunga durata di questo edificio.

---

[8] Cfr. Ministry of Education, Antiquities and Museum Section, *Failaka Ethnographical Museum,* Kuwait Government Press, n.d., p. 4.

Casa B

(Tavv. LXXXIX *c* - XCIV; *Figg.* 66-68; nn. 870-921)

L'unità edilizia piú settentrionale presenta una planimetria rettangolare irregolare, conclusa a nord da un muro di recinzione leggermente curvo, forse con una porta verso ovest e nell'angolo nord-est un'interruzione probabilmente non originaria, ma da attribuire alla degradazione della struttura, che si trovava affiorante in questo punto; un'altra porta si affacciava certamente a sud verso la casa A.

Soltanto uno dei vani interni è stato esplorato interamente. Si tratta dell'ambiente quadrangolare di piccole dimensioni (circa m. 2 di lato), addossato all'estremità settentrionale del muro orientale del recinto. Questo piccolo vano era accessibile dal lato sud attraverso una piccola porta, che si apriva presso la parete del recinto. Al centro di questo ambiente era conservata *in situ* la parte inferiore di una giara.

Un piccolo ambiente analogo è stato individuato anche lungo la parete nord del recinto in prossimità dell'interruzione. Non sono stati saggiati il complesso principale di strutture murarie all'interno del recinto, e le altre strutture adiacenti ad ovest. Tracce di ambienti dipendenti sono state individuate a nord del recinto, ma non sono state saggiate.

Vano 1 (tavv. XCI - XCII *a; fig.* 67 ;nn. 870-880)

Questo locale è addossato al muro orientale del recinto, sulla sua faccia ovest, a partire da m. 9,28 dall'estremità sud e fino a m. 2,47 dalla sua interruzione a nord.

Si tratta di un piccolo ambiente quadrato di complessivi m. 2,59 di lato, prendendo le misure sui lati esterni nord ed ovest, su cui il vano pare essere stato progettato. In questo caso potrebbe trattarsi di sei cubiti di circa m. 0,43. Nella pratica però il vano è risultato quadrangolare, in quanto il lato sud è venuto a misurare m. 2,75; mentre quello est misura m. 2,72, con un evidente errore nella squadratura e nel parallelismo dei muri.

Il vano utile, escludendo i muri, che hanno spessore variabile (m. 0,37 a nord; m. 0,40 a est e a sud; m. 0,43 a ovest), si riduce alle seguenti dimensioni: m. 1,70 lungo la parete nord, contro m. 1,90 lungo la parete sud e m. 1,82 lungo la parete ovest, contro m. 1,95 lungo la parete est. In sostanza, risultano piú lunghe le pareti contigue all'ingresso del vano, che si apre all'estremità est della parete sud e che sfrutta come stipite la parete est del recinto. La luce della porta è di soli m. 0,55.

Al centro dell'ambiente era conservata *in situ* la parte inferiore di una giara (876); un'altra giara (879) si trovò schiacciata nell'angolo nord-ovest;

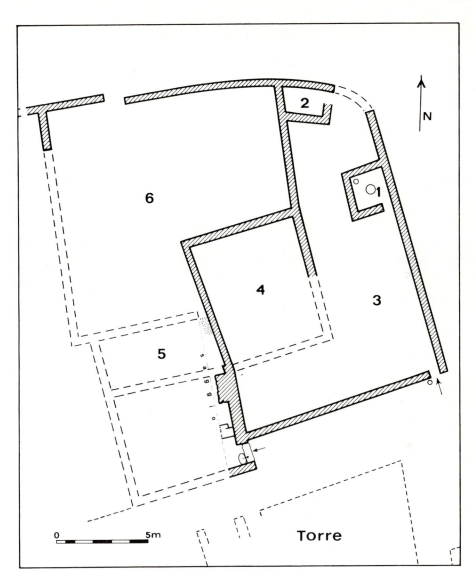

Fig. 67. - Al-Qusūr: planimetria della Casa B. Scala 1 : 200.

mentre nell'angolo sud-ovest si rinvenne una brocchetta (875). Altri frammenti sono da riferire ad una giara acroma che poteva aver preceduto quella centrale (878). In base a questi reperti si può suggerire che il vano 1 fosse adibito a ripostiglio o magazzino.

Vano 2 (tav. xcii b; fig. 67)

Questo ambiente è addossato alla faccia sud del muro settentrionale del recinto, a partire da m. 1,15 dalla sua estremità o interruzione est. Il vano si presenta rettangolare, ma — poiché non è stato scavato — è impossibile fornirne le dimensioni esatte. La sua lunghezza in direzione nord-sud è stata apprezzata in circa m. 2,05 e la sua larghezza in direzione ovest-est in circa m. 1,90. L'ingresso doveva essere presso il muro di recinzione, probabilmente a nord-est, ossia all'estremità nord del muro est. Per le sue caratteristiche planimetriche e dimensionali questo ambiente sembra presentare una stretta analogia con il vano 1 e può darsi pertanto che fosse adibito anch'esso a ripostiglio o magazzino.

Vano 3 (tavv. xciii - xciv a; figg. 66-67; nn. 881-893)

Con questa denominazione è stato indicato convenzionalmente il recinto che chiude verso est l'abitazione e che sembra formare come una L attorno al nucleo centrale (c.d. vano 4). Solo la fascia nord-sud di questo recinto può dirsi abbastanza conosciuta, mentre quella a sud-ovest non è stata saggiata.

Il muro est del recinto è conservato per la lunghezza di m. 14,47; la sua larghezza è di m. 0,40 al centro (m. 0,50 nella testata sud). La sua testata sud è ben conservata e fa da stipite ad una porta, che si apre nel muro sud del recinto; a nord invece il recinto pare piuttosto interrotto a causa dell'affiorare in questo punto delle strutture sul piano di campagna circostante, che si abbassa verso il deserto dal lato settentrionale. D'altronde è evidente che un'apertura con una luce di m. 1,55 verso l'interno e di m. 1,95 verso l'esterno sarebbe eccessivamente larga per un edificio nel complesso piuttosto modesto.

Il muro nord pare interessare questa recinzione per circa m. 4,10, dei quali circa m. 2,95 sono utilizzati dal vano 2, nell'angolo nord-ovest, mentre rimangono liberi a est circa m. 1,15 fino all'interruzione, già ricordata, sull'angolo nord-est. Il muro appare notevolmente curvo verso sud-est e dobbiamo supporre che descrivesse una curva di raccordo per saldarsi con il muro est del recinto.

Il muro sud è lungo m. 12 tra i due spigoli esterni, cui vanno detratti ad oriente la testata del muro est, che fa da stipite, con uno spessore di m. 0,50, e la luce della porta, che è di m. 0,55. La definizione verso ovest è stata solo ipoteticamente supposta sulla base dell'andamento delle macerie semiaffioranti. Possiamo calcolare che il recinto abbracciasse un'area di m. 15 circa nella lunghezza nord-sud, con una larghezza ovest-est di circa m. 5; piú incerta risulta la definizione della fascia a sud dell'abitazione.

Entro il supposto raccordo curvo dell'angolo nord-est del recinto si rinvennero numerosi frammenti ceramici, riferibili a una giara a invetriata turchese (881), a due giare a decorazione stampigliata (882-883), a tre giare o vasi chiusi in ceramica nuda (884, 888, 890), a due bacili (885-886) e a una ciotola (887); inoltre si è trovato un grosso frammento di stucco (893). Questa abbondanza di materiale in un angolo del recinto, all'esterno e nel punto piú lontano dall'abitazione vera e propria (c.d. vano 4), verso il deserto, fanno supporre che si tratti della zona in cui si scaricavano le stoviglie rotte e i rifiuti della casa in genere, che potevano da qui essere trasportati nei campi piú facilmente.

Solo pochi frammenti sporadici di vasi acromi (889, 891-892) si rinvennero invece a sud del vano 1, lungo tutto il muro orientale della recinzione.

Vano 4 (fig. 67)

Ben poco può dirsi intorno al nucleo centrale di questo edificio, che doveva essere destinato all'abitazione vera e propria e che è riconoscibile da un leggero rialzo del terreno rispetto al piano di campagna circostante all'interno del recinto e dalla notevole congerie di pietrame. Esso sembra costituito da un corpo di fabbrica rettangolare di circa m. 6 ovest-est per circa m. 8 nord-sud, alla distanza di m. 7 dal muro nord del recinto, di m. 5 dal muro est, forse di m. 2 dal muro sud.

Il muro nord sembra lungo m. 6,10, con una rientranza di m. 0,80 all'estremità est, dove forse si apriva una porta affiancata al muro est; questo pare continuare in prosecuzione di quello del vano 2 e del recinto 3 ed è stato seguito per la lunghezza massima di m. 10,10, dei quali circa m. 3,50 ricadrebbero nel vano 4; non si individuarono la prosecuzione del muro verso sud e nemmeno la parete sud del vano. La parete ovest è stata individuata e seguita con una trincea sul lato ovest; essa è lunga circa m. 7 e a sud si conclude con una rientranza di m. 0,12 rispetto al muro ovest del recinto 3.

Non si conoscono partizioni all'interno di questo settore dell'abitazione, che tuttavia doveva essere tramezzato, a giudicare dalla notevole area ricoperta.

Vano 5 (fig. 67; nn. 894-898)

Meno ancòra sappiamo di questo ambiente, che abbiamo supposto nella parte sud-ovest del recinto e del quale sono malcerti i limiti, ad eccezione del lato est. Probabilmente esso si estendeva per m. 4 in senso nord-sud e per m. 8/9 in direzione ovest-est. La parete a nord dovrebbe dividerlo dal recin-

to 6; di essa forse conosciamo la testata di un blocco largo m. 0,36 e distan-
te m. 0,40 dalla parete est; ma non è chiara questa interruzione, che difficilmente potrebbe interpretarsi come un passaggio. La parete est è in comune
con il vano 4, probabilmente per la lunghezza di m. 3,20; dopo una rientranza di m. 0,12, sembra essere in comune con il recinto 3; dopo m. 0,40
si nota una sporgenza di m. 0,50 per una lunghezza di m. 1,50; alla fine di
questa intestava probabilmente il muro sud. Nell'angolo sud-ovest è parso di
riconoscere una rientranza di ca. m. 1 (ovest-est) per m. 2 (nord-sud).

Nell'angolo nord-est di questo vano si è messo in luce un focolare (lungo
m. 0,90 in direzione nord-sud) costituito da un ammasso di cenere e di car-
boni fra cui si sono rinvenuti alcuni frammenti di ceramica e di un chiodo
in ferro, che evidentemente era piantato in un legno, che è stato bruciato
(894-898). L'esistenza di questo esteso focolare farebbe pensare che il vano 5
o almeno una parte di esso fosse destinata a cucina.

Vano 6 (*fig.* 67; nn. 899-904)

Anche la zona nord-occidentale di questa abitazione, denominata vano 6,
non ha potuto essere scavata al suo interno; con la prospezione aerea ne è
stata individuata la parte sud-occidentale, mentre con lo scavo ne sono stati
messi in luce i muri perimetrali a nord e ad est.

Il muro nord è costituito dalla prosecuzione in parte di quello dell'abitazione situata ad ovest della nostra casa B e in parte di quello dei vani 2-3;
questi due spezzoni non si raccordano, ma risultano sfalsati e lasciano in
mezzo un varco di m. 1,10 di larghezza. Non è da escludere che in questo
punto la recinzione formasse una rientranza, come si è visto per il muro che
chiude ad est la casa A; in questo caso la fondazione potrebbe essere andata
perduta, perché affiorante sul piano di campagna. Piú difficile riesce imma-
ginarvi un'apertura, il cui battente dovrebbe essere allineato a est con la faccia esterna e a ovest con la faccia interna del muro; la luce di m. 1,10 sembra
inoltre eccessiva, in considerazione del fatto che nelle case di questo villaggio si riscontrano per i passaggi luci di circa m. 0,55/0,75 di larghezza. La
porzione di muro conservata ad ovest è lunga m. 3,10 con uno spessore di
m. 0,49. La porzione conservata verso est è di complessivi m. 11,40 di lunghezza fino all'interruzione nell'angolo nord-est del recinto 3; circa m. 8,30
ricadono nel recinto 6.

Il muro est è stato appena individuato. Esso è costituito verso nord
dal muro del vano 2 per circa m. 1,80; poi dal suo prolungamento verso sud
per circa m. 5,50. A questo muro pare attaccarsi a sud il muro che limita
l'abitazione (c.d. vano 4), lungo circa m. 6. Il muro ovest è stato seguito per
m. 2 a partire da nord.

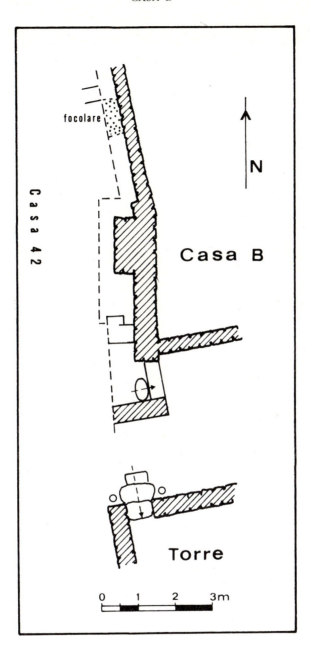

Fig. 68. - Al-Qusūr: planimetria del saggio tra la Casa B e la Torre. Scala 1 : 100.

I pochi materiali che ne provengono sono stati rinvenuti nella trincea praticata lungo la faccia interna del muro che chiude a nord quest'area. Si tratta dei frammenti di una ciotola invetriata (899) e di alcuni vasi chiusi acromi (900-904).

Saggio a sud-ovest (tavv. XCIII c, XCIV b-f; fig. 68; nn. 913-921)

Poiché la parte sud-ovest della casa B viene a trovarsi alle falde del *tell* della torre, è stato necessario approfondire in questo punto lo scavo per rintracciare anzitutto l'andamento del muro sud del vano 3 e del muro ovest dei vani 3-4.

Si è cosí notato che all'estremità occidentale il muro sud presenta una lesena aggettante m. 0,15 e larga m. 0,73, che può considerarsi anche come una testata ingrossata del muro ovest. A quest'ultimo aderiscono, sulla faccia occidentale, una base di m. 0,70 × 0,70 a m. 0,50 dall'estremità sud e una della larghezza di m. 0,50, appoggiata per una lunghezza di m. 1,50 a partire da m. 2,35 dallo spigolo sud e fino a m. 0,40 dallo spigolo a nord, dove il muro rientra di m. 0,12.

Lo scavo è stato approfondito anche piú a sud, nello spazio tra la casa B e la torre. Si è visto cosí che allo spigolo est della lesena si attacca un muretto nord-sud, largo m. 0,41, lungo m. 0,98. Esso termina contro la testata di un muro ovest-est, che è stato liberato per poco piú di m. 1 di lunghezza e che è largo m. 0,46. Nell'angolo originato da questi due muri, all'interno, si rinvenne un ciottolo lungo m. 0,62 e largo m. 0,36, che dava l'impressione di essere scivolato dal muretto verso ovest e che in ogni caso, poiché pare aver avuto funzione di soglia, indica che il muretto fungeva da gradino ad una porta, la cui luce lorda andava quindi dallo stipite formato dalla lesena a nord allo stipite formato dalla testata del muro a sud per m. 0,98 e per una profondità di m. 0,73.

Considerazioni

Poco si può dire sull'articolazione della casa B a causa della limitata estensione e del mancato approfondimento del saggio di scavo. Essa si presenta come l'ultima abitazione della parte nord-est del settore piú accentrato del villaggio. Il muro di recinzione la chiude verso l'area desertica a nord e ad est. L'ingresso si apriva sulla stradina a sud, che la divideva dal complesso 50 (torre e casa A); a ovest un muro la divideva dal complesso 42.

Si entrava in un lungo cortile a L, la cui ala orientale aveva a sinistra l'abitazione e a destra e in fondo il muro di recinzione con due piccoli locali adibiti a deposito e probabilmente una concimaia nell'angolo nord-est. L'ala meridionale separava l'abitazione dalla strada e permetteva di accedere alla casa e ai recinti 5 e 6, per i quali non siamo in grado attualmente di proporre una zonizzazione.

All'esterno del recinto, oltre a materiali sporadici lungo i muri est e sud (905-912), da considerare come vasellame rotto gettato fuori dalla casa, si rinvennero i resti di una giara *in situ* davanti allo stipite occidentale della porta d'ingresso (911). L'uso di collocare una giara piena d'acqua all'esterno dell'ingresso della casa è ancòra vivo in molti paesi arabi, simbolo semplice, ma schietto di ospitalità.

Qualche metro a nord del recinto si notano i resti di due piccoli ambienti accostati in direzione nord-sud. Piú che di un complesso autonomo è probabile che si tratti di locali di servizio dipendenti dalla casa B, perché piccoli vani isolati si riscontrano in prossimità di molti recinti del villaggio e sono da mettere sicuramente in relazione con questi. Se ammettiamo un rapporto tra questa abitazione e i due ambienti a nord di essa, potremo anche ammettere che l'interruzione del muro che delimita a nord il recinto corrisponda ad un passaggio tra il cortile 6 e la dipendenza settentrionale. Spesso le piccole dipendenze isolate andranno forse interpretate come locali di decenza, che dovevano scaricare all'esterno, in modo che il deposito potesse essere trasportato direttamente nei campi da coltivare.

II - I MATERIALI

Lo scavo ha portato in luce pochi materiali. Essi provengono soprattutto dalla casa A (677-817), mentre molto piú scarsi sono quelli emersi dalla torre (818-869) e dalla casa B (870-921). Nel complesso, alla prima abitazione si riferiscono 140 pezzi, ad ognuna delle altre due unità 51 pezzi. Questo divario non riflette una maggiore ricchezza della casa A rispetto alle altre due abitazioni, ma dipende dal fatto che la prima è stata scavata estensivamente, mentre le altre sono state appena saggiate, mettendone in luce parzialmente il perimetro e qualche vano interno a titolo di saggio.

Il contesto emerso dallo scavo è composto quasi esclusivamente da resti di recipienti fittili, nessuno purtroppo integro o ricostruibile integralmente, anzi raramente a profilo completo. Prevalgono i recipienti per la conservazione delle derrate e soprattutto dell'acqua, come le giare, nonché i bacili, e quelli destinati alla presentazione degli alimenti, come le ciotole invetriate. Stranamente scarsi sono invece i boccali, sia invetriati che no, ed i recipienti usati per la cottura degli alimenti. Piú rari sono i vasi in vetro ed in pietra, adatti del resto per usi piú limitati. Stupisce l'assenza quasi completa di lucerne, anche nel contesto dell'abitazione scavata integralmente, la Casa A; l'unico esemplare proviene dal saggio all'esterno della Casa B. Oltre al vasellame, si sono rinvenute ben poche altre componenti dell'arredo domestico: si tratta di un opercolo in legno e di due chiodi in ferro. Molto scarsi infine sono anche i resti faunistici, ascrivibili a rifiuti dei pasti.

I materiali sono stati rinvenuti soprattutto sparsi sui pavimenti. Alcuni erano ancora *in situ* negli angoli o al centro di alcuni vani nelle Case A e B, anche se se ne conservava soltanto il fondo, com'è logico dato che i resti di questi edifici erano quasi affioranti sul piano di campagna. In particolare nella Casa A una giara acroma (723), già posta su un sasso, era nell'angolo nord-est del vano 1, adiacente ad ovest al ripostiglio; un'altra (747) era nell'angolo nord-est della cucina; una giara invetriata (770), posata su un sasso, era nell'angolo nord-ovest del vano 3, ed un'altra acroma (773) era nell'opposto angolo sud-est dello stesso ambiente. Anche nella Casa B si è rinvenuta una serie di vasi *in situ* nell'unico ambiente scavato completamente, il vano 1; al centro vi giaceva il fondo di una giara acroma (876), nell'angolo nord-ovest si raccolsero i resti di un'altra giara (879) e nell'opposto angolo sud-ovest una brocchetta acroma (875). Infine, fuori della porta d'ingresso alla Casa B si è rinvenuto *in situ* il fondo di una giara acroma (911), un *habb* destinato a contenere l'acqua, secondo un uso arrivato fino quasi ai nostri giorni.[1]

Oltre che sui pavimenti, i materiali sono stati rinvenuti nell'interno dei vani e nelle trincee praticate lungo i muri per rimetterli in luce.

---

[1] SARRE - HERZFELD, IV, p. 9.

Ceramica

Ceramica invetriata dipinta

L'unico frammento di ceramica invetriata a decorazione dipinta rinvenuto nello scavo (829) è emerso dall'interro che copriva il crollo dei muri nel vano 2 della Torre. Si tratta di un frammento di ciotola con decorazione dipinta in nero sotto vetrina alcalina turchese, un tipo di ceramica, denominato convenzionalmente di Raqqa[2] da uno dei suoi principali centri di produzione, venuto di moda tra la fine del XII e gli inizi del XIII secolo, che incontrò un enorme favore nel mondo islamico e che si trova diffusa in abbondanza lungo tutto il corso dell'Eufrate. Il nostro pezzo poté raggiungere Failakah seguendo questa naturale via d'acqua.

Ceramica invetriata monocroma

La ceramica invetriata è realizzata in argilla per lo più di colore crema, a volte rosato o color camoscio-rosato; ben depurata, compatta e uniforme, raramente con qualche vacuolo. È coperta da vetrina alcalina di colore turchese, generalmente spessa e consistente, piuttosto uniforme, lucente ove ben conservata, in un caso eccezionalmente molto pallida (803), in un altro con riflessi madreperlacei (804). In pochi pezzi (686-689) il tono è più decisamente verde.

Le forme che compaiono sono quelle già individuate nella ceramica invetriata e non invetriata rinvenuta in superficie nell'area del villaggio. Si tratta di ciotole, giare, bacili e boccali, la cui frequenza, come nel resto del villaggio, è decrescente nell'ordine indicato. L'unica novità è costituita da una lucerna.

Ciotola. La ciotola si conferma come il recipiente invetriato di più largo uso tra la suppellettile domestica del villaggio. Le migliori condizioni di conservazione dei pezzi rinvenuti nello scavo consentono di distinguervi due forme, rispettivamente denominate Forma 1 e Forma 2.

La prima forma (Forma 1), già individuata tra il materiale di superficie,[3] è caratterizzata da un'alta carena. La bocca si può articolare in diversi modi; oltre alle varianti *a* ed *f* già individuate, che comportano rispettivamente bocca inflessa e carena molto alta (818-819, 858), o bocca svasata ad orlo stondato e parete a profilo concavo al di sopra della carena (678, 710, 870), ne compaiono altre due (*fig.* 91).

---

[2] E. J. GRUBE, '*Raqqa Keramik im Metropolitan Museum in New York*, in « Kunst des Orients », IX (1963), pp. 42-78; R. PINDER-WILSON, in *The Art of Islam, Hayward Gallery, 8 April - 4 July 1976* (The Art Council of Great Britain), London 1976, p. 209, nn. 356-360.

[3] Si riferiscono a ciotole invetriate i seguenti frammenti: nn. 678-681, 710-713, 774, 782-783, 803-804, 811, 818-819, 830, 856-858, 870, 899, 906. Per le osservazioni sulle ciotole invetriate rinvenute in superficie nel villaggio, v. *supra,* pp. 186-188.

i) orlo della bocca ingrossato, obliquo, inflesso, carena tondeggiante molto pronunciata (679);

l) orlo della bocca ingrossato, pendente rettilineo verso l'interno (782).

Come si è visto le ciotole carenate sono molto diffuse nella prima età islamica.[4]

La seconda forma (Forma 2), assai meno attestata dell'altra (803, 899), è pienamente valutabile grazie ad un esemplare intero (803), che individua una nuova variante (*d*) caratterizzata da bocca con orlo semplicemente stondato e assottigliato e base piana con accenno di piede a disco. Ciotole di questa forma, sia invetriate che no, sono frequenti nei contesti della prima età islamica e in particolare il nostro esemplare 803 è assai vicino ad uno rinvenuto nel terzo livello di Susa, databile quindi fra la metà del VII secolo e la seconda metà dell'VIII secolo.[5]

Normalmente le ciotole sono coperte dalla vetrina sia all'interno che all'esterno,[6] salvo il fondo esterno che, nell'unico esemplare a profilo completo (803), è lasciato nudo. Eccezionalmente (712) l'esterno è nudo.[7]

Come già si è notato per le ciotole invetriate rinvenute in superficie nel villaggio,[8] anche queste provenienti dallo scavo erano cotte in fornace impilate l'una sull'altra, separate da treppiedi, di cui è restata traccia su un esemplare (858), cosí come su un bacile (855).

Bacile. Lo scavo ha confermato la rarità dei bacili invetriati (680, 688, 742, 830, 855), che presentano la consueta forma troncoconica non carenata (Forma 1) con l'orlo della bocca ingrossato e la base a disco o piano (830) o concavo (688, 855).[9] La decorazione, incisa sotto vetrina con un motivo a treccia, che compare in uno dei pezzi (742), presenta un motivo che nasce dal raddoppiamento contrapposto della linea ondulata, cosí frequente nella ceramica invetriata e non invetriata della prima età islamica.[10]

---

[4] *Ibidem*, e i confronti ivi citati.

[5] Cfr. ad esempio ADAMS, *Abū Sarīfa*, fig. 11/*ab* (IV livello); M. ROSEN-AYALON, *Niveaux islamiques de la "Ville Royale"*, in « Cahiers de la Délegation Archéologique Française en Iran », II (1974), fig. 61/3, non invetriata (III livello); ROSEN-AYALON, figg. 333-335, 340-341, in particolare per il nostro n. 503 cfr. fig. 341.

[6] Cfr. le ciotole invetriate rinvenute in superficie ad al-Qusūr, *supra*, p. 187.

[7] Anche ad Abū Sarīfa, per esempio, in alcuni casi le ciotole sono coperte dall'invetriata soltanto all'interno e sull'orlo, mentre l'esterno è nudo.

[8] V. *supra*, p. 187 (n. 642).

[9] V. *supra*, p. 188. Cfr. in particolare per il n. 742 il n. 470; per il n. 830 il n. 504.

[10] Cosí ad esempio su dei bacili da Susa: ROSEN-AYALON, *Niveaux islamiques,* cit., fig. 58/13 (dal II livello), cfr. anche *ibid.,* fig. 59/4 coppa dal III livello; ROSEN-AYALON, figg. 31-33, 36, 37 (vasi acromi), 350, 351 (giare invetriate). In particolare per il motivo a treccia come nel nostro esemplare cfr. *ibidem*, fig. 38 (frammento acromo dal II livello); KERVRAN, fig. 33/11 (bacile acromo dal I livello). Per la forma, cfr. KERVRAN, fig. 33/6 (fuori dal contesto stratigrafico).

Giara. Le giare, il contenitore più frequente dopo le ciotole, sono presenti con frammenti che sembrano riferirsi tutti alla seconda forma che si è individuata fra il materiale ceramico di superficie di questo villaggio,[11] denominata Forma 2. Presentano collo cilindrico sviluppato che svasa alla bocca, piuttosto larga, con orlo superiormente piatto, aggettante all'esterno (677) o ingrossato sia verso l'interno che verso l'esterno (686). Le anse sono a nastro verticale a sezione ovale. La base è a disco con fondo esterno leggermente concavo (770).

La superficie esterna, sia delle pareti che della spalla, a volte è leggermente ondulata e la vetrina appare di conseguenza come striata.[12] La vetrina ricopre tutto l'esterno. L'interno, raramente nudo (684, 715), presenta per lo più una vetrina di colore nerastro come le analoghe giare rinvenute in superficie (555 *b*, 617). Eccezionalmente (770) all'interno si stende una vetrina incolore con riflessi madreperlacei. Rarissima è la decorazione, come negli analoghi frammenti rinvenuti in superficie in questo villaggio: soltanto un pezzo (881) conserva parte di un cordone plastico mosso da impressioni digitali, un partito decorativo dei più comuni nella prima età islamica, frequentemente applicato alle giare.[13]

Boccale. I pochi frammenti di boccali si riferiscono a due esemplari. Di uno (909) abbiamo parte della spalla con l'attacco inferiore dell'ansa a nastro verticale; dell'altro (914) parte della bocca, con orlo appena ingrossato, ed il fondo con basso piede a disco piano a profilo arrotondato. La vetrina ricopre tutto l'esterno e scende irregolarmente anche all'interno della bocca, mentre il resto della superficie interna è nuda.

Lucerna. L'unico frammento di lucerna rinvenuto (913) presenta stretta bocca circolare leggermente svasata, con orlo ingrossato, collo sottile e sviluppato, spalla molto inclinata, corpo globulare su base piana, un'ansetta verticale a nastro sottile attaccata sulla bocca e sulla spalla in posizione opposta al becco, che doveva essere allungato. La vetrina ricopre tutto l'esterno e scende in sgorature all'interno della bocca.

Manca sinora uno studio sistematico delle lucerne di epoca medievale, appena iniziato per alcuni settori particolari.[14] Esso sarebbe molto utile per-

---

[11] V. *supra,* p. 197.

[12] V. *supra,* p. 186.

[13] Per questo motivo decorativo v. *supra,* p. 74 e note 13-17. Per la ceramica invetriata decorata con questo motivo, v. ad esempio Rosen-Ayalon, figg. 368-369; B. De Cardi, *Archaeological Survey in the Northern Trucial States,* in « East and West », n.s., 21 (1971), figg. 16/117 e 49/4.

[14] Per le lucerne islamiche, dopo i lavori pionieristici di J. Lacam, *Étude et classement des lampes à huile musulmanes* (Collections des Musées Français), in « Cahiers de Byrsa », III (1953), pp. 197-203, e di F. Day, *Early Islamic and Christian Lamps,* in « Berytus », VII (1942), pp. 64-79, si possono citare W. B. Kubiak, *Medieval Ceramic Oil Lamps from Fustāt,* in « Ars Orientalis », VIII (1970), pp. 1-18, e K. K. Hamondi - N. Yurgis, *The Islamic Lamp in Iraq,* in « Sumer », XXXIII (1977), 1, *arabic section,* pp. 147-163.

ché si tratta di oggetti di uso comune, che si ritrovano spesso nei contesti archeologici e che potrebbero diventare pertanto un prezioso elemento di datazione se sistemati in seriazioni tipologiche agganciate a sicuri punti di riferimento cronologico. La lucerna rinvenuta ad al-Quṣūr è di un tipo che — articolato in molte varianti — conosce una lunga fortuna nel mondo islamico; l'accentuato sviluppo del collo non permette di datarlo prima dell'XI secolo, almeno stando a quanto è stato osservato per l'evoluzione tipologica delle lucerne provenienti da Fusṭāt.[15]

Ceramica acroma a decorazione stampigliata (tabella 3)

Da due delle abitazioni scavate, dalla Casa A (690-692, 743, 776, 805, 812) e dalla Casa B (872-873, 882-883, 895), sono emersi diversi frammenti di giare acrome a decorazione stampigliata analoghe a quelle rinvenute in superficie sull'area del villaggio.[16] Le giare sono realizzate in argilla di colore variante da crema a crema-verdastro, a camoscio-rosato, ben depurata, compatta e dura.

La loro forma ci è parzialmente nota in due casi: l'esemplare più conservato (812) si inserisce nell'ambito della prima forma (Forma 1), caratterizzata da spalla dilatata, che si restringe verso la bocca;[17] l'altro (743) conserva parte del piede a disco su base piana.

La decorazione si dispone preferibilmente nel punto di massima espansione della spalla, che a volte presenta la superficie leggermente ondulata; ma poteva interessare anche altre parti del vaso, come ad esempio l'orlo della bocca (812). Realizzata a stampo, essa comporta due serie di bolli, o circolari o subquadrangolari, come si è visto per l'analogo materiale di superficie. Risultano confermate dallo scavo sia la maggior frequenza della decorazione con bolli circolari rispetto a quelli subquadrangolari, sia le osservazioni fatte in generale sull'analoga ceramica rinvenuta in superficie.

I bolli della prima serie, quelli circolari (690, 692, 743, 805, 812, 872, 873, 895), piuttosto piccoli, avendo un diametro variabile da cm. 2,5 a cm. 3,2,[18] presentano per lo più dei motivi geometrici, in un caso un motivo figurativo (805). I motivi geometrici distribuiti in cerchi concentrici, da uno a tre, comportano alveoli, su tre cerchi (cfr. n. 662), che racchiudono un punto centrale (690); elementi incavati subquadrangolari, molto irregolari, su tre

---

[15] Cfr. KUBIAK, art. cit., p. 11 s., tipo G, figg. 8/a-b e 10; con questo tipo comincia la grande famiglia delle lucerne a lungo becco, che dominano in epoca post-fatimida; questo tipo si data nell'undicesimo secolo e nella prima parte del dodicesimo.

[16] V. supra, pp. 190-193.

[17] V. supra, p. 197.

[18] I pochi esemplari di bolli circolari di cui conosciamo il diametro sono i seguenti: nn. 690 (diam. cm. 3,2); 743 (diam. 3); 873 (diam. 2,5); 895 (diam. 3). Isolati sono i bolli della giara n. 812, la cui estrema piccolezza (diam. 1,3) si spiega in rapporto alla loro posizione sulla bocca del vaso invece che sulla spalla, come negli altri casi.

giri concentrici, che racchiudono cinque puntini centrali (743); un motivo analogo a elementi subtriangolari incavati, su un unico cerchio, che racchiude un punto centrale (812); infine file di puntini distribuiti su tre giri,[19] che racchiudono cinque puntini (873). In altri tre bolli circolari la decorazione risulta purtroppo illeggibile, poiché sono stati impressi troppo debolmente. L'unico bollo circolare con un motivo figurativo (805) presenta un quadrupede, forse una gazzella, stante di profilo a destra,[20] esso può considerarsi come un anello intermedio tra le due serie di bolli.

Meno perspicui sono i bolli della seconda serie, quelli subquadrangolari (691, 776, 882-883), meno frequenti di quelli circolari: non ne conosciamo le dimensioni, perché nessuno è conservato integralmente, ma appaiono più grandi di quelli circolari; spesso furono impressi debolmente, per cui risultano quasi tutti illeggibili. Sappiamo che comportano una cornice per lo più dentellata (cfr. 404, 415, 467), in un caso eccezionalmente a punti (883) confrontabile con un bollo di Wāsit databile nel IX secolo.[21] Solo in un esemplare (776) restano tracce del motivo decorativo interno, in cui sembra si possano riconoscere le zampe di un quadrupede (gazzella?).

Nel complesso, queste giare a decorazione stampigliata sono analoghe, per impasti, forma e decorazione, a quelle rinvenute sporadicamente nell'area del villaggio di al-Qusūr e vanno datate in epoca umayyade e protoabbaside (metà VII - IX secolo).

Ceramica acroma a decorazione incisa o excisa

Pochi frammenti vascolari si riferiscono a vasi decorati ad incisione (717, 813, 831, 832, 841, 875, 915) o ad excisione (805 a, 910). A parte un frammento di spalla di giara (832), si tratta di vasetti di piccole dimensioni, probabilmente boccali, realizzati in argilla di colore crema finemente depurata.

Non è possibile definirne la forma per mancanza di elementi, tranne che parzialmente per alcuni pezzi (831, 875) riconducibili ad una stessa forma, che presenta bocca con orlo appiattito e collo breve piuttosto largo, distinto dalla spalla da una modanatura a toro; profonde e larghe solcature circolari corrono sulla spalla. Essi sono confrontabili con numerosi boccali acromi di Susa rinvenuti nel terzo livello della Ville Royale: fra le caratteristiceh salienti della ceramica acroma di questo livello rientra infatti la modanatura che corre alla base del collo, alla quale si sommano spesso molteplici solca-

---

[19] Cfr. *supra*, nn. 579, 603, 618-619; cfr. anche FINSTER - SCHMIDT, p. 105, fig. 49/*a-d*, da Tulūl al-Uhaidir.

[20] Per il motivo decorativo cfr. il bollo rinvenuto in superficie nel 1975, tav. LVIII *b*, e *supra*, n. 415, *infra*, n. 776.

[21] Cfr. F. SAFAR, *Wāsit, the Sixth Seasons's Excavations*, Cairo 1945, fig. 16/38 e p. 38 per la data.

ture circolari sulla spalla.[22] Forse di forma analoga è un boccale acromo (772), di cui si conservano parte della bocca e del collo.

La decorazione è in genere semplice, comportando dei fasci di solcature orizzontali od ondulate (717, 841, 915), incise con pettine a tre o quattro punte, un partito decorativo molto frequente nella ceramica della prima età islamica e presente anche su frammenti di giare non invetriate rinvenute in questo stesso villaggio.[23] Di difficile interpretazione, anche per l'unicità del pezzo, è la decorazione di un frammento (813), in cui si potrebbe forse riconoscere il corpo di un quadrupede (gazzella?) di profilo a destra, con pelame ispido indicato finemente.

Isolati a Failakah sono altresì due boccali. Di uno (910) resta un frammento di parete decorata a fitte excisioni subrettangolari e triangolari confrontabili con motivi decorativi analoghi, che compaiono sulla ceramica non invetriata della prima età islamica rinvenuta per esempio ad Abū Sarīfa e a Susa.[24] Particolarmente fine è l'altro (805 a), di cui resta parte della spalla, distinta dal collo, sulla quale dei gruppi di cerchietti, con punto centrale, impressi a stampo, si inseriscono sopra e sotto ampi petali ovali resi ad excisione. Questo boccale rientra nel gusto che ha prodotto dei pezzi di una grande raffinatezza che appartengono ad età umayyade e protoabbaside. Si tratta di boccali con collo sviluppato, distinto dalla spalla da una modanatura, corpo globulare su base piana, un'ansa a nastro verticale. La decorazione si stende esclusivamente sulla spalla e si avvale di diverse tecniche, spesso combinate tra di loro. L'esemplare di al-Quṣūr ha precisi confronti in pezzi quasi identici del bacino mesopotamico, databili tra la metà del VII e la fine dell'VIII secolo (o inizi del IX) rinvenuti a Kūfa,[25] nel castello di Al-Ukhaidhir,[26] a Tulūl al-Uhaidir,[27] a Hīra.[28] Particolarmente massiccia è la presenza di vasi di questo tipo a Susa, ove in particolare caratterizzano il terzo livello del settore

---

[22] Cfr. Rosen-Ayalon, figg. 1, 2, 4-18 e p. 29 per le considerazioni generali sulla ceramica acroma del III livello di Susa.

[23] V. *supra,* p. 194, con riferimenti.

[24] Cfr. Adams, *Abū Sarīfa,* p. 102, fig. 10/*p, q* (dal IV livello); Rosen-Ayalon, fig. 86 (dal III livello).

[25] K. Al Janabi, *An Outline of the Planning of the City of Kūfa,* Baghdad 1967, tav. 29.

[26] Al Husaini, *op. cit.,* fig. 18.

[27] Finster - Schmidt, p. 110, fig. 51/*c, e,* tav. 51/*b, e, g, k.*

[28] Talbot Rice, *Hīra,* p. 66 (gruppo 2 B), fig. 21 a sinistra.

[29] Cfr. Rosen-Ayalon, *Niveaux islamiques,* cit., p. 179, fig. 80/8-9 (dal III livello della Ville Royale); Rosen-Ayalon, pp. 74-88 (gruppo 6) in particolare figg. 163-171, 176-178 (dal III livello); Kervran, pp. 81, 87 s., figg. 27/2, 4, 5 e 28/5, tav. XI/7-8 in particolare (dai livelli II e III dell'Apadana).

Questa tipica decorazione a cerchietti si ritrova anche nella ceramica dell'area palestinese nell'VIII-IX secolo, per esempio a Tiberiade: J. D. Frierman, *Medieval Ceramics VI to XIII Centuries,* Los Angeles 1975, p. 52, n. 97 (piatto, da Ramla?).

della Ville Royale.[29] Del resto l'associazione di questi due elementi decorativi, cioè circoli puntati e petali, ha più ampie applicazioni, trovandosi anche nel repertorio ornamentale architettonico, sia in rilievi in pietra coevi, dal terzo livello di Susa e da Amman, sia in stucchi ed affreschi.[30]

Ceramica acroma a decorazione incisa e plastica

In due delle abitazioni scavate si sono rinvenuti pochi frammenti di vasi acromi a decorazione plastica abbinata a quella incisa (693, 784, 812, 874). Essi provengono dalla Casa A (693, superficie; 784, 812) e dalla Casa B (874).

I frammenti si riferiscono a due brocchette di piccole dimensioni, a giudicare dallo spessore delle pareti, e a due giare. Una brocchetta (693) presenta bocca stretta e collo breve ornato da due anelli plastici sovrapposti incisi con tacche subcircolari; essa trova confronto in un analogo pezzo di Tulūl al-Uhaidir che presenta però un solo anello plastico, e un parallelo più stretto in una brocchetta dall'Afghanistan, anteriore all'invasione mongola.[31] L'altra (784), a bocca svasata con orlo ingrossato, è ornata sul collo da un anello plastico mosso da profonde tacche verticali. Delle due giare restano parte della bocca e della spalla, sufficienti per indicare che esse rientrano in quella forma definita Forma 1, caratterizzata da spalla dilatata che si restringe verso la bocca ad orlo ingrossato.[32] In entrambe le giare si sommano partiti decorativi ottenuti con tecniche diverse; in un caso (812) ai bolli circolari stampigliati sull'orlo della bocca[33] si associano sulla spalla delle coppie di cordoni circolari a bordo frastagliato; nell'altro (874) sotto la bocca corrono un cordone plastico mosso da tacche oblique ed una fila di profonde e sottili incisioni oblique a taglio, che si ritrovano per esempio su delle giare di Susa.[34]

Ceramica nuda

Come si è già notato nell'esame del materiale rinvenuto in superficie nel villaggio, la maggior parte della suppellettile vascolare domestica è costituita da semplici vasi acromi. Questo viene confermato dallo scavo, stando a quanto si deduce dalla maggior abbondanza dei frammenti di ceramica nuda rispetto a quelli che presentano tracce di decorazione; naturalmente i frammenti possono anche riferirsi a parti lisce di vasi decorati.

---

[30] ROSEN-AYALON, fig. 158 e p. 76, nota 1, con riferimenti.

[31] FINSTER - SCHMIDT, fig. 44/h; A. GARDIN, *La prospection de la Bactriane orientale (1974-1978): premiers resultats,* in « Mesopotamia », XIII-XIV (1978-1979), pp. 99-154, fig. 17.

[32] V. *supra,* pp. 189, 197, per le giare di uguale forma, rispettivamente invetriate e acrome.

[33] Per i bolli, v. in particolare *supra,* pp. 190-193.

[34] Cfr. ROSEN-AYALON, fig. 38 *a*; KERVRAN, fig. 22/6 (dai livelli II e III dell'Apadana). Per il motivo del cordone plastico con incisioni o impressioni digitali, v. *supra,* nota 13.

Impasti e forme sono quelli degli analoghi vasi rinvenuti in superficie. Prevalgono i vasi chiusi, la giara e la brocchetta, rispetto a quelli aperti, che sono limitati ad alcuni frammenti di bacili e ad un piatto, l'unico vaso a profilo completo. Non sono emersi frammenti di ciotole, che compaiono invece tra la ceramica nuda rinvenuta in superficie in questo villaggio.[35]

Bacile. Piuttosto rari sono i bacili acromi, come del resto quelli invetriati.[36] Sono documentati da alcuni frammenti, che si riferiscono soltanto alla bocca o alla parte superiore del corpo; essi hanno la consueta forma troncoconica senza carena (Forma 1), all'interno della quale si distinguono diverse varianti in base alla conformazione della bocca. Sono presenti le varianti *d*, *e*, *g*, già indivituate tra la ceramica nuda rinvenuta in superficie in questo villaggio; esse sono caratterizzate rispettivamente da bocca ad orlo obliquo e ingrossato sia all'interno che all'esterno (744, 885), come gli analoghi bacili invetriati[37] e come alcuni esemplari di Susa;[38] bocca ad orlo revoluto (694, 767, 886), in un caso percorso da una scanalatura (896); labbro pendente (824). È presente inoltre una nuova variante (*fig.* 94):

h) orlo della bocca ingrossato all'esterno e molto allungato (695).

Ad un bacile di forma sostanzialmente diversa, a corpo ampio e poco profondo, rimanda un frammento di bocca con largo bordo piatto (718), che non ha altri riscontri a Failakah.

Piatto. Nel contesto ceramico di al-Qusūr risulta isolato un piattello (916), proveniente dal saggio praticato all'esterno della Casa B, ad ampia tesa e con un cavetto poco profondo su base piana; esso sembra riferirsi ad un orizzonte più tardo rispetto al complesso delle ceramiche delle Case A e B.[39]

Giara. Le giare sono presenti nelle due forme già individuate.[40] La prima forma (Forma 1), a spalla rigonfia che si restringe verso la bocca ad orlo ingrossato (696-697, 719, 842, 874, 876, 895) o comunque priva di collo (849, 884) si riconferma come quella più frequente. Alla seconda forma (Forma 2), caratterizzata da collo distinto, sono riconducibili pochi pezzi, uno dei quali (722) è vicino alla variante *b* delle giare acrome di Forma 2 rinvenute in superficie in questo villaggio. Si distingue una nuova variante (*fig.* 96):

---

[35] V. *supra,* p. 196.

[36] Per i bacili invetriati v. *supra,* p. 288.

[37] V. *supra,* n. 742.

[38] Cfr. KERVRAN, fig. 33/6, 12-14 (dal I livello dell'Apadana).

[39] Cfr. per la forma un piattello acromo da Qasr al-Hayr: O. GRABAR - R. HOLOD - J. KNUSTAD - W. TROUSDALE, *City in the Desert, Qasr al-Hayr East,* Cambridge Mass. 1978, p. 112, fig. A 2/5-11 (dai contesti più tardi). Il piatto di al-Qusūr proviene dal saggio fuori della Casa B, dove si è rinvenuta altresí una lucerna (913), da riferire almeno all'undicesimo secolo, v. *supra,* p. 289.

[40] V. *supra,* p. 197.

h) bocca dritta con orlo tagliato obliquo, all'interno o all'esterno (700, 900).

Alcuni frammenti di bocche (777, 849, 884, 897) si distinguono per l'orlo ampio e appiattito. Il fondo è spesso a puntale troncoconico (747, 765, 889), tipico dei contenitori per derrate;[41] meno frequentemente presenta piede ad anello (911), come in esemplari già esaminati;[42] non è attestata la base piana, né quella con piede a disco, che conosciamo invece da analoghi esemplari di superficie.[43] È da segnalare che un fondo di giara (911) conserva delle tracce del contenuto di colore nerastro, che potrebbe essere pece, osservata in effetti all'interno di alcune giare di Abū Sarīfa.[44]

Boccale. I boccali sono poco documentati e non possiamo valutarne le forme. La parte superiore del corpo assumeva diverse articolazioni, comportando un collo lungo e sottile appena svasato alla bocca (721), che trova lontani confronti a Tulūl al-Uhaidir,[45] o bocca svasata (789), come una brocchetta sporadica dall'area del villaggio,[46] o bocca con orlo ingrossato (720, 771) come in alcune brocchette di Tulūl al-Uhaidir.[47] Due frammenti si riferiscono a due fondi (724, 888), uno a base piana, che è frequente nei boccali rinvenuti in superficie,[48] l'altro a base accentuatamente concava.

È da sottolineare che questa povera suppellettile domestica veniva conservata con cura e riutilizzata variamente. Un restauro antico è documentato su un frammento di giara (877), mentre da un altro frammento di parete di giara (727) fu ricavato un peso da telaio[49] ed il fondo di un vaso chiuso fu riutilizzato come vaso da fiori praticandovi un foro (723). Possiamo scorgere in questi pochi, ma significativi, indizi le tracce di un'economia povera, già intravvista del resto attraverso le osservazioni emerse dall'esame della ceramica di superficie, non soltanto di questo villaggio,[50] ma anche di altri insediamenti abbandonati dell'isola.[51]

---

[41] Cfr. *supra*, nn. 407, 480, e *infra*, n. 880; J. LACAM, *La céramique musulmane des époques omeyyade et abbasside, VIIe au Xe siècle*, in « Cahiers de la Céramique, du Verre et des Arts du feu », 20 (1960), p. 278, figg. 37 (Samarra, IX sec.), 38-40 (Susa, IX sec.), 43 (Susa, X sec.), 53 (Susa, IX-X sec.); ROSEN-AYALON, fig. 114; G. McGUIRE, *The City and Area of Kish*, Miami 1972, p. 168 *k*, fig. 36 (prima età islamica).

[42] Cfr. *supra*, nn. 647, 652.

[43] V. *supra*, nn. 373, 567 (base apoda), 426 (piede a disco).

[44] ADAMS, *Abū Sarīfa*, p. 104.

[45] FINSTER - SCHMIDT, fig. 44 *a*, con modanature sul collo.

[46] Cfr. *supra*, n. 458.

[47] FINSTER - SCHMIDT, fig. 41 *a*.

[48] Cfr. *supra*, nn. 450-451, 481.

[49] Cfr. *supra*, n. 388, peso da telaio anch'esso ricavato da un frammento di giara invetriata.

[50] Per le osservazioni generali sull'economia di questo villaggio, v. *infra*, Conclusioni.

[51] V. le osservazioni a proposito dei siti 9 e 12, *supra*, pp. 76, 115.

Vasi d'impasto

Tra il vasellame domestico rinvenuto nello scavo alcuni pezzi sono realizzati in un impasto grossolano di colore variante da camoscio-giallino, a
rosso-ruggine, a nero, ricco di inclusi bianchi e bruni (706, 734, 759).

Si tratta di giare di forma non precisabile, dato che abbiamo soltanto
dei frammenti di pareti e pochi elementi di una spalla (734) che presenta una
decorazione assai semplice, costituita da una fila di piccole incisioni subcircolari.

A questi scarsi frammenti fanno riscontro i pochi elementi di vasi analoghi rinvenuti in superficie nel villaggio, riferibili oltre che a giare anche
a boccali e a bacili troncoconici.[52]

Ceramica da fuoco

Stranamente scarso, come del resto tra il materiale di superficie,[53] è il
vasellame da fuoco rinvenuto nello scavo (760, 846-848, 850, 917-919), che
proviene soltanto dalla cucina della Casa A, dal vano 3 della Torre, dove sono
documentati dei focolari, e dal saggio a sud-ovest della Casa B.

Questi recipienti sono realizzati nel tipico impasto di colore rosso-ruggine, micaceo, a superficie scabra; le pareti sono sottili. Difficile risulta valutarne la forma, poiché possediamo quasi esclusivamente frammenti di pareti,
tranne in un caso (850), in cui abbiamo la parte superiore di una pentola
a spalla rigonfia che si restringe verso la bocca, che ha il confronto più im-
mediato in un analogo esemplare rinvenuto in superficie (654); entrambi sono
ascrivibili a quella che abbiamo definito Forma 1.

Vetro

Meno numerosa di quella fittile è la suppellettile vitrea (707, 735-738,
761, 781, 809-810, 828, 838-839, 851, 867-868). A parte un frammento
rinvenuto in superficie (707) i pezzi provengono esclusivamente dalla Casa A
e dalla Torre. Come già si è visto per il vasellame vitreo rinvenuto in superficie nel villaggio,[54] anche quello rinvenuto nello scavo si presenta in pessimo stato di conservazione, il che rende spesso difficile valutarne il colore
originale. Prevalgono i vasi in vetro verde, più spesso verde scuro (737, 761,
781, 810, 828, 839, 868) che verde chiaro (735-736), mentre rari sono i
vasi in vetro trasparente biancastro (809) o rossiccio scuro (851). Alle varietà
di vetri già note dai ritrovamenti di superficie[55] se ne aggiunge quindi una
nuova, il vetro di colore rossiccio scuro.

---

[52] Per i vasi d'impasto rinvenuti in superficie, v. *supra,* p. 198.

[53] Per il vasellame da fuoco rinvenuto in superficie, v. *supra,* p. 198 s.

[54] Per i vasi di vetro rinvenuti sporadicamente nell'area del villaggio, v. *supra,* p. 199.

[55] I vetri rinvenuti in superficie ad al-Quṣūr sono per lo più di colore verde, sia chiaro
che scuro, raramente di colore biancastro, v. *infra,* tabella 5.

Nonostante che nessun vaso sia conservato integralmente, tuttavia possiamo valutare la forma di alcuni pezzi. Le più documentate sono le coppe (735-736, 761, 781, 809, 851), oltre alle quali compare una bottiglia (737). Le coppe presentano corpo più o meno profondo su base larga, concava verso l'interno e ingrossata al centro; in un caso la parete è mossa da larghe ed ampie ondulazioni verticali (781). In base all'articolazione del corpo e della bocca si distinguono i seguenti tipi:

a) bocca inflessa, ad orlo semplice (736) o revoluto (851);

b) bocca svasata ad orlo ingrossato e stondato; corpo profondo a profilo rigido (781);

c) bocca svasata ad orlo piatto aggettante orizzontale, corpo a profilo convesso (809).

Come si è visto, tra le coppe vitree rinvenute in superficie sull'area del villaggio non mancano quelle a bocca verticale (tipo *d*), rappresentate da un pezzo (525), accanto a coppe a bocca svasata.[56] Le coppe vitree rinvenute nelle abitazioni scavate di al-Quṣūr hanno riscontri nei vetri della prima età islamica dell'area mesopotamica, per esempio in quelli di Tulūl al-Uhaidir e del castello di al-Ukhaidir, risalenti ad epoca umayyade.[57]

Anche l'unica bottiglia (737), a stretto e lungo collo e labbro aggettante orizzontale, spalla piatta, fondo piano ingrossato al centro, trova confronto a Tulūl al-Uhaidir.[58] Per altri frammenti di bocche e di fondi (810, 838, 867), resta incerto a quali forme vascolari vadano riferiti.

Nel complesso, i vetri emersi dallo scavo confermano le osservazioni sulla limitata varietà di forme e sulla semplicità del trattamento delle superfici già fatte esaminando i vetri rinvenuti in superficie sull'area del villaggio.[59]

Vasi litici

Nello scavo sono stati rinvenuti alcuni frammenti di vasi in pietra forse in steatite e quindi importati (739, 852-853), che provengono dalla Casa A e dal pozzo nel vano 3 della Torre. Sono realizzati in steatite nera. Purtroppo non ne conosciamo pienamente la forma, che doveva essere tuttavia subcilindrica, piuttosto ampia, a bocca larga appena svasata, con orlo stondato; la base era certamente piana. Ad una forma diversa, quadrangolare, riconducono alcuni frammenti (739), che presentano due margini ortogonali con

---

[56] Cfr. *supra*, nn. 511, 588, 640.

[57] Cfr., per es. per il n. 781, FINSTER - SCHMIDT, fig. 54 *b* (per la forma della bocca), fig. 64 *d* (per la parete ondulata); cfr. inoltre i vetri dal castello di al-Ukhaidhir, AL-HUSAINI, *art. cit.*, figg. 17 (orli e bocche), 19 (fondi concavi).

[58] FINSTER - SCHMIDT, fig. 58 *k* per la forma della bocca, fig. 60 *f* per il fondo.

[59] Cfr. *supra*, p. 199.

smussature, forse destinate ad un incastro, e numerosi fori pervii intenzionali; potrebbe trattarsi di un filtro o di un coperchio forato, forse per un brucia-profumi quadrangolare, quale conosciamo ad esempio da Susa.[60] Sulla parete esterna compaiono delle fitte e basse solcature verticali ed orizzontali (852-853), mentre quella interna è liscia. Come i vasi fittili, anche questi vennero restaurati con cura in antico: lo attestano i fori che si notano su due pezzi (852-853), destinati ad alloggiare i punti di sutura in ferro, che vi hanno lasciato tracce di ruggine.

I vasi in pietra sono molto in uso nel mondo islamico, anche come vasellame da fuoco, dalla prima età islamica in poi, e sono stati rinvenuti in abbondanza negli scavi.[61]

Altri materiali

Oltre alla suppellettile vascolare, nello scavo si sono rinvenuti due frammenti di chiodi in ferro (840, 898), ossidati e corrosi, i soli oggetti in metallo provenienti per ora da al-Quṣūr, che testimoniano la consueta povertà di metalli degli insediamenti alto-medievali e della prima età islamica in particolare.[62]

Ben più ampio doveva essere l'uso del legno, che però è documentato soltanto da un opercolo (738 a), inferiormente piatto e bombato superiormente, fornito di una presetta centrale. Esso è confrontabile con un tipo di coperchio fittile di Susa a forma di grossolana piastra circolare con impugnatura centrale.[63]

---

[60] KERVRAN, p. 86, fig. 48/1-2 (fittile).

[61] Vasi in pietra sono noti da numerose località del mondo islamico, ove restarono in uso dalla prima età islamica sino almeno al XII secolo. Si ricordano a titolo di esempio i vasi di Tulūl al-Uhaidir e Ruqbat al-Madā'in (FINSTER - SCHMIDT, p. 113, fig. 53/f-h; R. GHIRSHMAN, *The Island of Kharg,* Teheran 1960, p. 148, tav. 132, 4); di Kūfa, Wāsit, Gabal Usais, Fustāt (GHIRSHMAN, *op. cit.,* p. 148, tav. 134, 3); di Sīrāf, dai contesti del I periodo (D. WHITEHOUSE, *Excavations at Sīrāf, First Interim Report,* in « Iran », VI, 1968, p. 20; ID., *Excavations at Sīrāf. Second Interim Report, ibid.,* VII, 1969, p. 53), che risale agli inizî del secolo IX (D. WHITEHOUSE, in « Iran », IX, 1971, p. 4); del VI livello di Abū Sarīfa, databile fra la metà del secolo X e gli inizî del XII (ADAMS, *Abū Sarīfa,* p. 96, fig. 54); di Samarra (Government of Iraq, Department of Antiquities, *Excavations at Samarra 1936-1939,* Baghdad 1940, Part II, p. 8 s., tav. 129); di Kilwa, ove vasi in steatite erano in uso nel I periodo, databile all'incirca al 1000-1100 (N. CHITTICK, *Kilwa: a Preliminary Report,* Azania 1966, p. 10), ecc.

[62] Cfr. le osservazioni di ADAMS, *Abū Sarīfa,* p. 115.

[63] KERVRAN, p. 83, fig. 47/2-4, 7, 8, a bordo rialzato e frastagliato.

Due sono gli aspetti che emergono in modo particolare dall'esame della ceramica rinvenuta negli edifici scavati nel villaggio di al-Qusūr: la loro funzione e la loro cronologia.

La funzione è chiaramente quella di abitazioni. Le principali attività che vi si svolgevano sono suggerite dai tipi di recipienti che vi sono stati rinvenuti: giare e bacili grandi e piccoli per derrate e acqua; boccali e ciotole, di varie dimensioni, per contenere e servire i cibi e le bevande; pentolame da fuoco per la preparazione degli alimenti. L'ubicazione della ceramica ha inoltre indicano la concentrazione di certe attività, come ad esempio la cottura degli alimenti, in certe zone delle abitazioni.

La cronologia di queste abitazioni è anch'essa suggerita dalla suppellettile rinvenutavi e in particolare dalla ceramica, ma la sua definizione è alquanto complessa per un insieme di motivi. Anzitutto l'assenza di monete dagli edifici scavati non consente di avere degli agganci cronologici sicuri, quali sono quelli forniti dalle evidenze numismatiche. Inoltre, poiché le abitazioni si sviluppano su un solo livello, la mancanza di una successione stratigrafica verticale ci priva della possibilità di stabilire almeno una sicura cronologia relativa dei materiali.[1] Infine, scarso è l'aiuto che ci può venire dagli argomenti *ex silentio,* cioè dalla constatazione dell'assenza di certe classi ceramiche, sia perché lo scavo non è stato estensivo se non per la Casa A, sia per il tenore economico assai modesto di questo villaggio.

D'altra parte, per la scarsa attenzione rivolta finora allo studio degli insediamenti islamici arcaici fioriti nell'area del Golfo,[2] è difficile trovare dei riscontri in questa zona per i materiali di al-Qusūr. Piú in generale, lo stato attuale delle ricerche sulla ceramica della prima età islamica, fra il VII e il X secolo, non è cosí avanzato da offrire un panorama sufficientemente chiaro

---

[1] Il saggio in profondità praticato nella Casa A, nel vano della cucina, ha rilevato che al di sotto del livello dei ruderi di questa abitazione si trova il terreno vergine: v. *supra,* pp. 265-266.

[2] Se si prescinde dagli scavi estensivi condotti a Sīrāf e da poche altre indagini archeologiche di portata piú limitata, gran parte delle ceramiche islamiche note dall'area del Golfo proviene da esplorazioni di superficie: A. STEIN, *Archaeological Reconnaissances in Northwestern India and Southeastern Iran,* London 1937, p. 197 ss.; G. L. HARDING, *Archaeology in the Aden Protectorates,* London 1964, *passim*; B. DE CARDI, *Archaeological Survey in the Northern Trucial States,* in « East and West », XXI (1971), p. 237 ss.; D. S. WHITCOMB, *The Archaeology of Oman: a preliminary discussion of the Islamic periods,* in « Journ. of Oman Studies», I, (1975), pp. 123-131; D. WHITEHOUSE, *Sīrāf: a Mediaeval City on the Persian Gulf,* in « Storia della Città », I (1976), pp. 40-55 con bibl. prec.; ID., *Sīrāf: an Islamic City and its Role in Art, in* « Storia della Città », III (1978), 7, pp. 54-58.

delle molteplici manifestazioni ceramiche di questo periodo, della loro diffusione e della loro successione diacronica.[3] Anche se in questi ultimi anni si
sono compiuti progressi notevoli in questo settore, ove tradizionalmente era
soltanto la produzione vascolare piú ricca che aveva attratto l'attenzione degli
studiosi,[4] non si può negare che tuttora la suppellettile vascolare piú comune
sia quella che resta piú in ombra.[5] Questa constatazione è da tenere particolarmente presente, dato che nelle abitazioni scavate ad al-Quṣūr si è rinvenuto un contesto ceramico assai modesto.

I confronti stabiliti mettono in evidenza che la ceramica in uso nel villaggio presenta dei caratteri di omogeneità e di affinità con quella attestata
nella prima età islamica nel bacino mesopotamico:[6] l'isola di Failakah, per la
sua posizione geografica, sita allo sbocco nel Golfo delle grandi vie d'acqua
di questa zona, ne raccoglie naturalmente l'eco delle tendenze culturali. Fra
i materiali della prima età islamica noti da quell'area, i piú significativi come
punti di riferimento cronologico sono quelli provenienti dagli scavi di Susa[7]
e di Samarra. Per Susa, mentre la cronologia relativa dei livelli della città
islamica — che vanno dalla conquista araba del 638-39 alle invasioni mon-
gole del XIII secolo — è sostanzialmente sicura, per contro la loro cronologia assoluta non è priva di difficoltà[8] a causa sia dell'assenza di indizi di datazione sicura abbastanza numerosi, come le monete, sia dell'incertezza nella
interpretazione della corrispondenza cronologica dei vari livelli stratigrafici
nei diversi settori di scavo della città. Ciò spiega perché, per il periodo compreso fra il VII e l'XI secolo siano state proposte per Susa tre diverse cronologie, per cui in sostanza al momento attuale la datazione degli strati islamici

---

[3] Cfr. per l'incertezza della cronologia delle ceramiche della prima età islamica le analoghe
osservazioni in ROSEN-AYALON, *passim*; J. M. ROGERS, in « Bibliotheca Orientalis », 33 (1976),
p. 370.

Per la conoscenza della diffusione dei diversi tipi ceramici in quest'epoca sarebbe essenziale una buona conoscenza del carattere dei commerci di questo periodo; ma questi studi sono
tuttora in corso: A. WILLIAMSON, *Persian Gulf Commerce in the Sassanian Period and the
First Two Centuries of Islam,* in « Bastanshenasi va Honar-e Iran », 9-10 (1972), p. 5 ss.; D.
WHITEHOUSE - A. WILLIAMSON, *Sasanian Maritime Trade,* in « Iran », XI (1973), pp. 29-49;
J. C. WILKINSON, *Arab-Persian Land. Relationships in Late Sasanid Oman,* in « Proceedings
of the Seminar for Arabian Studies », III (1973), p. 43 ss.

[4] È indicativa a questo riguardo la scarsità della bibliografia recentemente segnalata da
E. Grube in rapporto alla ceramica di età umayyade in generale e a quella paleoislamica non
invetriata in particolare: E. GRUBE, *Islamic Pottery of the Eight to the Fifteenth Century in
the Keir Collection,* London 1977, rispettivamente pp. 337-339 (section 4) e p. 343 (section 7).

[5] È sintomatico per esempio che nella recente importante pubblicazione della ceramica
islamica rinvenuta a Susa ad opera di M. Rosen-Ayalon non sia presa in esame la ceramica da
fuoco, certamente presente a Susa, trattandosi di un abitato, cfr. ROGERS, rec. cit.

[6] V. *supra*, p. 186 ss. Anche a Sirāf per la ceramica dei periodi 1 e 2 si sono notati stretti
riscontri con quella di molte località del bacino mesopotamico, soprattutto di Susa e di Samarra: D. WHITEHOUSE, *Excavations at Sirāf, First Interim Report,* cit., p. 14.

[7] Ci si riferisce soprattutto ai materiali pubblicati recentemente oltre che da M. Rosen -
Ayalon, da M. Kervran, particolarmente attenta alla provenienza stratigrafica delle ceramiche.

[8] Cfr. le osservazioni in KERVRAN, pp. 76-78.

di Susa va considerata come provvisoria.[9] Anche la presunta certezza cronologica dei materiali provenienti dagli scavi di Samarra, che si collocherebbero
fra la data della fondazione del palazzo e quella del suo abbandono da parte
dei Califfi (836-883), sembra da rivedere, poiché pare improbabile che questo
centro sia finito completamente allora.[10]

Il problema della datazione della ceramica di al-Quṣūr è reso ancora piú
complesso dal fatto che non sappiamo dove fosse prodotta.[11] Possiamo supporre che, almeno in parte, il vasellame piú comune fosse fabbricato localmente, ma resta aperto il problema non trascurabile dei possibili fenomeni di
ritardo nella ricezione di forme e di mode decorative, defluite fino a Failakah
lungo il corso delle grandi vie d'acqua del Tigri e dell'Eufrate dai grandi
centri urbani del bacino mesopotamico.

Casa A

Pochi sono gli elementi utili offerti dalla ceramica rinvenuta in questa
abitazione per definirne la cronologia. Prescindendo dai materiali rinvenuti
in superficie perché probabilmente rimossi, i piú significativi sono alcuni frammenti di vasi invetriati che conservano parte della forma del vaso e alcuni
pezzi acromi decorati.

Fra la ceramica invetriata, delle ciotole, una carenata (782), è databile
genericamente nella prima età islamica, un'altra, pure carenata (710), trova
confronti a Susa nei livelli I e II dell'Apadana che vanno dalla metà dell'VIII
al IX secolo,[12] mentre una emisferica (803) richiama altri esemplari di Susa
dal III livello della Ville Royale databile fra la metà del VII e la seconda
metà dell'VIII secolo.[13] Poco indicativo è un fondo di giara (770) con piede

---

[9] Cfr. KERVRAN, p. 77, per la tabella comparativa delle diverse cronologie proposte per
i livelli islamici di Susa da J. Lacam, M. Rosen-Ayalon, M. Kervran (in quartieri diversi della
città).

La cronologia proposta da M. Rosen-Ayalon per i livelli islamici del settore della Ville
Royale è la seguente (ROSEN-AYALON, p. 12; ma vedi le riserve di ROGERS, rec. cit., p. 370):

        livello I   : X - inizî XI secolo;
        »   II : fine VIII - fine IX secolo;
        »   III: metà VII - seconda metà VIII secolo.

La cronologia proposta da M. Kervran per i livelli islamici del settore dell'Apadana è
la seguente (KERVRAN, pp. 76-78):

        livello I   : 836-883 (Samarra);
        »   II : metà VIII - inizî IX secolo;
        »   III: fine VII - inizî VIII secolo;
        »   IV : 638/639 - poco dopo la metà del VII secolo.

[10] Per la data del palazzo di Samarra, v. E. HERZFELD, *Der Wandschmuck der Bauten
von Samarra*, Berlin 1923, p. 5.

[11] V. *infra*, Conclusioni, p. 406.

[12] Cfr. KERVRAN, p. 88 e fig. 34.

[13] Cfr. *supra*, p. 288, nota 5.

a disco.[14] Un frammento di bacile ad orlo ingrossato (742), con una decorazione incisa a treccia, ha confronti a Susa nel II livello della Ville Royale e nel I livello dell'Apadana, per cui è databile nel IX secolo.[15]

Tra le ceramiche non invetriate decorate, altrettanto poco circostanziati sono gli elementi di datazione suggeriti dalle giare decorate a stampo con bolli circolari o subquadrangolari, databili fra la metà del VII e il IX secolo.[16] Uno dei pezzi più significativi per la cronologia di questo edificio è la fine brocchetta (805 a) decorata con cerchietti impressi fra petali ovali resi a excisione,[17] che ha diversi confronti,[18] fra i quali particolarmente importanti sono quelli con esemplari quasi identici di Susa, rinvenuti in abbondanza nel terzo livello della Ville Royale,[19] dove restano in uso dalla metà del VII alla seconda metà dell'VIII secolo.[20] La giacitura stratigrafica di questo vasetto ne accresce l'interesse: esso è stato rinvenuto nella trincea di fondazione del muro perimetrale ovest di questa abitazione e quindi era in uso al momento della costruzione dell'edificio il cui impianto risale perciò a questo periodo. Non abbiamo purtroppo un limite cronologico inferiore sicuro per la durata di questa abitazione, che probabilmente si esaurì entro il IX secolo.

Torre

La suppellettile emersa da questa abitazione[21] presenta, oltre a caratteri di affinità, anche caratteri di diversità rispetto ai contesti delle altre due saggiate e non offre che labili elementi di datazione.

Tra la ceramica invetriata pochi sono i pezzi significativi, in quanto conservano parte della forma dei vasi. Si tratta di due fondi di bacili con piede a disco, a base piana in un caso (830), concava nell'altro (855), quest'ultimo confrontabile con bacili di Susa dal I e II livello dell'Apadana databili fra la metà dell'VIII e il IX secolo[22] e di due frammenti di ciotole ad alta carena al di sopra della quale la parete flette verso l'interno (819, 858), che hanno anch'essi confronti nel I livello dell'Apadana databile al IX secolo.[23]

---

[14] Cfr. le osservazioni di KERVRAN, p. 80.

[15] V. supra, p. 289, nota 13.

[16] V. supra, p. 291.

[17] Un altro pezzo decorato a incisione, un frammento di giara con linee incise a pettine (717), presenta un motivo molto frequente nella ceramica della prima età islamica, v. supra, p. 292.

[18] V. supra, p. 292 e note 25-30.

[19] V. supra, p. 292 e nota 25.

[20] V. supra, nota 9.

[21] Per i materiali provenienti da questo edificio, v. infra, pp. 334-343.

[22] Cfr. KERVRAN, fig. 34/1, 2, 10 e p. 83 per la cronologia.

[23] Cfr. ibidem, fig. 34/1 (dal livello I dell'Apadana). Un terzo frammento di ciotola di forma uguale a quella dei due frammenti considerati proviene dalla superficie del vano 1 e per tale motivo non è stato preso in considerazione in questa sede (818).

Tra il vasellame non invetriato un elemento di arcaicità è rappresentato da un boccale (831) che, per la caratteristica modanatura fra collo e spalla, ha ampi confronti a Susa nella ceramica del III livello della Ville Royale[24] (metà VII - seconda metà dell'VIII sec. d.C.). Da sottolineare è l'assenza di giare a decorazione stampigliata tra i materiali di questa abitazione.

In definitiva l'esame della ceramica non offre elementi che assai vaghi per stabilire la data d'inizio di questo edificio. Un aiuto ci viene dall'esame topografico che ha messo in evidenza come esso appaia impiantato in questa zona del villaggio in un momento successivo rispetto alle abitazioni contigue (Case A e B), fornendo cosí un indizio di cronologia relativa fra la Torre e queste due case. Potremo forse indicare nel IX secolo il momento d'inizio di questo edificio.

Non meno difficile riesce stabilirne la durata che pare piuttosto lunga data la presenza di due pavimenti sovrapposti nel vano 1. Ciò dipende dall'interpretazione stratigrafica che si attribuisce al frammento di ceramica piú tardo rinvenuto nello scavo, un frammento di ciotola (829), trovato in superficie sul vano 2, del tipo Raqqa, venuto di moda tra la fine del XII e gli inizi del XIII secolo.[25] Se esso è pertinente al crollo della parte superiore dell'edificio, in mattoni crudi, ne attesta una durata fino a quest'epoca; se invece si tratta di un elemento sporadico, documenta una frequentazione tardiva.

Casa B

Il materiale rinvenuto in questa abitazione, scarso e poco significativo,[26] offre poche evidenze per stabilirne la cronologia. Si prescinde in questa sede dal considerare i materiali emersi da un saggio praticato all'esterno dell'edificio, pertinenti ad un focolare (913-921).

Tra il vasellame invetriato, a parte un frammento di brocchetta (909) poco significativo, abbiamo parte di due ciotole, una carenata (870) databile genericamente nella prima età islamica,[27] l'altra emisferica (899); né piú utile è un frammento di giara decorata con un cordone plastico mosso da impressioni digitali (881), un partito decorativo fra i piú frequenti, specie sulle giare, nella prima età islamica.[28]

Tra la ceramica non invetriata, quella liscia presenta forme riferibili alla prima età islamica, tra le piú consuete ad al-Qusūr: giare di Forma 1 (876, 895), talora con l'orlo appiattito (884, 897), raramente di forma 2 (900); bacili tronconici con l'orlo della bocca ingrossato (885-886, 896); ciotole ad orlo semplice (887).

---

[24] V. *supra*, p. 291 s.

[25] V. *supra*, p. 287, con riferimenti.

[26] Per i materiali provenienti da questo edificio, v. *infra*, pp. 334-354.

[27] V. in particolare *supra*, p. 188, nota 6.

[28] V. *supra*, p. 74, note 13-17.

Piú significativi sono alcuni pezzi decorati: una brocchetta (875), per la caratteristica modanatura fra collo e spalla, è riferibile ad epoca umayyade fra la metà del VII e la seconda metà dell'VIII secolo;[29] le giare decorate a stampo con bolli subquadrangolari (882-883) o circolari (872-873, 895) — dei quali l'unico leggibile (873) ha confronti oltre che in altri esemplari di al-Qusūr,[30] anche ad Hīra e a Tulūl al-Uhaidir [31] — come si è visto sono riferibili ad un arco di tempo piuttosto ampio fra la metà del VII e il IX secolo d.C.;[32] una brocchetta a decorazione excisa (910) ha paralleli nel IV livello di Abū Sarīfa e a Susa nel III livello della Ville Royale (metà VII - seconda metà VIII sec. d.C.);[33] infine, un frammento di giara (874) con decorazione plastica e incisa a taglio, per la scarsa specificità dei motivi decorativi è genericamente riferibile alla prima età islamica.

In definitiva, in base ai materiali rinvenuti, possiamo riferire questa abitazione allo stesso orizzonte cronologico della Casa A, cioè al periodo tra la metà del VII e il IX secolo.

CATALOGO

MATERIALI DALLA CASA A

Superficie

Ceramica invetriata turchese

677. Frammento di bocca di giara. Argilla color crema ben depurata. Si conserva parte della bocca con l'attacco del collo. Bocca leggermente svasata con labbro aggettante ad orlo stondato. Vetrina turchese all'interno e all'esterno, piuttosto spessa. Alt. mass. 3 × 3; diam. presumibile della bocca, all'esterno, 15 (*fig.* 69).

678. Frammento di bocca di ciotola. Argilla c.s. Si conservano parte della bocca e della parete. Bocca svasata con orlo ingrossato arrotondato; lieve carena a margine stondato. Spessa vetrina turchese all'interno e all'esterno. Alt. mass. 2,8 × 4,5; diam. presumibile della bocca, all'esterno, 20 (*fig.* 69).

---

[29] V. *supra*, p. 291 s.

[30] V. *supra*, nn. 579, 603, 618-619.

[31] Cfr. TALBOT RICE, *Hīra*, fig. 22, terza fila, ultimo bollo a destra; FINSTER - SCHMIDT, p. 93, fig. 49/*a, d*.

[32] Per la discussione della cronologia di questo tipo di ceramica, v. *supra*, p. 191 s.

[33] V. *supra*, p. 292, nota 24, per i riferimenti.

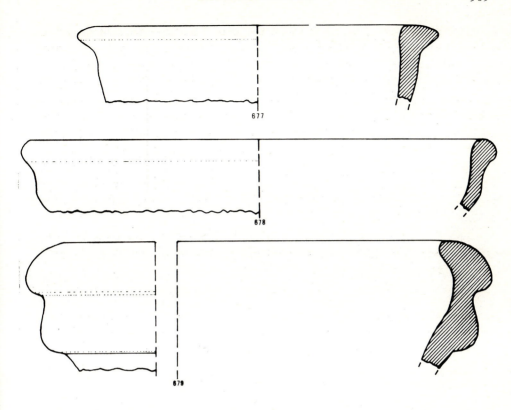

Fig. 69. - Materiali da al-Qusūr, Casa A.
    Superficie
677-679. Ceramica invetriata turchese: giara (677) e ciotole.

679. Frammento di bocca di ciotola. Argilla c.s. Si conservano parte della bocca e della parete. Orlo della bocca molto ingrossato, aggettante all'interno e all'esterno; grossa modanatura a toro subito sotto l'orlo. Spessa vetrina turchese all'interno e all'esterno. Alt. mass. 5 × 7; diam. presumibile della bocca 26 (*fig.* 69).

680. Frammento di bocca di bacile. Argilla c.s. Si conservano parte della bocca e l'attacco della parete. Orlo ingrossato aggettante sia all'interno che all'esterno. Tracce di vetrina turchese sull'orlo. Alt. mass. 4,5 × 9 (*fig.* 70).

681. Cinque frammenti di pareti di ciotola. Argilla c.s. Spessa vetrina turchese all'interno e all'esterno. Spess. 0,4/0,6.

682. Tre frammenti di pareti di giara. Argilla c.s. Esterno coperto da vetrina turchese piuttosto spessa; all'interno, sottile vetrina nerastra. Spess. 0,8/0,9.

683. Sette frammenti di pareti di giara. Argilla color crema-rosato, ben depurata. Segni del tornio all'interno. Vetrina turchese all'esterno. Spess. 1.

684. Frammento di parete di giara. Argilla color crema-rosato, ben depurata. Spessa vetrina color turchese all'esterno. Interno nudo. Alt. mass. 1 × 1,5; spess. 0,9.

685. Frammento di parete di giara. Argilla c.s. Superficie esterna leggermente ondulata, coperta da vetrina turchese, piú scura negli incavi dell'ondulazione, dove la vetrina si è ammassata. Alt. mass. 4 × 6; spess. 0,7.

Ceramica invetriata verde

686. Frammento di bocca di giara. Argilla color crema-rosato, ben depurata. Si conserva parte della bocca con l'attacco del collo. Orlo della bocca ingrossato, appiattito superiormente. Spessa vetrina verde sia all'interno che all'esterno. Alt. mass. 3,8 × 6; spess. 1,2/1 (*fig.* 70).

687. Frammento di orlo di ciotola. Argilla c.s. Si conserva parte della bocca con l'attacco della parete. Orlo della bocca semplice, parete con alta carena. Alt. mass. 2,5 × 3; diam. presumibile della bocca 9.

688. Frammento di piede di bacile. Argilla c.s. Basso piede a disco con fondo esterno leggermente concavo. Vetrina verde all'esterno e all'interno. Alt. mass. 3,5 × 4,5 (*fig.* 70).

689. Undici frammenti di pareti di giare diverse. Argilla c.s. Vetrina verde all'esterno, nerastra all'interno. Spess. 1/0,8.

Ceramica acroma a decorazione stampigliata

690. Frammento di parete di giara. Argilla di colore camoscio rosato, ben depurata. All'esterno bollo circolare con decorazione costituita da tre giri concentrici di alveoli che racchiudono un punto centrale rilevato. Alt. mass. 7 × 6; spess. 1; diam. del bollo 3,2 (*figg.* 70, 89).

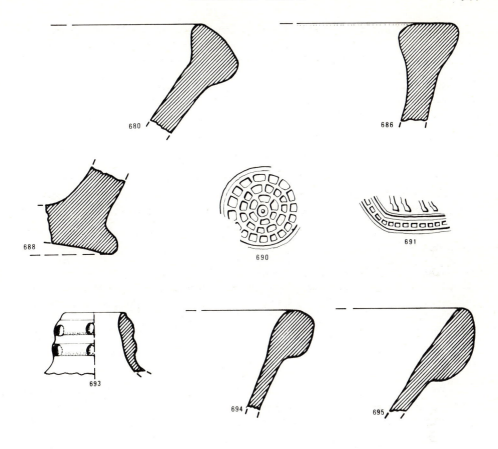

Fig. 70. - Materiali da al-Qusūr, Casa A.

Superficie

680. Ceramica invetriata turchese: bacile.

686, 688. Ceramica invetriata verde: giara e bacile.

690-691. Ceramica acroma stampigliata: bolli su giare.

693. Ceramica acroma a decorazione plastica: boccale.

694-695. Ceramica nuda: bacili.

691. Frammento di parete di giara. Argilla c.s. All'esterno tracce di bollo sub-rettangolare con motivo illeggibile (quadrupede ?). Alt. mass. $3 \times 5,4$; spess. 0,8; dimensioni mass. del bollo $2,5 \times 1,4$ (*figg.* 70, 89).

692. Frammento di parete di giara. Argilla c.s. Tracce di bollo, forse circolare, molto leggero, illeggibile. Alt. mass. $3,2 \times 2,7$; spess. 0,7.

Ceramica acroma a decorazione plastica

693. Frammento di bocca di boccale. Argilla di colore camoscio rosato. Si conservano parte della bocca e del collo fino all'attacco con la spalla. Bocca stretta, collo piuttosto breve su cui sono applicati due anelli sovrapposti, decorati con tacche equidistanti subcircolari. Probabilmente alla base del collo era inserito un filtro. Alt. mass. 2,3; diam. bocca 2,8 (*fig.* 70).

Ceramica nuda

694. Frammento di bocca di bacile. Argilla rosata, dura, ben depurata. Si conservano parte della bocca e delle pareti. Corpo a tronco di cono rovescio; orlo della bocca ingrossato. Alt. mass. 4×7 (*fig.* 70).

695. Frammento di bocca di bacile. Argilla color crema. Superficie scabra. Forma troncoconica rovescia; orlo della bocca ribattuto in fuori. Alt. mass. 4×13 (*fig.* 70).

696. Frammento di bocca di giara. Argilla rosata, dura e uniforme. Si conservano parte della bocca e della spalla. Spalla ampia, a superficie leggermente ondulata; orlo della bocca ingrossato e ribattuto in fuori. Alt. mass. $4,5 \times 10$; diam. presumibile della bocca 9 (*fig.* 71).

697. Frammento di bocca di giara. Argilla c.s. Si conservano parte della spalla e della bocca. Spalla espansa che si restringe alla bocca; orlo della bocca ingrossato e ribattuto in fuori. Alt. mass. 5×9; diam. presumibile della bocca 10 (*fig.* 71).

698. Frammento di bocca di giara. Argilla color camoscio, ben depurata. Si conservano parte della bocca e della spalla. Spalla rigonfia che si restringe verso la bocca. Orlo della bocca molto ingrossato, revoluto. Alt. mass. 5×4.

699. Frammento di bocca di giara. Argilla color crema. Si conservano parte della bocca e della spalla. Forma c.s., con orlo della bocca leggermente appiattito superiormente. Alt. mass. 5×7.

700. Frammento di bocca di giara. Argilla color camoscio-rosato, ben depurata. Si conservano parte della bocca e del collo. Orlo della bocca ingrossato e obliquo all'esterno. Alt. mass. $3,5 \times 5$; diam. presumibile della bocca 14 (*fig.* 71).

701. Frammento di spalla di giara. Argilla di colore rossastro, con qualche incluso bruno e micaceo. Superficie esterna leggermente ondulata, a ondulazioni basse e larghe. Alt. mass. 8×13; spess. 0,8.

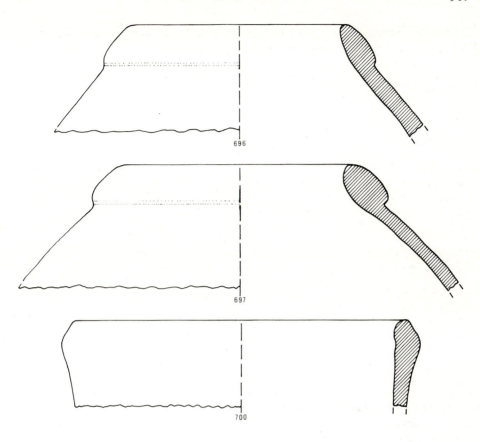

Fig. 71. - Materiali da al-Qusūr, Casa A.

Superficie
696-700. Ceramica nuda: giare.

702. Frammento di parete di giara. Argilla di colore camoscio-giallastro. All'interno tracce d'impressioni digitali. Alt. mass. 8 × 11; spess. 1.

703. Frammento di parete di giara. Argilla c.s. All'interno tracce di ditate per congiungere due parti del vaso. Alt. mass. 10 × 14; spess. 1,2.

704. Frammento di parete di boccale. Argilla c.s. Si conserva l'attacco inferiore di un'ansa verticale a nastro piuttosto largo. Alt. mass. 4 × 6; largh. dell'ansa 6.

705. Frammento di parete di boccale. Argilla color camoscio-rosato, con vacuoli. Superficie esterna leggermente ondulata. Alt. mass. 3,5 × 4,5; spess. 0,3.

Impasto

706. Tre frammenti di pareti di uno stesso vaso. Impasto di colore rosso ruggine con grossolani inclusi bianchi e neri. Tracce dei giri del tornio all'interno. Spess. 0,8/1,2.

Vetro

707. Frammento di parete. Vetro verde molto pallido. Alt. mass. 1 × 1,5; spess. 0,3.

Fauna

708. Una conchiglia (*Murex*).

709. Una conchiglia conica.

Vano 1

I materiali emersi dallo scavo del vano 1 furono rinvenuti nel battuto pavimentale, soprattutto nella messa in luce dei muri perimetrali, in parte in punti ben determinabili, in parte disseminati nel contesto del battuto, senza che fosse possibile individuarne l'originaria ubicazione.

Procedendo da nord a sud e da ovest ad est si può precisare che alla estremità nord del vano, nell'angolo attiguo a nord-ovest al ripostiglio, si rinvenne *in situ* una pietra piana presso la quale giaceva la parte inferiore di una giara (723) forse già posata sulla pietra dalla quale era scivolata, riutilizzata come vaso da fiori, poiché presentava sul fondo un foro pervio. Presso di questa si rinvenne un tappo di legno (738 a). Nella trincea praticata lungo la faccia occidentale del muro che chiude a ovest il ripostiglio, a m. 0,25/0,50 da questo, emersero un frammento di ciotola invetriata (712) ed alcuni frammenti di pareti di un vaso acromo chiuso (728). Subito a sud dell'angolo sud-ovest del ripostiglio, giaceva schiacciata una bottiglietta in vetro verde (737). Una serie di frammenti vascolari si rinvenne presso il muro che chiude ad est il vano 1, alcuni nella messa in luce del muro stesso. In particolare un frammento di spalla di giara invetriata era sito a m. 1 a sud del muro meridionale della cucina, a m. 0,50 dal muro est del vano 1 (714); nell'attigua zona sud-ovest (fra m. 1/2 a sud del muro meridionale della cucina e m. 0,50/2,25 dal muro est del vano 1) si rinvennero un frammento di bacile (718) ed alcuni frammenti di pareti di giara (733). Poco piú a sud (m. 2,40 dal muro che chiude a sud il vano 1) giacevano un fondo di brocchetta (724) e un frammento di parete di giara acroma (731). Piú all'interno (m. 2,10 dal muro che chiude a sud il vano; m. 1,10 dal muro che lo chiude ad est) si rinvenne una bocca di giara (719) presso la quale erano un frammento di ciotola invetriata (713) ed un frammento di vaso in steatite (739). Nella trincea praticata lungo la faccia interna del muro che chiude ad est il vano, nell'angolo sud-est di questo, si rinvennero (a m. 1,20 da sud) un peso da telaio (727) insieme ad alcuni frammenti di vasi acromi (728-729) e di un vasetto in vetro (738), oltre ad una valva di conchiglia (740). Aderente alla faccia del muro (a m. 0,65 dal muro che chiude a sud il vano) giaceva un frammento di ciotola invetriata (710); poco piú a sud (m. 0,50 dal muro sud del vano; m. 0,20 dalla faccia interna del muro est) alla profondità di m. 0,20 dal colmo del muro est, si rinvennero una bocca frammentaria di boccale (720), una coppa frammentaria in vetro (735) ed una valva di conchiglia (741).

I materiali del vano 1 sono riferibili per lo piú a vasi fittili (710-734), ma compaiono anche un tappo di legno (738 a), destinato a chiudere l'imboccatura di un vaso; alcuni frammenti di vasi in vetro verde, piú o meno scuro (735-738); infine un frammento è da riferire ad un vaso in steatite (739), analogo a quelli rinvenuti nella Torre (852-853). I resti faunistici sono molto scarsi, essendo costituiti da due sole valve di conchiglie (740-741).

Ceramica invetriata turchese

710. Frammento di ciotola. Argilla color camoscio-rosato, ben depurata, compatta e uniforme. Si conservano parte della bocca e delle pareti. Superficie interna leggermente ondulata. Orlo della bocca arrotondato; corpo ad alta carena a margine smussato. Invetriata in turchese all'interno e all'esterno. Alt. mass. 5,3; diam. presumibile della bocca 20; spess. 0,5 (*fig.* 72; *tav.* xcv *a-b*).

711. Frammento di parete di ciotola. Argilla color crema, ben depurata. Si conserva parte della parete presso il piede. Superficie esterna leggermente ondulata, molto sfaldata e scheggiata. Deboli tracce di vetrina turchese all'interno e all'esterno. Alt. mass. 3,5 × 4; spess. 0,7/1.

712. Frammento di parete di ciotola. Argilla color crema, ben depurata. All'interno spessa vetrina turchese. Esterno nudo. Dimensioni 1 × 1; spess. non definibile.

713. Frammento di parete di ciotola. Argilla color crema, ben depurata. Spessa vetrina color turchese all'interno. Esterno nudo. Alt. mass. 3 × 3; spess. 1,5.

714. Frammento di spalla di giara. Argilla color crema, ben depurata. Frammentato, ricomposto da sedici frammenti. Superficie sfaldata ed erosa. Deboli tracce di vetrina turchese all'esterno. Alt. mass. 5; diam. della spalla 7; spess. 0,5.

715. Frammento di parete di giara. Argilla c.s. Interno nudo. All'esterno vetrina turchese piuttosto spessa. Alt. mass. 3 × 2; spess. 0,7.

716. Frammento di parete di giara. Argilla c.s., con qualche vacuolo. All'esterno spessa vetrina turchese poco lucente. Superficie interna sfaldata. Alt. mass. 7 × 3; spess. 0,9.

Ceramica acroma a decorazione incisa

717. Frammento di parete di vaso chiuso. Argilla color camoscio, ben depurata. Superficie molto corrosa e sfaldata. Tracce di decorazione ottenuta a pettine a cinque punte, che descrive una fascia orizzontale di linee ondulate. Alt. mass. 8 × 16 (*tav.* XCIX *a*).

Ceramica nuda

718. Frammento di bocca di bacile. Argilla color camoscio-giallino, ben depurata e compatta. Superficie molto sfaldata. Si conservano parte della bocca e delle pareti. Orlo della bocca ingrossato, appiattito superiormente e all'esterno. Alt. mass. 2,8 × 8 (*fig.* 72).

719. Frammenti di giara. Argilla color rossiccio con numerosi inclusi micacei. Si conservano parte della bocca, della spalla e tre frammenti delle pareti. Superficie molto sfaldata. Frammentata, ricomposta da quattro frammenti. Spalla ampia, che si restringe verso la bocca, ad orlo ingrossato e ribattuto in fuori. La spalla ha la superficie ondulata ad ondulazioni basse e strette distanti ca. cm. 0,5 tra loro. Alt. mass. 6,5; diam. della bocca (interno) 10,5; spess. 0,7 (*fig.* 72; *tav.* C *c*).

720. Frammenti di boccale. Argilla color camoscio-giallino, ben depurata. Si conservano circa metà della bocca e del collo, frammentati e ricomposti da due frammenti, e due frammenti delle pareti. Orlo della bocca ingrossato, aggettante verso l'esterno. Alt. mass. 8; diam. presumibile della bocca 10; spess. 0,5 (*fig.* 72).

721. Frammento di bocca, collo e spalla di boccale. Argilla color camoscio-gialliccio. Orlo della bocca arrotondato; lungo collo cilindrico; spalla molto scivolata. Alt. mass. 6; diam. della bocca 3; diam. della spalla 5,6 (*fig.* 73; *tav.* C *b*).

722. Frammento di bocca e di collo di giara. Argilla colore camoscio-gialliccio, depurata, con vacuoli. Si conservano parte della bocca, del collo e la parte superiore di un'ansa. Orlo della bocca leggermente ingrossato; ansa verticale a nastro, attaccata sulla parte alta del collo. Alt. mass. 5; diam. presumibile della bocca 12; spess. della parete 0,4/1 (*fig.* 73).

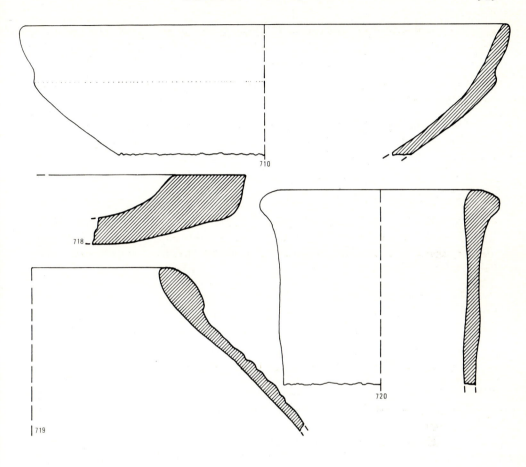

Fig. 72. - Materiali da al-Qusūr, Casa A.

Vano 1

710. Ceramica invetriata turchese: ciotola.

718-720. Ceramica nuda: bacile, giara, boccale.

723. Parte inferiore del corpo di giara. Argilla color crema, ben depurata, con vacuoli. Superficie scabra. Stretta base, a fondo piano, con largo foro centrale; corpo ovoidale a superficie esterna leggermente ondulata. Alt. mass. 20; diam. della base 9; diam. del foro 3; spess. delle pareti 1 (*tav.* c *d-e*). La giara probabilmente era coperta in origine con un coperchio di legno, circolare (738 a).

724. Frammento di fondo di brocchetta. Argilla color crema. Si conservano parte del fondo e delle pareti. Base piana a margine netto. Superficie interna leggermente ondulata. Ricomposto da diversi frammenti. Alt. mass. 4,3; diam. presumibile della base 4,6; diam. presumibile del corpo 8; spess. 0,3/0,6 (*fig.* 73).

725. Fondo di vaso. Argilla color crema, ben depurata, uniforme. Si conserva il fondo con l'attacco delle pareti. Base piana, a margine arrotondato, con largo foro pervio centrale. All'interno spessa incrostazione marrone. Superficie esterna leggermente ondulata. Forse un tappo chiudeva il foro ed ha lasciato l'impronta nel contenuto del vaso. Alt. mass. 4; diam. della base 4,2.

726. Frammento di fondo di vaso chiuso. Argilla rosa con vacuoli. Si conservano parte del fondo e delle pareti. Base piana a margine netto. Alt. mass. 2; diam. presumibile della base 6.

727. Peso ricavato da frammento di parete di giara. Argilla color camoscio-rosato. Superficie scheggiata. Il frammento fu ritagliato in antico a forma irregolare subrettangolare, con un lato ricurvo presso il quale fu praticato un largo foro pervio centrale, in modo da ricavarne un peso da telaio. Alt. 6,4; largh. 4,3; spess. 1,5 (*fig.* 73; *tav.* CI *a*).

728. Sei frammenti di pareti di uno stesso vaso. Argilla color rosso-ruggine, ben depurata, compatta. Superfici scabre e sfaldate. Dimensioni del frammento maggiore: 4,5 × 7; spess. 0,4.

729. Tre frammenti di pareti. Argilla di colore rossiccio, micacea. Spess. 0,5.

730. Sei frammenti di pareti di giara. Argilla color camoscio-rosato con qualche piccolo incluso nerastro. Superficie scabra, in un frammento mossa da leggere ondulazioni. Dimensioni del frammento maggiore: alt. mass. 7 × 6,5; spess. 0,8.

731. Frammento di parete di giara. Argilla color camoscio-rosato. Superficie scabra. All'interno spessa patina nerastra (tracce del contenuto). Alt. mass. 6 × 7,5; spess. 1,5.

732. Due frammenti di pareti di vaso di piccole dimensioni. Argilla color crema, ben depurata. Spess. 0,5/0,8.

733. Venti frammenti di pareti di giara. Argilla di colore variante da camoscio-rosato a giallino. Spess. 0,8/1.

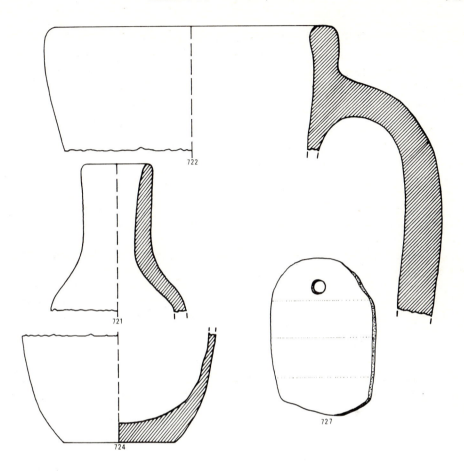

Fig. 73. - Materiali da al-Qusūr, Casa A.
   Vano 1
721-727. Ceramica nuda: boccali (721 724), giara (722), peso da telaio.

Impasto

734. Frammento di giara. Impasto nero, con inclusi bianchi. Superficie scabra. Si conservano vari frammenti del corpo e della spalla. Un frammento della spalla è ricomponibile da due frammenti. La spalla presenta una decorazione costituita da una fila orizzontale di piccole incisioni subcircolari. Dimensioni del frammento decorato: alt. mass. 6; largh. mass. 16; spess. 0,5 (*tav.* CIII *f*).

Vetro

735. Frammenti di coppa. Vetro color verde chiaro. Si conservano minutissimi frammenti della bocca, del corpo e del fondo. Larga bocca circolare; corpo ampio e basso; fondo largo, convesso verso l'interno. Diam. presumibile della bocca 7; spess. delle pareti 0,1.

736. Frammento di bocca di coppetta. Vetro c.s. Si conservano parte della bocca e della parete. Orlo della bocca inflesso e ingrossato verso l'interno. Alt. mass. 1,6; diam. presumibile della bocca 10 (*fig. 74*).

737. Bottiglia frammentaria. Vetro color verde scuro. Si conservano la bocca, il collo, la spalla, il fondo e frammenti delle pareti. Stretta bocca a largo labbro appiattito aggettante orizzontale; collo lungo e sottile ;spalla piatta, fondo ingrossato verso l'interno. Alt. mass. 3,2; diam. della bocca 2,3; diam. della spalla ca. 5; spess. 0,1; diam. presumibile del fondo 8 (*fig. 74*).

738. Due frammenti di pareti di vasetto. Vetro verde. Dimensioni: 2 × 2; 2 × 3; spess. 0,1.

Legno

738 a. Tappo di legno. Circolare, presenta la faccia inferiore piana, quella esterna o superiore bombata, con un largo incavo circolare centrale, per permetterne la presa. Frammentato in tre frammenti. Diam. della faccia inferiore 8,2; spess. mass. al centro 2; diam. dell'incavo centrale 2,5.

Steatite (?)

739. Frammento di parete di vaso in steatite (?) di colore nero. Si conservano parte di due margini, ortogonali fra loro smussati. Il pezzo presenta tracce di sei fori pervi, piú o meno grandi. Dimensioni massime: 3,2 × 3,8; spess. 0,5 (*tav.* CVI *a-b*).

Fauna

740. Una grande valva liscia di conchiglia.

741. Una piccola valva liscia di conchiglia.

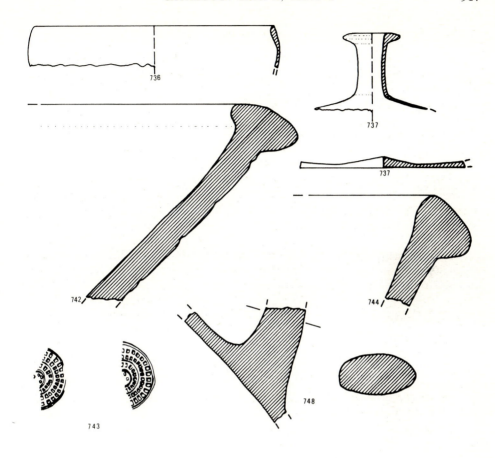

Fig. 74. - Materiali da al-Qusūr, Casa A.
   Vano 1
736-737. Vetro: coppa e bottiglia.
   Cucina
742. Ceramica invetriata turchese: bacile.
743. Ceramica acroma stampigliata: bolli su giara.
744, 748. Ceramica nuda: bacile e giara.

Cucina

Se si eccettua un frammento di spalla di giara rinvenuto nella sabbia che interrava questo ambiente (746), tutti i materiali provenienti dalla cucina di questa abitazione o giacevano sul pavimento o si trovavano nella cenere dei focolari.

Sparsi sul pavimento si rinvennero dei frammenti di pareti di due giare acrome (748-749), e in particolare nell'angolo nord-est si trovò *in situ* la parte inferiore di una giara piantata nel pavimento (747). Nella cenere della « tannura » o focolare, contro la parete orientale, si rinvennero alcuni frammenti di vasi acromi, riferibili ad un bacile (744), cinque giare (750-753, 759) oltre ad un frammento di pentola (760) e ad un frammento di coppa in vetro (761). Sulla « tannura » contro la parete nord si rinvennero i resti di un bacile invetriato (742); nella cenere erano i resti di alcune giare e vasi chiusi diversi (754-757) oltre ad alcuni frammenti di selce (762) che erano adoperati come acciarini nel focolare nord. Infine nel saggio praticato nella parte orientale di questo ambiente, nella lente di cenere in relazione con la « tannura » est, alla profondità di m. 0,15/0,30 rispetto alla cima del muro che chiude ad est la cucina, si rinvennero i frammenti di una giara decorata a stampo con bolli circolari (743).

Nel complesso, dalla cucina sono emersi per lo piú resti di vasi acromi, sia giare che vasi piú piccoli in argilla depurata (744-758), che giare di impasto piú grossolano (759). Rara invece la ceramica invetriata, presente con un solo frammento di bacile (742); rare anche le pentole (760) e i vasi in vetro (761). In questo contesto risalta per importanza la giara a decorazione stampigliata (743), confrontabile con gli esemplari analoghi rinvenuti in questa stessa abitazione (776, 805), oltre che con quelli della Casa B (872-873, 882-883, 895) o rinvenuti erratici in questo villaggio.

Ceramica invetriata turchese

742. Frammento di bacile. Argilla color crema, ben depurata. Si conservano parte della bocca e delle pareti. Frammentato, ricomposto da tre frammenti. Corpo tronco-conico rovescio; labbro ingrossato, aggettante sia all'interno che all'esterno. Interno ed esterno coperti da vetrina turchese a iridescenze dorate. Decorazione incisa all'esterno sotto vetrina: sotto la bocca treccia orizzontale al di sotto della quale corrono due basse solcature circolari. Alt. mass. 7,8 × 12; spess. 1,1 (*fig.* 74; *tav.* XCV *c-d*).

Ceramica acroma a decorazione stampigliata

743. Frammento di spalla di giara. Argilla color crema-verdastro, ben depurata. Tracce dei giri del tornio all'interno. Superficie esterna leggermente ondulata alla base del collo e subito sopra la decorazione stampigliata. Nel punto di massima espansione della spalla il vaso presentava una decorazione stampigliata a bolli cir-

colari disposti in una fila orizzontale (due visibili in parte). Il bollo è costituito
da tre giri concentrici di piccoli elementi subquadrangolari irregolari, l'uno diverso
dall'altro, che racchiudono al centro un cerchietto depresso contenente cinque puntini rilevati. Si conserva inoltre un frammento del fondo dello stesso vaso a base
piana con accenno di piede a disco. Dimensioni: frammento della spalla 10,5 × 17;
frammento della base alt. mass. 7 × 10; spess. 1,1; diam. del bollo 3 (figg. 74, 89;
tav. XCVII a-c).

Ceramica nuda

744. Frammento di bacile. Argilla color giallo-verdastro, ben depurata. Si
conservano un frammento della bocca, parte del fondo ed alcuni frammenti delle
pareti. Corpo a tronco di cono rovescio; orlo ingrossato, aggettante sia all'interno
che all'esterno, base piana. Dimensioni: frammento della bocca alt. mass. 4,5 × 7;
frammento del fondo 6 × 7; spess. 1 (fig. 74).

745. Frammento di spalla di giara. Argilla color camoscio-rosato. All'esterno,
cinque basse solcature circolari ravvicinate. Alt. mass. 11 × 15; spess. 1.

746. Frammento di spalla di giara. Argilla c.s., dura, ben depurata. Superficie
scabra. Alla base del collo corrono quattro basse solcature circolari, piuttosto
strette. Alt. mass. 7 × 7; spess. 1,3 (tav. CI b).

747. Fondo di giara. Argilla color rosso-ruggine, con inclusi micacei, compatta. Superficie scabra. Si conservano numerosi frammenti della parte inferiore
delle pareti e il fondo, terminante con un puntale troncoconico a punta piuttosto
larga, non conservata. Alt. mass. 20; diam. mass. 36; spess. 0,8.

748. Frammento di giara. Argilla color giallo-crema, dura, con qualche vacuolo, ben depurata. Un frammento conserva l'attacco inferiore di un'ansa a nastro
verticale a sezione ovale. Dimensioni relative: alt. mass. 3,5 × 4,5; 4,5 × 6; spess.
0,6; largh. dell'ansa 3,2 (fig. 74).

749. Tre frammenti di pareti di giara. Argilla rossiccia, ben depurata, dura.
Superficie scabra. Dimensioni: 4 × 8; 4 × 7; 5 × 3; spess. 0,4/0,5.

750. Cinque piccoli frammenti di pareti di una stessa giara. Argilla color
crema, ben depurata, compatta. Spess. 1.

751. Frammento di spalla di giara. Argilla c.s. Superficie esterna leggermente
ondulata. Alt. mass. 7,5 × 8,5; spess. 1.

752. Frammento di parete di giara. Argilla rossiccia. Superficie esterna mossa
da profonde solcature strette, a spigolo vivo, distanti l'una dall'altra cm. 1. Alt.
mass. 4 × 7.

753. Alcuni frammenti di pareti di giara. Argilla color crema. All'interno,
tracce del contenuto rappresentate da una patina nerastra spessa mm. 3. Dimensioni del frammento maggiore 7 × 5.

tata, ricomposta da due frammenti. Sezione ovale. Lungh. mass. 19; largh. 3.

754. Nove frammenti di parete di giara. Argilla color crema, ben depurata, uniforme. Superfici scabre. Spess. 0,5.

755. Frammento di parete di giara. Argilla rossiccia, uniforme e compatta. Alt. mass. 10,5 × 9; spess. 0,9.

756. Frammento di ansa verticale. Argilla color crema-verdastro. Frammen-
757. Nove piccole scaglie di pareti di vasi diversi. Argilla di colore o crema o ruggine. Spess. 0,6/1.

758. Trenta frammenti di pareti di vasi chiusi diversi. Argilla di colore o crema o rossiccio. Spess. 0,8/1,2.

Impasto

759. Frammento di parete di giara. Impasto color camoscio-giallino con inclusi bianchi e bruni piuttosto radi. Superfici scabre. Alt. mass. 7 × 8; spess. 0,8.

Ceramica da fuoco

760. Frammento di parete di pentola. Argilla rossiccia. Superficie interna ed esterna annerite dalla fiamma. Alt. mass. 7 × 9; spess. 0,5.

Vetro

761. Frammento di bocca di coppa. Vetro color verde scuro. Si conservano parte della bocca e delle pareti. Bocca rientrante. Alt. mass. 3 × 4,5; spess. 0,3.

Selce

762. Alcune schegge di selce.

Ripostiglio

In questo piccolo vano retrostante alla cucina si rinvennero soltanto alcuni frammenti di giare in ceramica nuda sparsi sul pavimento. In particolare i resti di tre giare (764-766) erano dispersi su tutto il piano pavimentale, mentre la parte superiore di un'altra giara (763) si trovava schiacciata in un punto ben preciso nella zona nord-est di questo ambiente e poteva pertanto considerarsi praticamente *in situ* nella solita posizione angolare.

Ceramica nuda

763. Frammenti di giara. Argilla color camoscio-rosato, ben depurata. Superfici sfaldate ed erose. Si conservano parte della bocca e della spalla con l'attacco inferiore di un'ansa; tredici frammenti delle pareti. Orlo della bocca ingrossato e ribattuto in fuori. Spalla rigonfia, a superficie leggermente ondulata, cosí come alcuni frammenti delle pareti ad ondulazioni basse e larghe a margini stondati. Ansa verticale a sezione ovale. Diam. esterno della bocca 12; alt. mass. 22; largh. dell'ansa 2,5; spess. 0,7 (*tav.* CI *c-d*).

764. Frammento di parete di giara. Argilla rossiccia. Superficie liscia. Alt. mass. 6,5 × 16; spess. 1.

765. Frammenti di giara. Argilla color crema, ben depurata e compatta. Superficie scabra, sfaldata in piú punti. Si conservano due frammenti della spalla, uno dei quali presenta l'attacco inferiore di un'ansa; un frammento del fondo; quattordici frammenti delle pareti. Spalla rigonfia con superficie mossa da basse solcature, appena visibili, che corrono subito sopra le anse; anse a nastro verticale, a sezione ovale; fondo piano, molto stretto. Dimensioni: frammento della spalla con l'ansa alt. mass. 8 × 11; frammento del fondo: alt. mass. 4,5; diam. della base 4,2; spess. delle pareti 0,7 (*fig.* 75; *tav.* CI *e*).

766. Frammenti di giara. Argilla rossastra finemente depurata. Superficie esterna scabra. Segni del tornio all'interno. Si conservano un frammento delle pareti e un frammento della spalla. La spalla presenta quattro basse solcature circolari appena visibili, come il precedente (765). Dimensioni dei frammenti: alt. mass. 10 × 12; spalla 5 × 6,5; spess. 1.

Vano 2

Da questo ambiente sono emersi soltanto pochi frammenti vascolari in ceramica nuda che si trovarono sparsi sul pavimento. Si tratta dei resti di un bacile (767) sito nella zona nord-ovest del vano, e di due vasi chiusi, probabilmente due giare, di cui si conservano pochi frammenti delle pareti (768-769).

Ceramica nuda

767. Frammento di bacile. Argilla colore camoscio-rosato, uniforme e compatta. Si conservano circa metà della bocca e delle pareti fino al fondo. Frammentato, ricomposto da cinque frammenti. Tracce dei giri del tornio all'interno. Corpo tronco-conico rovescio; orlo della bocca ingrossato e revoluto; la base doveva essere piana. Alt. mass. 10 × 20,5; diam. presumibile della bocca 25; spess. 1 (*fig.* 75; *tav.* CII *a*).

768. Quattro frammenti di pareti di giara. Argilla di colore camoscio rosato, ben depurata. Dimensioni del frammento maggiore: alt. mass. 8 × 8; spess. 1,3.

769. Dieci frammenti di pareti di giara. Argilla di colore crema, ben depurata. Un frammento presenta la superficie esterna leggermente ondulata. Spess. 0,6.

Vano 3

Assai scarso è il materiale ceramico rinvenuto in questo ambiente. Esso giaceva sul pavimento in parte disperso su di questo (771-772) in parte in punti ben definibili; infatti due vasi erano collocati rispettivamente negli angoli nord-ovest e sud-est. Si tratta di una giara invetriata (770) sita nell'angolo nord-ovest, ove era poggiata su un sasso, e di una giara acroma (773) sita nell'angolo opposto. Di entrambe si conserva solo il fondo.

Complessivamente sono emersi da questo ambiente un fondo di giara invetriata (770) ed i resti di tre vasi in ceramica nuda, due brocchette ed una giara (771-773).

Ceramica invetriata turchese

770. Fondo di giara. Argilla di colore crema ben depurata. Si conservano parte del fondo e delle pareti. Superficie interna a larghe ondulazioni. Base a disco con fondo esterno concavo. All'interno tracce di vetrina trasparente a riflessi madreperlacei. Esterno completamente coperto da vetrina turchese. Il piano di posa del piede è abraso dall'uso. Alt. mass. 4,5; diam. del piede 8 (*fig.* 75; *tav.* LXXIII *c-d*).

Ceramica nuda

771. Frammento di bocca di boccale. Argilla di colore camoscio-rosato. Superficie scabra e sfaldata. Si conservano parte della bocca e del collo. Orlo della bocca ingrossato. Alt. mass. 2,5 × 3,5; spess. della parete 0,2 (*fig.* 75).

772. Frammento di bocca di boccale. Argilla c.s. Si conservano parte della bocca e del collo. Orlo della bocca alto e ingrossato. Sul collo, subito sotto l'orlo, una risega a spigolo vivo. Alt. mass. 3,2 × 5,3 (*fig.* 75).

773. Frammento di fondo di giara. Argilla color camoscio-rosato, con qualche vacuolo. Base a basso disco, con fondo esterno leggermente concavo. Alt. mass. 4 × 7; spess. parete 1.

Vano 4

I materiali emersi dallo scavo di questo ambiente sono stati rinvenuti nelle trincee praticate per metterne in luce i muri perimetrali, in particolare quelli che lo chiudono a nord e ad est.

Procedendo da nord a sud e da ovest ad est possiamo precisare che nell'angolo nord-ovest si rinvenne un gruppetto di frammenti riferibili ad una ciotola invetriata (774) e a due vasi acromi (779-780); lungo il muro che chiude a nord questo vano, in corrispondenza del muro divisorio fra i vani

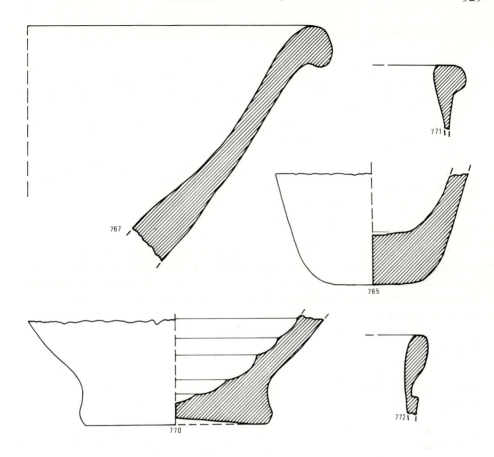

Fig. 75. - Materiali da al-Qusūr, Casa A.
Ripostiglio
765. Ceramica nuda: giara.
    Vano 2
767. Ceramica nuda: bacile.
    Vano 3
770. Ceramica invetriata turchese: giara.
771-772. Ceramica nuda: boccali.

2 e 3, si individuò un altro nucleo di frammenti pertinenti a due giare, una invetriata (775), l'altra a decorazione stampigliata con bolli quadrangolari (776). Infine nell'angolo sud-est del vano, presso il muro che lo chiude ad est, lungo il suo tratto estremo dopo la risega, si sono rinvenuti frammenti di due giare acrome (777-778), oltre ad una coppetta vitrea schiacciata sul pavimento (781).

Complessivamente da questo vano provengono alcuni vasi fittili ed un vaso in vetro. Si tratta dei resti di una ciotola e di una giara invetriate (774-775), di una giara a decorazione stampigliata a bolli sub-quadrangolari, che appare il pezzo piú significativo (776), di giare e di un boccale acromi (777-780) e di una coppa in vetro verde (781).

Ceramica invetriata turchese

774. Frammento di parete di ciotola. Argilla di colore crema ben depurata. Carena pronunciata a spigolo arrotondato. Spessa vetrina turchese all'interno e all'esterno. Alt. mass. 1,8 × 3,5; spess. 0,4.

775. Tre frammenti di pareti di giara. Argilla di colore crema, ben depurata. Superficie interna molto sfaldata e corrosa. Superficie esterna coperta da spessa vetrina turchese, di cui restano poche tracce. Spess. mass. delle pareti 1,2.

Ceramica acroma a decorazione stampigliata

776. Frammento di spalla di giara. Argilla di colore camoscio-gialliccio, ben depurata. All'esterno tracce di decorazione stampigliata con bollo rettangolare di cui restano parte di due lati contigui a margine dentellato. All'interno tracce di zampe di un quadrupede a rilievo stante di profilo a destra. Alt. mass. 8 × 4,4; del bollo 1 × 4; spess. della parete 0,6/0,8 (*figg.* 76, 89; *tav.* XCVII *d*).

Ceramica nuda

777. Frammento di bocca di giara. Argilla rosata. Orlo della bocca ingrossato, appiattito superiormente. Alt. mass. 10 × 17; largh. dell'orlo 5,1 (*fig.* 76).

778. Frammento di parete di giara. Argilla di colore crema-verdastro, ben depurata. Si conserva l'attacco inferiore di un'ansa verticale, a sezione ovale irregolare. Segni del tornio all'interno. Alt. mass. 5,5 × 5,5; spess. 0,6 (*fig.* 76).

779. Frammento di ansa di boccale. Argilla di colore camoscio-rosato, ben depurata. Superficie scabra. Si conserva l'attacco superiore sul collo. Nastro verticale a sezione ovale irregolare. Lungh. mass. 3,5; largh. 3 × 1,6 (*fig.* 76).

780. Quattro frammenti di pareti di giara. Argilla c.s. Spess. 0,5.

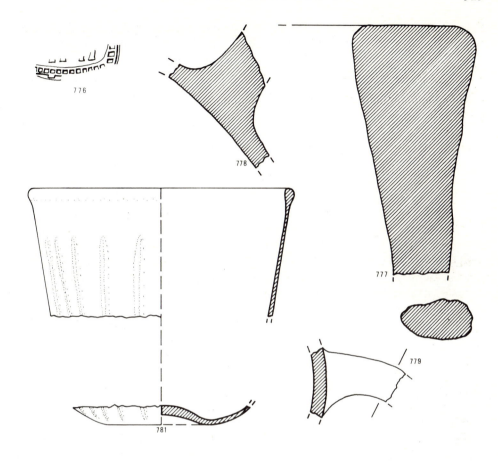

Fig. 76. - Materiali da al-Qusūr, Casa A.

Vano 4

776. Ceramica acroma stampigliata: bollo su giara.

777-779. Ceramica nuda: giare e boccale (779).

781. Vetro: coppa.

Vetro

781. Coppa frammentaria. Vetro di colore verde scuro. Bocca larga ad orlo ingrossato; parete mossa da leggere ed ampie ondulazioni verticali; fondo incavato ed ingrossato al centro. Frammentata e ricomposta da numerosi frammenti. Diam. dalla bocca 11; del fondo 5; spess. delle pareti 0,1/0,2. La bocca fu raccolta in superficie; il fondo a −0,10 dalla superficie del muro contiguo (*fig.* 76; *tav.* CIV *a-d*).

Vano 5

Poiché quest'area non è stata scavata nel suo interno, ma soltanto delimitata nella parte meridionale, i materiali rinvenuti sono emersi dalle trincee praticate per metterne in luce i muri che la definiscono a sud-est, a sud e a sud-ovest. Inoltre si sono considerati come ad essa pertinenti i materiali rinvenuti all'esterno della Torre nella trincea aperta lungo il suo muro meridionale per metterlo in luce.

Come di consueto si indica la provenienza dei materiali procedendo da nord a sud e da ovest ad est. Nella trincea condotta all'esterno del muro meridionale della Torre si sono rinvenuti alcuni frammenti di una giara acroma (791). In quella lungo la faccia occidentale del muro che divide quest'area dal vano 3 dell'attigua Casa A, si trovarono frammenti di tre vasi chiusi acromi (792-794); piú a sud, lungo il muro confinante con il vano 4 della Casa A, emersero un frammento di ciotola invetriata (783) e frammenti di vasi acromi (788, 795). Lungo la faccia settentrionale del muro che chiude a sud quest'area, a m. 4 dalla porta che lo mette in comunicazione con il vano 4, si rinvenne un gruppo di frammenti ceramici riferibili ad una brocchetta acroma a decorazione plastica (784) e ad alcuni vasi acromi (785-787, 796-797); piú ad ovest si rinvennero i frammenti di due brocchette acrome (789-790). Nella messa in luce del muro che chiude a sud-ovest l'area considerata, negli ultimi cinque metri sud, si trovarono frammenti di una ciotola invetriata (782) e di due vasi acromi, forse giare (798-799). All'estremità sud-ovest di quest'area, nel mettere in luce il prolungamento dei muri che proseguendo verso sud e verso ovest accennano ad un'altra casa adiacente a meridione all'area considerata, si sono rinvenuti frammenti di due vasi acromi (800-801) ed una conchiglia (802).

Anche in quest'area prevale quantitativamente la ceramica nuda, con brocchette e vasi chiusi di dimensioni maggiori a giudicare dallo spessore delle pareti, per lo piú boccali e giare (785-801); molto scarsa è la ceramica invetriata, rappresentata dai frammenti di due ciotole (782-783) e la ceramica a decorazione plastica, nella quale rientra una bocca di brocchetta (784); i resti faunistici si riducono ad una valva di conchiglia (802).

Ceramica invetriata turchese

782. Frammento di bocca di ciotola. Argilla color crema, uniforme. Si conservano parte della bocca e delle pareti. Orlo della bocca obliquo verso l'interno; lieve accenno di carena stondata. Invetriata in turchese all'interno e all'esterno. Alt. mass. 4 × 5 (*fig.* 77).

783. Frammento di parete di ciotola. Argilla c.s. Invetriata in turchese all'interno e all'esterno. Alt. mass. 1 × 0,5; spess. 0,5.

Ceramica acroma a decorazione plastica

784. Bocca di brocchetta. Argilla di colore crema, ben depurata. Superficie scabra, malamente rifinita, con sbavature attorno alla bocca. Si conservano la bocca e il collo con l'attacco superiore dell'ansa. Bocca leggermente svasata con orlo ingrossato. Collo cilindrico, largo, decorato con un anello plastico mosso da profonde tacche verticali. Ansa a sezione ovale attaccata sull'orlo della bocca e sul collo. Alt. mass. 2,5; diam. esterno della bocca 6; largh. dell'ansa 2; spess. 0,8 (*tav.* XCIX *f*).

Ceramica nuda

785. Frammento di bocca di brocchetta. Argilla c.s. Si conserva parte della bocca con l'attacco superiore dell'ansa a nastro verticale, attaccata sull'orlo della bocca. Alt. mass. 1; diam. presumibile della bocca 6; largh. dell'ansa 2.

786. Frammento di bocca di giara. Argilla c.s. Si conservano parte della bocca e della spalla. Spalla espansa che si restringe verso la bocca, la quale presenta un orlo ribattuto all'infuori. L'interno è coperto da una patina nerastra, che arriva fino all'orlo. Alt. mass. 2,5 × 5,5.

787. Ansa di boccale a nastro verticale. Argilla c.s. Ricomposta da due frammenti. Sezione ovale schiacciata. Lungh. 7; largh. 2,3.

788. Frammento di ansa verticale a sezione ovale. Argilla di colore camosciogiallino. Superficie sfaldata. Lungh. mass. 4; largh. 2,4 × 1,3 (*fig.* 77).

789. Frammento di bocca di boccaletto. Argilla di colore crema ben depurata. Si conservano parti della bocca e del collo. Bocca svasata con orlo ingrossato stondato. Alt. mass. 2 × 3; diam. presumibile della bocca 8 (*fig.* 77).

790. Frammenti di boccale. Argilla c.s. Si conservano un frammento del collo, corto e sottile, e tre frammenti delle pareti. Il collo svasa verso la bocca e verso la spalla. Dimensioni del frammento del collo: alt. mass. 5; diam. superiore 4; diam. inferiore 4,5; spess. 0,5. Spess. delle pareti 0,9.

791. Nove frammenti di pareti di una stessa giara. Argilla color camosciorosato, ben depurata. Dimensioni del frammento maggiore: alt. mass. 12 × 11; spess. 1.

792. Tre frammenti di pareti di vaso chiuso. Argilla color crema, ben depurata. Superficie scabra. Dimensioni del frammento maggiore: alt. mass. 6 × 6; spess. 0,8.

793. Tre frammenti di pareti di vaso chiuso. Argilla c.s. All'interno tracce del contenuto che si presentano come una patina nerastra. Spess. 0,8.

794. Frammento di parete di vaso chiuso. Argilla rossiccia, micacea. Alt. mass. 5 × 4; spess. 1,2.

795. Tre frammenti di pareti di vaso chiuso. Argilla color crema. Un frammento presenta all'interno tracce del contenuto, costituito da un residuo nerastro. Spess. 0,4/0,6.

796. Otto frammenti di pareti di vaso chiuso. Argilla di colore camoscio-giallastro. Uno dei frammenti conserva aderente all'interno tracce nerastre del contenuto. Spess. 0,5/1.

797. Frammento di parete di boccale. Argilla di colore grigio all'interno, con larghi vacuoli, di colore rosso all'esterno in superficie. Superficie esterna molto liscia, superficie interna di colore rosa e con tracce dei giri del tornio. Alt. mass. 3 × 3; spess. 0,5.

798. Dieci frammenti di pareti di giara. Argilla di colore crema-rosato, ben depurata, dura. Spess. 0,8/1.

799. Frammenti di vaso chiuso. Argilla di color rosa vivo, ben depurata. Si conservano undici frammenti delle pareti. Spess. 0,7.

800. Frammenti di vaso chiuso. Argilla color rossastro, ben depurata. Si conservano sei frammenti delle pareti. Spess. 0,5.

801. Frammenti di giara. Argilla color camoscio chiaro. Superficie scabra. Si conservano sette frammenti delle pareti. Dimensioni del frammento maggiore: alt. mass. 8 × 5,5; spess. 0,8.

Fauna

802. Una valva liscia di conchiglia.

Materiali rinvenuti all'esterno della Casa A

All'esterno di questa abitazione si sono rinvenuti diversi materiali che provengono da due zone distinte: 1) l'area a nord-ovest della casa; 2) la zona ad est di essa. I materiali sono stati mantenuti distinti secondo le due provenienze suddette e si descrivono successivamente.

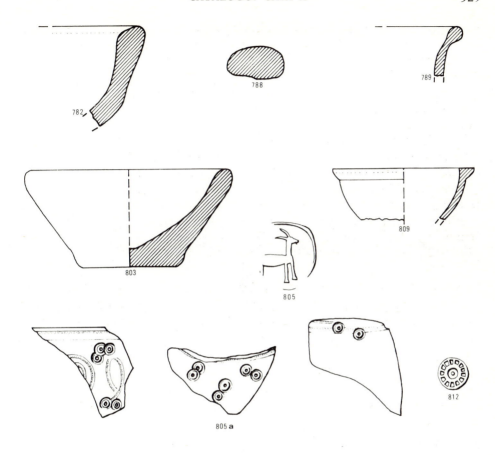

Fig. 77. - Materiali da al-Quṣūr, Casa A.

Vano 5
782. Ceramica invetriata turchese: ciotola.
788-789. Ceramica nuda: boccali.
Esterno
803. Ceramica invetriata turchese: ciotola.
805, 812. Ceramica acroma stampigliata: bolli su giare.
805 a. Ceramica acroma excisa ed impressa: boccale.
809. Vetro: coppetta.

1. - Materiali dall'area a nord-ovest della Casa A.

I materiali sono stati tutti rinvenuti nelle trincee praticate all'esterno dei muri perimetrali ovest e nord della costruzione per metterli in luce.

Nella trincea lungo la faccia esterna del muro che chiude ad occidente la parte piú settentrionale di questa abitazione, cioè il vano 1, si sono rinvenuti alcuni frammenti di una giara acroma (807); in particolare, a m. 0,50 dallo spigolo nord-ovest della casa, alla profondità di m. 0,50 dal piano di campagna, emersero i resti di un vasetto a decorazione excisa e impressa (805 a).

Piú abbondanti resti vascolari sono emersi dalla trincea condotta lungo la faccia esterna del muro che chiude a nord la casa. Si tratta di frammenti riferibili a due ciotole invetriate (803-804), ad una giara acroma decorata a stampo con bolli circolari (805), ad una brocchetta e ad una giara acrome (806, 808), infine a due vasetti in vetro (809-810).

Ceramica invetriata turchese

803. Ciotolina. Argilla color crema. Lacunosa alle pareti. Frammentata, ricomposta da tre frammenti. Corpo tronco-conico rovescio su stretta base piana; orlo della bocca semplice stondato. Completamente coperta da vetrina turchese pallidissima e sottile, eccetto il fondo esterno, che è nudo. Un segno del treppiede sul fondo interno. Alt. 3,9; diam. presumibile della bocca 8,6; diam. della base 4,5 (*fig.* 77; *tav.* XCV *e-f*).

804. Frammento di parete di ciotola. Argilla c.s., ben depurata, compatta. Vetrina turchese, mal conservata, con riflessi madreperlacei, all'interno e all'esterno. Alt. mass. 1,5 × 7,5; spess. 0,7.

Ceramica acroma a decorazione stampigliata

805. Frammento di parete di giara. Argilla color crema. Si conserva parte di un bollo circolare con la rappresentazione di una gazzella (?) stante di profilo a destra, mancante della parte posteriore del corpo. Alt. mass. 5 × 3,5; spess. 0,7; diam. presumibile del bollo 2,6 (*figg.* 77, 89; *tav.* XCVIII *a*).

Ceramica acroma a decorazione excisa e impressa

805 a. Frammenti di brocchetta. Argilla color crema, finemente depurata. Si conservano tre frammenti della spalla ed alcuni frammenti delle pareti. La spalla presenta una decorazione a stampo con cerchietti, ognuno contenente un puntino centrale, distribuiti senz'ordine, sia sparsi che raggruppati a due o tre al di sopra e al di sotto di una fascia centrale decorata ad ampi petali ovali, leggermente sfalsati, ottenuti a excisione. Dimensioni dei frammenti maggiori: 3,5 × 3,8; 4 × 3,6; 2,5 × 4,5 (*fig.* 77; *tav.* XCIX *b-d*).

Ceramica nuda

806. Frammento di bocca di brocchetta. Argilla color crema, molto depurata. Si conservano parte della bocca e del collo. Frammentata, ricomposta da quattro frammenti. Bocca svasata con orlo ingrossato. Sul collo restano tracce dell'attacco superiore di un'ansa verticale, attaccata subito sotto la bocca. Alt. mass. 2 × 3; diam. presumibile della bocca 4 (*tav.* CII *b*).

807. Sei frammenti di pareti di giara. Argilla color camoscio-gialliccio, ben depurata. Tracce dei giri del tornio all'interno. Spess. 0,8/1.

808. Frammento di parete di giara. Argilla rossiccia, micacea. Superficie scabra. All'interno tracce del contenuto, rappresentato da una spessa patina marrone. Alt. mass. 9 × 15; spess. 0,1.

Vetro

809. Frammento di bocca di coppetta. Vetro trasparente. Bocca svasata con orlo leggermente aggettante, appiattito superiormente. Alt. mass. 2 × 3; diam. presumibile della bocca 6; spess. 0,2 (*fig.* 77; *tav.* CIV *e*).

810. Frammento di fondo di vaso. Vetro verde scuro. Si conserva parte del fondo con l'attacco delle pareti. Fondo stondato con bottone centrale aggettante. Alt. mass. 2; diam. mass. 4.

2. - Materiali dall'area ad est della Casa A.

In questa zona i pochi materiali rinvenuti si trovavano in superficie, non essendo qui stata praticata all'esterno la trincea per mettere in luce il muro perimetrale della costruzione. Procedendo da nord a sud, possiamo precisare che subito all'esterno dell'angolo nord-est della casa si rinvenne parte di una giara acroma a decorazione stampigliata (812); presso il muro est della cucina giacevano alcuni frammenti di una ciotola invetriata (811) e di una giara acroma (815). Piú a sud, all'altezza della prima risega descritta dal muro che chiude ad est la casa, cioè nell'angolo fra il muro meridionale della cucina ed il muro est del vano 2, si rinvennero alcuni frammenti di vasi acromi, uno dei quali a decorazione incisa (813, 814), oltre ad una conchiglia (817). In corrispondenza della seconda risega formata dallo stesso muro si rinvenne un frammento di spalla di giara acroma (816).

Ceramica invetriata turchese

811. Dodici piccoli frammenti di pareti di ciotola. Argilla color crema, ben depurata. Invetriata in turchese all'interno e all'esterno. Spess. 0,5/1.

Ceramica acroma a decorazione stampigliata e plastica

812. Frammento di giara. Argilla color camoscio-rosato. Frammentato, ricomposto da sei frammenti; varie scheggiature nei punti di unione dei frammenti. Si conservano parte della bocca e delle pareti con tracce dell'attacco di un'ansa. Corpo ovoidale allungato, che si restringe verso la bocca; questa presenta un ampio orlo ingrossato, decorato da una fila di piccoli bolli circolari, di cui tre visibili (con un giro di elementi subtriangolari) e sottolineato all'esterno da una modanatura a toro. All'esterno decorazione plastica costituita da coppie di cordoni circolari a margine frastagliato, divisi da una profonda solcatura. Le coppie di cordoni sono alquanto distanti fra loro, ripetendosi alla distanza di cm. 10. La superficie restante esterna è mossa leggermente da ondulazioni basse e ravvicinate a margine o arrotondato o appiattito. All'estremità inferiore la parete si ingrossa. La superficie interna si presenta leggermente ondulata. Alt. mass. 30; largh. mass. 27; spess. 1,8; diam. dei bolli 1,3 (*figg.* 77, 78, 89; *tav.* XCVIII *b*).

Ceramica acroma a decorazione incisa

813. Frammento di spalla (?) di giara. Argilla color camoscio-giallino, ben depurata. Superficie scabra. All'esterno decorazione incisa a punta piuttosto sottile: resta parte del corpo di un quadrupede di profilo a destra; il pelame dell'animale è indicato con una serie di brevi trattini paralleli. Alt. mass. 3,5 × 5,5; spess. 0,5 (*tav.* XCIX *e*).

Ceramica nuda

814. Frammenti di giara. Argilla color camoscio-giallino, ben depurata. Si conservano un frammento della spalla ed uno delle pareti. Dimensioni rispettive: alt. mass. 5 × 7; 6 × 7,5; spess. 0,7.

815. Frammento di parete di giara. Argilla color camoscio-rosato, ben depurata. Superficie scabra. Alt. mass. 7 × 5.

816. Frammento di spalla di giara. Argilla color crema, con vacuoli. Superficie esterna sfaldata ed annerita. Alt. mass. 12 × 16; spess. 1,5.

Fauna

817. Una conchiglia (*tav.* CVI *d*).

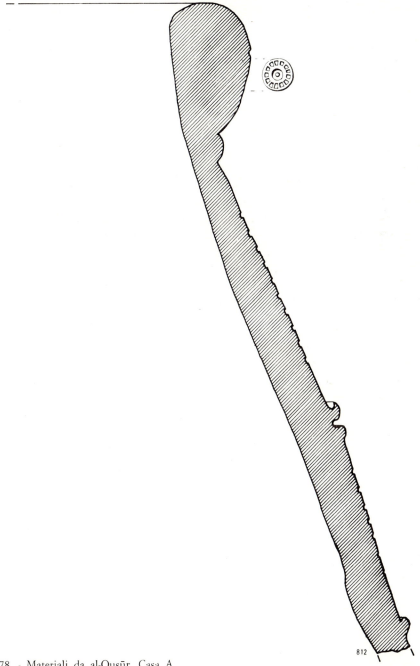

Fig. 78. - Materiali da al-Qusūr, Casa A.
Esterno est
812. Ceramica acroma stampigliata: giara.

Vano 1

Pochi resti di vasi sono emersi dallo scavo di questo ambiente. Nella sabbia eolica di superficie, fino alla profondità di m. 0,30 rispetto alla cima dei muri, si sono rinvenuti frammenti di una ciotola e di una giara invetriate (818, 820), oltre che di un vasetto di vetro (828). Piú in profondità, tra − 0,30/0,50 rispetto alla stessa quota, sono emersi altri resti di vasi invetriati, di una ciotola e di due bacili (819, 821-822) e di vasi acromi (824-825, 827). Infine nel mettere in luce la porta che si apre nella parete ovest di questo vano si sono rinvenuti i resti di un bacile invetriato (823) e di una giara acroma (826).

Nel complesso, la ceramica invetriata turchese appare qui piú abbondante di quella nuda. La prima è presente con frammenti relativi a due ciotole (818-819), ad una giara (820) e a tre bacili (821-823); la seconda con frammenti di un bacile (824), di due giare (825-826) e di un altro vaso chiuso (827). Infine si hanno tracce di un vasetto di vetro (828). La forma vascolare piú attestata appare il bacile.

Ceramica invetriata turchese

818. Frammento di bocca di ciotola. Argilla color crema, ben depurata. Si conservano parte della bocca e delle pareti. Alta carena a spigolo vivo; orlo della bocca stondato. Vetrina turchese all'interno e all'esterno. Alt. mass. 2 × 3 (*fig.* 79).

819. Frammento di bocca di ciotola. Argilla color camoscio-rosato, ben depurata. Si conservano parte della bocca e delle pareti. Alta carena a spigolo vivo al di sotto della quale la parete assume profilo concavo; orlo della bocca assottigliato e stondato. Vetrina turchese all'interno e all'esterno. Alt. mass. 3 × 4; diam. presumibile della bocca 17 (*fig.* 79).

820. Frammento di parete di giara. Argilla color crema. Vetrina turchese all'esterno. Alt. mass. 4 × 4; spess. 1.

821. Frammento di parete di bacile, verso il fondo. Argilla color crema-rosato, ben depurata. Superfici interna ed esterna leggermente ondulate. Invetriato in turchese all'interno e all'esterno. Alt. mass. 8 × 8; spess. 1,3/3.

822. Frammento di parete di bacile. Argilla color crema. Invetriato in turchese all'interno e all'esterno. Alt. mass. 5 × 8; spess. 1,2.

823. Due piccoli frammenti di pareti di grosso bacile. Argilla rosata, ben depurata. Invetriato in turchese all'interno ed all'esterno. Alt. mass. 3,6 × 4; spess. 2.

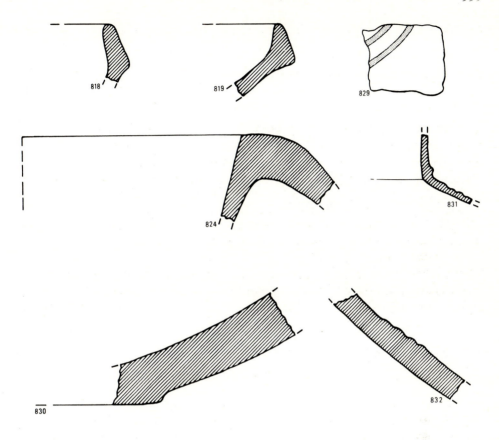

Fig. 79. - Materiali da al-Qusūr, Torre.

    Vano 1
818-819. Ceramica invetriata turchese: ciotole.
824. Ceramica nuda: bacile.
    Vano 2
829. Ceramica invetriata dipinta: ciotola.
830. Ceramica invetriata turchese: bacile.
831-832. Ceramica acroma incisa: boccale e giara.

Ceramica nuda

824. Frammento di bocca di bacile. Argilla color arancio chiaro, finemente depurata, compatta. Si conservano parte della bocca e delle pareti. Corpo tronco-conico rovescio; largo labbro aggettante, leggermente convesso, spezzato all'orlo. Alt. mass. 3,5 × 11; diam. presumibile della bocca 18; spess. 0,7 (*fig.* 79).

825. Frammento di parete di giara. Argilla color camoscio-giallastro, ben depurata. Superficie sfaldata. All'interno tracce nerastre del contenuto. Alt. mass. 18 × 12; spess. 3.

826. Diciassette frammenti di pareti di giara. Argilla di colore variante da crema a camoscio-giallastro. Spess. 0,8/1.

827. Due frammenti di pareti di boccale. Argilla color camoscio-rosato. Spess. 0,5.

Vetro

828. Due frammenti di pareti di vaso. Vetro verde scuro. Dimensioni: 2 × 1; 2 × 2; spess. 0,3.

Vano 2

Tutti i materiali rinvenuti in questo ambiente sono emersi dall'interro che copriva il piano di crollo di questo ambiente sul quale si è arrestato lo scavo, cioè fino alla profondità di m. 0,50 rispetto alla quota più alta dei muri del vano.

Si tratta di frammenti vascolari relativi a una ciotola invetriata a decorazione dipinta (829), giacente in superficie, e a un bacile invetriato in turchese (830); di frammenti di vasi acromi (831-837), di resti di due vasi in vetro verde (838-839) e di un frammento di chiodo di ferro (840).

Ceramica invetriata dipinta

829. Frammento di parete di ciotola tipo Raqqa. Argilla rosata, ben depurata. Interno ed esterno coperti da vetrina turchese. All'esterno, tracce di motivo dipinto in colore nero sotto l'invetriata turchese: due linee oblique, parallele. *Craquelure* all'interno e all'esterno. Alt. mass. 2,8 × 3,3; spess. 0,6 (*fig.* 79).

Ceramica invetriata turchese

830. Frammento di fondo di bacile. Argilla rosa. Si conservano parte del fondo con l'attacco delle pareti. Base piana con accenno di piede a disco. Vetrina turchese all'interno e all'esterno. Alt. mass. 4,5 × 8; spess. 2 (*fig.* 79).

Ceramica acroma a decorazione incisa

831. Frammenti di boccale. Argilla color crema, molto finemente depurata; superficie abbastanza liscia. Si conservano parte del fondo, delle pareti, della spalla e del collo. Collo cilindrico; spalla molto piatta, distinta dal collo da una modanatura sottile a margine stondato; sulla spalla tre basse solcature ravvicinate. Fondo piano con margine a spigolo vivo. Alt. mass. del frammento del collo e della spalla 3; diam. presumibile della base 7,5 (*fig.* 79).

832. Frammenti di giara. Argilla color crema. Si conservano un frammento della spalla e tre frammenti delle pareti, non ricomponibili fra loro. Superficie scabra. La spalla dilatata, che si restringe verso la bocca, presenta una decorazione costituita da quattro profonde solcature circolari ravvicinate. Dimensioni del frammento della spalla 6 × 7 (*fig.* 79).

Ceramica nuda

833. Frammento di vaso chiuso. Argilla rosa. Si conservano parte del collo, cilindrico, con l'attacco superiore di un'ansa a largo nastro verticale. Alt. mass. 4 × 6; largh. dell'ansa 3,5.

834. Cinque frammenti di pareti di boccale. Argilla color crema, finemente depurata. Spess. 0,3.

835. Quattro frammenti di pareti di boccale. Argilla color crema. Spess. 0,5.

836. Frammento di parete di boccale. Argilla color ruggine, micacea. All'interno tracce nerastre del contenuto. Superficie esterna molto sfaldata. Alt. mass. 6,5 × 8; spess. 0,5.

837. Quaranta frammenti di pareti di vasi chiusi diversi. Argilla di colore variante da camoscio-rosato a camoscio-giallino. Spess. 0,5/1.

Vetro

838. Frammento di fondo di vasetto. Vetro verde. Fondo conico. Alt. mass. 2,5; diam. mass. 7; spess. 0,1.

839. Due piccoli frammenti di pareti di vaso. Vetro color verde scuro. Spess. 0,5.

Metallo

840. Frammento di gambo di chiodo. Ferro ossidato. Sezione circolare. Spezzato in due frammenti. Lungh. mass. 4; diam. 0,6.

Vano 3

In questo ambiente i materiali sono stati rinvenuti o sul pavimento o all'interno del pozzo; li si descrive mantenendoli distinti secondo tali provenienze.

Si tratta soprattutto di vasi acromi, uno a decorazione incisa (841-845, 849) e di pentolame da fuoco (846-848, 850), che suggerisce per questo vano una destinazione a cucina, oltre che di un frammento di vaso in vetro (851) e di due vasi in steatite (852-853). I resti faunistici sono rappresentati da una conchiglia (854).

1. - Materiali rinvenuti sul pavimento.

Sparsi sul pavimento di questo ambiente si sono rinvenuti frammenti di un vasetto acromo a decorazione incisa (841), di alcune giare (842-845) e di vasi da fuoco (846-848); in particolare, sopra la lastra di copertura del pozzo, nella « tannura » che vi si impiantò, giacevano alcuni frammenti di vasellame da fuoco (846, 848).

Ceramica acroma a decorazione incisa

841. Frammento di spalla di brocchetta. Argilla color crema, finemente depurata. Sulla spalla decorazione costituita da tre linee circolari, incise a pettine. Alt. mass. 3,5 × 6,5; spess. 0,5.

Ceramica nuda

842. Frammento di bocca di giara. Argilla rosa con qualche vacuolo. Si conservano parte della bocca e della spalla. Spalla rigonfia che si restringe verso la bocca; orlo della bocca ingrossato e ribattuto all'infuori ove è appiattito. Alt. mass. 6 × 5,5 (*fig.* 80).

843. Frammento di ansa verticale. Argilla color crema, ben depurata. Sezione circolare. Lungh. mass. 6; diam. 1,5.

844. Dieci frammenti di pareti di giara. Argilla di colore variante da camoscio-rosato a crema, ben depurata. Spess. 0,8/1.

845. Frammenti di pareti di giara. Argilla color giallo-verdastro. Superficie annerita. Spess. 1,5.

Ceramica da fuoco

846. Due frammenti di pareti di pentola. Argilla color ruggine, micacea. Tracce di giri del tornio all'interno. Chiazze di annerimento dal fuoco all'esterno. Dimensioni massime: 7 × 4; 4,5 × 4; spess. 0,4.

847. Due frammenti di pareti di grosso vaso. Argilla color rosso-ruggine, micacea. All'esterno chiazze nere di annerimento da fuoco. Dimensioni massime: 8 × 5,5; 6,5 × 4,5; spess. 1.

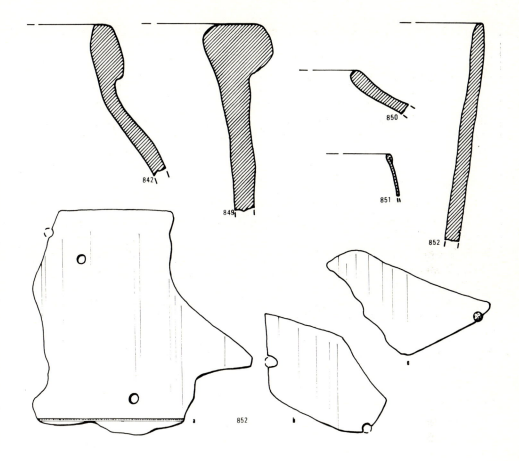

Fig. 80. - Materiali da al-Qusūr, Torre.

Vano 3

842. Ceramica nuda: giara.

Pozzo

849. Ceramica nuda: giara.
850. Ceramica da fuoco: pentola.
851. Vetro: coppa.
852. Steatite (?): vaso aperto.

848. Sei frammenti di pareti di pentola. Argilla color rosso-ruggine, micacea. Spess. 0,5.

2. - Materiali rinvenuti nel pozzo.

All'interno del pozzo, nel suo interro superficiale, alla profondità di m. 0,30/0,40 rispetto al pavimento del vano, si rinvennero frammenti di una giara acroma (849), di una pentola (850), di un vasetto in vetro (851) e di uno o due vasi in pietra (852-853), oltre ad una conchiglia (854).

Ceramica nuda

849. Frammenti di giara. Argilla color giallo pallido piuttosto fine. Si conservano tre frammenti della bocca e nove delle pareti. Largo orlo ingrossato, appiattito superiormente, a profilo convesso all'esterno; la superficie della spalla è leggermente ondulata. Alt. mass. 7,5; diam. presumibile della bocca 30 (*fig.* 80).

Ceramica da fuoco

850. Frammenti di pentola. Argilla color ruggine, micacea. Si conservano due frammenti della bocca e della spalla. Spalla rigonfia che si restringe verso la bocca; orlo della bocca semplice, stondato. Chiazze di annerimento da fuoco. Alt. mass. 2,5 × 3,3; spess. 0,5 (*fig.* 80).

Vetro

851. Frammento di bocca di coppetta. Vetro rossiccio scuro. Si conservano parte della bocca e delle pareti. Bocca inflessa; orlo della bocca ribattuto all'infuori. Alt. mass. 1 × 3; diam. presumibile della bocca 8 (*fig.* 80).

Steatite (?)

852. Frammento di vaso. Steatite (?) di colore nero. Si conservano sei frammenti delle pareti. Il vaso era di forma subcilindrica, a bocca larga appena svasata verso l'esterno, ad orlo semplicemente arrotondato. La superficie esterna presenta irregolari solcature verticali. Le pareti sono attraversate da vari fori pervi (diam. 0,5) di restauro antico, che conservano tutti tracce di ruggine lasciata dai perni in ferro usati come punti di sutura. Dimensioni dei frammenti: frammento A: alt. mass. 8,9 × 9; spess. 0,5; bocca 0,9; frammento B: 4,7 × 5; spess. 0,8; frammento C: 4 × 6,8; spess. 0,5/0,6 (*fig.* 80; *tav.* CV *a-b*).

853. Frammento di parete forse di altro vaso. Steatite (?) di color grigio. Superficie esterna percorsa da fitte e basse solcature quasi orizzontali. Superficie interna liscia. Un foro pervio per restauro antico (diam. 0,4). Alt. mass. 4 × 3 (*tav.* CV *a-b*).

Fauna

854. Una conchiglia a chiocciola.

Materiali rinvenuti all'esterno della Torre

Nel mettere in luce i muri perimetrali di questa costruzione, ad ovest, a nord e ad est, si sono rinvenuti diversi frammenti vascolari.

Nella trincea condotta all'estremità nord-ovest della Torre, lungo la parete esterna del muro che chiude ad ovest l'edificio, sono emersi i fondi di un bacile e di una ciotola invetriati (855-856) e nove frammenti di una giara (861).

Nel liberare il muro settentrionale della Torre sono emersi frammenti di una ciotola invetriata (857), di alcuni vasi acromi (863-864) e di un vasetto vitreo (868). In particolare nella zona ad ovest della porta, che si apre nel muro nord, si sono rinvenuti i resti di due giare acrome (859-860) ed una conchiglia (869). Immediatamente davanti alla soglia della porta suddetta, a m. 0,05 al di sotto di essa, giacevano i frammenti di una giara acroma (862).

All'esterno del muro che chiude ad est la costruzione, si rinvennero frammenti di un'altra giara acroma (865); in particolare, all'esterno del vano 2, a m. 1 a sud rispetto al muro che divide i vani 1 e 2, si trovarono i frammenti di una ciotola invetriata (858), di una giara acroma (866) e di un vaso di vetro (867).

Ceramica invetriata turchese

855. Fondo di bacile. Argilla color giallino-rosato con piccoli vacuoli. Si conservano il fondo con il piede e l'attacco delle pareti. Frammentato, ricomposto da due frammenti. Superfici molto incrostate. Piede a disco a fondo esterno molto concavo. Segni del treppiede di supporto usato durante la cottura, sia sul fondo interno (due ben visibili uno appena individuabile) sia sul fondo esterno (tre). Interno ed esterno coperti da vetrina color turchese pallido. Piano di posa del piede abraso dall'uso. Alt. mass. 2,5; diam. del piede 7,8 (*fig.* 81; *tav.* XCVI *a-b*).

856. Frammento di fondo di ciotola. Argilla c.s. Si conservano circa metà del fondo e del piede. Forma c.s. Interno ed esterno coperti da vetrina turchese. Alt. mass. 3,5; diam. presumibile del piede 6.

857. Frammento di fondo di ciotola. Argilla rosata. Si conserva parte del fondo con l'attacco delle pareti. Base piana, presso la quale la parete diventa leggermente concava. Invetriata in turchese all'interno e all'esterno. Alt. mass. 3,7; diam. presumibile della base 7 (*fig.* 81).

858. Frammento di bocca di ciotola. Argilla rosata con qualche vacuolo. Si conservano gran parte della bocca e delle pareti. Frammentato, ricomposto da due frammenti. Corpo tronco-conico, molto svasato, con alta carena a margine arrotondato, al di sotto e al di sopra della quale la parete assume profilo concavo. Vetrina turchese all'interno e all'esterno. All'interno tracce di posa del treppiede-supporto e due bolle per difetto di cottura. Alt. mass. 6,5 × 13; diam. presumibile della bocca 24 (*fig.* 81).

Ceramica nuda

859. Frammento di spalla di giara. Argilla color crema. Superficie molto sfaldata, quella esterna leggermente ondulata. Alt. mass. 5 × 12; spess. 1,2.

860. Frammento di parete forse di giara. Argilla color crema. Superfici molto sfaldate. Un ampio foro pervio (diam. 1). Alt. mass. 4,5 × 4,5; spess. 0,2/0,5.

861. Nove frammenti di pareti di giara. Argilla color crema. Spess. 1/1,5.

862. Otto frammenti di pareti di una stessa giara. Argilla color crema, ben depurata. Dimensioni del frammento maggiore: alt. mass. 6 × 11; spess. 1.

863. Frammento di ansa verticale. Argilla color camoscio-rosato. Sezione ovale. All'esterno è percorsa da due solcature longitudinali. Lungh. mass. 12; largh. 2,5 (*fig.* 81).

864. Dieci frammenti di pareti di vasi diversi. Argilla di colore variante da camoscio-rosato a giallino. Spess. 0,5/1,5.

865. Due frammenti di pareti di giara. Argilla color crema. Spess. 0,8.

866. Otto frammenti di pareti di giara. Argilla color camoscio-rosato. Spess. 1.

Vetro

867. Frammento di fondo. Vetro color verde. Fondo stondato. Alt. mass. 1; diam. presumibile 7; spess. 0,1/0,3.

868. Due piccoli frammenti di pareti di vaso. Vetro color verde scuro. Spess. 0,2.

Fauna

869. Una valva di conchiglia.

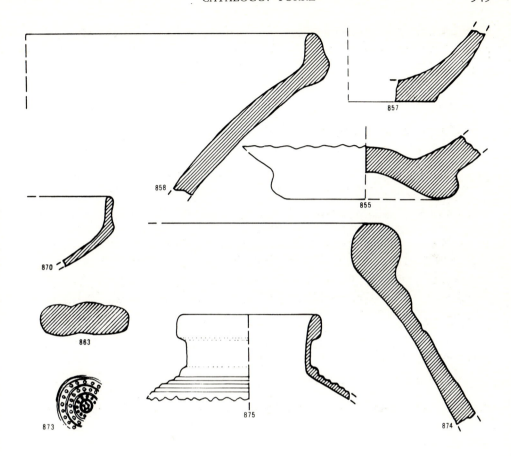

Fig. 81. - Materiali da al-Quṣūr, Torre e Casa B.

    Torre, esterno

855, 857, 858. Ceramica invetriata turchese: bacile e ciotole.

863. Ceramica nuda: ansa.

    Casa B, vano 1

870. Ceramica invetriata turchese: ciotola.

873. Ceramica acroma stampigliata: bollo su giara.

874. Ceramica acroma a decorazione plastica: giara.

875. Ceramica acroma incisa: boccale.

Materiali dalla Casa B

Vano 1

I materiali emersi dallo scavo di questo ambiente furono rinvenuti in parte ancora *in situ* sul pavimento in punti ben determinati, in parte dispersi nel contesto dell'interro che lo colmava dalla cima dei muri al pavimento, senza che fosse possibile individuarne l'originaria ubicazione.

I vasi *in situ* sono tre: una giara acroma (876) posta pressoché al centro, schiacciata su se stessa, con la parte inferiore del corpo ancora verticale; un'altra giara acroma (879) completamente schiacciata nell'angolo nord-ovest; una brocchetta acroma (875) schiacciata nell'angolo sud-ovest.

Inoltre si può precisare che presso il muro meridionale del vano si rinvenne un frammento di ciotola invetriata (870) e che i resti di una giara acroma (878) erano sparsi sul pavimento a sud-est della giara centrale.

Nel complesso da questo vano sono emersi pochi frammenti di vasi invetriati, solo due, una ciotola e una giara (870-871), mentre piuttosto abbondanti sono i resti di vasi acromi: a parte una brocchetta (875), si tratta soprattutto di giare, alcune a decorazione stampigliata con bolli circolari (872-873), una a decorazione plastica (874), ma per lo piú senza alcuna decorazione (876-879); essi suggeriscono per questo piccolo vano una destinazione a magazzino.

Ceramica invetriata turchese

870. Frammento di bocca di ciotola. Argilla color rosa pallido, ben depurata. Si conservano parte della bocca e delle pareti. Parete ad alta carena, a spigolo arrotondato, al di sopra della quale assume profilo concavo. Interno ed esterno coperti da vetrina turchese con riflessi madreperlacei. Alt. mass. 2,8 × 7,5; spess. 0,5 (*fig.* 81; *tav.* xcvi *c-d*).

871. Frammento di parete di giara. Argilla color crema, ben depurata. Interno a patina nerastra. Esterno coperto da vetrina turchese. Alt. mass. 2,5 × 5,5; spess. 1,2.

Ceramica acroma a decorazione stampigliata

872. Frammento di spalla di giara. Argilla color crema, ben depurata. All'interno tracce dei giri del tornio e due impronte digitali (due fossette) per l'attacco di parti diverse del vaso. Decorazione stampigliata all'esterno; restano tracce debolissime di un bollo circolare, visibile per metà circa, di cui si vedono il bordo e segni a rilievo illeggibili all'interno. Alt. mass. 5,5 × 8; spess. 1; diam. del bollo 2,5.

873. Frammento di spalla di giara. Argilla color crema-rosato. All'esterno decorazione stampigliata: restano tracce di un bollo sub-circolare, molto leggero, costituto da tre giri di puntini che racchiudono al centro cinque puntini che formano una specie di rosetta. Alt. mass. 5,5 × 6; diam. del bollo 2,5 (*figg.* 81, 89; *tav.* XCVIII *c*).

Ceramica acroma a decorazione plastica

874. Frammento di giara. Argilla color giallo-verdastro, ben depurata. Si conservano parte della bocca e della spalla. Spalla rigonfia che si restringe verso la bocca ad orlo ingrossato e ribattuto all'infuori. Sulla spalla decorazione costituita da un cordone plastico mosso da tacche oblique, che corre subito sotto la bocca, quindi da una larga solcatura circolare ed una fila di profonde incisioni oblique. Alt. mass. 8 × 10; spess. 0,9 (*fig.* 81; *tav.* C *a*).

Ceramica acroma a decorazione incisa

875. Frammento di boccale. Argilla color crema, finemente depurata. Si conservano parte della bocca, del collo, della spalla e delle pareti. Bocca con alto orlo appiattito ribattuto all'infuori; collo corto, cilindrico, distinto dalla spalla da una modanatura stondata; la spalla è mossa da alcune solcature circolari ravvicinate. Alt. mass. 3,5; diam. presumibile della bocca 6; spess. 0,3 (*fig.* 81).

Ceramica nuda

876. Frammenti di giara. Argilla di colore rossastro, micacea. Superfici sfaldate. Si conservano vari frammenti della bocca, della spalla e del corpo, ricomponibili. Spalla rigonfia, che si restringe verso la bocca ad orlo ingrossato, superiormente appiattito; superficie della spalla mossa da ondulazioni con solcature basse e larghe distanti fra loro cm. 0,7. La superficie interna sembra coperta da una vernice nerastra che si estende anche sull'orlo della bocca, ricadendo all'esterno sulla spalla in sgorature. Alt. mass. 7,5; diam. presumibile della bocca 15 (*fig.* 82; *tavv.* XCI - XCII *a*, CII *c-d*).

877. Frammenti di pareti di giara. Argilla color rosso-ruggine. Due frammenti presentano un foro pervio per un antico restauro. Dimensioni del frammento riprodotto: alt. mass. 4 × 7, spess. 1; diam. del foro 0,8 (*tav.* CIII *a*).

878. Dieci frammenti di pareti di giara. Argilla color giallo-verdastro, ben depurata. Superfici scabre e sfaldate. Spess. 1,2 (*tav.* XCI *b*).

879. Parte inferiore del corpo di giara. Frammentata. Argilla di colore camoscio-rosato. Spess. 0,9/1,2.

Residuo

880. Residuo di contenuto di un vaso chiuso, probabilmente una giara, a terminazione conica, la cui forma è restata in negativo nel deposito rimasto aderente al fondo. Colore nerastro. Alt. mass. 2,5 × 5 (*tav.* CVI *c*).

Vano 3

La vasta area che comprende la parte orientale e meridionale di questa abitazione non è stata scavata al suo interno, ma soltanto delimitata ad est ed a sud, lungo i muri perimetrali della costruzione. I materiali relativi provengono quindi dalle trincee aperte lungo la faccia interna del muro perimetrale orientale, nonché lungo i muri del vano 1, all'esterno di questo, praticate allo scopo di metterli in luce.

Procedendo da nord a sud, si può precisare che, nella zona a nord del vano 1, nel mettere in luce il muro perimetrale orientale si sono rinvenuti vari frammenti di vasi acromi: si tratta di una giara e di un bacile giacenti l'uno presso l'altro (884-885), quindi di un altro bacile, di una ciotola, del fondo di un boccale e di una giara (886-888, 890). Piú a sud, presso il muro settentrionale del vano 1, si rinvennero frammenti di una giara a decorazione stampigliata (882) ed un frammento di stucco con l'impronta di un animale (893).

All'esterno del vano 1, lungo il suo muro settentrionale, emersero i frammenti di un'altra giara a decorazione stampigliata (883) e, all'esterno dell'angolo nord-ovest del vano, i frammenti di una giara invetriata (881).

A sud del vano 1, lungo il muro perimetrale orientale, si sono rinvenuti pochi frammenti di vasi acromi (889, 891-892).

Nel complesso, dalla zona orientale e meridionale di questa abitazione, abbiamo i resti di un solo vaso invetriato, cioè una giara (881), di due giare a decorazione stampigliata con bolli subquadrangolari (882-883) e di numerosi vasi acromi, giare (884, 889-891), bacili (885-886), ciotole (887), boccali (888) e di altri vasi non precisabili (892), nonché un frammento di stucco con impronta di un animale (893), da riferire al pavimento di una camera dell'abitazione propriamente detta (c.d. vano 4).

Ceramica invetriata turchese

881. Frammenti di pareti di giara. Argilla color crema-rosato, ben depurata. Superficie interna sfaldata, nerastra. Superficie esterna coperta da vetrina turchese. Il frammento maggiore conserva parte della decorazione plastica costituita da un cordone orizzontale rilevato, mosso da impressioni digitali. Dimensioni del frammento maggiore: alt. mass. 6 × 8 (*tav.* XCVI *e*).

Ceramica acroma a decorazione stampigliata

882. Frammenti di giara. Argilla color camoscio-rosato, ben depurata. Superficie scabra. Si conservano parte della spalla e del corpo. Sulla spalla tracce di decorazione stampigliata: resta un lembo di un bollo subquadrangolare, con angoli smussati, impresso debolmente; se ne intravvede parte della cornice. Spess. 1,3 (*figg.* 82, 89; *tav.* XCVIII *d*).

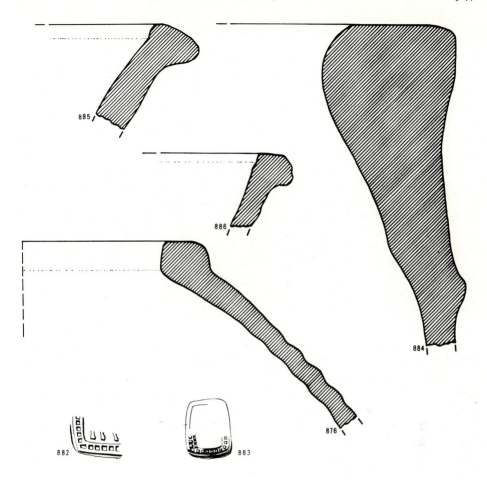

Fig. 82. - Materiali da al-Qusūr, Casa B.

   Vano 1

876. Ceramica nuda: giara.

   Vano 3

882-883. Ceramica acroma stampigliata: bolli su giare.

884-886. Ceramica nuda: giara e bacili.

883. Frammento di giara. Argilla color giallo-verdastro. Restano parte del corpo e della spalla. Frammentato, ricomposto da due frammenti. All'esterno decorazione stampigliata: restano tracce di un bollo subquadrangolare, ad angoli arrotondati, impresso debolmente e obliquamente; se ne intravvede parte della cornice con una fila di punti rilevati. Alt. mass. 6,5 × 9; dimensioni del bollo 1,8 × 2,3 (*figg.* 82, 89; *tav.* XCVIII *e*).

Ceramica nuda

884. Frammento di bocca di giara. Argilla color camoscio-rosato con vacuoli. Si conservano parte della bocca e del collo. Orlo della bocca ingrossato, appiattito superiormente; all'esterno, poco sotto la bocca, corre una modanatura a spigolo vivo. Superficie esterna scabra e sfaldata. Alt. mass. 13 × 21; spess. parete 1,2; largh. dell'orlo 5,5 (*fig.* 82; *tav.* CIII *b*).

885. Frammento di bocca di bacile. Argilla color crema, ben depurata. Restano parte della bocca e del corpo. Corpo tronco-conico rovescio; orlo della bocca ingrossato, aggettante sia all'esterno che all'interno. Alt. mass. 4 × 18; spess. 1,3 (*fig.* 82).

886. Frammento di bocca di altro bacile. Argilla color camoscio-giallino. Si conservano parte della bocca e delle pareti. Corpo a tronco di cono rovescio; orlo della bocca ingrossato, aggettante solo all'esterno, superiormente piatto e con risega interna. Alt. mass. 3 × 6 (*fig.* 82).

887. Frammento di bocca di ciotola. Argilla color crema, finemente depurata. Si conservano parte della bocca e delle pareti. Orlo stondato. Alt. mass. 3 × 3,2.

888. Frammento di fondo di boccale. Argilla color crema. Superficie molto sfaldata. Si conserva circa metà del fondo con l'attacco delle pareti. Base accentuatamente concava. Alt. mass. 2; diam. della base 7,2 (*fig.* 83).

889. Puntale di giara. Argilla rossiccia, ben depurata. Forma troncoconica a base piana. All'interno tracce nerastre del contenuto che si presentano come una spessa patina (spess. 0,3). Alt. mass. 7; diam. mass. 10 (*fig.* 83).

890. Venti frammenti di pareti di giara. Argilla di colore variante da camoscio-rosato a crema. Spess. 1/1,5.

891. Quattro frammenti di pareti di giara. Argilla crema. Spess. 0,8/1.

892. Dieci frammenti di pareti di vasi diversi. Argilla di colore rossiccio. Spess. 0,5/1,5.

Stucco

893. Frammento di stucco bianco, con impronta di zampa di cane. Dimensioni massime 11,5 × 8; spess. mass. 2,5 (*tav.* CVI *e-f*).

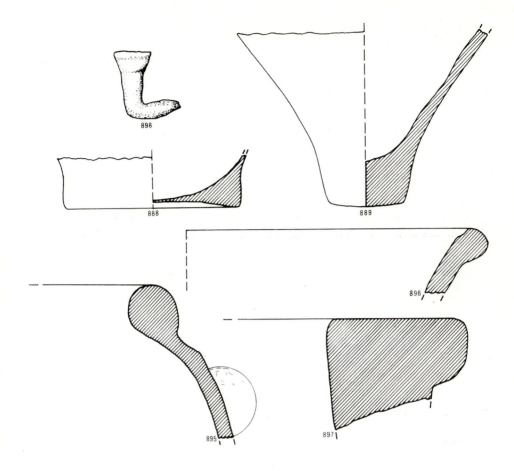

Fig. 83. - Materiali da al-Quṣūr, Casa B.

 Vano 3

888-889. Ceramica nuda: boccale e giara.

 Vano 5

895. Ceramica acroma stampigliata: giara.

896-897. Ceramica nuda: bacile e giara.

898. Ferro: chiodo.

Vano 5

Nella parte sud-occidentale di questa abitazione la prospezione aerea ha rivelato la presenza di un vano che si denomina vano 5. Esso non è stato scavato, ma ne provengono ugualmente alcuni materiali, rinvenuti nella trincea praticata lungo il muro che lo chiude ad est e che lo separa dall'attiguo vano 4. Appoggiata a tale muro si è notata una « tannura », all'altezza della quale si è rinvenuto un gruppo di frammenti di vasi diversi. Si tratta dei resti di una giara (?) invetriata (894), di un'altra giara a decorazione stampigliata con bolli circolari (895), di un bacile e di una giara acromi (896-897). Oltre a questi frammenti vascolari dallo stesso punto proviene un frammento di chiodo in ferro (898).

Ceramica invetriata turchese

894. Piccolo frammento di parete di vaso chiuso (giara ?). Argilla color crema. Invetriato in turchese all'esterno. Alt. mass. 2 × 4; spess. 1.

Ceramica acroma a decorazione stampigliata

895. Frammento di giara. Argilla rosa. Si conservano parte della bocca e delle pareti. Spalla rigonfia che si restringe verso la bocca, ad orlo ingrossato, sottolineato all'esterno da una bassa modanatura arrotondata. Al di sotto di questa restano tracce debolissime di un bollo circolare illeggibile. Alt. mass. 5 × 8; spess. 0,6; diam. del bollo 3 (*fig.* 83).

Ceramica nuda

896. Frammento di bacile. Argilla color giallo pallido. Superficie sfaldata. Si conservano parte della bocca e delle pareti. Corpo tronco-conico rovescio; orlo della bocca ingrossato, smussato verso l'interno. Alt. mass. 2,5 × 16,5; spess. 0,8; diam. presumibile della bocca 25 (*fig.* 83).

897. Frammento di bocca di grossa giara. Argilla color giallo-verdastro. Si conserva parte dell'orlo, molto ampio, appiattito superiormente, ingrossato verso l'esterno. Alt. mass. 4,5; largh. dell'orlo 5,8 × 14 (*fig.* 83).

Metallo

898. Gambo di chiodo, ricurvo. Ferro ossidato e corroso. Spezzato in due frammenti. Lungh. 2,7; largh. 0,2/1,5 (*fig.* 83).

Vano 6

Questa vasta area dell'edificio non è stata scavata. Soltanto dei saggi hanno cercato di definirne la perimetrazione a nord e ad est.

Nella trincea praticata lungo la faccia interna del muro nord sono stati rinvenuti pochi frammenti di una ciotola invetriata (899) e di alcuni vasi chiusi acromi (900-904).

Ceramica invetriata turchese

899. Frammento di bocca di ciotola. Argilla color crema-rosato ben depurata. Si conservano parte della bocca e delle pareti. Orlo semplice, assottigliato: lieve accenno di risega poco sotto la bocca. Invetriata in turchese all'interno e all'esterno. Alt. mass. 3 × 4 (*fig.* 84).

Ceramica nuda

900. Frammento di bocca di piccola giara. Argilla color crema con qualche grosso incluso. Si conservano parte della bocca e del collo con l'attacco superiore di un'ansa verticale. Orlo della bocca a spigolo vivo; ansa a sezione ovale. Alt. mass. 3,5 × 5; largh. dell'ansa 2 (*fig.* 84).

901. Frammento di parete di boccale. Argilla color crema. Resta l'attacco inferiore di un'ansa verticale a sezione ovale. Alt. mass. 4 × 3.

902. Frammento di parete di grosso vaso chiuso, forse giara. Argilla color crema, ben depurata. All'interno lieve patina nerastra lasciata dal contenuto. Alt. mass. 3 × 4; spess. 1,5.

903. Sei frammenti di pareti di vaso chiuso. Argilla color camoscio-rosato. Spess. 0,6/0,8/1,5.

904. Due frammenti di pareti di uno stesso vaso chiuso. Argilla color rosso-ruggine, micacea. Spess. 1.

Materiali rinvenuti all'esterno della Casa B

I materiali seguenti provengono dalle trincee praticate lungo la faccia esterna dei muri che chiudono quest'abitazione ad est e a sud-est, allo scopo di metterli in luce. I materiali sono stati mantenuti distinti secondo le due provenienze suddette.

Nella trincea condotta all'esterno del muro che chiude ad est l'abitazione, nel tratto compreso fra il vano 1 e l'angolo sud-est della costruzione si sono rinvenuti i resti di due vasi invetriati, un bacile ed una ciotola (905-906), e di due vasi chiusi acromi (907-908).

Ceramica invetriata turchese

905. Frammento di parete di bacile. Argilla color crema-rosato. Superficie interna molto sfaldata. Invetriata in turchese all'interno e all'esterno. Alt. mass. 5 × 7,5; spess. 1,5.

906. Frammento di parete di ciotola. Argilla c.s. Invetriata in turchese all'interno e all'esterno. Alt. mass. 2 × 3,5; spess. 0,8.

Ceramica nuda

907. Frammenti di boccale. Argilla color camoscio-rosato, ben depurata. Si conservano parte della spalla e del collo e cinque frammenti delle pareti. Alla base del collo corrono quattro basse solcature circolari. Restano tracce dell'attacco inferiore di un'ansa verticale a nastro, impostata sulla spalla. Dimensioni del frammento della spalla 9 × 12; spess. 0,6/1,5.

908. Tredici frammenti di pareti di giara. Argilla color crema, ben depurata. Spess. 0,8.

Nella trincea condotta lungo la faccia esterna del muro, che chiude a sud-est la casa, si sono rinvenuti alcuni frammenti vascolari, per lo piú sparsi, tranne uno, il fondo di una giara (911), rinvenuto *in situ* alla sinistra della porta d'ingresso alla casa, che si apre all'estremità est del muro stesso.

Gli altri materiali emersi consistono in pochi frammenti relativi ad una brocchetta invetriata (909), ad un vasetto a decorazione evcisa (910), che era incastrato nel muro all'estremità orientale, e ad un vaso di vetro (912).

Ceramica invetriata turchese

909. Frammenti di brocchetta. Argilla color crema. Si conservano parte della spalla (ricomposta da due frammenti), con l'attacco del collo e di un'ansa a nastro verticale a sezione ovale. Vetrina turchese all'esterno, che scendeva anche all'interno della bocca, cadendo in sgorature. Alt. mass. 8 × 4,5; largh. dell'ansa 3; spess. 0,5/1.

Ceramica acroma a decorazione excisa

910. Frammenti di boccale. Argilla color crema, finemente depurata. Si conservano cinque frammenti delle pareti. Decorazione excisa ad elementi subrettangolari e triangolari sparsi, visibili solo su un frammento. Dimensioni del frammento decorato alt. mass. 1,5 × 2,3; spess. 0,6 (*fig.* 84).

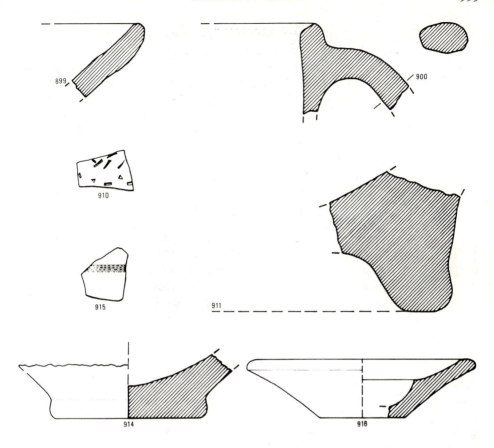

Fig. 84. - Materiali da al-Quṣūr, Casa B.

Vano 6

899. Ceramica invetriata turchese: ciotola.
900. Ceramica nuda: giara.

Esterno

910. Ceramica acroma excisa: boccale.
911. Ceramica nuda: giara.

Saggio

914. Ceramica invetriata turchese: boccale.
915. Ceramica acroma a decorazione incisa.
916. Ceramica nuda: piattello.

Ceramica nuda

911. Frammenti di fondo di giara. Argilla color giallo-verde, con vacuoli. Superficie esterna scabra. Si conservano il fondo con il piede e la parte inferiore delle pareti. Piede a grosso anello. All'interno tracce nerastre del contenuto. Alt. mass. 5,5; spess. della parete 3/2 (*fig.* 84; *tav.* CIII *c*).

Vetro

912. Due frammenti di pareti di vasetto. Vetro color verde scuro. Spess. 0,2.

Materiali dal saggio a sud-ovest della Casa B

Dal saggio condotto attorno all'angolo sud-ovest della Casa B e dalla trincea aperta fra questa e la Torre sono emersi pochi materiali, alcuni dei quali ben localizzati.

Si può precisare che a m. 0,70 a nord dell'angolo suddetto si sono rinvenuti una lucerna invetriata (913) e frammenti di una pentola (917). Nell'angolo fra il muro meridionale della casa e quello, con soglia, che vi si collega ortogonalmente, inglobato in quest'ultimo, sulla sua faccia ovest si rinvenne parte di un piattello acromo (916). Infine al di sotto del muretto intravvisto sul lato ovest si rinvennero alcuni frammenti di una pentola (919). Dalla trincea fra la Casa B e la Torre provengono i resti di una brocchetta invetriata (914), di un vasetto acromo a decorazione incisa a pettine (915) e di una pentola (918), nonché due conchiglie (920-921).

Ceramica invetriata turchese

913. Lucerna. Argilla color crema. Lacunosa alla bocca e al collo, mancante del becco. Frammentata, ricomposta da quattro frammenti. Bocca circolare, leggermente svasata, ad orlo ingrossato; collo piuttosto lungo e sottile; spalla molto scivolata, corpo globulare; la base doveva essere piana; ansa a nastro verticale attaccata sulla bocca e sulla spalla; interno nudo. Esterno coperto da vetrina turchese che si estende all'interno della bocca. Alt. mass. 6; diam. mass. 7; spess. 0,8 (*tav.* XCVI *f*).

914. Brocchetta frammentaria. Argilla color crema-rosato. Si conservano parte della bocca e del fondo con il piede e la parte inferiore delle pareti. Orlo della bocca appena ingrossato; basso piede a disco a profilo arrotondato con base piana. Segni del tornio all'interno, che è nudo. Esterno coperto da vetrina turchese, che scende all'interno della bocca. Piano di posa del piede consumo. Alt. mass. del frammento della bocca 3,5 × 3,5; frammento del fondo alt. mass. 2,5; diam. della base 6 (*fig.* 84).

Ceramica acroma a decorazione incisa

915. Piccolo frammento di parete di vasetto. Argilla color crema, finemente depurata. All'esterno decorazione incisa a pettine a quattro punte che descrive un fascio orizzontale di sottili solcature circolari. Alt. mass. 2,2 × 2; spess. 0,3 (*fig.* 84).

Ceramica nuda

916. Frammento di piattello. Argilla color rossiccio-arancio. La superficie esterna si presenta annerita dal fuoco. Se ne conserva circa un terzo, a profilo completo. Forma tronco-conica rovescia; ampio labbro svasato, distinto nettamente dal cavetto; base piana. Alt. 2,3; diam. presumibile della bocca 9,5; diam. presumibile della base 3,7 (*fig.* 84; *tav.* CIII *d-e*).

Ceramica da fuoco

917. Frammenti di pareti di pentola. Argilla color rosso-ruggine, micacea, a superficie color camoscio-giallino. Superficie esterna scabra. Interno completamente sfaldato. Dimensioni del frammento maggiore 6,5 × 11; spess. mass. 0,8.

918. Diciotto frammenti di pareti di pentola. Argilla color ruggine, micacea. Superficie sfaldata. Spess. 0,8.

919. Tre frammenti di pareti di pentola. Argilla c.s. Spess. 0,5/1.

Fauna

920. Una conchiglia a chiocciola.

921. Una conchiglia c.s.

CONCLUSIONI

I - L'INSEDIAMENTO

Il carattere geomorfologico dell'isola, ad andamento piatto ed uniforme, e la sua limitata estensione escludono che possano essersi verificate al suo interno differenze sensibili nelle soluzioni insediative adottate nel corso delle varie fasi di popolamento. Le sedi umane vi si dispongono sempre sul pancone roccioso, sia costiero che interno, mentre resta riservata all'agricoltura e al pascolo la lunga e serpeggiante depressione di *sabkah*.

Se si guarda tuttavia alle grandi linee del fenomeno insediativo nel corso degli ultimi cinque millenni (tabella 4, *fig.* 85), sembra di poter cogliere alcune linee generali di tendenza, che suggeriscono una periodizzazione in quattro grandi fasi.

Nelle epoche piú antiche l'insediamento appare raccolto in piccoli nuclei in prossimità della costa, specialmente nell'angolo sud-ovest dell'isola, che guarda verso la terraferma kuwaitiana, anche se non mancano tracce di vita all'estremità nord-ovest e nella zona sud-orientale. La cittadella ellenistica di *Ikaros* sarà fondata proprio in questa zona, al centro dei *telūl* formati dai resti degli insediamenti protostorici nell'angolo sud-ovest di Failakah, forse per poterne sfruttare il rialzo, rafforzato ulteriormente con l'escavazione di un fossato sui quattro lati.

La seconda grande fase insediativa abbraccia la prima età islamica, quando l'agglomerato urbano si dispone al centro dell'isola, ad al-Qusūr (sito 14), un abitato che può aver ospitato un migliaio di persone e che fiorisce per un periodo piuttosto breve, tra la metà del VII e il X secolo, mentre i vari insediamenti costieri sembrano limitarsi ad una funzione subalterna in relazione all'attività del porto dell'estremità nord-ovest (*niqā'ah*) e naturalmente della pesca esercitata su tutte le coste.

La terza fase insediativa vede l'abbandono del centro interno di al-Qusūr ed il progressivo sviluppo, nel corso della media età islamica, dei villaggi costieri ed in particolare di quello di nord-ovest, attorno al *niqā'ah*, quindi sulle contigue coste settentrionale e occidentale.

Alle soglie del secolo XVI, con l'arrivo dei Portoghesi, si sviluppano le ali periferiche degli insediamenti di questa fascia costiera nord-occidentale, i quali si allontanano man mano dal *niqā'ah* agglutinandosi all'ombra dei due forti, costruiti l'uno al limite orientale della zona abitata, sulla costa nord, l'altro al limite meridionale sulla costa ovest. Il maggiore (sito 13) controllava cosí i traffici del Golfo sul mare aperto tra Basrah e Hormuz; mentre quello minore (sito 7) guardava verso la baia del Kuwait, sulla cui terraferma venne costruito dai Portoghesi un altro castello allo sbocco della direttrice carovaniera proveniente dall'altopiano arabo (*Nejd*). I villaggi dell'angolo nord-ovest dell'isola (siti 9 e 11) decaddero fino a scomparire, mentre quello di Qurainīyah (sito 12) sembra essere persistito piú a lungo e quello del sito 7 ha continuato con il suo naturale ricambio a spostarsi verso sud, fino a dar vita all'odierno abitato di az-Zōr.

LA FASE PREISLAMICA

Una buona testimonianza degli agglomerati dell'età del Bronzo ci viene offerta dai siti 1 e 4, dove le precedenti campagne di scavo hanno riportato alla luce due aree insediative abbastanza vaste, con un edificio di struttura imponente ed un santuario di *Inzak*, il dio di Dilmun. Solo scarsi indizi abbiamo per ora degli insediamenti di questo periodo dislocati alle altre due estremità dell'isola, sia a nord-ovest (siti 8 e 10), che a sud-est (sito 15), come del resto anche sui *telūl* circostanti (siti 2, 5, 6); questi poterono costituire un unico agglomerato, che mostra tracce di vita, dopo la ricca fioritura del II millennio, ancora nel periodo assiro ed in quello achemenide (siti 2 e 3).

La cittadella fondata nel corso della spedizione di Alessandro Magno avrebbe occupato proprio il centro di questo agglomerato di *telūl*, che inglobavano i resti degli insediamenti preistorici. La planimetria della fortezza ellenistica risulta abbastanza chiara, con la sua cinta muraria di m. 2,10 (7 piedi) di spessore e di m. 60 (200 piedi) di lato. La rafforzavano torri quadrate angolari ed in prossimità delle porte, che si aprivano a nord ed a sud sull'asse viario centrale. La circondava un fossato largo circa m. 5 e profondo m. 3. Il centro del lato est è occupato dall'area sacra, un *témenos* di m. 25 per 20, con due templi affiancati ed orientati, preceduti da altari. Materiali usati sono in generale il pietrame locale per le fondazioni, il mattone crudo per gli alzati e un fine calcare biancastro non isolano per gli edifici sacri (*figg.* 11-13).

Ikaros, il nome dell'isola e di conseguenza della cittadella, tramandatoci dalle fonti letterarie, è stato riconosciuto su una stele con un lungo testo greco (43 linee) collocata davanti al tempio principale; essa ha posto fine alla *vexata quaestio* intorno all'identificazione tra le varie isole del recesso settentrionale del Golfo. Dai testi epigrafici conosciamo i culti di *Zeus Soter*, di *Poseidon* e di *Artemis Soteira*, ai quali la tradizione letteraria ci permette di aggiungere quello di *Apollon Alexikakos*. Probabilmente alla coppia soterica di divinità gemelle, Apollo ed Artemide, erano dedicati i due templi affiancati (*fig.* 12).

Sulla spiaggia antistante (sito 3) è stato individuato un edificio privato isolato, dotato di una fornace per la produzione di terrecotte. Non si conosce invece la necropoli ellenistica (*fig.* 14).

Nell'area della fortezza, fittamente occupata con superfetazioni nel periodo dei Seleucidi, l'insediamento è persistito sotto i Parti ed i Sassanidi, per essere abbandonato con l'avvento dell'Islām.

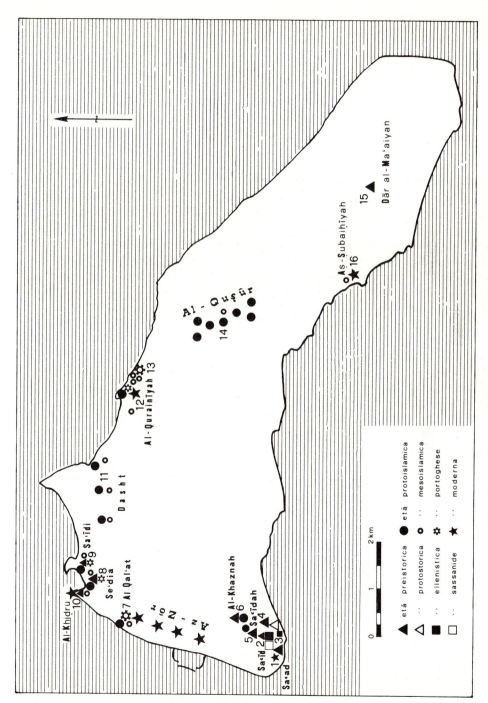

Fig. 85. - Isola di Failakah. Carta archeologica. Scala 1 : 80000.

LA FASE PROTOISLAMICA

Tra la metà del VII secolo e il secolo X, nel corso di quella prima età islamica che è stata oggetto specifico della nostra ricerca, l'isola di Failakah appare abitata con particolare densità. Accanto al grosso agglomerato di al-Qusūr, situato al centro dell'isola, si conoscono piccoli nuclei abitati dislocati sulle varie spiagge della metà occidentale dell'isola, che è la sola esplorata finora (tabella 4, *fig.* 85).

L'insediamento accentrato all'interno, dove oggi non si conoscono pozzi, pone prioritariamente il problema del clima e del rifornimento idrico. La densità stessa della popolazione nella prima età islamica ci lascia intuire anzitutto che l'acqua dovesse essere abbondante, in modo da permettere il rigoglio agricolo dell'isola. La falda freatica vi è infatti superficiale ed un certo numero di pozzi sono ancora in efficienza lungo la costa occidentale e quella settentrionale (uno a Qurainīyah), attingendo ad un paio di metri di profondità. Le case dovevano quindi essere dotate di pozzi e, data la conoscenza della « noria » e della « senia » nell'età umayyade, non possiamo dubitare che vi si facesse ricorso per attingere l'acqua ed incanalarla per irrigare le colture, specialmente nella fascia depressa e riparata di *sebkah,* che doveva consentire la coltivazione di essenze pregiate e redditizie, come avveniva del resto anche nel secolo scorso.

Ad al-Qusūr una esplorazione piú prolungata e lo scavo di tre edifici permettono di intravvedere le linee dell'organizzazione urbanistica di questo abitato della prima età islamica. Si tratta di un villaggio ad economia agricolo-pastorale, come sembra dimostrare il suo schema aperto, privo di una delimitazione fortificata, in contrasto con la sua denominazione di « castelli », che forse è stata attribuita tardivamente a questa zona dell'isola per l'imponenza delle rovine.

Il villaggio di al-Qusūr sembra aver avuto origine da una serie di recinti ellittici sparsi all'interno dell'isola, via via infittitisi e regolarizzatisi nella zona centrale, in modo da passare a strutture rettangolari, che rendevano possibile l'aggregato continuo. L'area centrale addensata presenta una certa regolarità di percorsi paralleli, sui quali si dispongono le abitazioni, mentre i recinti piú periferici danno luogo ad allineamenti meno vincolanti, talora con diverso orientamento. Piccole aree libere rimangono tra gli edifici del nucleo centrale, mentre notevoli aree libere intercorrono tra le costruzioni marginali; potrebbero interpretarsi probabilmente come aree coltivate, nelle quali però non si sono ancora rilevate tracce di ripartizioni agrarie (*figg.* 38-39; pianta f.t. A).

I primitivi recinti ellittici, ovali o subcircolari, individuati non soltanto ad al-Qusūr, ma anche a Sa'īda (sito 9), a Dasht (sito 11), a Qurainīyah (sito 12) e a Subaihīyah (sito 16), sembrano tipici di civiltà pastorali stanziali. Di solito hanno dimensioni che si aggirano sui 30-40 metri di diametro maggiore e 15-30 di diametro minore, con una superficie di 300-1000 m². Il muretto

Tabella 4

Fasi insediative dei siti esplorati nell'isola di Failakah

ETA' / SITO	PREISTORICA	PROTOSTORICA	ELLENISTORICA	SASSANIDE	PROTOISLAMICA	MESOISLAMICA	PORTOGHESE	MODERNA
1 Tall Sa'ad	X							X
2 Tall Sa'id	X		X	X				
3 Al-Khan		X	X					
4	X							
5 Tall Sa'idah	X				X			
6 Tall al-Khaznah	X				X			
7 Baluardo Portoghese					X	X	X	X
8 Se'dia	X				X	X	X	
9 Sa'idi	X				X	X	X	
10 Muqām al-Khidru	X					X		X
11 Dasht					X	X		
12 Qurainīyah					X	X	X	X
13 Forte Portoghese							X	
14 Al-Qusūr					X	X		
15 Dār al-Ma'aiyan	X							
16 Subaihīyah						X		X

di recinzione ha in genere una fondazione di un filare di pietrame, sul quale poggiava l'alzato in mattoni crudi, ora ridotti nei casi migliori ad un dosso di terra, quando il dilavamento non è stato totale; alcuni recinti non avevano fondazioni. Nei tipi piú tardi la fronte tende a diventare rettilinea e ad allinearsi su una strada. Successivamente si passa ai recinti quadrangolari con un lato curvo oppure con la parte posteriore absidata (figg. 38-39).

L'abitazione è situata all'interno del recinto, lungo il suo asse maggiore, ma in posizione eccentrica, in prossimità dell'ingresso. Ambienti secondari e di servizio si addossano al recinto dal lato interno; altre piccole costruzioni complementari possono essere addossate all'esterno del recinto, ma piú spesso sorgono ad una certa distanza da questo; forse si tratta in questo caso di locali di decenza.

L'edificio residenziale si organizza solitamente su uno schema rettangolare con articolazioni interne, attorno ad una corte centrale oppure con ambienti a schiera, ma senza dar luogo ad un aggregato edilizio continuo, dal momento che i rapporti di vita comunitaria sembrano risolversi nell'ambito di piccole « vicinanze » protette da un recinto comune.

Non è possibile stabilire l'altezza dei muri di recinzione; comunque, lo spessore non rilevante (m. 0,40; raramente m. 0,50) e l'alzato in mattone crudo, su zoccolo di un'assisa di pietrame (talora mancante), lasciano supporre che essa non dovesse eccedere i due metri, come sembra anche confermare l'esiguità delle tracce del crollo.

Anche l'altezza degli edifici non doveva essere eccessiva; essi erano di norma a semplice pianterreno con una modesta struttura in mattoni crudi su una fondazione in pietrame di larghezza spesso inferiore ai cm. 50; possiamo perciò ritenere che non superassero i m. 3/3,50 di altezza. A parte strutture monumentali del tutto eccezionali, allorquando siamo in presenza di murature con alzato in concio e pietrame dobbiamo ammettere l'esistenza di casetorri con uno o piú piani superiori, per giustificare il notevole spessore dei muri (m. 0,48/0,72), l'uso di grandi blocchi angolari e la muratura litica nel pianterreno, come nel caso della « Torre » scavata. Quest'ultima mostra una maggior cura nella costruzione e il ricorso a materiale costoso: grandi lastre per le soglie e i gradini, lastricati pavimentali nei vani 1 e 4, conci angolari, stipiti litici, altri lastroni inseriti nella muratura, elementi che non si ritrovano nella maggior parte delle abitazioni. La Casa A conservava sul lato occidentale due basi a dado, che abbiamo proposto di spiegare come sostegno di due pilastri lignei, che potevano formare un portichetto.

La norma per le murature è costituita comunque dall'impiego nell'alzato del mattone crudo, del quale abbiamo scarsissime tracce ben leggibili per poter valutare l'aspetto degli ambienti. Vi dovevano, comunque, essere risparmiate le porte e le finestre, mentre con pali, in genere di palma, dovevano essere realizzati gli architravi, dato che non se ne è conservata traccia. Edifici piú ricchi, o piú tardi, dovevano avere anche le volte ed il terrazzo soprastante in mattoni crudi. Ma nella maggior parte dei casi, dove non ce n'è evidenza, dobbiamo supporre che la copertura delle strutture edilizie fosse realizzata con travi, stuoie e strame, come sembrano suggerire le vecchie abitazioni sopravvissute nel villaggio di az-Zōr.

Per quanto concerne le pavimentazioni, va ricordato che gli spazi scoperti utilizzano direttamente il ghiaietto locale, che rappresenta la disgregazione superficiale della crosta rocciosa del tavolato desertico. Pavimenti lastricati si riscontrano per aree limitate all'esterno oppure all'interno di ambienti di maggior prestigio o di speciale destinazione, come presumibilmente le stalle. Gli ambienti destinati all'abitazione venivano invece accuratamente rivestiti di stucco bianco, sia sulle pareti che sul pavimento, che doveva essere ulteriormente protetto con delle stuoie ed eventualmente dei tappeti.

Nelle abitazioni pare di poter riconoscere una netta distinzione delle funzioni dei singoli ambienti: di soggiorno, da letto, cucine, depositi, stalle, come hanno dimostrato soprattutto le osservazioni fatte nel corso dello scavo, sia pure limitato, in tre nuclei abitativi di al-Qusūr, contigui, eppure con soluzioni profondamente diversificate, che richiamiamo brevemente.

La Casa B, seppure saggiata per ora in maniera assai limitata (*figg.* 66-68), ha dato tuttavia l'impressione di conservare elementi arcaizzanti sia nella sua recinzione subcircolare verso la periferia del villaggio, dove non sussistevano problemi di aggregazione, sia anche nell'angustia dell'unico vano scavato, addossato al recinto ed adibito a deposito (vano 1, di ca. m. 1,80 di lato).

Poco sappiamo dell'edificio dell'abitazione vera e propria, solo vagamente delimitato nella sua massa compatta di ca. m. 6 per 8, che sembra implicare un blocco di ambienti senza atrio centrale. Questo corpo è dislocato, come di solito, in posizione eccentrica rispetto al recinto, in prossimità dell'ingresso sul lato sud.

Nel corso di un saggio (*fig.* 68) all'esterno dell'angolo sud-ovest della Casa B si è messa in luce una porta, rivolta a levante, che o costituiva l'accesso principale a questa abitazione, o dava adito ad un'altra abitazione adiacente ad ovest alla Casa B, anch'essa con il suo nucleo principale dislocato all'estremità sud e con l'area scoperta rivolta a nord. Un focolare sembra indicare una persistenza o quanto meno un riutilizzo di quest'area in epoca piú tarda (XII-XIII secolo).

La Casa A, scavata piú estesamente (*figg.* 63-64), sembra denunciare nel suo stato finale la trasformazione di un originario recinto rettangolare, che è stato poi dilatato nell'angolo nord-est con una serie di salienti monodirezionati. Probabilmente si ebbe in principio un recinto di ca. m. 18 (NS) per m. 15 (OE), con l'abitazione disposta sul lato est; piú tardi un secondo edificio, ossia la « Torre », fu inserito nella parte nord-ovest del recinto.

L'abitazione originaria sembra da riconoscere nell'angolo nord-est, in un complesso di vani articolato su un cortile di ca. m. 5 di lato. Sul suo lato nord si dispongono i servizi; a partire dall'angolo sporgente verso est sono stati riconosciuti la cucina, un piccolo vano destinato a deposito e forse una

stalla. Questi tre ambienti si affacciano a sud; la stalla era forse uno spazio
interesterno aperto verso sud e coperto da una semplice tettoia. Sul lato meridionale del cortile si dispongono due camere da letto (vani 2-3) interco-
municanti, piccoli ambienti rivestiti di stucco bianco sul pavimento e sulle
pareti. Un cortile con accesso indipendente chiude a sud il complesso (vano
4): potrebbe trattarsi verosimilmente di un ovile, o di un orto, come vedia-
mo nelle costruzioni sopravvissute fin quasi ai nostri giorni nel villaggio di
az-Zōr. Tutta la parte occidentale del recinto della Casa A sarebbe stata
originariamente libera, dandoci l'impressione di una vita condotta essenzialmente all'aperto, fuori che per pochissime necessità, come indicano anche
gli altri spazi scoperti inframmezzati ai pochi metri quadrati coperti. Possiamo pensare ad una vita semicollettiva, di « vicinanza », allorquando entro
uno stesso recinto vengono ad insistere piú abitazioni, come deve essersi
verificato con la costruzione della Torre.

Nella Casa A la cucina appare l'ambiente piú utilizzato, con i due focolari ben riparati al centro delle due pareti piú interne e un fuoco centrale
probabilmente di emergenza. Una giara collocata nell'angolo piú protetto assi-
curava una provvista d'acqua a portata di mano per tutti gli usi della cucina.
Il piccolo vano adiacente (ripostiglio), probabilmente accessibile dalla parete
ovest della cucina, l'unica apparentemente libera, doveva essere destinato a
dispensa per derrate alimentari. Anche questi ambienti erano stuccati, in
considerazione della loro destinazione, che richiedeva indispensabili accorgi-
menti igienici.

Per lo stesso motivo sono stuccate anche le due camerette da letto (vani
2-3), con orientamento opposto, a nord, per assicurarsi un costante riparo
dal sole cocente. Le minuscole dimensioni di ca. m. 3 × 1,75 fanno ritenere
che il letto fosse addossato all'angolo sud-ovest in ognuna, lasciando libera
la zona verso l'accesso; tracce di due recipienti furono osservate nei due angoli piú riparati del vano interno.

Giare per l'acqua erano disposte anche all'esterno delle abitazioni; ne
abbiamo indizio nella strada che separa le Case A e B, presso l'ingresso di
quest'ultima e della Torre, di fianco a questa e all'angolo nord-est della Casa
A; in queste posizioni esse restavano a lungo in ombra ed erano tenute fre-
sche dal vento, che si incanalava nella strettoia. Del resto l'uso di collocare
delle giare piene d'acqua all'esterno degli edifici ed in particolare davanti
alla porta d'ingresso all'abitazione è ancora vivo presso molti popoli arabi.

La Torre (figg. 65-66, 68), cosí abbiamo denominato il terzo edificio
saggiato, fu impiantata probabilmente all'interno del recinto della Casa A,
nella sua metà occidentale, originariamente libera; almeno a giudicare dalla
mancanza di elementi di separazione fra i due edifici, anche se bisogna sottolineare che le nostre conoscenze sono limitate, poiché la Torre non è stata
scavata completamente. Il preciso inserimento del nuovo edificio entro la
recinzione rettangolare della Casa A sembra indicare la recenziorità della
Torre, ribadita del resto dai materiali rinvenuti, che vanno dal IX al XIII
secolo.

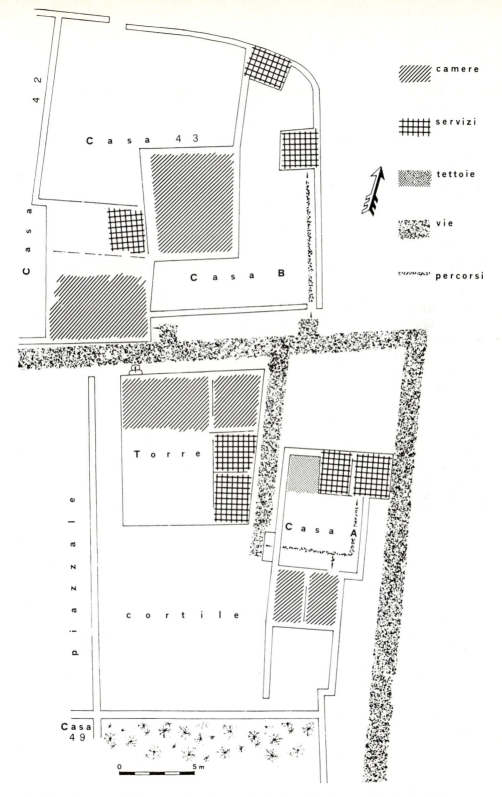

Legenda:
- camere
- servizi
- tettoie
- vie
- percorsi

Casa 42

Casa 43

Casa B

Casa

Torre

piazzale

cortile

Casa A

Casa 49

0   5 m

Fig. 86. - Proposta di interpretazione funzionale degli ambienti scavati (scala 1 : 250).

La struttura compatta della Torre, saldamente conclusa nella sua massa parallelepipeda definita da grossi muri di pietra, fa ritenere che al pianterreno si susseguissero una serie di ambienti coperti, sui quali insisteva almeno un piano superiore. L'ingresso all'edificio si apre a nord con una porta contrassegnata da tre grandi lastre, che fungono da gradini esterni e da soglia. Il primo ambiente lastricato (vano 4) poteva avere funzione di *dīwān* per accogliere gli ospiti con la sua fresca esposizione; da qui si passava a sinistra in un altro ambiente lastricato a due riprese (vano 1); ma verso sud si doveva poter accedere al resto dell'abitazione, purtroppo non scavata: cucina, magazzino, camera o altro; ma è probabile che le camere da letto fossero dislocate al piano superiore, insieme a locali di deposito. Il vano 2, per le sue limitate dimensioni, poteva fungere da deposito, ma la quantità di crollo di mattoni crudi — che lo ostruisce — farebbe pensare piuttosto alla tromba delle scale per raggiungere il piano superiore. Nel vano 3 il focolare al di sopra del pozzetto è chiaramente tardivo, ma non infirma l'originaria destinazione a cucina di questo ambiente, che sembra invece suggerita dal piú consistente focolare centrale, che restò infatti in uso a lungo.

La dislocazione su almeno due piani suggerita da questa abitazione può indicare che in epoca abbaside si verificò un notevole addensamento della popolazione nella parte centrale del villaggio, originatosi in epoca umayyade con recinti ben distanziati. Nel corso del periodo abbaside si passa man mano dal primitivo schema diradato ad una concentrazione di tipo urbano, senza che vi si debba ravvisare un'esigenza di difesa e di fortificazione. Il doppio lastricato del vano 1 della Torre indica piuttosto la durata prolungata dell'edificio, che ha richiesto successivi rifacimenti. Diverso è il caso del focolare sul pozzetto del vano 3, che sembra piuttosto rispecchiare un riutilizzo tardivo dell'edificio con strutture già obliterate e funzioni alterate.

Due piccoli ambienti rettangolari accostati, situati ad una certa distanza a nord della Casa B, avrebbero potuto servire come locali di decenza per questo complesso di abitazioni, a giudicare dalle modeste dimensioni e dalla loro posizione appartata verso la campagna. In prossimità di molte altre abitazioni sono stati osservati piccoli ambienti analoghi (pianta f.t. A).

Nell'area del villaggio di al-Qusūr sono stati osservati anche edifici nettamente atipici e che non sembrano interpretabili come abitazioni, ma piuttosto come costruzioni di carattere pubblico non ben precisabile. Due nella zona ad est del nucleo accentrato appaiono particolarmente monumentali. La prima è la struttura 44, un lastricato quadrato, di ca. m. 6 di lato, fiancheggiato da due ali. La seconda è la struttura 53, forse una torre di m. 7 per 5,5, preceduta da un porticato rivolto a nord e chiuso da due ante.

Nessuna traccia abbiamo invece del sepolcreto relativo al villaggio di al-Qusūr, collocato evidentemente ad una certa distanza. A meno che non si utilizzassero le aree cimiteriali situate in prossimità della costa ed in particolare il cimitero ad ovest di Qurainīyah (sito 12), che risulta il meno lontano (2-3 km.). Questo cimitero del sito 12 e quello del sito 8 (Se'dia) risultano molto estesi e si addensano attorno ad alcune venerate tombe monumentali di 'auliyāh. Finora non sono state scavate delle sepolture, ma esse sono state individuate nel corso delle esplorazioni di superficie, in quanto contraddistinte da due lastre infitte verticalmente a delimitare ogni tomba: la maggiore collocata alla testa, come una stele, e la minore ai piedi. Dei vasi dovevano essere deposti all'esterno sopra i sepolcri, perché in piú punti restavano *in situ* frammenti di ceramica islamica.

Va tenuto presente che agli 'auliyāh, i santoni protettori dell'isola, erano dedicati su questa circa 60/70 santuari o tombe monumentali, oggetto di venerazione. La profonda trasformazione subita dall'isola negli ultimi anni con spianamenti, movimenti di terra, lottizzazioni ed impianti di infrastrutture deve averne cancellati molti, che non ci è stato dato di riconoscere. Le emergenze principali al riguardo ci sembrano costituite dalle tombe dei tre fratelli Sa'ad, Sa'īd e Sa'īdah, dislocate sugli omonimi *telūl* prospicienti sulla costa dell'angolo sud-occidentale dell'isola, dal santuario di Muqām al-Khidhru (sito 10), dalla tomba monumentale ad edicola di Se'dia (sito 8), dalle due edicole del cimitero ad ovest di Qurainīyah, uno diruto, l'altro ben conservato ed ancora imbiancato e venerato.

Ben poco sappiamo sui modi di vita e sul livello economico degli abitanti del villaggio di al-Qusūr. Le abitazioni hanno fornito a questo fine scarse informazioni, in quanto non sono stati individuati i posti di scarico dei rifiuti della vita quotidiana e soprattutto dei pasti. Dobbiamo supporre dalla pulizia degli ambienti all'interno dei recinti che i rifiuti fossero raccolti in concimaie isolate, dalle quali venivano trasferiti periodicamente nei campi a *sebkah*.

Che l'economia del villaggio fosse a base prevalentemente agricolo-pastorale lo suggerisce tuttavia lo stesso carattere distributivo dell'insediamento di tipo aperto e disperso. Ulteriori precisazioni potranno venirci da uno scavo piú esteso e piú approfondito e dalle analisi di laboratorio, sia pedologiche e palinologiche, che osteologiche.

Intanto, l'osservazione del materiale ceramico raccolto in superficie o rinvenuto nello scavo ci lascia intravvedere un'economia povera; basti guardare alla cura che si mette nel restaurare vasi di uso comune e nel riutilizzare persino i cocci per ricavarne altri strumenti, come pesi da telaio oppure vasi da fiori. Va osservato inoltre che mancano i metalli, evidentemente rifusi e recuperati anche in occasione dell'abbandono delle abitazioni. Il clima dell'isola non ha conservato tessuti, pelli ed altre tracce organiche, che normalmente si conservano nei climi aridi e desertici, per cui tutta una gamma di osservazioni ci è preclusa.

Lo scavo dà qualche informazione sulle attività domestiche. La molitura dei cereali era praticata a mano in casa dalle donne, come indica la macina rinvenuta (608); lo stesso dicasi per la filatura e la tessitura, almeno della lana, a giudicare dalla presenza dei pesi da telaio. Nessun indizio si ha invece della produzione dei vasi, che tuttavia è probabile venisse curata dalle donne almeno per il fabbisogno dell'annata relativamente ai prodotti piú andanti,

difficilmente importati; l'isola forniva in ogni caso la materia prima, come dimostra la larga diffusione dei mattoni crudi nell'edilizia locale in tutti i tempi.

Attività complementare di rilievo sul piano economico doveva essere
quella della pesca, non tanto per l'alimentazione quotidiana, affidata ad un
sistema ben organizzato di peschiere simili a quelle attuali, quanto soprattutto
per rifornire il mercato delle perle, come dimostrano gli scarichi di valve di
ostriche perlifere anche all'interno del villaggio di al-Qusūr.

I recinti di per sé implicano una pastorizia sedentaria, con ovili per il
ricetto delle biade e la produzione del letame, cui doveva potersi accoppiare
il pascolo nei periodi successivi al raccolto o nelle zone incolte. Quest'attività
persiste tuttora, pur nelle condizioni di profonda degradazione dell'ambiente
ecologico, in cui versa attualmente l'isola. Le ripartizioni all'interno delle
recinzioni maggiori possono alludere a differenziazioni degli animali: cammelli, asini, pecore e capre. Le gazzelle erano presenti nell'antichità e furono
reintrodotte in età moderna; ma probabilmente erano ancora presenti nel
medioevo, quando le troviamo rappresentate nei sigilli che decorano la ceramica di epoca abbaside.

L'agricoltura, che fu l'attività piú diffusa nella società antica e medievale, è anche quella che ci risulta meno documentata. Le testimonianze con-
cordi dei viaggiatori ci descrivono, però, la ricchezza della vegetazione di
Failakah, simile ad un lussureggiante paradiso. Immagine cui oggi stentiamo
a credere per il recente abbandono, che ha innescato un rapido processo di
inaridimento e la quasi totale sostituzione del deserto alle piantagioni, delle
quali si riconosce oramai quasi soltanto lo scheletro di qualche palmizio.

Non sono stati ancora individuati i limiti dei singoli campi e le attrezzature agricole, ma alcuni bassi muretti, costruiti soltanto di mattoni crudi
e che hanno lasciato un dosso rettilineo appena sensibile nel terreno, possono alludere ad antiche recinzioni, forse anche con funzione di riparo dallo
shamāl, il vento del nord. Non è da escludere inoltre che alcune ripartizioni
all'interno degli stessi recinti abitativi fossero destinate ad orti e giardini,
come avveniva ancora nelle vecchie case di az-Zōr, che erano fiancheggiate da
un giardino quadrangolare chiuso da un muraglione e piantato con palme,
diosperi, fichi, tamarindi ed altri alberi da frutta.

Un certo commercio doveva essere tenuto vivo in quest'epoca dai vari
scali costieri, che risultano abitati contemporaneamente al grosso agglomerato
di al-Qusūr. Si potevano esportare le perle ed importare spezie e prodotti di
artigianato raffinato.

La stretta affinità dei tipi ceramici con quanto ci è generalmente noto
per altri insediamenti della prima età islamica nel bacino mesopotamico prova
a sufficienza la stretta osmosi esistente tra la popolazione di Failakah e quella
delle altre regioni che la fronteggiano sul Golfo, escludendo qualsiasi tipo
di isolamento, inverosimile del resto su un'isola che dista soltanto 13/18
km. dalla terraferma.

La decadenza del villaggio di al-Qusūr appare piuttosto rapida ed irre-
versibile nel corso del IX-X secolo. L'isola partecipa di quella profonda crisi

che investe, forse già alla metà del IX secolo, l'economia rurale della piana mesopotamica. Ne sono state individuate le cause nella trascuratezza da parte del declinante potere del Califfato per il complesso sistema di irrigazione, che aveva garantito in passato la floridezza delle campagne. In conseguenza assistiamo alla decadenza ed al progressivo restringersi delle colture e all'espandersi delle aree desertiche. È in questo periodo che gli impianti agricoli all'interno di Failakah dovettero essere abbandonati insieme con il villaggio di al-Qusūr, a giudicare dall'evidenza archeologica, alquanto omogenea e che non scende oltre il X secolo, se non con qualche elemento (829, 913) del XII-XIII secolo, che però forse attesta solo delle tardive frequentazioni della zona interna dell'isola.

Alla decadenza del centro interno fa riscontro lo sviluppo degli insediamenti costieri sul lato nord-ovest dell'isola, in un mutato e forse piú aperto assetto economico, che pare privilegiare i commerci ed i traffici.

LA FASE MESOISLAMICA

Non conosciamo per ora molto dei villaggi costieri di quest'epoca dovendoci fondare esclusivamente sui risultati delle nostre esplorazioni di superficie in mancanza di scavi specifici. Essi sembrano fiorire soprattutto nella media età islamica, pur perdurando in taluni casi oltre il momento dell'occupazione portoghese. Si tratta dei siti 7, 8, 9, 11, 12 e 16, mentre nella zona centrale dell'isola e nell'area del villaggio di al-Qusūr (sito 14) sono attestate solo sporadiche frequentazioni in quest'epoca (tabella 4, fig. 85).

Accanto ai recinti di tipo tradizionale, che possono risalire al periodo precedente, vi troviamo nuclei ad agglomerato continuo con elementi rettangolari affiancati o giustapposti, come è stato osservato nella fascia litoranea del villaggio di Qurainīyah (sito 12) e nei due nuclei di abitazioni che fiancheggiano il Baluardo del sito 7. Presumibilmente su zoccolo di pietrame, le costruzioni mostrano l'alzato e le volte in mattoni crudi a filari nettamente riconoscibili e regolari. Gli edifici sono diversi per dimensioni ed aggregazione dei vani e non è stato riconosciuto un modello tipico di abitazione. Non si sono individuate strutture difensive anteriori all'occupazione portoghese.

Si hanno indizi di edifici particolari. A Qurainīyah, per esempio, un piccolo edificio con due muri concentrici può suggerire la presenza d'un minareto, che può essere servito come torre di avvistamento e come faro.

LA FASE PORTOGHESE

In seguito all'occupazione dei porti del litorale occidentale del Golfo da parte del viceré Alfonso de Albuquerque (1507), i Portoghesi si insediavano nel Golfo, prendendovi dimora stabile nel 1515 allo scopo di mantenere una rete organica di basi a tutela del loro commercio e con finalità di controllo doganale. La nostra zona giocava allora un notevole ruolo strategico sulla rotta che collegava Basrah, sbocco della via carovaniera mesopotamica, con Hormuz, la tradizionale chiave del Golfo.

Si spiega cosí la costruzione di piú forti nel territorio kuwaitiano. Un forte fu eretto dai Portoghesi sulla terraferma del Kuwait, dove se ne conservano ancora i resti; un altro sull'antistante costa occidentale dell'isola di Failakah (sito 7); in tal modo il braccio di mare intermedio, passo obbligato della rotta di cabotaggio lungo le coste dell'Arabia, veniva guardato sui due lati. Un terzo forte fu impiantato sulla costa settentrionale dell'isola (sito 13) per il controllo della rotta principale, che da Hormuz si dirigeva verso gli sbocchi fluviali del bacino mesopotamico. Entrambi i forti di Failakah sono a pianta quadrata; il maggiore misura circa m. 35 di lato ed è rafforzato da quattro torri cilindriche angolari aggettanti rispetto alla cortina, secondo una antica e ben consolidata tradizione. L'altro (sito 7) è un semplice recinto quadrangolare, un « baluarte do mar », ossia una postazione fortificata per la guardia costiera. La loro struttura è in pietrame anche nell'alzato; non abbiamo alcuna traccia della scansione interna, che avrebbe potuto essere ottenuta pertanto con strutture precarie, forse in legno, circostanza che spiegherebbe la loro totale scomparsa. Ambedue i forti dovevano ospitare dei pezzi di artiglieria (*fig.* 27; *tavv.* XXIV c, XXV, XLVIII - L a).

L'orientamento uniforme, con gli spigoli ai punti cardinali, potrebbe essere stato suggerito dall'esposizione al riparo dallo *shamāl*; ma non possiamo verificare se il muro di nord-ovest fosse piú alto degli altri.

I due forti costieri costituirono uno stabile elemento di attrazione del popolamento isolano, come dimostra la fioritura dei contigui villaggi di Qurainīyah e del sito 7, a scapito delle zone piú lontane dell'area attorno al *niqāʿah* (siti 8-11).

Le relazioni commerciali intercorse soprattutto nella seconda metà del secolo XVI e nella prima metà del successivo possono essere indiziate dall'importazione di porcellana cinese, rinvenuta in abbondanza nei due Forti o nelle loro immediate adiacenze (tabella 1).

Il successivo declino dell'impero commerciale portoghese e il predominio persiano nel Golfo e nella stessa Failakah dalla metà del XVII secolo avrebbero comportato la distruzione dei due Forti e la decadenza dell'isola, che vedeva restringersi l'insediamento in sparuti nuclei demici, mentre sugli antichi villaggi si stendeva sterile la steppa, quella desolazione che in persiano si denomina *dasht*, bastevole appena per sostenere qualche sparuto gregge.

Solo un secolo dopo l'arrivo delle tribú ʿAnizah dall'Arabia avrebbe dato inizio alla moderna trasformazione della terraferma kuwaitiana e conseguentemente dell'isola fronteggiante, dove si sarebbe sviluppata la cittadina di az-Zōr.

II - I MATERIALI

Materiali non ceramici

Tra i materiali di età islamica rinvenuti a Failakah i reperti vascolari fittili rappresentano la maggioranza, costituendo il 90,6% dei trovamenti, seguiti dai contenitori e manufatti in vetro (7,77%), mentre gli oggetti in metallo, in pietra ed in legno sono rispettivamente appena lo 0,75%, lo 0,75% e lo 0,1% del totale.

1. La scarsità dei manufatti metallici (alcuni chiodi in ferro e frammenti di lamina bronzea) trova piú ampio riscontro nella consueta povertà di metalli che si riscontra nei contesti archeologici degli insediamenti medievali. I pochi manufatti litici, solo da al-Qusūr, si riducono ad un macinello lavico per la molitura dei cereali e ad alcuni frammenti di vasi (739, 852-853), che rientrano in quel gusto per i vasi di pietra ben noto nel mondo islamico, a partire dalla prima età islamica; esso ha paralleli nell'Europa medievale, per esempio nel vasellame da fuoco in pietra ollare dell'Italia settentrionale, già presente nel tardo impero, ma largamente diffuso solo dall'alto medioevo in poi, sino almeno al XII secolo. È probabile che i manufatti in pietra di al-Qusūr fossero di importazione, ma solo l'esame petrologico potrebbe indicarne con sicurezza la provenienza. Comunque la loro scarsità potrebbe attestare da un lato l'effettiva rarità dei manufatti litici in questo contesto insediativo, dall'altro la loro qualità di prodotti importati. Assai ampio invece doveva essere nell'isola l'uso del legno, quando si ricordi la ricca vegetazione che la ricopriva in passato. Nei villaggi della prima e media età islamica dell'isola il legno doveva trovare larga applicazione sia nell'edilizia, tanto piú che questa è a struttura leggera in mattoni crudi, sia nell'arredo della casa. Sappiamo che, almeno in parte, anche la suppellettile vascolare domestica comprendeva vasi in legno, come attesta l'opercolo dalla Casa A di al-Qusūr (738 a). Accanto al legno, le fibre vegetali avranno certo avuto un ruolo importante nell'arredo domestico, cosí come le pelli, dato l'ambiente, ad economia in gran parte pastorale; ma non se ne sono conservate testimonianze.

2. *Manufatti in vetro*. I manufatti in vetro sono di due tipi: vasi e braccialetti. I recipienti vitrei, in totale 59 pezzi, sono stati rinvenuti nei siti 7, 12, 13 e 14, ove sono particolarmente abbondanti. Sono per lo piú in vetro verde (76%) sia scuro che chiaro, meno spesso in vetro trasparente (5%), in vetro blu (3,4%), raramente in vetro grigio-azzurro, bruno-violaceo, nerastro, rossiccio scuro, giallastro, quest'ultime varietà rappresentate da un esemplare ciascuna (1,7%). Di quattro esemplari il colore non è definibile perché metamorfosati (tabella 5).

Tabella 5

Prospetto dei colori dei vasi in vetro
(i numeri indicano la quantità dei pezzi)

SITO	VERDE SCURO	VERDE CHIARO	VERDE	BLU	GRIGIO-AZZURRO	BRUNO VIOLACEO	NERASTRO	ROSSICCIO SCURO	GIALLASTRO	TRASPARENTE	INDETERMINATO
7 Baluardo Portoghese		3									
12 Qurainīyah	1	7		2	1		1				
13 Forte Portoghese											1
14 Al-Qusūr Superficie	9	5	6			1			1	2	3
" Casa A	4	3	1							1	
" Torre	3		2					1			
" Casa B	1										
TOTALE	18	18	9	2	1	1	1	1	1	3	4

Il complesso di vetri piú ricco ed omogeneo è quello da al-Qusūr. In questo villaggio, fiorito nella prima età islamica, nel vasellame in vetro si riscontra una netta prevalenza dei recipienti in vetro verde (79%) oltre ai quali ne troviamo solo tre in vetro trasparente (7%) e solo uno rispettivamente in vetro bruno-violaceo, rosso scuro e giallastro. Piú significativo, in particolare, è il fatto che la metà dei vasi in vetro verde sono di un tono scuro, caratteristica che trova riscontro nelle osservazioni fatte per le monete in vetro islamiche, le quali tra il 708 e la fine del X secolo, sono preferibilmente di colore verde scuro.[1]

I vetri di al-Qusūr sono inoltre caratterizzati da pareti molto sottili e da una limitata varietà di forme (*fig.* 87). Si tratta soprattutto di coppe, in cui

---

[1] J. G. KOLRAS, *A color chronology of Islamic Glass,* in « Journ. Glass St. », 23 (1983), pp. 95-100, in particolare p. 95.

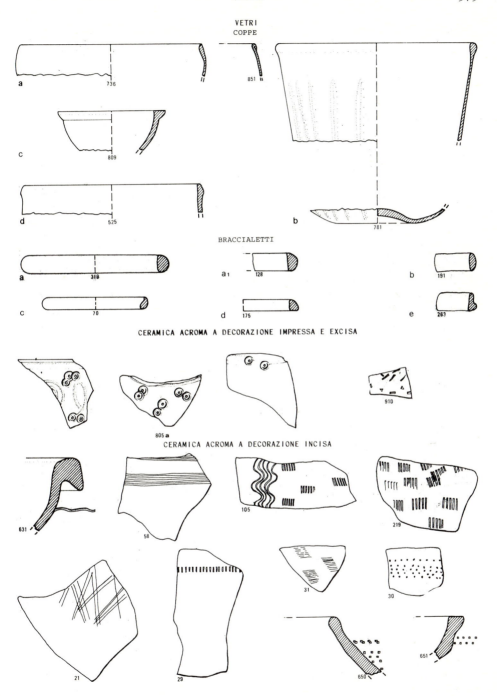

Fig. 87. - Tipologia delle coppe in vetro da al-Quṣūr, dei braccialetti in vetro, della ceramica acroma a decorazione impressa e excisa e di quella acroma a decorazione incisa. Scala 1 : 2.

si distinguono quattro tipi (*a-d*) in base all'articolazione della bocca, e inoltre di bottiglie e di bicchieri a calice. Il trattamento delle superfici è assai semplice, i vasi essendo quasi sempre a superficie liscia e monocromi, eccetto due coppe, l'una (781) a parete ondulata, l'altra (571) bicroma, in vetro verde e blu.

L'arco dei confronti porta nell'area del bacino mesopotamico;[2] questi raffinati prodotti potrebbero dunque essere di importazione nell'isola ed inquadrarsi in quei traffici tra il bacino del Tigri e dell'Eufrate ed il Golfo Arabico, per i quali Failakah costituiva un passaggio obbligato.

Un diverso gruppo di manufatti in vetro rinvenuti nell'esplorazione degli insediamenti islamici abbandonati di Failakah è costituito dai *braccialetti*, di cui si sono rinvenuti frammenti riferibili a 13 esemplari (tabella 2). Essi provengono da tre villaggi: per lo piú dal sito 12, al-Qurainīyah (69%), in minor misura dal sito 9 (23%), uno da al-Qusūr (8%). Si tratta di un gruppo omogeneo. Tutti monocromi — nella quasi totalità di colore nerastro (10 esemplari, cioè il 77%), due di colore blu-nero (15%), uno, da al-Qusūr, verde scuro (8%) — a superficie liscia, sono distinguibili in sei tipi, due dei quali strettamente affini, in base al loro profilo (*fig.* 87).

I braccialetti in vetro sono una forma di artigianato minore ampiamente diffuso e finora non studiato. Sebbene abbiamo evidenze del loro uso già nella prima età islamica,[3] essi si diffondono come elemento del commercio internazionale a partire dal XIII secolo. Si ricordano, a titolo esemplificativo, i braccialetti noti dalla Siria, ove erano assai comuni e di produzione locale,[4] dall'Egitto,[5] dall'Etiopia e dalla costa orientale dell'Africa,[6] dalla zona di Aden ove si producevano,[7] dallo Yemen,[8] dalla costa orientale dell'Arabia e

---

[2] V. *supra*, pp. 199, 296 s.

[3] H. Salam-Liebich, in O. Grabar - R. Holod - J. Knustad - W. Trousdale, *City in the Desert: Qasr al-Hayr East*, Cambridge 1978, p. 145, gruppo 1 (VII-IX sec.). Per i braccialetti in vetro, v. in particolare *supra*, pp. 113-115.

[4] Si vedano, ad esempio, A. Lane, *Medieval Finds at Al-Mina in North Syria*, in « Archaeologia », 87 (1937), p. 75; P. J. Riis - v. Poulsen, *Hama. Fouilles et recherches 1931-1938*, IV, 2, *Les verreries et poteries médievales*, Copenhague 1957, p. 60, fig. 168; Salam-Liebich, op. cit.; A. v. Saldern, *Ancient and Byzantine Glass from Sardis*, Cambridge 1980, p. 98.

[5] Da Quseir al-Qasim, porto sul mar Rosso: D. S. Whitcomb - J. H. Johnson, *Quseir al-Qasim 1980. Preliminary Report*. Malibu 1982, tav. 59; D. S. Whitcomb, *Islamic Glass from al-Qasim Egypt*, in « Journ. Glass St. », 25 (1983), pp. 101-108, in particolare pp. 106-107, fig. 5.

[6] H. Sasson, *Excavations at the site of early Mombasa*, in « Azania », 15 (1980), pp. 1-42.

[7] A. Lane - A. B. Serjeant, *Pottery and Glass Fragments from the Aden Littoral with Historical Notes*, in « Journ. of the Royal Asiatic Society », 1948, pp. 108-133; G. Lankaster-Harding, *Archaeology in the Aden Protectorates*, London 1964.

[8] Da Shabwa nello Yemen del Sud: J. Pirenne, *Deuxième mission archéologique française au Hadramant*, in « Comptes Rendus Acad. Inscr. et Belles Lettres », 1976, p. 422 (XIII secolo).

in particolare dal Qatar,[9] dalla costa orientale del Golfo arabico[10] e dall'India.[11] Si tratta in realtà di un'ampia gamma di manufatti, simili nella funzione e nel materiale, ma assai diversi tra loro per dimensioni, trattamento della superficie (oltre che monocroma, anche policroma con motivi differenziati) e profilo, dal tipo piú semplice a sezione semicircolare a quello complesso a nastro attorcigliato. Essi sono dunque da distinguere in piú gruppi, che potrebbero indiziare cronologie e punti di produzione diversi. Ma sfuggono per ora le linee di analisi ed i criteri interpretativi per un tipo di approccio piú circostanziato di tali manufatti. Gli esemplari di Failakah è probabile che siano da attribuire alla media età islamica, poiché trovano puntuale riscontro nel secondo gruppo di braccialetti di Qasr el-Hayr in Siria — monocromi, lisci, semplici di forma e senza alcuna decorazione, piú piccoli di quelli riferibili ad età arcaica[12] — ed in uno dei due tipi di braccialetti di Quseir al-Qasim in Egitto, monocromi, lisci, di colore blu scuro (o nero?) e verde, a sezione in genere triangolare, databili al XIV o inizi del XV secolo.[13] Anche per questi manufatti resta aperto il problema della loro provenienza.

La ceramica

Le esplorazioni di superficie e soprattutto i saggi di scavo condotti ad al-Qusūr permettono di dedurre una certa quantità di informazioni sulle ceramiche in uso nell'isola tra la metà del VII secolo e la fase finale del dominio portoghese cioè la metà del XVII secolo.

Un tentativo di periodizzazione delle ceramiche rinvenute negli insediamenti abbandonati islamici di Failakah urta contro una grave difficoltà: la mancanza di una stratigrafia comparativa per l'archeologia islamica che permetta di superare i problemi cronologici. Inoltre, se si osserva la bibliografia sulla ceramica islamica è facile constatare come essa si rivolga quasi esclusivamente alle classi piú raffinate del vasellame destinato alla tavola e alla presentazione dei cibi e come per contro assai scarsa sia l'attenzione finora rivolta alle ceramiche di carattere modesto, ma di piú largo uso nella vita

---

[9] Da al-Huwailah sulla costa nord-est: B. DE CARDI, *Qatar Archaeological Report: Excavations 1973*, Oxford 1978, pp. 176-178. Da al-Hasa: D. S. WHITCOMB, *The Archaeology of al-Hasa Oasis in the Islamic Period*, in « Atlal », II (1978), pp. 95-113.

[10] A. STEIN, *Archaeological Reconnaissances in North-Western India and South Eastern Iran*, London 1937, tav. 10, da Nuova Hurmuz, databili tra il sec. XIV e la distruzione della città nel 1622.

[11] H. D. SANKALIA, *Excavations at Brahmapuri Kolhapur 1945-46*, Poona 1952; B. SUBBARAO, *Baroda through the Ages*, Baroda 1953, pp. 71-73; H. D. SANKALIA, *From History to Pre-history*, Nevasa, Poona 1960; ID., *The Antiquity of Glass Bangles in India*, in *Aspects of Indian History and Archaeology*, New Dehli 1977, pp. 228-234; R. N. MEHTA, *Medieval Archaeology*, New Dehli 1979.

[12] SALAM-LIEBICH, op. cit., p. 145.

[13] WHITCOMB, *Islamic Glass*, cit., p. 106, fig. 5 o, p.

Tabella 6

Classificazione delle ceramiche di età islamica rinvenute a Failakah

CLASSE	GRUPPO	TIPO	SOTTOTIPO
I. Invetriate	A. Dipinta		
	B. Monocroma	1. Turchese 2. Verde 3. Gialla 4. Nera	
II. Ingubbiata 'a vernice nera'			
III. Prive di rivestimento	A. Acroma	1. Decorata	a. Decoraz. stampigliata b. " excisa c. " incisa d. " plastica
		2. Non decorata 'nuda'	
	B. Impasto	1. Decorato 2. Non decorato	a. Decoraz. plastica
	C. Cer. da fuoco		
IV. Maiolica			
V. Porcellana			

quotidiana. Infine va sottolineato che le ricerche archeologiche hanno privilegiato i centri storici piú prestigiosi e solo di recente hanno sporadicamente toccato qualche insediamento islamico abbandonato, con limitate ricerche di superficie, interessando l'area del Golfo Arabico in modo episodico e trascurando comunque il Kuwait.

Il modello che prospettiamo deve dunque considerarsi provvisorio, la nostra discussione non volendo essere tanto esaustiva quanto esemplificativa.

Le ceramiche rinvenute a Failakah, classificate in base alla presenza o meno di un rivestimento ed alla natura di questo, nonché in base alla presenza o meno di decorazione ed al tipo di questa, sono sinteticamente valutabili tramite la tabella 6.

Le classi e i tipi ceramici presenti nei diversi siti esplorati e la loro relativa quantità (espressa in numero di pezzi) risultano dalla tabella 7 e dalla *fig.* 88 e, analiticamente, dalle tabelle finali (8). Appare evidente che la ceramica nuda figura in tutti i siti e con il piú alto numero di pezzi; che quasi costante è la presenza della ceramica invetriata turchese e di quella acroma a decorazione incisa (assenti solo dai siti 5 e 13), nonché del vasellame d'impasto nudo (assente dalla Torre e Casa B); piú rare sono la ceramica invetriata verde, l'invetriata gialla, la ceramica a vernice nera, quella acroma stampigliata (solo da al-Qusūr, sito 14), la ceramica acroma e il vasellame d'impasto a decorazione plastica, la ceramica da fuoco, la maiolica e la porcellana. Le piú rare sono la ceramica invetriata a decorazione dipinta (tre pezzi da al-Qusūr), l'invetriata nera (tre pezzi dai siti 8 e 9) e la ceramica acroma excisa (due pezzi da al-Qusūr).

1. La ceramica, sia di epoca umayyade che del primo periodo abbaside (metà VII - fine VIII secolo), è quantitativamente poco rilevante, ma è importante perché attesta la precoce presenza dell'Islām nell'isola, come del resto appare logico data la posizione geografica di Failakah, ponte naturale fra la penisola arabica e l'entroterra mesopotamico. Si tratta di quattro boccali acromi rinvenuti nelle abitazioni scavate ad al-Qusūr, in argilla chiara finemente depurata, a pareti sottili, decorati con partiti diversi (*fig.* 87). Uno (805 a) presenta degli ovali excisi e circoletti impressi, un sistema decorativo tipico dell'età umayyade, attestato dall'area siro-palestinese a quella mesopotamica.[14] Un altro (910) decorato con piccoli elementi subtriangolari e rettan-

---

[14] Oltre ai confronti citati, *supra,* p. 292, note 25-30, si vedano per esempio le numerose brocchette da Khirbat al-Karak (P. DELOUGAZ - R. HAINES, *A Byzantine Church at Khirbat al-Karak,* Chicago 1960, p. 38, tav. 42/1-14, ove i circoletti impressi sono associati per lo piú a motivi incisi a pettine, talora anche a cordoni plastici tav. 42/2) ed i piccoli oggetti in terracotta ed in osso da Hama (G. PLOUG - E. OLDENBURG - E. HAMMERSCHAIMB - P. THOMSEN - F. LAKKEGAARD, *Hama, Fouilles et Recherches de la Fondation Carlsberg (1931-1938),* IV, 3, Copenhague 1969, pp. 127, 134 s., figg. 42/6, 43/10, 44/2, 45-49, 50/1-4.

Tabella 7

Distribuzione topografica delle classi e dei tipi di ceramica islamica rinvenuti a Failakah
(i numeri indicano la quantità dei pezzi)

CERAMICA / SITI	INVETRIATA DIPINTA	INVETRIATA TURCHESE	INVETRIATA VERDE	INVETRIATA GIALLA	INVETRIATA NERA	A VERNICE NERA	ACROMA STAMPIGLIATA	ACROMA EXCISA	ACROMA INCISA	ACROMA PLASTICA	IMPASTO PLASTICO	NUDA	IMPASTO	DA FUOCO	MAIOLICA	PORCELLANA
5 Tall Sa'idah		2										4	2		1	3
7 Baluardo Portoghese						1			2			5	5	1		
8 Se'dia		1			1	4			4		3	9	3			1
9 Sa'idi		8	7	7	2	3			1		4	18	19		1	1
12 Qurainiyah		38	2	13		12	12		5		8	40	44			31
13 Forte Portoghese												1	1			6
14 Al-Qusūr Superficie	2	100	19			2			15	8		97	12	5		1
= Casa A		25	4				7	1	2	2		76		2		
= Torre	1	11							3			22		4		
= Casa B		10					5	1	2	1		24	3	3	3	
Totale	3	195	32	20	3	22	24	2	34	11	15	296	89	15	5	43
%	0,4	24,1	4	2,5	0,4	2,7	3	0,2	4,2	1,4	1,9	36,6	11	1,9	0,6	5,3

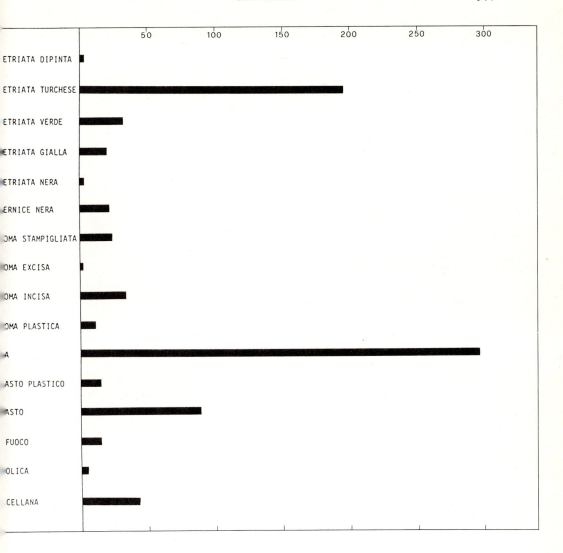

Fig. 88. - Grafico dimostrativo della frequenza relativa della ceramica islamica rinvenuta nell'isola di Failakah.

golari excisi ed altri due (831, 875), con una tipica modanatura fra il collo
e la spalla, hanno stretti confronti nel terzo livello islamico di Susa,[15] che
ne circoscrive la cronologia nel periodo indicato. Di particolare rilievo è la
giacitura stratigrafica del frammento 805 a, rinvenuto nella trincea di fondazione di uno dei muri perimetrali della Casa A, poiché attesta che l'impianto
del villaggio di al-Qusūr risale a questo periodo.

Piú genericamente riferibili alla prima età islamica sono altri tipi di
ceramiche acrome decorate, quali le ceramiche a decorazione stampigliata,
incisa e plastica. Oltre a queste andrebbero considerate in questo paragrafo
anche la ceramica invetriata turchese e quella nuda; ma per questi tipi di
vasellame non risulta possibile distinguere i prodotti della prima età islamica da quelli piú tardi, se non per i pezzi rinvenuti in giacitura certa, nello
scavo di al-Qusūr; per cui si preferisce considerarli nel paragrafo seguente.

La *ceramica acroma a decorazione stampigliata*, rinvenuta solo ad al-
Qusūr,[16] è rappresentata dai frammenti di 26 giare, in argilla da crema a cre-
ma-rosata o verdastra, ben depurata (tabella 3), di forma definibile solo per
un esemplare (812), a spalla rigonfia che si restringe verso la bocca (Forma
1); probabilmente con piede a disco, come suggerisce un altro pezzo (743).
La decorazione (*fig.* 89) è costituita da bolli, omogenei nei singoli vasi, per
lo piú circolari (18 esemplari), meno spesso subrettangolari (8 esemplari),
in genere disposti sulla spalla del vaso, eccezionalmente sulla bocca (812),
con motivi a rilievo per lo piú geometrici meno spesso zoomorfi, talora associati con una decorazione di tipo diverso, incisa (603) o plastica (812), secondo un gusto caratteristico della prima età islamica. I confronti rimandano
all'area mesopotamica e portano a datare questi vasi tra la metà del VII e
il IX secolo.[17]

Ben rappresentata è la *ceramica acroma a decorazione incisa* (*fig.* 87). Si
tratta quasi esclusivamente di vasi destinati alla conservazione ed all'uso del-
l'acqua, cioè giare, a spalla rigonfia che si restringe verso la bocca (650), cioè
di Forma 1, e boccali, di cui solo in un caso (179) si può cogliere in parte
la forma, con spalla conclusa da una carena a spigolo vivo e piede a disco
piano. Rarissimi i vasi aperti, che si riducono a due frammenti di bacile e
di ciotola da al-Qusūr (631, 651). I boccali sono caratterizzati da una pasta
molto finemente depurata, di colore crema-rosato, e da pareti molto fini. La
decorazione in genere è ottenuta con una punta abbastanza sottile o con un
pettine a tre-otto punte, raramente con una stecca a punta larga e piatta che
descrive una linea orizzontale, dritta o ondulata, come su varie giare e su un
bacile da al-Qusūr (445, 563, 580, 595, 663 giare; 631 bacile). I motivi

---

[15] V. *supra*, pp. 291-292.
[16] Per la ceramica acroma a decorazione stampigliata, v. in particolare *supra*, pp. 190-193.
[17] V. *supra*, p. 192.

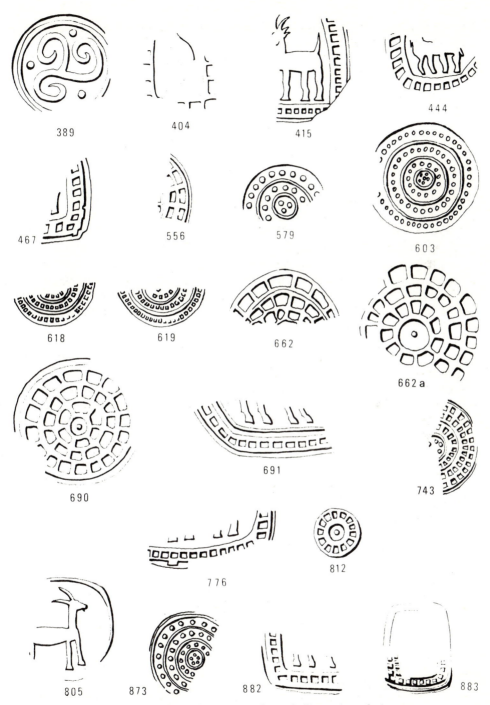

389
404
415
444
467
556
579
603
618
619
662
662a
690
691
743
776
812
805
873
882
883

Fig. 89. - Ceramica acroma a decorazione stampigliata: bolli su giare. Scala 1 : 1.

incisi, disposti di norma sulla spalla nelle giare e nei boccali, all'esterno sotto
la bocca nei vasi aperti, sono semplici e il loro repertorio limitato, di tipo
geometrico se si eccettua un frammento di giara (813) su cui si potrebbe
forse riconoscere parte del corpo di un quadrupede. I piú frequenti sono i
fasci di solcature a pettine rette o ondulate orizzontali, gruppi sciolti di
corte lineette, linee incrociate, semplici file di punti.

I fasci di incisioni a pettine rette o ondulate sono un partito decorativo
elementare che, pur comparendo già nella prima età islamica — e per Failakah si rimanda in particolare agli esempi dalle tre abitazioni scavate ad
al-Qusūr (717, 841, 915) — non possono dirsene tuttavia tipici, continuando anche in seguito nella ceramica islamica. Piú specificamente riferibili alla
prima età islamica sono gli altri motivi incisi indicati. I gruppi sfalsati e
sciolti di brevi lineette rese a pettine, spesso irregolari, sia verticali (105,
219) che orizzontali (31) hanno riscontri in particolare a Susa in boccali del
primo-terzo livello della Ville Royale.[18] Anche le linee incise incrociate che
formano losanghe (21) hanno riscontro negli stessi livelli di Susa.[19] Le file
di punti (30, 650, 651) si trovano a Susa su vasi acromi del terzo livello del
settore della Ville Royale che si data tra la metà del VII e la fine dell'VIII
secolo.[20] Non di rado alla decorazione incisa se ne somma un'altra di tipo
diverso, nel gusto della prima età islamica, come già si è osservato per un
boccale (805 a) a decorazione excisa e impressa e per una giara (812) con
motivi stampigliati e cordoni plastici, ai quali si può accostare una giara (580)
a decorazione incisa e ad impressioni digitali.

La *ceramica acroma a decorazione plastica* (*fig.* 90) è documentata solo
ad al-Qusūr (tabella 7), ove è stata rinvenuta sia in superficie che nello scavo
delle Case A e B.[21] Si tratta per lo piú di giare (nove esemplari), meno spesso
di boccali (693, 784), solo in un caso di un vaso aperto, un bacile (497).
L'impasto di questi vasi non è omogeneo: nelle giare è di colore variante da
crema a rosa, giallo-verdastro, rossiccio, è in genere ben depurato tranne in
un caso in cui appare nerastro e con vacuoli (656); nei boccali è di colore
crema, ben depurato. L'unico frammento di bacile attesta un contenitore di
ampie dimensioni di forma tronco-conica, con labbro aggettante, ingrossato ed
appiattito, confrontabile con gli analoghi bacili invetriati o in ceramica nuda
o in impasto rinvenuti nell'isola (*figg.* 92-94, 99). Per le giare, a parte i frammenti di pareti,[22] i piú significativi per valutarne la forma sono due pezzi (812,

---

[18] Cfr. ROSEN-AYALON, figg. 79-81, dai livelli I e II del settore della Ville Royale; *supra,*
p. 62, nota 10.

[19] Si veda *supra,* p. 55 e nota 7, con altri riferimenti.

[20] *Supra,* p. 194, nota 27. Per confronti dall'area siro-palestinese si veda, ad esempio,
DELOUGAZ-HAINES, *Khirbat al-Karak,* cit., tav. 42/15.

[21] V. *supra,* pp. 194 s., 293.

[22] Si riferiscono a pareti di giare acrome a decorazione plastica i frammenti nn. 390, 405,
406, 498, 656.

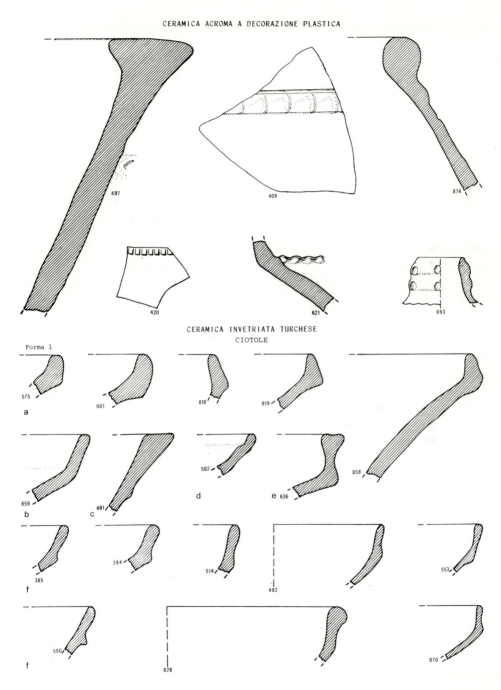

CERAMICA ACROMA A DECORAZIONE PLASTICA

Fig. 90. - Tipologia della ceramica acroma a decorazione plastica (bacili, giare, boccali) e di quella invetriata turchese (ciotole di Forma 1 *a-f*). Scala 1 : 2.

874) che si riferiscono a vasi a spalla rigonfia che si restringe verso la bocca, quindi privi di collo (Forma 1), una forma che ritorna per le giare anche di altre classi ceramiche (*figg.* 92, 95, 99, 100). I due frammenti di boccali rimandano a dei vasi assai diversi tra loro per forma, l'uno a stretto collo cilindrico che si restringe alla bocca (693), l'altro a collo largo che svasa alla bocca (784). I motivi decorativi sono semplici. Sulle giare ricorrono dei cordoni plastici sia lisci, a margine stondato dritti (498, 656) o ondulati (621), sia mossi da impressioni digitali oblique (405, 406, 497), un partito decorativo tra i piú diffusi nella prima età islamica,[23] raramente a bordo frastagliato (812) o tagliati da tacche oblique (874), come su giare di Susa databili tra la metà del VII e il IX secolo.[24] Questi tipi di decorazione ricorrono a Failakah anche sulla ceramica invetriata turchese, su quella a ingobbio nero e sul vasellame d'impasto (v. *infra*). In un caso (620) alla base del collo corre una fila di dentelli rettangolari, che trovano confronto nella ceramica di Susa del IX secolo.[25] Unico a Failakah è un frammento di giara (390) a superficie corrugata come ad alveoli, che si collega a precedenti sassanidi ed ha confronti a Susa.[26] Talora il vasaio ha sommato alla decorazione plastica dei motivi ottenuti con altre tecniche, a impressione (812) o a incisione (874), come già si è sottolineato.

2. Per altre classi, gruppi e tipi ceramici rinvenuti a Failakah la definizione cronologica è piú incerta tra la prima e la media età islamica, salvo per i pezzi legati al contesto di scavo delle tre abitazioni saggiate ad al-Qusūr. Ci si riferisce alle ceramiche invetriate, a vetrina turchese, verde, gialla, alla ceramica acroma priva di decorazione, cioè nuda, al vasellame d'impasto e a quello da fuoco.

Tra le ceramiche invetriate rinvenute nell'isola, quella *a vetrina turchese* è la piú abbondante (*fig.* 88), anche se rappresenta una percentuale assai ridotta nel contesto della suppellettile fittile dei villaggi esplorati, rispetto al vasellame non invetriato (tabella 7). I vasi sono realizzati in argilla per lo piú di colore crema o crema-rosato, ben depurata, compatta ed uniforme, raramente con vacuoli. La vetrina, di colore turchese, è in genere spessa, consistente, uniforme abbastanza lucente ove ben conservata, piú o meno scura quando la superficie del vaso è ondulata. Le forme vascolari documentate a Failakah sono, in ordine decrescente di frequenza, la ciotola, la giara, il bacile, il boccale, la lucerna. Sappiamo che i vasi aperti venivano impilati nel forno separandoli l'un l'altro con treppiedi, di cui è rimasta la traccia su tre ciotole di al-Qusūr (642, 855, 858).

---

[23] V. *supra*, p. 74 e note 13-17.
[24] *Supra*, p. 293, nota 34.
[25] *Supra*, p. 195, nota 38.
[26] *Ibidem*, note 39-40.

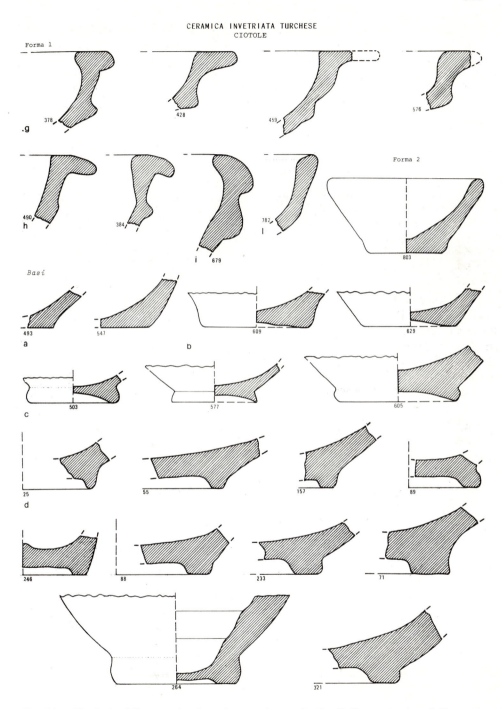

CERAMICA INVETRIATA TURCHESE
CIOTOLE

Fig. 91. - Tipologia della ceramica invetriata turchese: ciotole di Forma 1 *g-l* e di Forma 2.
Scala **1** : 2.

Le ciotole (*figg.* 90-91) predominano sugli altri tipi di contenitori ricordati; a ciotole si riferiscono tutti i frammenti di ceramica a vetrina turchese rinvenuti nei siti 7, 8, 9 e la maggior parte di quelli dai siti 12 e 14. Vi si distinguono due forme in base all'articolazione del corpo, denominate rispettivamente Forma 1 e Forma 2 la prima piú frequente della seconda. Le ciotole di Forma 1 (*figg.* 90-91) sono caratterizzate da un'alta carena, a spigolo vivo o, piú spesso, stondata. Sono attestate nel sito 7 (12), nel sito 12 (278) e soprattutto ad al-Qusūr. Qui vi si distinguono dieci varianti (*a-l*) in base all'articolazione della bocca,[27] delle quali sei documentate solo tra il materiale di superficie (*b-e, g-h*) due anche tra il materiale di scavo (*a, f*), due solo in quest'ultimo (*i, l*). Le varianti *a* ed *f* risultano le piú frequenti. Le ciotole carenate sono assai comuni nella prima età islamica.[28] Le ciotole di Forma 2 (*fig.* 91), caratterizzate dal corpo a profilo continuo, cioè non carenate, sono documentate nel sito 12 (250, 274, 285) e soprattutto ad al-Qusūr. Qui complessivamente le ciotole di Forma 2 a vetrina turchese e a vetrina verde si distinguono in quattro varianti[29] (*a-d*), una delle quali (*d*) rappresentata da un esemplare a vetrina turchese a profilo completo (803). Le ciotole a profilo continuo invetriate o no, sono anch'esse molto comuni nei contesti della prima età islamica, ma anche nel periodo successivo: in particolare per l'unico esemplare a profilo completo (803) si hanno confronti a Susa in contesti del terzo livello, databile tra la metà del VII e la seconda metà dell'VIII secolo.[30] La base è di tre tipi: *a*) apoda piana; *b*) con accenno di piede a disco; *c*) con piede a disco a fondo concavo. Un quarto tipo di piede, ad anello (tipo *d*) è attestato da alcuni fondi di vasi aperti di medie dimensioni (diametro della base cm. 7/12) dai siti 8, 9, 12, che si potrebbero riferire a ciotole, salvo forse quelli caratterizzati da un notevole spessore delle pareti (264, 321), che farebbe pensare a dei bacili. Le ciotole con piede ad anello sono le piú comuni tra la suppellettile destinata alla tavola già nei contesti della prima età islamica.[31]

Molto piú raro della ciotola è il bacile a vetrina turchese (*fig.* 92), un recipiente di dimensioni maggiori (diametro della bocca cm. 20/25) adatto a svariati usi domestici. Ne abbiamo frammenti ad al-Qusūr sia in superficie che nei contesti di scavo[32] sia della Casa A (680, 742) che della Torre (830, 855). Di forma tronco-conica, non carenati (Forma 1) i bacili hanno la bocca costantemente con orlo obliquo e ingrossato, aggettante all'interno e all'esterno. Sono forse attribuibili a questi recipienti dei fondi a pareti spesse (cm. 1,5/2) distinguibili in tre tipi: *a*) base piana con accenno di piede a disco (830); *b*) piede a disco con fondo concavo (855), anche in esemplari a vetri-

---

[27] Per la descrizione di tali varianti, v. *supra,* pp. 187, 288.

[28] V. *supra,* p. 188, nota 6.

[29] Per la descrizione di tali varianti, v. *supra,* pp. 187, 288.

[30] *Supra,* p. 288, nota 5.

[31] Cfr. ad esempio Rosen-Ayalon, fig. 336.

[32] V. *supra,* pp. 188, 288.

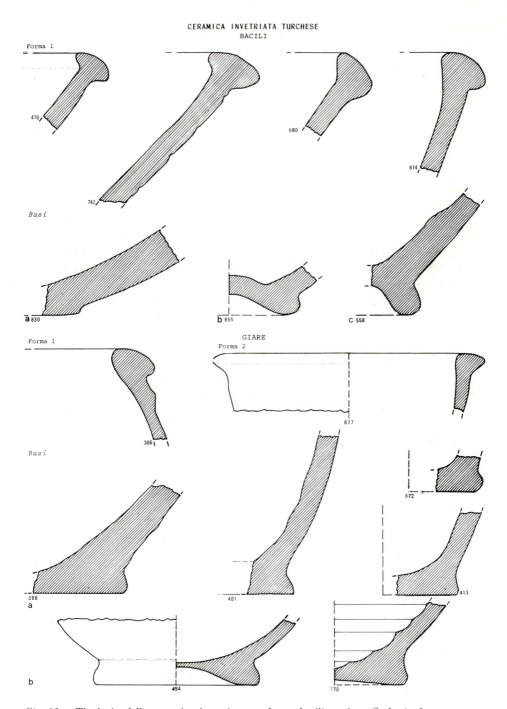

Fig. 92. - Tipologia della ceramica invetriata turchese: bacili e giare. Scala 1 : 2.

na verde (688); *c*) piede ad anello (558). La parete a volte è leggermente ondulata. La vetrina ricopre sia l'interno che l'esterno, tranne in un caso (558) in cui l'esterno è lasciato nudo. Solo un pezzo dalla Casa A (742) reca una decorazione costituita da una treccia incisa sotto vetrina sottolineata da una coppia di solcature orizzontali. Questi bacili rientrano in una vasta gamma di contenitori analoghi che ebbero larga fortuna nel mondo islamico, ove sono attestati dall'età umayyade in poi e dall'area siro-palestinese a quella meso-potamica, basti ricordare l'ampia serie che ne è nota a Susa, da tutti i livelli della città islamica.[33]

Questi contenitori divennero anche il modello per quel tipo di catino o bacile che è tra le forme preferite della ceramica dipinta a linee sottili, tra l'XI e il XIII secolo, nell'Italia meridionale e in particolare in Puglia, dove fu introdotto per la mediazione araba.[34]

La giara (*fig.* 92), dopo la ciotola, è la forma piú documentata a Fai-lakah nella ceramica invetriata turchese. Pochi tuttavia gli esemplari, per lo piú da al-Qusūr, a parte pochi frammenti di pareti (252, 253) dal sito 12. Nel villaggio di al-Qusūr sono documentate due forme di giare, che si deno-minano convenzionalmente Forma 1 e Forma 2.[35] Le giare di Forma 1, atte-state da due pezzi di superficie (386, 591) sono caratterizzate dall'assenza del collo e dalla spalla rigonfia, che si restringe verso la bocca, sempre ad orlo ingrossato e stondato. Le giare di Forma 2, documentate nella Casa A (677), sono caratterizzate dalla presenza del collo che svasa alla bocca, ed erano for-nite di anse verticali a sezione ovale, attaccate sul collo e sulla spalla. A Fai-lakah si conoscono giare di questa forma anche a vetrina verde (686). En-trambe queste forme rientrano nel repertorio vascolare della prima età isla-mica, comparendo per esempio già nel primo livello islamico di Susa,[36] ma almeno la Forma 2 continua anche in seguito. Sono attribuibili a queste giare dei fondi di grandi vasi chiusi con piede a disco (tipi *a-b*) o piano (396, 401, 413, 672) o concavo (494, 770), anche in esemplari a vetrina verde (530). La vetrina ricopre tutto l'esterno, mentre l'interno è in genere di colore nera-stro, in un caso (770) a vetrina incolore. Rara la decorazione, nota per tre pezzi, costituita da cordoni plastici orizzontali, sia lisci (471, 472), sia mossi da impressioni digitali (881), partiti decorativi, già ricordati per la ceramica acroma a decorazione plastica, in uso nella prima età islamica, ma probabil-mente perdurati assai piú a lungo ed applicati a diverse classi ceramiche.

Pochi sono i boccali a vetrina turchese (*fig.* 93), documentati nei siti 12 e 14 con un totale di 15 pezzi, dei quali solo due (909, 914) in giacitura

---

[33] *Supra,* p. 188, nota 7.

[34] Per questo tipo di ceramica v. ora S. PATITUCCI UGGERI, *La ceramica medievale pu-gliese alla luce degli scavi di Mesagne,* Mesagne 1977, pp. 74-96, e per i bacili in particolare p. 81 s., fig. 16; p. 92 e nota 72 per i confronti con i bacili dipinti di epoca umayyade del-l'area palestinese.

[35] V. *supra,* pp. 188 s., 289.

[36] *Supra,* p. 197, nota 45.

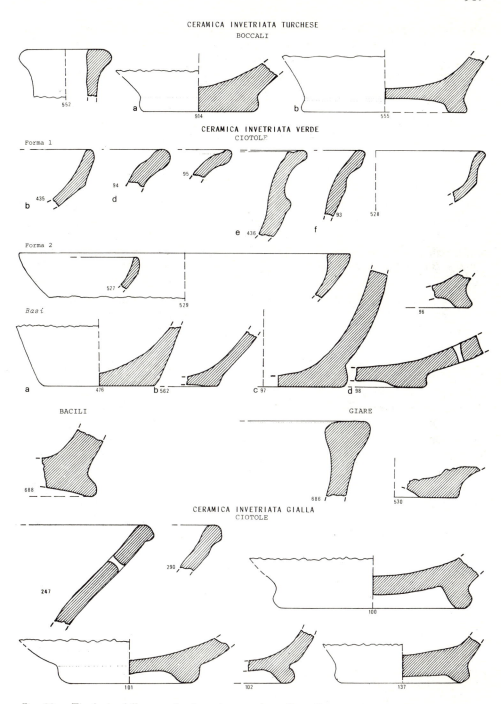

Fig. 93. - Tipologia della ceramica invetriata turchese (boccali), invetriata verde (ciotole, bacili. giare), invetriata gialla (ciotole). Scala 1 : 2.

legata ad un contesto di scavo.[37] La vetrina ricopre tutto l'esterno e l'interno della bocca (552, 914), mentre il resto della superficie interna è lasciato nudo. Poco significativi sono i pezzi dal sito 12, frammenti di anse a nastro verticale a volte con l'attacco del collo, o di parti del collo. Quelli da al-Qusūr forniscono maggiori informazioni sull'articolazione di questi vasi: il collo, stretto, svasa alla bocca ad orlo ingrossato ed appiattito (552); sulla spalla può correre una coppia di solcature circolari (429). Il piede è di due tipi: *a*) a disco piano (914); *b*) ad anello (555). Particolarmente importante un pezzo (914) dal saggio attorno all'angolo sud-ovest della Casa B, che è il boccale meglio conservato, restandone sia la bocca che il fondo.

Una sola lucerna a vetrina turchese (913), dal saggio ad ovest della Casa B, appartiene ad un tipo, che incontrò larga fortuna nel mondo islamico e successivamente nell'occidente europeo; essa non sembra databile anteriormente all'XI secolo, dato lo sviluppo del collo;[38] va quindi riferita alla fase piú tardiva dell'insediamento di al-Qusūr.

La *ceramica invetriata verde*, molto meno frequente di quella turchese (*figg.* 88, 93), è attestata nei siti 9, 12 e 14 da pezzi rinvenuti in superficie e manca quasi completamente dai contesti di scavo[39] (tabella 7). Abbiamo in totale elementi di sette ciotole dal sito 9; due dal sito 12; 14 da al-Qusūr, donde provengono anche frammenti di un bacile (688), di sei giare (439, 473, 530, 531, 686, 689) e forse di un boccale (438). Dunque, come nella ceramica a vetrina turchese, la ciotola è il contenitore piú frequente, seguito dalla giara, mentre bacili e boccali sono appena indiziati. L'argilla di questi vasi è analoga a quella della ceramica a vetrina turchese, ossia di color crema oppure crema-rosato, ben depurata, compatta, a volte con qualche vacuolo. La vetrina è di colore oscillante da verde bottiglia a verde marcio, spessa e lucente se ben conservata, talora non uniforme. Le forme delle ciotole (*fig.* 93) hanno spesso riscontro in quelle delle ciotole a vetrina turchese. Per lo piú sono carenate (Forma 1), meno spesso a profilo continuo (Forma 2). Facendo riferimento alla classificazione proposta per le ciotole a vetrina turchese, possiamo raggruppare come segue quelle a vetrina verde di Forma 1, escludendo i frammenti di pareti:

b) n. 435;
d) nn. 94, 95;
e) n. 436;
f) nn. 93, 474, 475, 528.

---

[37] *Supra,* pp. 105, 189, 289.
[38] *Supra,* p. 290, nota 15.
[39] *Supra,* pp. 71 s., 105, 186-189, nn. 686-689.

A ciotole non carenate (Forma 2) riconducono soltanto pochi pezzi, che analogamente possiamo raggruppare come segue:

a) n. 527;
c) n. 529.

La base si presenta di quattro tipi: *a*) apoda piana (476, 477); *b*) con accenno di piede a disco (562); *c*) con piede a disco a fondo piano (97); *d*) con piede ad anello (96, 98). Le ciotole carenate a vetrina verde sono documentate nei contesti archeologici della prima età islamica nell'area siro-palestinese,[40] ma continuano anche in seguito. Le ciotole a vetrina verde non carenate con base piana o piede a disco compaiono a Susa nei livelli riferibili ad epoca abbaside tra la metà dell'VIII e gli inizi dell'XI secolo.[41]

Sembra riferibile ad un bacile un fondo (688) con piede a disco a base concava, assimilabile alla variante *b* dei bacili a vetrina turchese (*fig.* 92).

Rare le giare, coperte dalla vetrina verde all'esterno e all'interno della bocca. Abbiamo elementi della bocca di un esemplare (686), con collo sviluppato, dunque di Forma 2 per analogia con le giare a vetrina turchese (*fig.* 93), e del fondo di un altro (530) con piede a disco a base concava, assimilabile al tipo *b* dei fondi di giare a vetrina turchese. I boccali sono appena indiziati da due frammenti di pareti (438).

La *ceramica invetriata gialla*[42] è molto rara (tabella 7, *fig.* 88), essendo attestata da venti pezzi, sette dal sito 9 (riferibili a sei ciotole e ad un boccale), tredici dal sito 12 (dieci ciotole e tre vasi chiusi). Questi vasi sono realizzati in argilla di colore variante da crema-rosato a rosa o rossiccio, compatta, ben depurata e uniforme, in un caso (308) con inclusi bianchi e neri. La vetrina è di colore giallo olio, talora a chiazze marroni o completamente di tono piú scuro, spessa ma poco lucente probabilmente perché dilavata trattandosi di pezzi di superficie. Le pareti dei vasi talora sono ondulate (103). I frammenti si riferiscono quasi esclusivamente a ciotole, pochi rimandano a boccali o piú genericamente a vasi chiusi (291). Le ciotole (*fig.* 93), per quanto si desume dai pezzi piú significativi cioè escludendo i frammenti di pareti, sono tutte su basso piede ad anello e fondo esterno convesso. Due frammenti di bocche (247, 290) sono ad orlo stondato sottolineato da una o piú scanalature all'esterno. Le ciotole sono coperte dalla vetrina per lo piú sia all'interno che all'esterno (undici casi), tranne il piede e il fondo esterno (102) o solo il fondo esterno (100, 101); meno spesso solo all'interno mentre l'esterno è nudo (cinque casi: 74, 138, 177, 204, 289). Meno documentati sono i

---

[40] Cfr. ad esempio *Khirbet Shema*, cit., p. 215, tav. 7.18/17, dallo Strato VI della prima epoca araba e non piú tardo dell'850. Per altri esemplari di ciotole a vetrina verde, su ingobbio bianco, dallo stesso strato, v. *ibidem*, p. 214, tav. 7.18/15-16; ivi altri riferimenti.

[41] Cfr. Rosen-Ayalon, pp. 146-149, figg. 332, 334, 339.

[42] Per la ceramica invetriata gialla, v. in particolare *supra*, p. 105.

vasi chiusi: un pezzo (73) conserva parte del collo, cilindrico e sviluppato, di un boccale con ansa a nastro verticale, un altro (308) parte del fondo di un esemplare a base piana; altri frammenti di pareti (205, 291) sono ancor meno significativi. In questi vasi la vetrina ricopre l'esterno, non completamente ma arrestandosi qualche centimetro al di sopra della base (308), e scende anche all'interno della bocca (73), mentre il resto della superficie interna o è lasciato nudo (291) o è coperto da una vetrina nerastra (205). La ceramica invetriata gialla è in uso nel IX secolo dall'area mesopotamica, per esempio a Samarra,[43] alla Siria ove per l'età abbaside sono note delle ciotole a vetrina color giallo mostarda brillante o giallo opaco.[44] Ma questo tipo di ceramica invetriata continuò a lungo ed è meglio conosciuta per l'età medio islamica.[45] Sembra più probabile che i nostri pezzi siano di questo periodo.

La *ceramica nuda* è la più abbondante (tabella 7, *fig.* 88). I vasi sono per lo più in argilla di colore crema o camoscio rosato, meno spesso rossiccio o rosso-ruggine, in genere compatta, uniforme, dura, eccezionalmente mal cotta e grigiastra all'interno, con vacuoli o con inclusi bruni e micacei. Ciò indizia delle provenienze diverse. Si tratta per lo più di giare, oltre alle quali sono attestati bacili, boccali, ciotole e un piatto, la cui frequenza è decrescente nell'ordine indicato (*figg.* 94-98).

Tra le forme aperte, la ciotola (*fig.* 94) è presente nei siti 9, 12 e 14 con pochi pezzi riferibili a nove esemplari, ma le ciotole non invetriate sono rarissime anche in altri contesti islamici, per esempio a Susa.[46] Il corpo è o carenato (Forma 1) oppure a profilo continuo (Forma 2). Le ciotole di Forma 1, più frequenti, sono distinguibili in quattro varianti (*a-d*), le prime tre (508, 583, 507) presenti ad al-Quṣūr,[47] la quarta (223) nel sito 12. A ciotole non carenate (Forma 2) si riferiscono tre pezzi (254, 210, 676) che documentano altrettante varianti (*a-c*). Il piede delle ciotole è di due tipi: *a*) a disco con base concava (612); *b*) ad anello (111). La cronologia di queste ciotole è incerta trattandosi di pezzi rinvenuti tutti in superficie.

Più attestati sono i bacili (*fig.* 94), documentati solo ad al-Quṣūr, ai quali si riferiscono ventitre pezzi. Ne conosciamo l'articolazione della parte superiore del corpo e della bocca; un frammento (397) ci conserva parte di un fondo, che è piano. Quasi tutti gli esemplari hanno il corpo, tronco-conico non carenato (Forma 1), profondo, e larga imboccatura (fino a cm. 45); si distinguono delle varianti in base alla articolazione della bocca (*a-h*), alcune

---

[43] Sarre, p. 30, figg. 116-119.

[44] F. Day, in Delougaz-Haines, *Khirbat al-Karak,* cit., p. 45.

[45] Per esempio da Pella in Transgiordania sono note delle ciotole a vetrina gialla su ingobbio bianco che lo Smith data agli inizi del XIII secolo: P. H. Smith, *Pella of the Dekapolis,* I, *The 1967 Season of the College of Wooster Expedition to Pella,* Wooster 1973, tavv. 72/100, 58/401.

[46] V. *supra,* p. 196, nota 41.

[47] Per la descrizione di tali varianti, v. *supra,* p. 196.

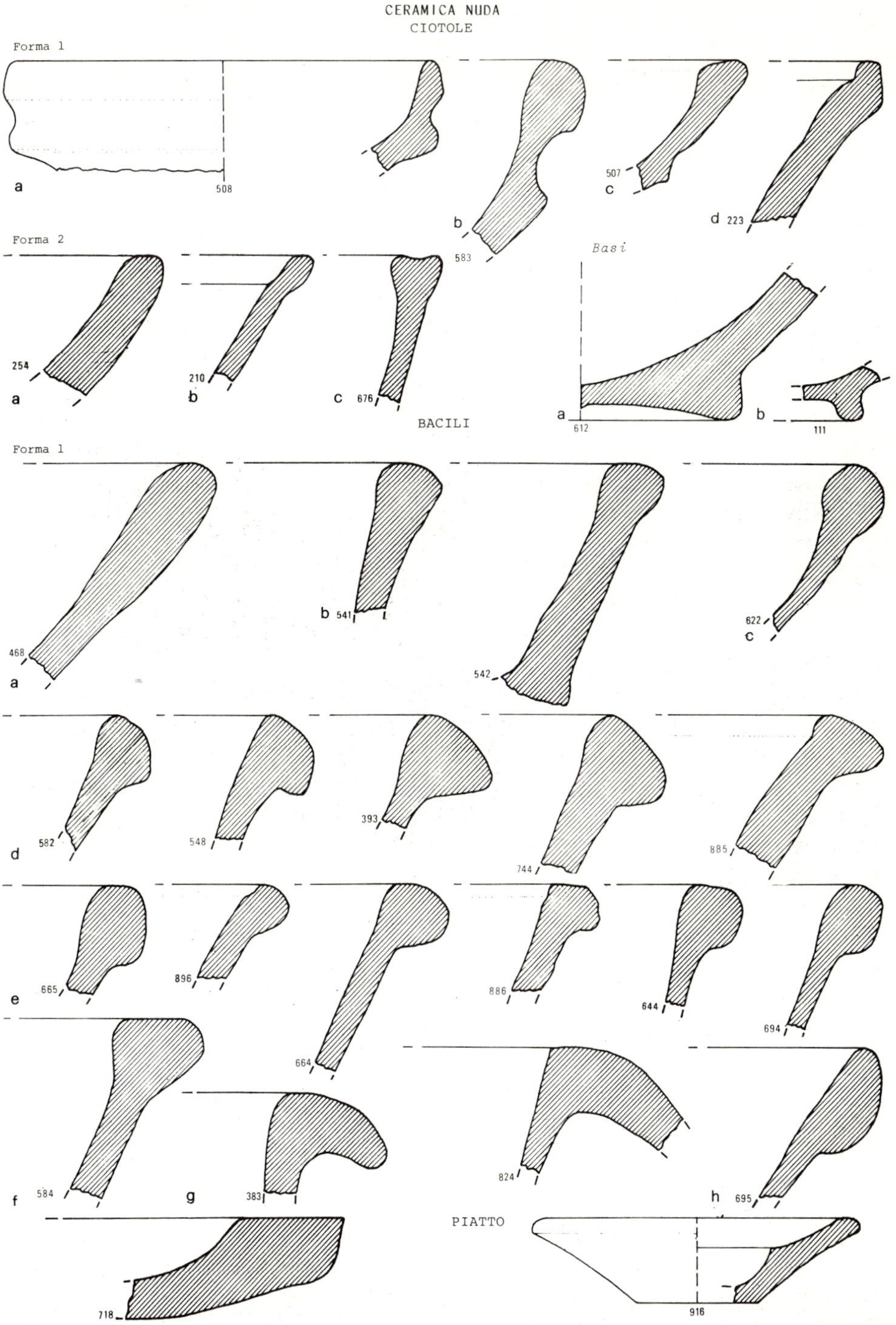

Fig. 94. - Tipologia della ceramica nuda: ciotole, bacili, piatto. Scala 1 : 2.

(*d, e, g*) attestate anche nei contesti di scavo di al-Qusūr, una (*h*) solo dal contesto della Casa A.[48] La variante *d* ha confronto nei bacili a vetrina turchese dell'isola (*fig.* 92) e a Susa.[49] La variante *f* ha confronti nella forma dei bacili acromi a decorazione plastica (*fig.* 90). Analoghi contenitori sono comuni nella prima età islamica dall'area siro-palestinese[50] a Susa, ove ricorrono in tutti i livelli della città islamica.[51] Gli esemplari di al-Qusūr è probabile che siano da riferire alla prima età islamica, alla quale vanno sicuramente attribuiti i pezzi rinvenuti nelle tre abitazioni scavate in questo villaggio. Si hanno indizi anche di bacili di forma assai diversa, a corpo poco profondo e largo (718); provenendo dal contesto di scavo della Casa A, questo pezzo va riferito alla prima età islamica.

Il solo piatto (916, *fig.* 94) in ceramica nuda, dal saggio all'angolo sud-ovest della Casa B, potrebbe essere piú tardo del contesto di questa abitazione, poiché dal saggio proviene anche una lucerna a vetrina turchese non anteriore all'XI secolo (v. *supra*).

La giara è il tipo di contenitore piú frequente nella ceramica nuda di Failakah, dove se ne sono rivenuti frammenti in quasi tutti i siti esplorati, cioè nei siti 5, 8, 9, 12 e 14. Come le analoghe giare invetriate o acrome decorate, già considerate (*figg.* 90, 92, 93), anche queste sono distinguibili in due forme, che si denominano Forma 1 e Forma 2. Le prime giare (*fig.* 95) — dalla spalla rigonfia che si restringe verso la bocca, ad orlo costantemente ingrossato, piú o meno schiacciato ed allungato, talvolta revoluto — a Failakah sono molto piú frequenti delle giare di Forma 2, ricorrendo nei siti 5 e 8, con quattro esemplari, e soprattutto ad al-Qusūr. Le giare di Forma 2, caratterizzate dalla presenza del collo, piuttosto sviluppato, sul quale impostano le anse a nastro verticale, sono meno frequenti delle precedenti; oltre a due frammenti dal sito 5 (2) e dal sito 12 (149), ne abbiamo alcuni pezzi dal sito 8 e da al-Qusūr. Questi ultimi (*fig.* 96), per la tipologia della bocca, possono raggrupparsi in otto varianti[52] (*a-h*), delle quali due (*b, f*) sono presenti sia in superficie che nel contesto di scavo della Casa A (722, 897), una (*h*) è attestata nelle Case A e B (700, 900). La base (*fig.* 97) è di quattro tipi: *a*) apoda, piana (183, 567) o a fondo leggermente concavo (373); *b*) con piede a disco (3, 35, 426); *c*) con piede ad anello variamente articolato (36, 60, 61, 647, 652, 911); *d*) a puntale troncoconico, con varianti (194, 407, 480, 765, 889). Come già si è notato, entrambe queste forme di giare sono

---

[48] Per la descrizione di tali varianti, v. *supra,* pp. 196 s., 294.

[49] V. *supra*, p. 294, nota 38.

[50] Cfr., ad esempio, R. HOLOD, in GRABAR - HOLOD - KNUSTAD - TROUSDALE, *City in the Desert, Qasr al-Hayr East,* cit., p. 112; SMITH, *Pella,* cit., p. 131, tav. 33/92 C-D, di epoca umayyade; *Khirbet Shema,* cit., pp. 239-240, Gruppo 1, nn. 14, 17, 21, dallo Strato VI non posteriore all'850.

[51] V. *supra*, p. 197, nota 44.

[52] Per la descrizione di tali varianti, v. *supra,* pp. 197, 295.

CERAMICA NUDA
GIARE

Forma 1

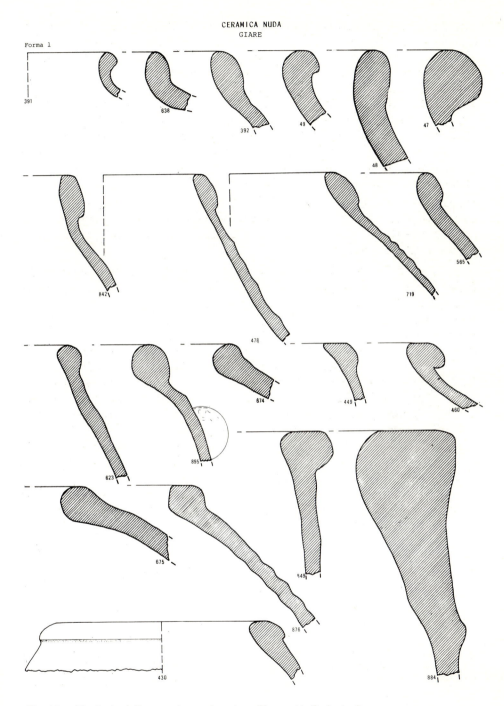

Fig. 95. - Tipologia della ceramica nuda: giare (Forma 1). Scala 1 : 2.

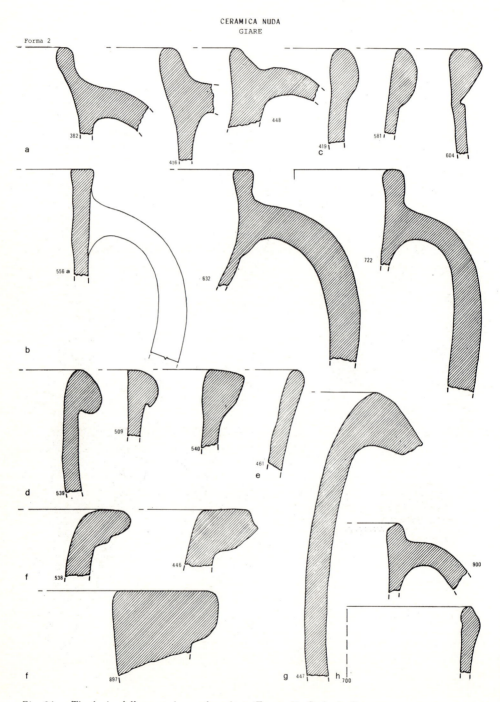

Fig. 96. - Tipologia della ceramica nuda: giare (Forma 2). Scala 1 : 2.

CERAMICA NUDA

GIARE

Basi

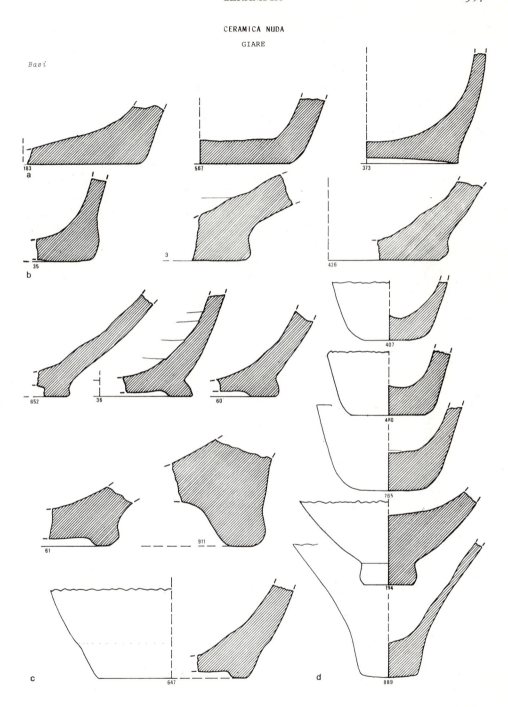

Fig. 97. - Tipologia della ceramica nuda: giare (basi). Scala 1 : 2.

in uso nella prima età islamica,[53] ma per questi grandi contenitori le forme sono rimaste generalmente immutate per secoli e comunque la loro lenta evoluzione non è stata ancora studiata nei dettagli. Per i nostri esemplari, soltanto quelli provenienti dai contesti di scavo di al-Quṣūr possono essere riferiti con certezza alla prima età islamica, mentre per i pezzi rinvenuti in superficie la cronologia deve rimanere incerta tra quest'epoca e la successiva. Dai saggi di al-Quṣūr risulta evidente che nella prima età islamica le giare sono per lo piú di Forma 1, raramente di Forma 2, e a terminazione troncoconica, tipica di tale periodo,[54] meno spesso con piede ad anello.

Scarsi sono i pezzi riferibili a boccali (*fig.* 98), caratterizzati dal sottile spessore delle pareti: se ne sono individuati alcuni elementi nei siti 9, 12 e 14. Non è possibile valutarne completamente la forma, poiché disponiamo soltanto di indicazioni sull'articolazione della bocca e della base. Tenendo presente la forma assunta dall'imboccatura possiamo distinguere le seguenti varianti: *a*) bocca svasata ad orlo variamente articolato (8, 112, 221, 222, 789); *b*) bocca dritta con orlo ingrossato (238, 720, 771); *c*) bocca dritta con largo labbro pendente (323); *d*) collo stretto e sottile e bocca ad orlo semplice (721). La base è di tre tipi: *a*) apoda, piana (450, 724) o leggermente concava (451); *b*) con piede a disco (310, 888); *c*) con piede ad anello variamente articolato (62, 109, 225, 293, 309, 323 a). Possono riferirsi alla prima età islamica i frammenti dai contesti di scavo di al-Quṣūr relativi alla variante *a* (789), alla variante *b* (720, 771) e alla variante *d* (721); tra le basi solo quelle apode del tipo *a*. Per gli altri pezzi, erratici di superficie, la cronologia rimane incerta.

Il *vasellame d'impasto*, di colore o mattone o nerastro, ricco di fitti e piccoli inclusi bianchi o neri, è relativamente abbondante a Failakah, dove è stato rinvenuto in tutti i siti indagati (tabella 7, *fig.* 88); è attestato quindi da frammenti di superficie, mentre i saggi di scavo di al-Quṣūr ne hanno restituito soltanto tre frammenti nella Casa A (tabella 7). Le forme vascolari documentate sono la giara, il bacile e il boccale, di frequenza decrescente nell'ordine indicato. L'unico contenitore aperto, il bacile (*fig.* 99), di dimensioni medio-grandi (diametro della bocca cm. 20/40) a corpo troncoconico, è distinguibile in due forme. La prima (Forma 1) a profilo continuo è la piú frequente, comprendendo la quasi totalità dei pezzi rinvenuti; vi si distinguono cinque varianti (*a-e*) a seconda della conformazione della bocca, due delle quali (*a, e*) hanno corrispondenza nelle uguali varianti dei bacili in ceramica nuda di Forma 1. I bacili di Forma 2 sono indiziati da un solo pezzo (520) caratterizzato da un'alta carena a spigolo vivo. Al fondo di questi recipienti sono attribuibili dei frammenti lisci all'interno, a base piana (63, 124).

---

[53] V. *supra,* p. 197, nota 45.
[54] *Supra,* p. 295, nota 41.

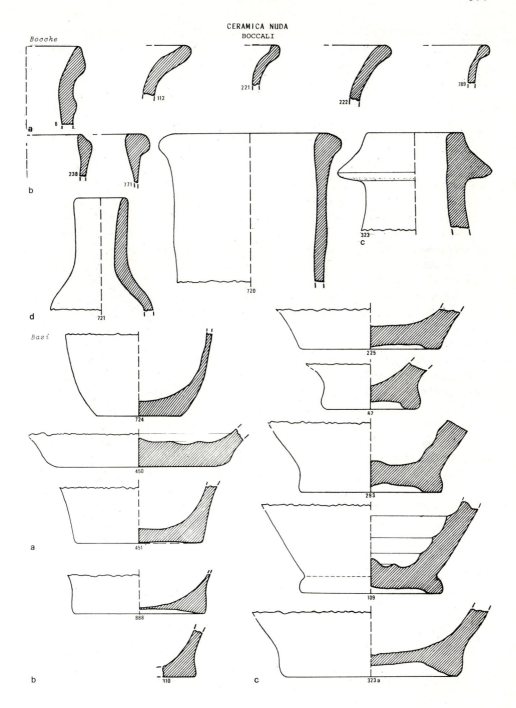

Fig. 98. - Tipologia della ceramica nuda: boccali. Scala 1 : 2.

Piú abbondanti sono le giare (*fig.* 99), distinguibili in due forme, analoghe a quelle degli esemplari a vetrina turchese od acromi già considerati (*figg.* 92-93, 95-96): la Forma 1, piú frequente, con spalla rigonfia che si restringe verso la bocca ad orlo ingrossato; la Forma 2, rara, a collo cilindrico svasato alla bocca, variamente articolata, con anse a nastro verticale (66, 67, 120, 122). La base è di due tipi, il primo piú frequente del secondo: *a*) apoda con fondo piano (165, 198, 227, 314, 315, 376); *b*) con piede a disco a fondo piano (9, 68, 83, 142) o leggermente concavo (141). Alcuni esemplari presentano una decorazione plastica costituita da cordoni circolari, sia semplici[55] sia mossi da impressioni digitali,[56] partiti decorativi comuni nella ceramica della prima età islamica, come si è già visto.

Rari sono i boccali (*fig.* 100): le bocche sono di due tipi (tipi *a-b*) o svasate e ad orlo ingrossato e stondato (185, 483) o dritte con orlo ribattuto in fuori (452); altri pezzi (118, 119, 284) rimandano a dei boccali con un bocchino troncoconico impostato sulla spalla, una forma vascolare che compare a Susa fin dal primo livello della città islamica,[57] ma che continuerà ad avere una lunga fortuna. La base è piana (65).

Incerta è la cronologia di questo tipo di vasellame: dal contesto di scavo della Casa A abbiamo i frammenti di tre giare in impasto del tipo descritto, rossastro o nerastro, con inclusi bianchi e neri. Questo era dunque in uso nella prima età islamica a Failakah, come del resto anche in altri contesti, per esempio a Susa:[58] Ma non sappiamo quanto a lungo possa aver perdurato nell'uso e non possiamo escludere che sia durato anche nella media età islamica, alla quale potrebbero appartenere i pezzi del sito 12.

Il *vasellame da fuoco* (*fig.* 100) è estremamente raro; abbiamo complessivamente due frammenti di pentole dal sito 12 e tredici pezzi da al-Qusūr, di cui otto dallo scavo dei focolari nella Casa A, nella Torre e nel saggio all'esterno sud-ovest della Casa B (tabella 7, *fig.* 88). Queste pentole sono realizzate nel tipico impasto rosso-ruggine, duro, a superficie scabra, talora con inclusi bianchi; la superficie presenta chiazze di annerimento da fuoco. La loro forma è incerta; solo tre pezzi sono significativi e indiziano due forme, l'una (Forma 1) a spalla rigonfia che si restringe verso la bocca (654, 850), l'altra (Forma 2) caratterizzata dalla presenza di un breve collo che svasa alla bocca (422). Le pentole dovevano essere dotate di due ansette verticali, attaccate sotto la bocca e sopra la spalla (501). Per questo vasellame, tipicamente conservativo, è impossibile stabilire la cronologia quando non è legato ad un contesto di scavo: pertanto solo per i pezzi rinvenuti nello scavo delle tre abitazioni di al-Qusūr l'orizzonte cronologico può essere circoscritto nella prima età islamica, alla quale possiamo perciò riferire la pentola di Forma 1.

---

[55] Si vedano i frammenti nn. 33, 34, 45, 193, 208, 209, 236.
[56] Frammenti nn. 77, 106, 108, 206, 207, 220, 292.
[57] V. *supra,* p. 75, nota 20.
[58] *Supra,* p. 198, nota 47.

3. Ad epoche piú recenti, cioè alla media età islamica ed al periodo della dominazione portoghese (XI - metà XVII sec.) appartengono probabilmente la ceramica coperta da ingobbio nero o, brevemente, a vernice nera e la ceramica invetriata nera; certamente la ceramica invetriata dipinta, la maiolica e la porcellana.

La *ceramica coperta da ingobbio nero* (*fig.* 100) è rappresentata da un esiguo numero di pezzi,[59] ventidue in totale, rinvenuti in superficie nei siti 7, 8, 9, 12 e 14 (tabella 7, *fig.* 88). I vasi sono realizzati in un impasto di colore per lo piú da rosa a rosso-ruggine, raramente piú scuro grigio-nerastro o piú chiaro cioè camoscio-rosato, con fitta *chamotte* bianca e nera costituita da minuscoli ciottolini. Un ingobbio nerastro, uniforme, opaco, piuttosto sottile, talora screpolato ricopre l'esterno dei vasi chiusi e l'interno di quelli aperti. I frammenti rimandano quasi esclusivamente a giare, salvo due (76, 630) che forse si riferiscono a vasi aperti. In questi ultimi l'ingobbio ricopre l'interno e in un caso (76) anche l'esterno. Le giare sono di un'unica forma, cioè a spalla rigonfia che si restringe verso la bocca, ad orlo ingrossato o revoluto (Forma 1: 147, 241) su base piana (241), come le analoghe giare a vetrina turchese, acrome, d'impasto già considerate (*figg.* 92, 95, 99). Esse sono coperte dall'ingobbio all'esterno, dalla bocca alla spalla (147, 276); talora l'ingobbio scende in sgorature all'interno della bocca (338). Le giare presentano una decorazione o incisa o plastica; i due sistemi decorativi possono anche sommarsi. Le incisioni sono ottenute con un pettine a cinque-sette punte sottili che descrive fasci di linee incrociate (27) o circolari, sia dritte che ondulate (217, 242, 244, 338). La decorazione plastica consiste in cordoni circolari, sia lisci, a margine stondato o a spigolo vivo (240, 243, 266, 275), sia mossi da impressioni digitali (218, 241, 276), talora sottolineati da fasci di linee incise (218, 243). Se questi sistemi decorativi trovano immediati confronti a Failakah nella ceramica invetriata o acroma o nel vasellame d'impasto già esaminati, tuttavia per questa ceramica a vernice nera il confronto piú aderente viene dall'Oman, ove ricerche di superficie hanno segnalato del vasellame di questo tipo, giare uguali per forma e decorazione, in insediamenti che presentano un complesso ceramico della media età islamica.[60] A quest'epoca dunque potrebbe appartenere verosimilmente la nostra ceramica a vernice nera: un argomento a favore di una siffatta datazione può individuarsi da un lato nella relativa abbondanza di questa ceramica nel sito 12, che sembra essersi sviluppato soprattutto nella media età islamica e nel periodo portoghese, dall'altro nella sua quasi totale assenza dal villaggio di al-Qusūr, fiorito nella prima età islamica, donde abbiamo solo due frammenti, rinvenuti in superficie, che potrebbero essere messi in relazione con tardive e occasionali frequentazioni di questa zona interna dell'isola.

---

[59] Per la ceramica coperta da vernice nera, v. in particolare *supra,* pp. 105-107.
[60] V. *supra,* p. 107, nota 17.

La *ceramica invetriata dipinta* consiste in tre frammenti di ciotole da al-Qusūr (tabella 7, *fig.* 88), due rinvenuti in superficie (600, 641), uno dal contesto di scavo della Torre (829). In argilla color crema ben depurata, queste ciotole presentano all'interno una decorazione dipinta in bruno-nerastro su fondo bianco (600), in nero e verde chiaro su fondo turchese (641), in nero sotto vetrina turchese (829). Quest'ultimo pezzo è il piú significativo, data la sua giacitura: esso rientra in quel tipo di ceramica detta convenzionalmente di Raqqa da uno dei suoi principali luoghi di produzione, venuta di moda tra la fine del XII e gli inizi del XIII secolo, che ebbe ampia fortuna nel mondo islamico e fuori di questo come prodotto di esportazione. La sua diffusione interessa anche l'area mesopotamica, donde questa ceramica potè raggiungere facilmente l'isola di Failakah nel flusso delle correnti commerciali che scendevano al Golfo lungo le grandi arterie fluviali della regione. A seconda dell'interpretazione attribuita alla sua giacitura, questo pezzo attesta o la durata fino a tale periodo dell'abitazione in cui è stato trovato o occasionali frequentazioni di questa zona dell'isola nella media età islamica.

Altrettanto scarsa è la *ceramica invetriata nera* (*fig.* 100), dal sito di un solo villaggio e dalla sua probabile necropoli (tabella 7, *fig.* 88). Abbiamo in totale degli elementi di tre ciotole, un frammento di parete (57) e due fondi (26, 56), in argilla di colore da camoscio a rosa, ben depurata. I due fondi hanno il piede ad anello in un esemplare e a disco nell'altro. La vetrina, nerastra, sottile, poco lucente, ricopre l'interno e l'esterno, tranne il fondo esterno che è nudo. La cronologia di questi pezzi è incerta: da un lato sappiamo che ciotole a vetrina nera compaiono a Susa nei livelli databili tra la fine dell'VIII e la fine del IX secolo,[61] dall'altro ne conosciamo esemplari riferibili ad età moderna (XVII-XIX secolo) dalla costa del Qatar.[62] Solo un esame autoptico e chimico permetterebbe di stabilire verso quale di questi due poli si orientano gli esemplari di Failakah, per i quali appare opportuna una sospensione di giudizio, in attesa di ricucire queste smagliature sulla base di nuovi elementi.

La *maiolica* (*fig.* 100), rinvenuta in superficie nei siti 7, 9 e 12 (tabella 7, *fig.* 88), consiste complessivamente in cinque frammenti di piatti, distinguibili in due gruppi. Tre piatti (15, 295, 316), in argilla rosa, dura, con qualche vacuolo, sono in maiolica bianca: ad ampia tesa aggettante, su basso piede ad anello, sono coperti all'interno e all'esterno da uno spesso smalto bianco lucente. Altri due (126, 317), in argilla color camoscio rosato o rosa vivo, su basso piede ad anello, coperti all'interno e all'esterno da uno smalto color grigio-verde molto pallido, sono imitazioni della porcellana cinese Céladon. Questo tipo di porcellana, un prodotto molto ricercato e attestato nei contesti

---

[61] Cfr. Rosen-Ayalon, p. 147, fig. 336.
[62] V. *supra*, p. 73, nota 6.

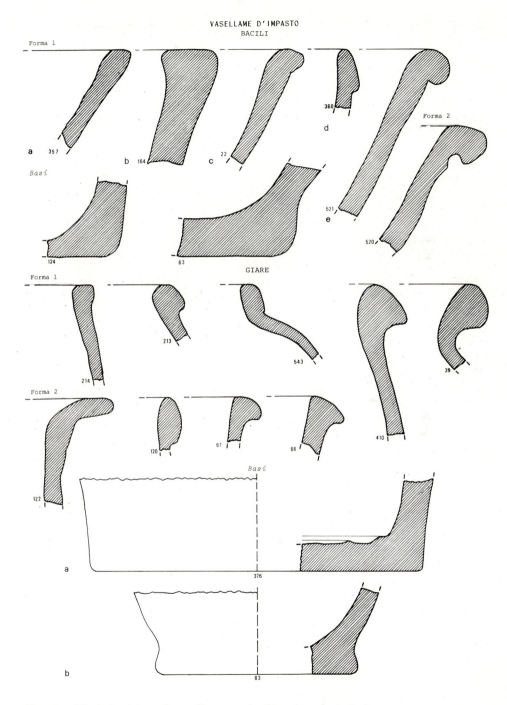

Fig. 99. - Tipologia del vasellame d'impasto: bacili e giare. Scala 1 : 2.

archeologici medievali islamici, diffuso nella maggior parte dell'Asia, dell'Africa orientale, dei paesi mediterranei ed ampiamente presente anche sulle coste del Golfo Arabico,[63] cominciò a rarefarsi intorno al XVII secolo. È allora che acquistano una improvvisa diffusione commerciale le sue imitazioni, attestate dall'Afghanistan, al bacino mesopotamico, alle sponde del Golfo Arabico.[64] Questi pezzi di maiolica di Failakah vanno quindi riferiti all'epoca del dominio portoghese e in particolare, per le imitazioni della porcellana Céladon, all'estrema fase di questo momento storico.

La *porcellana* rinvenuta a Failakah[65] costituisce un complesso piuttosto significativo. Abbiamo in totale 43 lotti, rinvenuti per lo piú nei siti dove furono impiantati i due forti portoghesi (siti 7 e 13) o nella loro vicinanza (sito 12), ma sporadicamente anche altrove (tabella 7, *fig.* 88). Si tratta quasi esclusivamente di ciotole o tazze su basso piede ad anello (*fig.* 100), oltre alle quali sono documentati due piatti (272, 368) e forse una lucerna (574). A pasta molto compatta, con pareti sottili e traslucide, questi esemplari possono distinguersi in tre gruppi in base al colore della loro decorazione. Nelle ciotole la decorazione interessa per lo piú sia l'interno che l'esterno; meno spesso o l'interno o l'esterno; nei piatti si svolge solo all'interno. Sempre su fondo bianco, è dipinta per lo piú in blu (32,6%), od in vivace policromia con motivi resi in verde pallido, arancio, viola e nero (32,6%), oppure piú raramente in rosso violaceo (23,2%), alcuni frammenti sono solo bianchi (tabella 1). I motivi ornamentali sono sia geometrici che vegetali (foglie, rami, fiori). Il commercio della porcellana cinese divenne, come è noto, una delle voci piú importanti dei traffici portoghesi sui mari orientali, che essi gestirono per piú di un secolo in condizioni di monopolio. Tra tutte fu la porcellana dipinta in blu su fondo bianco del tardo periodo Ming (XVI - inizi XVII sec.) quella che divenne il prodotto piú ricercato dal mercato, ben documentato anche sulle coste del Golfo Arabico;[66] in tale contesto si inseriscono i pezzi di questo tipo rinvenuti a Failakah. Nel complesso le importazioni di porcellana cinese documentate nel Golfo prospettano un quadro omogeneo, risalendo quasi tutte al tardo periodo Ming, cioè al momento della massima espansione sui mari orientali del commercio portoghese, che si appoggiò a tutta una serie di postazioni fortificate, tra le quali rientrava anche l'isola di Failakah, presidiata da ben due forti.

La ceramica rinvenuta negli insediamenti islamici esplorati a Failakah lascia aperti molti problemi. Per la prima età islamica il complesso dei materiali emersi dallo scavo delle tre abitazioni saggiate ad al-Qusūr è di rile-

---

[63] *Supra,* p. 110, note 40-41.
[64] *Ibidem,* note 36-39.
[65] Per la porcellana, v. in particolare *supra,* pp. 110-113.
[66] V. *supra,* p. 113, note 48-52.

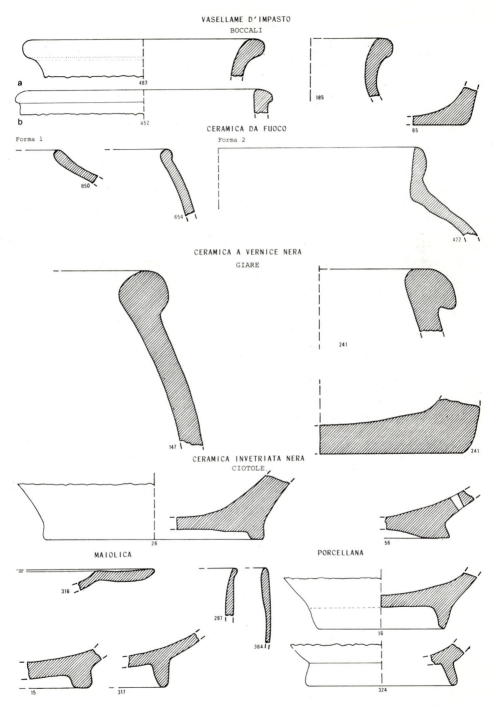

Fig. 100. - Tipologia del vasellame d'impasto (boccali), da fuoco (pentole), a vernice nera (giare), a invetriata nera (ciotole); maiolica (piatti) e porcellana (ciotole).

vante importanza: esso trova riscontro nelle linee essenziali nel contesto di
superficie di questo villaggio, a parte qualche elemento di seriorità, da attribuire a tardive frequentazioni occasionali di questa zona interna dell'isola
da tempo abbandonata. Per questo periodo i confronti portano soprattutto
verso il bacino mesopotamico e per l'epoca umayyade anche verso l'area siro-
palestinese. Per la fase islamica piú arcaica si intravvedono dunque le linee
di una vasta *koinè* culturale che dalle sponde orientali del Mediterraneo giun-
ge al Golfo Arabico, un'unità che si frantuma nel periodo successivo, all'epoca
del califfato abbaside, in una serie di realtà locali, mentre il centro di gravi-
tazione economico e culturale si sposta nell'area mesopotamica. Questa diventa allora il punto nodale di riferimento anche per la nostra isola, com'è
naturale in considerazione della posizione geografica di questa, allo sbocco
marittimo della vallata del Tigri e dell'Eufrate, lungo la quale defluirono commerci ed impulsi culturali. Questi ultimi si riflettono anche in quella semplice
ed essenziale forma di artigianato costituita dalla produzione ceramica: forme e decorazioni vascolari si trovano infatti in sintonia con l'area mesopotamica e documentano dei contatti tra questa e l'isola di Failakah, che rientrano in una rete commerciale a piú ampio raggio. Oltre questa affermazione
non sembra opportuno spingersi in un'analisi piú minuta, che tenti di distinguere le importazioni dai prodotti locali, dato che nell'isola non abbiamo per
ora evidenze archeologiche di fornaci o di scarti di produzione e di scorie,
che possano provarci concretamente la produzione locale di ceramica. Possìa-
mo tuttavia avanzare l'ipotesi che almeno il vasellame piú semplice fosse
prodotto localmente, dato che l'isola offre la materia prima come dimostra
l'uso del mattone crudo nell'edilizia dall'età islamica ai giorni nostri.

Ancora piú sfumato si fa il quadro passando alla media età islamica, che
risulta per ora il periodo meno noto nell'isola, per cui piú incerte ne sono
le conoscenze sulle strutture insediative, economiche e culturali.

La penetrazione portoghese nel Golfo nel secondo decennio del XVI
secolo fa dell'isola di Failakah un elemento essenziale in quella catena di
baluartes do mar che segnano, difendendole, le rotte commerciali portoghesi
tra la base di Basrah, sbocco del bacino mesopotamico, e lo stretto di Hormuz,
porta dell'estremo Oriente. È in questo periodo che l'isola acquista nuovo
significato storico, se non come protagonista, almeno in quanto partecipe del
diverso assetto economico della zona del Golfo: le due nuove fortezze portoghesi a guardia della costa settentrionale ed occidentale dell'isola diventano
allora i nuovi poli di attrazione dell'insediamento ed una nuova ragione di
fioritura economica.

Tabella 8
Prospetto generale dei materiali rinvenuti a Failakah

MATERIALI / SITI	INVETRIATA DIPINTA	INVETRIATA TURCHESE	INVETRIATA VERDE	INVETRIATA GIALLA	INVETRIATA NERA	A VERNICE NERA	ACROMA STAMPIGLIATA	ACROMA EXCISA	ACROMA INCISA	ACROMA PLASTICA	IMPASTO PLASTICO	NUDA	IMPASTO	DA FUOCO	MAIOLICA	PORCELLANA	VETRO	METALLO	LEGNO	PIETRA	FAUNA	DIVERSI
SITO 5												1-4	5-6									
" 7, Forte									7			8	9-10				11					
", Villaggio		12				13							14		15	16-18	19					
", a S. del Villaggio		20							21				22-23				24					
SITO 8, a		25			26	27-28			29-32		33-34	35-38	39-40			41					42	
", b						43-44					45	46-49	50					51			52-53	
", c		55										54										
SITO 9, casa 1					56-57	58						59-62	63-69				70					
", tra le case 1 e 2		71-72		73-75																		
", casa 3						76					77	78-82	83-86				87					
", casa 4		88-92	93-99	100-03		104			105		106-08	109-17	118-25		126	127	128	129-30		131	132-35	

Si noti che nel Sito 8 *a* indica l'area presso l'edicola sepolcrale, *b* il *tell* meridionale, *c* l'area ovest.

Segue: Tabella 8.

SITI \ MATERIALI	INVETRIATA DIPINTA	INVETRIATA TURCHESE	INVETRIATA VERDE	INVETRIATA GIALLA	INVETRIATA NERA	A VERNICE NERA	ACROMA STAMPIGLIATA	ACROMA EXCISA	ACROMA INCISA	ACROMA PLASTICA	IMPASTO PLASTICO	NUDA	IMPASTO	DA FUOCO	MAIOLICA	PORCELLANA	VETRO	METALLO	LEGNO	PIETRA	FAUNA	DIVERSI
SITO 12, Cimitero																						
Casa 1		136		137-38					139			140	141-44				145					
Zona B		146				147			148			149-50	151-52			153	154-55				156	
Casa 2		157-59, 176		177-78					179-80			160-63, 181-83	164-69, 184-86	170-71		172-73, 187-88	174-75, 189-91	192				
Casa 5		203		204-05							193	194-97	198-200				201				202	
Casa 6											206-09	210-12	213-14			215						
Casa 7		216				217-18			219		220	221-26	227-30								231	
Casa 12		232																				
Casa 13		233-34		235							236	237-38				239						
Casa 14						240-44							245									
Casa 15		246		247								248	249									
Casa 16		250-53										254	255-57			258-59	260-63					
Casa 17		264-65				266											267					
Casa 18		268-69										270-71				272-73						
Casa 19		274				275-76																
Casa 20													277									
Casa 21		278-82											283-84									
Zona C		285-87	288	289-91							292	293	294		295	296-99	300-01	302			303-04	
Zona D		305-07		308								309-13	314-15		316-17		318-20					
Zona E		321		322								323-23a				324-34						
Zona F		335-37				338						339-40	341-42			343-47	348-49			350		
Zona G		351-52	353									356-61	357-61									
SITO 13												362	363			364-69	370					

SITI / MATERIALI	INVETRIATA DIPINTA	INVETRIATA TURCHESE	INVETRIATA VERDE	INVETRIATA GIALLA	INVETRIATA NERA	A VERNICE NERA	ACROMA STAMPIGLIATA	ACROMA EXCISA	ACROMA INCISA	ACROMA PLASTICA	IMPASTO PLASTICO	NUDA	IMPASTO	DA FUOCO	MAIOLICA	PORCELLANA	VETRO	METALLO	LEGNO	PIETRA	FAUNA	DIVERSI
SITO 14, Casa 1		371-72										373-74	376	375			377					
Casa 2		378-80							381			382-83										
Casa 6		384-87	388				389			390		391-93									399	
Casa 9		394-96										397-98										
Casa 11		400-02				403	404			405-06		407-09	410				411				412	
Casa 14		413-14					415					416										
Casa 15		417										418-19										
Casa 18		420										421		422								
Casa 19		423										424										
Casa 22		425										426	427									
Casa 23		428-29										430-31								432		
Casa 24		433										434										
Casa 25			435-39									440		441								
Casa 26		442-43					444		445			446-51	452				453-56					
Casa 28		457										458-58b	458c									
Casa 29		459										460-62										
Casa 30		464																			463	
Casa 31		465-66					467					468-69										
Casa 35		470-72	473-77									478-82	483-85				486-87				488-89	
Casa 36		490-95										496										
Casa 37										497-98		499-500		501								
Casa 38		502-06										507-10					511-12					
Casa 39		514-17	518									519	520-21				522-23				513	
Casa 40		524															525					

SITI	INVETRIATA DIPINTA	INVETRIATA TURCHESE	INVETRIATA VERDE	INVETRIATA GIALLA	INVETRIATA NERA	A VERNICE NERA	ACROMA STAMPIGLIATA	ACROMA EXCISA	ACROMA INCISA	ACROMA PLASTICA	IMPASTO PLASTICO	NUDA	IMPASTO	DA FUOCO	MAIOLICA	PORCELLANA	VETRO	METALLO	LEGNO	PIETRA	FAUNA	DIVERSI
SITO 14, Casa 41 N		526	527-32						533-37			538-42	543				544-45					
" Casa 41 S		546-47										548					549					
" Casa 42		550-55b					556					556a					557					
" Casa 45		558-60																				
" Casa 47		561	562						563													
" Casa 48		564										565-69					570-71				572	
" Casa 49												573				574						
" Casa 51 N		575-78					579		580			581-87										
" Casa 51 S		590-94							595			596-99					588				589	
" Casa 54	600	601-02					603		604													
" Casa 55		605																				
" Casa 56 N		606-07																		608		
" Casa 56 S		609-11																				
" Casa 57												612					613					
" Casa 58		614-17					618-19			620-21		622-27										
" Casa 59		628-29				630			631			632-34	635									
" Casa 62		636-37										638-39					640					
" Casa 63	641																					
" Casa 64		642-43										644-45										
" Casa 67		646										647										
" Casa 74		648										649										
" Casa 76									650-51			652-53		654			655					
" Casa 78										656												
" Casa 84		659-61					662-62a		663			664-66					657-58 / 667-69				670-71	
" Casa 85		672-73										674-76										

Segue: Tabella 8.

S I T I	INVETRIATA DIPINTA	INVETRIATA TURCHESE	INVETRIATA VERDE	INVETRIATA GIALLA	INVETRIATA NERA	A VERNICE NERA	ACROMA STAMPIGLIATA	ACROMA EXCISA	ACROMA INCISA	ACROMA PLASTICA	IMPASTO PLASTICO	NUDA	IMPASTO	DA FUOCO	MAIOLICA	PORCELLANA	VETRO	METALLO	LEGNO	PIETRA	FAUNA	DIVERSI
CASA A, Superficie		677-85	686-89				690-92			693		694-705	706				707				708-09	
" Vano 1		710-16							717			718-33	734				735-38		738a	739	740-41	
" Cucina		742					743					744-58	759	760			761			762		
" Ripostiglio												763-66										
" Vano 2												767-69										
" Vano 3		770										771-73										
" Vano 4		774-75					776					777-80					781					
" Vano 5		782-83								784		785-801									802	
" Esterno NW		803-04					805	805a				806-08					809-10					
" Esterno Ξ		811					812		813			814-16									817	
Torre, Vano 1		818-23										824-27					828					
" Vano 2	829	830							831-32			833-37					838-39	840				
" Vano 3									841			842-45		846-48								
" Pozzo												849		850			851			852-53	854	
" Esterno		855-58										859-66					867-68				869	
CASA B, Vano 1		870-71					872-73		875	874		876-79										880
" Vano 3		881					882-83					884-87										893
" Vano 5		894					895					896-97						898				
" Vano 6		899										900-04										
" Esterno		905-06										907-08										
" Esterno S		909						910				911					912					
" Saggio a SW		913-14							915			916		917-19							920-21	

M A T E R I A L I

ENGLISH SUMMARY

(Translation by John Denton)

This book describes the results of the survey and excavations carried out on the island of Failakah (Kuwait) in November 1976 by a joint expedition from the Universities of Bologna and Venice (Italy). The topographical sections and excavation report are the work of Giovanni Uggeri, while the discussions of finds and catalogues are by Stella Patitucci Uggeri.

After air reconnaissance, a topographical survey of the Western and central parts of the island in particular was carried out. Following this in the deserted village of al-Qusūr trial digs were carried out. Three houses dating from the Early Islamic period (referred to as: House A, Tower and House B) were excavated.

The first part of the book contains the results of the survey from site to site in a West-East sequence (Sites 1-16). In this way an archaeological sketch map of the island was drawn up. The following information about each site is provided: a) the topographical description, b) the examination of finds, c) the catalogue of finds following topographical units.

The second part of the book deals exclusively with the survey of the village of al-Qusūr (Site 14). It consists of three parts: a) study of the urban plan, b) study of the finds according to type, c) catalogue of finds following topographical units.

The third part of the book is the excavation report for three houses in al-Qusūr. It is divided into three sections: a) excavation report and interpretation of buildings, b) study of the finds according to type and discussion of their chronology, c) complete catalogue of all finds according to their find place.

In conclusion, the present state of our knowledge of the evolution of the settlement of the island is given together with the general discussion of the finds and their typology.

Throughout the book numbering of pieces is continuous; finds are listed according to topographical origin and shown in synthesis in *table* 8. These consist mostly of pottery fragments.

Criteria followed for pottery classification. Pottery is classified on the basis of coating (or lack of it) and the type of the latter (where present). There are five main classes, subdivided into groups, types and subtypes according to clay and decoration (*table* 6). Terms used to describe shapes are the usual ones. Measurements are in centimetres. Numbers is round brackets in the text refer to catalogue numbers of the pieces. The numbers below drawings are also those of the catalogue. In the drawings finds are reduced to a scale of 2 : 3, except for text figure 89 (1 : 1) and text figures 87, 90-100 (1 : 2). Finds illustrated in the plates are shown according to topographical unit and, within each of these, on a typological basis.

Chronology. The following terminology has been used: Early Islamic Period (mid 7th. cent. - end of 10th. cent.); Middle Islamic Period (11th. - 15th. cent.); Portuguese Period (16th. - 17th. cent.).

FAILAKAH (pp. 9-30; *plates* I-IX; *text figs.* 1-6). The island of Failakah known as *Ikaros* in antiquity, blocks access to the Bay of Kuwait opposite the mouths of the Tigris and Euphrates (Shatt al-Arab). It is an extended bank, a conglomerate of sand and sandstone of a chalky-limestone formation of the Neocene period with secondary pebbles (Kuwait Group). The coast is high rising, while inland these is a winding belt of low lying land suitable for cultivation (*sebkah*). The climate is stuffy and very dry, the principal wind being the *shamāl* blowing from North - North-West. The vegetation, which was once luxuriant, nowadays has a degraded look and is limited to a few enclosures mainly of palm trees. The fauna, mentioned in our sources, has disappeared. Fishing still takes place both in the fishing grounds along the coast and in the open sea.

The first traces of settlement on the island appear to date back to the Neolithic period. However, evidence of building comes from the Bronze Age, especially in the South-West corner (Sites 1, 4 & 6) but also to the East (Site 15), starting from the second half of the third millennium, when the 'Land of Dilmun' sent pearls, copper, dates, wood and stones to Ur. The inscription of Nebuchadnezzar II (604 - 562 B.C.) dates from the Neo-babylonian period. He founded *Teredon* on the Mesopotamian estuary opposite.

Following the expedition led by Alexander the Great and his admiral Nearchos, the island was given the name of *Ikaros*, like the island of the same name in the Aegean Sea. The fortress bearing the same name was founded on Site 2 at that time and cults of *Zeus Soter, Poseidon, Artemis Soteira* and *Apollo Alexikakos* established. The two temples may have been dedicated to the latter couple. A stele bearing the name *Ikaros* was found in front of the larger temple, thus settling the problem of identifying the island. After the splendours of the Seleucid period, decay set in and signs of life in this area are fewer and fewer up to the Sassanid period.

Up to the present nothing was known about the later periods. The Italian expedition of 1975/76 shifted interest to the Islamic evidence. During the autumn of 1976 our survey and subsequent excavations demonstrated the central role played by the island in the spread of Islam under the first Caliphs starting from the battle of *Kathima* (636 - 661) and during the Umayyad dynasty (661 - 750). This is the period of the growth of the large village inland, now known as al-Qusūr (i.e. the castles). This village declined during the Abbasid period, when several coastal centres developped. The latter were in a better position to exploit the growing trade on the route from India to Mesopotamia.

The Portuguese must have found villages of pearl fishers on the North-West coast. They built two forts during the first half of the sixteenth century and kept them until 1648. The modern revival dates from the second half of the 18th. century with the setting up of the Emirate of the present ruling family of as-Sabah.

Qariat-az-Zōr (*plates* X-XIV; *text figs.* 7-8) is the only village on the island, situated on the West coast. The oldest part, to the North, is a surviving part of the village which grew up around the Portuguese fort (Site 7). The Southern part is the result of the substantial urban growth of the last twenty years. Some traces of the older settlement on the Northern outskirts are of particular historical-archaeological interest. Here one can still find buildings and settlement patterns following ancient traditions, together with remains of the gate and walls. The houses were built around an inner court and were flanked by gardens. The harbour was on the North-West end of the island (*niqā'ah*). After silting up it was moved further South. The boats, which were smaller than those used in Kuwait, were made of palm leaves. Coral and pearl fishing were once important.

PART ONE

SITES 1-16. TOPOGRAPHICAL EXPLORATIONS.

Sites 1-5. They are situated on the South-West edge of the island, within the archaeological zone. They are small rises made up of ruins and sand which has built up against them. The three main sites were cult centres in the Middle Ages owing to the presence of the tombs of three martyr brothers.

SITE 1 (*plates* XV-XVII; *text figs.* 8-10). *Tell* to the West overlooking the sea. The Ethnographic Museum is here. This was once the site of the Sepulchre of Sa'ad. Excavation has uncovered a Bronze Age settlement (Dilmun Culture) with remains of large buldings and houses.

SITE 2 (*plates* XV-XX; *text figs.* 8-13). *Tell* to the East overlooking the South coast. This was once the site of the Sepulchre of Sa'id. Excavation has uncovered the Hellenistic fortress of *Ikaros*, enclosed by walls (2.10 m. thick), which make up a square of c. 60 m. per side (200 ft.). The walls were strengthened by square towers and by a wide ditch. There were two semples on the east side of the fortress. The larger one was probably dedicated to *Apollo* and the smaller one to *Artemis*, as seems to be shown by the stele found in front of temple A. A small hoard, which had ceased by the 3rd. century B.C., was also found. The settlement continued to be occupied under the Parthians and Sassanids.

SITE 3 (*plates* XIX, XXI, XXII). A small rise on the beach with remains of an oblong-shaped Hellenistic building, dating back to the end of the 4th. century B.C. Walls made of stone rubble and bricks. Remains of a kiln with moulds proving the existence of terracotta production.

SITE 4 (*plate* XXIII; *text figs.* 8-9). Small *tell* further inland. Excavation has uncovered an early Bronze Age settlement (Dilmun Culture) with a large building.

SITE 5 (*plate* XV; *text figs.* 8, 9, 15; n. 1-6). The most northerly *tell* in the archaeological zone. It is the only unexcavated one. It was the site of the Sepulchre of Sa'īdah. Fragments of early Islamic pottery were collected during the survey. However, this *tell* could also be covering more ancient settlements.
The finds (*text fig.* 5). Fragments of unglazed and impasto ware. Two jars should be noted: one of Shape 1 with expanding shoulder which narrows towards the mouth (1) and another of Shape 2, distinguished by its neck (2).

SITE 6 (*plates* XXIII-XXIV; *text fig.* 8). Low *tell* to the north of the enclosed archaeological zone, made up of remains of buildings ranging in date from the late Bronze Age to the Islamic period. The place-name means « Treasure Hill ». The Italian Archaeological Expedition, in 1976, carried out a limited trial excavation down to rock level, under the direction of G. Traversari and L. Bosio, revealing a rich stratigraphy.

SITE 7 (*plates* XXIV *c* - XXV; *text figs.* 15-16, n. 7-24). Portuguese fort. The ruins of a small Portuguese fort are situated about 200 m. from the West coast of the island and at about the same distance to the North of az-Zōr. Typologically speaking it belongs to the category of « baluartes do mar ». It consisted of a simple walled enclosure containing some temporary housing and a central hearth. Some pottery fragments were found here (n. 7-11).

To the West and South of the fort, along the coast, we discovered the remains of a deserted village dating back to the Early Islamic period and going on to the period of the fort. To the South of this village, at a distance of about 100-150 m. from az-Zōr, we noted pottery and glass vase fragments at ground level (20-24), connected with the expansion of the village in this direction.

To conclude, the Portuguese fort was set up to watch over a village already in existence and which continued to thrive and expanded towards the South.

The finds. Fragments of pottery and glass vases.
Turquoise glazed ware: two fragments of bowls (12, 20), one of a carinated bowl, common in the Early Islamic period.
Black slip-painted ware: fragment of a large closed vase (13) covered on the outside by thin black slip. This pottery is also to be found on Sites 8, 9 and 12.
Unglazed incised ware: fragment of a comb incised jar (7); fragment of a jug (21) with incised crossed lines (cf. 27), a common decoration on the pottery of the Early Islamic period in the Mesopotamian area.
Impasto: the vases are of pink or rust-red impasto. They are jars (9, 10, 11, 23) and truncated cone-shaped basins (22), a common vase shape on Failakah.
Majolica: a fragment of a white majolica plate from the Portuguese period.
Porcelain: bowls of white porcelain painted blue; Portuguese period.

Glass: green glass vases (11, 24), one with decoration in relief.

SITE 8 (*plates* XXVI-XXIX *b*; *text figs*. 17-20; n. 25-54). The remains of a large Islamic cemetery were discovered on the far North-West side of the island, in a low-lying area facing the natural harbour in use from the Bronze Age to last century. There are the remains of a monumental tomb (*plate* XXVII) towards the South. This is surrounded by several simple burials with rough stones planted at the head and feet of the graves. Here fragments 25-42 were collected.

A little further to the South, on a small *tell*, we noticed traces of an older settlement, the site of which was subsequently covered by the Islamic cemetery (43-53). A fragment from the Bronze Age (54) was found in the low-lying area immediately to the West of the *tell*.

To conclude, these small *telūl* were created by the ruins of Bronze Age settlements; they were covered by the Islamic cemetery, which may be connected with the nearby village on Site 9, given its position and the similarity of the finds, which date in part back to the Early Islamic period, mostly to the Middle Islamic period, and partly to the Portuguese period.

The finds. They consist of pottery, one bronze fragment and three shells.

Glazed ware. We have the fragments of two ring foot bowls, one with turquoise glaze on the inside (cf. similar pieces from Sites 9 & 12), the other with a black glaze not very shiny either inside or outside (cf. Site 9).

Black slip-painted ware. These vases are of cream coloured to dark red clay with much black and white grit. They are jars coated with thin black slip on the outside, sometimes with incised decoration of bands of crossed lines (27) (cf. the unglazed ware of the Early Islamic period).

Unglazed incised ware. Fragments of jars (29-32) decorated with bands of combed lines and dots incised with the teeth of the comb (30) (cf. Site 14). These motifs are common on pottery of the Early Islamic period (cf. Susa).

Plain ware. This ware is in buff to orange/red clay. There are two jar shapes: either with to neck and the shoulder narrowing towards the mouth (Shape 1, n. 47-49) or with a neck (Shape 2, n. 37, 38, 46). They have flat or ring bases (35-36). These two jar shapes are rather common on Failakah and can already be found in the Early Islamic period.

Impasto. The vases are in reddish impasto with thick black and white chamotte. One can recognise a jar without a neck and with an expanding shoulder (39) (Shape 1). The decoration consists of circular cordons in relief (cf. similar jars from Sites 9 and 12); this motif also appears on black painted and plain vases.

Porcelain. Some fragments of a bowl (41) with red and green painted floral decoration, dating from the period after the building of the Portuguese fort.

SITE 9 (*plates* XXIX *c* - XXXII *b*; *text figs*. 18-26; n. 55-135). We discovered the remains of a deserted village in the Eastern corner of the cove of the natural harbour. They appear as a series of slight ground elevations. On the highest rise we recognised four buildings (houses 1-4) and collected several finds, mostly pottery.

This area must have been inhabited from the Bronze Age onwards (cf. 131, a basalt grinder). A village grew up here during the Early Islamic period, lasting until the Portuguese period and declining later. The cemetery discovered on Site 8 is probably connected with this village.

The finds. Glazed turquoise ware. The fragments belong to cream coloured clay bowls, with low ring feet. Only the insides are completely glazed; on the outsides the glaze stops immediately below the mouth.

Green glazed ware. We have fragments of buff or cream clay bowls with flared mouths and ring or disc feet. Glaze is present mostly only inside with two exceptions (96-97), where it also covers the outside. It is either bottle-green or olive-green in colour. These pieces can be compared with similar bowls from Site 12. Some have ancient rivet holes.

Yellow glazed ware. Buff or pink clay vases. We have mostly ring foot bowl bottoms together with a fragment of a jug (73). Glaze, of an oil-yellow colour, occasionally dark, thick and not very shiny, covers both the outside and inside of the bowls, except for the foot and external bottom. Some have ancient rivet holes. Similar pottery was found on Site 12.

Black glazed ware. The bottoms of two buff and pink clay bowls with low ring feet, covered both outside and inside with not particularly shiny blackish glaze, except for the foot and external bottom. This kind of pottery, which is rare on Failakah, is comparable to that of the coastal regions of Oman and Qatar and is connected with the most recent period of this settlement.

Black slip-painted ware. A few fragments of pinkish clay vases with black and white grit covered by thin black slip. They are parts of jars (one with combed decoration − 58 −) and of an open vase.

Unglazed incised ware. A fragment of a jar (195) with combed decoration consisting of a vertical band of wavy grooves and separate groups of short lines. Comparable pieces are present on Sites 8 and 12 (31, 219) and in Susa.

Plain ware. The clay of these vases is well washed, cream or pink in colour. The fragments belong to jars, flared mouthed jugs with disc or ring feet and to a ring footed bowl, a rare shape in this class. A lid was cut out from a vase fragment (117).

Impasto. The impasto vases, in colours ranging from rust-red to black, with much black and white chamotte, are mostly neck jars (Shape 2) frequently decorated with thumbed relief cordons (77, 106, 108), one of the most frequent decoration types in Early Islamic pottery, sometimes combined with other types of decoration. Truncated cone-shaped basins with a flat base are rarer. Two fragments belong to jugs with a truncated cone-shaped spout on the shoulder. This shape was created during the Early Islamic period and remained very popular.

Majolica. A fragment of a plate (126); imitation Céladon Chinese porcelain (cf. 317).

Porcelain. A fragment of a white porcelain bowl painted blue. It belongs to the last phase of the village's existence, under Portuguese domination.

Glass. Three fragments of bracelets, in blackish glass, comparable to those of Site 12, may belong to the Middle Islamic period.

SITE 10 (*plates* XXXII *c* - XXXIII; *text fig.* 17). The sanctuary of al-Khidru is situated at the end of the promontory constituting the North-West corner of the island, shutting off the natural harbour to the West. It was rebuilt at the beginning of this century on an oblong ground plan, covered by an egg-shaped dome. Its present circular shape dates from subsequent restauration. It is now roofless. The santuary is dedicated to the god Khidr, mentioned in the Koran, worshipped particularly as the protector of fishermen and barren women. This cult is still active. The god's feast day is in the Spring. The cult may be a survival of the very ancient cult of the typically oriental divinity of the rebirth of Spring.

Fragments of impasto vases, perhaps belonging to a Bronze Age settlement, together with more recent pottery fragments, were noted at ground level.

SITE 11 (*plates* XXXIV-XXXV). The ruins of a deserted village were discovered on the North coast of the island. They are recognisable from some small rises overlooking a small cove. The part on the coast was destroyed by later quarries. Traces of buildings are spread over a rather large area. Tradition relates that the village was settled by the Portuguese, who were later, supposedly, driven away by an invasion of rats and moved further inland. This story has no archaeological confirmation (the inland village of al-Quṣūr —Site 14— did not survive beyond the Early Islamic period). This tradition may be a recollection of the 1648 plague, which forced the Portuguese off the island. Invasions of rats were a recurrent phenomenon in the Ancient World.

SITE 12 (*plates* XXXVI-XLVII *c*; *test figs.* 27-37; n. 136-361). The remains of a deserted village are situated about half way along the North coast of the island, together with those of an oblong-shaped oasis, where, between the end of last century and the beginning of the present century, a summer residence, also now in ruins, was built.

The ruins of the village stretch from the oasis to the sea. Lines of houses along the shore overlook a small cove. The village cemetery is on the coast towards the West. 21 buildings were explored, apart from the cemetery, and numbered in a West-East sequence. There are two types of house: oval in the area further inland and to the West, and oblong along the coast. The buildings are of mud bricks on a stone rubble base, with mud brick vaults.

The origins of the village may go back to the Early Islamic period, but it thrived especially during the Middle Islamic period and underwent a vigorous revival in the 16th. century, when the Portuguese built a fort here (Site 13). The village declined, after the fort had been abandoned, during the 17th. century. Description of the cemetery (p. 96) of the houses and areas explored (pp. 97-103).

The finds. They mostly consist of pottery. There are also some fragments of bronze lamina, glass bracelets (192, 302) and remains of fauna (bones and shells).

Turquoise glazed ware. The vases are of pinkish-cream compact clay. Glaze is blue-green or turquoise, thick and shiny when in good condition. The fragments mostly belong to flared-mouthed bowls with ring feet. They are rarely carinated or with handles. Glaze is mostly only on the inside. Sometimes the upper half or the whole of the outside is also glazed.

Green glazed ware. Two fragments of clay bowl bottoms (288, 353). The clay is the same as that of the glazed turquoise vases. They have flat bases (cf. Site 9 and examples from Susa).

Yellow glazed ware. Pink to cream clay vases. Glaze is oil-yellow in colour, sometimes of a warmer and darker colour, or with brown patches, thick and not very shiny. The fragments belong mostly to ring foot bowls, glazed either only on the inside or on the inside and outside. We also have fragments of closed vases with a blackish glaze on the inside.

Black slip-painted ware. The impasto of the vases is similar to that of the same pottery on sites already described (from red to rust-red, rarely blackish, with thick black and white chamotte). The only documented shape is the jar, with no neck and an expanding shoulder narrowing towards the mouth (Shape 1). Black, opaque, thin slip covers the vase on the upper external part (sometimes also on the inside of the mouth). The body is decorated with relief smooth or thumbed cordons or with comb incised grooves. This type of pottery can be compared with that of deserted settlements of the Middle Islamic period in Oman.

Unglazed incised ware. The vases are of fine, uniform, compact, cream-pinkish clay. The fragments, belong to jugs and a jar. The jugs have carinated shoulders and disc feet (179); they are decorated with bands of combed grooves, crossed in one case (180). The jar is decorated with separate groups of combed incisions (219).

Plain ware. This is the most frequent type. The clay of the vases is fine cream or buff in colour. The fragments belong mostly to jugs with disc or ring feet or flat bases, and to a few neck jars (Shape 2) (n. 149), with flat bottoms or narrow truncated cone (194). There are very few bowls (their presence shown by some mouth fragments).

Impasto. The impasto is of the type already described. The fragments mostly belong to jars, with expanding shoulders narrowing at the mouth (Shape 1) with ring feet or flat bases, decorated with smooth or thumbed circular cordons. There are few jugs with flared mouths; one has a spout on the shoulder (284). There are also few basins of a truncated cone shape with an expanding mouth rim (360, 164). A small lid was cut out from a vase bottom.

Cooking ware. Very rare. We have two fragment of cooking-pots in typical rust-red hard clay. The surfaces are rough.

Majolica. Three fragments of plates. Two are coated with thick white tin glaze inside and outside (295, 316). The third one (317) is an imitation of Céladon type porcelain (cf. 126). The imitations covering an area from Afghanistan to

Mesopotamia are also present on the coast of the Arabian Gulf and began to increase from the 17th. century onwards.

Porcelain. (Table 1 p. 111). The fragments all belong to bowls, except for the fragment of a plate. The porcelain is good quality. The bowls are mostly decorated only on the outside, less frequently only inside or on both sides. The decoration is either monochrome, in blue or violet on a white background, or polychrome, in pale green, orange, violet, violet-red, and black. The motifs are geometric, floral and vegetable. They are products imported from China, partly late Ming (16th. - early 17th. cents.) i.e. during the period of greatest Portuguese commercial activity on the Eastern seas.

Glass. The glass belongs to light green, occasionally blue, bluish-grey and dark green vessels. Their shape cannot be defined. We have remains of the wide flared mouth of a bottle (154) and a bottom (348). There are also numerous fragments of bracelets.

The bracelets (table 2, p. 115; *text fig.* 87). There are nine, mostly blackish glass fragments; two are blackish blue glass. They are flat, narrow and thin, flat inside, convex outside, semicircular flattened in section, in one case sub-triangular in section, in another with sinuous profile. They are comparable with the bracelets from Site 9 and with the piece from Site 14. They probably belong to the Middle Islamic period, but may also belong to the most recent period in the life of this village (i.e. the Portuguese period).

In conclusion, the finds from this site show a poor economic situation (restauration of pottery and lids made from vase fragments) like that of the nearby village on site 9. They mostly belong to the Middle Islamic period and that of Portuguese domination.

SITE 13 (*plates* XLVII *d* - L *a; text figs.* 27, 37; n. 362-370). Portuguese fort. The ruins of another fort are situated at about 50 metres from the beach at the Easternmost point of the village on Site 12 to ensure free access from the sea (cf. the similar position of the other fort on Site 7). Its plan is common to minor Portuguese fortification of the 16th. century colonial period.

The finds. Fragments belong to an unglazed jug, an impasto jar and especially to porcelain bowls (together with a plate) with polychrome floral decoration, apart from one piece decorated in blue. They date from the period in which the fort was thriving.

SITE 15 (*text fig.* 7). A locality situated inland to the South-East, just over a kilometre from the Nord and South coasts. We noted a large circular building (c. 80 m. in diameter) enclosing, in the centre, a square plan building (10 m. per side) with corners arranged according to the points of the compass. Finds dating back to the Bronze Age come from this site.

SITE 16 (*plates* LXII *b* - LXIII; *text fig.* 7). Remains of a deserted village over-looking a small cove on the South coast of the island. Up to the beginning of the present century a luxuriant oasis was situated behind this site. We noted remains of pottery belonging to the Middle Islamic period and of glass vases at ground level.

PART TWO

SITÉ 14, AL-QUSUR. TOPOGRAPHICAL EXPLORATIONS.

I. THE VILLAGE (*plates* L *b* - LXII *a*; *text figs.* 38-61; *plan* A; n. 371-676).

The name, which means « the castles », indicates a desert inland area of the island covered by a large deserted village, situated at about 2 kilometres from the North coast and 1.5 kilometres from the South coast. The ruins cover an area of 1.8 kilometres from North to South and 1 kilometre from West to East. The position was secure, since the village could not be seen from the sea. It had no defences, thus belonging to the open agricultural-pastoral village type; a grouping of different farms rather common in the Early Islamic period. Orientation does not follow the points of the compass, but one can note the presence of uninter-ruped walls cutting off the houses towards the North and West as a protection against strong winds. This situation seems unchanged from prehistoric times, as buildings from the Bronze Age on the island show.

The village plan, seemingly chaotic, can in reality be divided up into a central nucleus, with massed buildings and a grid street plan covering a third of the build-ings, and two further areas, one towards the North and the other towards the South-East, with houses spread over large areas. The central nucleus (*text fig.* 39) consists of the houses numbered 34-66. There are at least five parallel streets from West to East. One street from North to South cuts it into two parts and connects it to the peripheral, less densely-settled areas. This street is flanked by two parallel streets. There were probably two areas without buildings; one to the North (between houses 38 and 50) and the other to the South (between houses 58 and 59).

The less densely-settled area to the North (about 1 sq. kilometre, houses 1-33) does not completely lack organisation, with two lines of peripheral houses and an intermediate area of more widely-spread houses. One should note the large elliptical enclosures, oblong and apsidal in the first line of houses (houses 2-10). The second line is less orderly (houses 11-15). The other houses are spread about between these two lines of houses to the North and the central area of the village. Here we also have various types of enclosures and houses.

The less densely-settled area to the South (about 0.5 sq. kilometres, houses 67 ff.) has a similar pattern of distribution to the area to the North. One can note two lines of peripheral houses (the more external includes houses 89 ff. and the more internal houses 81-87) covering an area of about 400 m., thus at a dis-tance of about 80 m.) and an intermediate less densely-settled area between the two lines of houses to the South and the more densely-settled central area of the village (about 12 scattered houses, about 100 m. distant from each other).

The houses have a varied typology and seem to reflect evolution from a patriarchal culture to a more varied cultural environment. The elliptical and oval enclosures, made of mud bricks on a stone rubble base, resemble large sheep pens. They enclose the house itself, which is usually situated on one side of the enclosure. This type of structure is common in the Islamic world and seems to reflect the most ancient settlement period in the culture of the village. The apsidal enclosures could be connected with a more evolved stage, looking into the street from their straight side, thus making the view regular on this side. The last phase of geometrization is represented by the oblong enclosure. Even here, though, the house is still out of centre, being near one of the short sides or a corner. It has different phases of development, being either divided up into different spaces or being joined up in more complex urban patterns.

The buildings are mostly of mud brick. Some tower-houses and more important buildings have walls built of cut stones or even in carefully joined stone rubble. Enclosure walls are always of mud bricks. Blocks of sandstone were used for thresholds, jambs, corner and pillar bases. Floors are of sandstone slabs, or gravel, or white plaster. Walls are also plastered white.

The houses explored are then described (pp. 160-185).

These are typical characteristics of village buildings in the Early Islamic period in the Mesopotamian area (eg. in Telūl Shuaiba near Basrah). The village of al-Qusūr flourished during the Early Islamic period from the mid 7th. to the 9th. - 10th. centuries. This conclusion is supported by urban, structural, stylistic elements and typological evidence of finds.

Later materials are connected with occasional visits to this inland area (Middle Islamic period — two fragments of black slip painted ware, 403, 630; one Raqqa type fragment, 829; one porcelain fragment, 574; one glass bracelet, 377).

The finds.

Mostly pottery; less common fragments of glass vases; we also found a glass bracelet, a flint stone, a lavic grinder and some remains of fauna (*table* 8).

Glazed painted ware. Two fine cream clay bowl fragments, decorated on the inside, while the outside is plain. One is painted in blackish-brown on a white background (600), the other in black and green on a turquoise background (641). A third fragment comes from the excavation of the Tower (829).

Turquoise glazed ware. The vases are of cream or pinkish-cream fine clay. Glaze is thick and uniform turquoise, unless the surface of the vase is wavy. Tonality is greener in some cases. The fragments belong to bowls, basins, jars and jugs. Bowls are most frequent. They are mostly carinated (Shape 1 divided into eight types: *a-g*, see p. 187). Hemispherical bowls are less frequent (Shape 2, three types *a-c*, p. 187). There are three types of base: flat, with a slight disc foot, or with a concave bottomed disc foot. They are glazed both inside and outside. Two pieces have ancient rivet holes. One fragment (642) bears traces of the tripod used to separate the single pieces during firing (855, 858). Similar bowls come from Early Islamic sites, for example from Susa. Basins are less frequent. They have truncated cone-shaped bodies, enlarged mouth rims, and mostly flat bases (Shape 1). Glaze covers both insides and outsides, except in one case, where it is only inside. After the bowls, jars are the most frequent type of vessel. They are all neckless, have enlarged shoulders which narrow towards the mouth (Shape 1); the bases have flat or concave disc feet. The sides are sometimes decorated with wavy or smooth relief cordons (471-472). There are a few fragments of jugs, glazed on the outside and unglazed on the inside, on ring feet (555). A loom weight was made from a jar fragment (388, cf. 877).

Black slip-painted ware. Only two fragments (403, 630), perhaps belonging to jars. Impasto and paint are of the usual type, already described on other sites on the island.

Unglazed stamped ware (*table 3, text fig.* 89). Fragments of jars of cream, pinkish buff or yellowish buff fine clay, with enlarged shoulders that narrow towards the mouth. This is the case of the only piece whose shape can be deduced. Decoration is on the shoulder; it consists of circular or subrectangular stamps, with relief motifs. The circular stamps are more numerous than the others; they are small (2.5 - 3 cm. in diameter) and have geometric motifs (circles of dots, honeycombs, *triskeles* and quadrupeds) (*plate* LVII *b,* cf. 805). They rarely have an indented frame (*plate* LVIII *b*). The rectangular stamps (with round corners and sides sometimes slightly convex, in an indented frame, in one case double and dotted) are all incomplete and often illegible. The readable ones have profiles of quadrupeds and perhaps a gazelle (405).

This kind of stamped decoration is sometimes accompanied by another type, incised (603) or relief, following the typical taste of Early Islamic pottery. These jars can be compared with others in the Mesopotamian area (at Hīra, Telūl al-Uhaidhir, Abū Sarīfa and Susa for the circular stamps and at Wasīt, Abū Sarīfa and Susa for the subrectangular ones). Samarra has examples of the indented frame and the quadruped. These jars can thus be dated between the 7th. and 9th. - 10th. centuries; for the moment it is impossible to be more precise.

Unglazed incised ware. The vases are of fine clay. They are mostly jars with enlarged shoulders, narrowing towards the mouth (Shape 1). There are very few bowls and basins. Decoration is simple: on the jars, lines of vertical strokes, combed lines, either circular or crossed, grooves, and lines of dots made by the teeth of a comb. These can also be seen on a bowl fragment (651).

Unglazed relief ware. Fragments of jars and basins of fine clay. The decoration consists of simple relief or thumbed cordons. In one case there is a series of rectangular notches. There is an isolated fragment with a corrugated surface like a honey comb.

Plain ware. The most frequent type. The vases are of mostly well washed cream to pinkish cream, rarely rust red clay. The fragments belong to bowls, basins, jars and small jugs. Jars are the most common container, followed by basins and small jugs; there are very few bowls. The bowls are of two shapes: one carinated (Shape 1, types *a-c*), the other with an uncarinated hemispherical body (Shape 2). The basins have a truncated cone body on a flat base (Shape 1, types *a-g*; *text fig.* 94); similar basins are common in Susa at all Islamic levels. The jars are of two shapes: one, which is more frequent, has no neck, with an enlarged shoulder narrowing towards the mouth (Shape 1); the other has a more or less developped neck (Shape 2, *types a-g*; *text fig.* 96). There are four types of base: flat, disc foot and truncated cone-shaped foot. The jugs are difficult to visualise: one fragment documents a flared mouth; the bottom is flat or slightly concave.

Impasto. Very rare. The vases are of the usual rust-red impasto with black and white chamotte. The fragments belong to jars with enlarged shoulders and no necks (Shape 1), to truncated cone-shaped basins with either smooth (Shape 1) or carinated (Shape 2) bodies, to very rare jugs with straight or flared mouths and vertical handles.

Cooking ware. A very small quantity of fragments. The vases are of thin rust-red impasto, and have a rough surface. There are fragments of cooking pots of two shapes, one with no neck (Shape 1), the other with a short neck (Shape 2). They had small flat narrow vertical handles; the body must have been globular.

Glass. The glass vases, thin walled, are mostly dark green, less frequently light green. Shapes are limited in number: we have fragments of rather wide mouths with rounded or protruding rims. The bottoms are concave inside; one fragment has a ring foot. They belong to wide-mouthed cups. There are few bottles with flared mouths and flat or concave bottoms. Drinking goblets are even rarer. One fragment has a horizontal blue band on the outside. There is an exceptional fragment of a dark green bracelet (377), comparable with pieces on Site 9 and 12.

Other finds. There are very few remains of objects in other materials: we have a wooden lid (738 a) and a fragment of a stone grinder.

PART THREE

Site 14. The excavations of al-Qusur.

(plates LXIV - CVI; *text figs.* 62-84; *plan* B; *n.* 677-921).

The excavations were carried out in a small central area of the village of al-Qusūr (groups 43 and 50, *text fig.* 62). Three houses were identified and trial excavations carried out. Their orientation was approximately North-South and they covered a total area of about 800 m² (*plan* B). Of the three the most widely excavated was the one furthest to the South, while in the case of the others we limited ourselves to defining the perimeter and carrying out trial excavations in some rooms. We called the houses: House A (the one furthest to the South), Tower (the middle one) and House B (the one furthest to the North). They were excavated in the above order, which is followed in this report.

The top of the walls appeared from the desert sand towards the South-East, while, towards the South-West, the Tower was buried by a sandy *tell*. The walls are preserved only at foundation level (max. height 10/30 centimetres), except for the Tower where they reached the height of 1 metre. Building materials consist of local stone rubble: wall width of the walls varies from 43 cm. to 50 cm. on average. In Houses A and B only the socle is of stone rubble, while the walls were of mud bricks (40 × 40 cm.; width 8 cm.); in the Tower the rubble part is higher and so, at least the ground floor of the building is completely of stone rubble. However, this building must have had one or two upper floors in mud bricks (see the fallen material in room 2). Houses A and B must only have had a ground floor with limited wall height (see the insubstantial width and the limited volume of the fallen material from the walls). No trace of roof covering was discovered. It must ave been of the flat terrace type and a light plastered wood structure (palm tree branches) or with mud brick vaults (at least in the case of the Tower and other more imposing buildings with stone walls).

House A (*plates* LXIV - LXX; *text figs.* 62-64, 69-78; n. 677-817).

It covers the Eastern half of group building 50. It consists of a building extending from North to South and an oblong enclosure, on the South and West sides. The building (length 17.50 m.; width max. 7.25 m.) is divided into three zones. The Northern zone consists of a large courtyard (space 1) overlooked by the kitchen (North-East corner of the house, slightly sticking out) and a small adjacent room (store room). The middle zone is the real living quarters, consisting of two rooms (rooms 2 & 3) equal in shape and parallel (1.75 × 3 m.) communicating through a door (recognizable from the threshold) and connected with courtyard 1 through a doorway in room 2. The walls and floor of rooms 2 and 3 are covered with fine white plaster. The third, Southern, zone consists of a large room (4 × 5 m.) connected to the enclosed area discovered to the West of the house. This courtyard was large; its South wall is 16 m. long; its West wall was followed for 6.20 m. from the South, but may have continued as far as the Tower.

Space 1 (Vano 1). Size: 7.35 × 5.10 m. Remains of the mud brick wall are preserved at the Westernmost point of the North wall (max. height 0.20 m.). It is paved with small cobbles. The entrance gate may have been in the West side, where two stone blocks on the outside of the wall may have been the bases of two pillars which made up the entrance porch. It was an open space, which constituted the central courtyard of the house. The part sticking out in the North-West corner (next to the store room) may have been covered over (a stable ?). Thus the open courtyard was a square of 5 m. per side.

Kitchen. It is contained in a zone protruding in the North-East of the courtyard. Internal measurements: 2 m. per side. Access was from « Space 1 » through a doorway (width: 0.65 m.). A doorway may have led into the adjacent store room to the West. The floor and walls are plastered white. Traces of hearths have been found; one up against the East wall had an area of ash covering 0.50 × 0.50 m.

Two stone shafts supported pots over the fire. There was another hearth in the middle of the North wall, which also had one hearth stone shaft. The bottom of a jar (747) was *in situ* in the North-East corner between the two hearths.

A deep dig was carried out on the Eastern half of the kitchen. Area covered: 1.10 m. × 2 m. Stratigraphy (from the top level down): level 1) sand (0/−0.10); level 2) ash (−0.10/−0.13) in the central area, a sign of an older hearth than those on the surface; level 3) sand (−0.13/−0.19); level 4) ash in the central area, a sign of an older hearth (−0.19/−0.35), the rest was sand; level 5) sand (−0.35/−0.44); level 6) rock.

The information provided by this dig is that there were no previous settlements, at least in this part of the village. Besides, we verified the fact that the Eastern hearth, up against the East wall, is the original one and was in use until the last phase of activity of the house. The central hearth is second in order of time. The most recent is the hearth up against the North wall. It fell out of use, however, before the Eastern one.

Store room. A small adjacent room, to the West of the kitchen. Internal measurements 2 m. × 1.45 m. The floor was covered by a thin layer of white plaster. An over-turned jar lay *in situ* in the North-East corner. Access may only have been from the kitchen. It must have been a kind of store room or annex, as its small size would seem to show.

Room 2. Internal measurements: 3 m. × 1.73 m. Access was from courtyard 1 through a doorway at the Easternmost end of its North wall. Another doorway (0.65 m. wide) leads into adjacent room 3. The floor and walls were covered with a thin layer of white plaster. The room may have had the function of a bed room.

Room 3. Internal measurements: 3.06 m. × 1.75 m. Connected to room 2 by a doorway; floor and walls also covered with white plaster. Two jar bottoms were found *in situ* in the North-West and South-East corners (770, leaning up against a stone; 773). It must have been put a use similar to that of room 2.

Space 4. Measurements: 5.40 m. × 4 m. A doorway (0.75 m. wide) opened out at the Southernmost end of the West wall giving access to the large enclosure to the West of the house (space 5). No other means of access was found. The floor consists of a layer of small white cobbles (thickness: 5 cm.). This must have been an open air space, at least to a great extent, used as a courtyard.

Space 5. A large oblong enclosure, with a North-South orientation, flanking House A to the West. It may also have included the area where the Tower was built. In that case, the measurements would be: 22 m. × 10.65 m. on the South end and × 12 m. on the North end. Excluding the area occupied by the Tower, the measurements would be: 12.10 m. (NS). Access was perhaps from the street to the North of House A and the Tower. A doorway links it with space 4 and another may have linked it with space 1. The floor consists of a layer of small white cobbles (thickness: 5 cm.). It was certainly an open air area.

Observations. To conclude, House A consists of a residential zone arranged around a central courtyard (space 1) with service rooms on the North side (stable ?, kitchen with ajacent store room) and two small but cool rooms to the South (rooms 2 & 3), which may have been bedrooms, facing North. The open air space 4 was another courtyard at the back. The large courtyard (space 5) must have been intended for partly collective use both by House A and the Tower, thus forming a unit separate from the rest of the village.

Tower (plates LXXX - LXXXIX; *text figs.* 65-66; n. 818-869).

This name has been given to the building in the centre of group building 50. It was buried by a *tell* made up of sand which had accumulated up against its ruins. It was only partly excavated in the North-East sector. It is an oblong building measuring 10.30 m. (NS) × 9.50 m. (WE). Access was from the street to the North. The rooms (rooms 1-3) covering the Eastern half from North to South were excavated.

Room 1. At the N-E corner of the building; measurements: 3.65 m. × 2.65 m. Access from room 4 through a doorway 0.75 m. wide. The walls, built of well connected stone rubble blocks are 0.50 m. - 0.52 m. thick. The floor was made from blocks of local sandstone; 10 cm. below the floor paving a similar older floor was discovered. It was also made of sandstone blocks. The finds, all from the sand filling the room, seem to belong to the upper floor.

Room 2. To the South, adjacent to the previous room. Measurement: 2 m. × 1.60 m. Finds lay above the ruin level.

Room 3. To the South, adjacent to the previous room. Situated in the S-E corner of the building. Measurements: 2.74 m. × 1.68 m. The floor and walls were covered by a thin layer of white plaster. A space (0.64 m.) where the two walls do not meet, in the South-West corner, contains a well with an oblong shaped opening coated with a thin layer of white plaster. The well occupies the width of the West wall and a part of room 3 (total length: 1.05 m.). It must have had a wooden covering (see the frame for holding it). It was not excavated, thus both its contents and use are unknown. It is divided into two parts by a stone block stuck into the South wall. At a later stage, the well was blocked up by stone blocks, on which a hearth was set (ash and cooking pot fragments). Further ash was found on the floor of this room.

Room 4. It was only excavated in part, simply to enable us to discover its dimensions to the North and East. It has an oblong shape and is situated in the North-West corner of the Tower (measurements: 5.04 c. × 3.65 m., at least North-South). The North wall is 0.48 m. thick. Access from the street to the North is through a doorway at its Westernmost point. The doorway (0.85 m. wide) has a jamb carefully constructed with large stone blocks and a threshold consisting of a stone slab (0.50 m. wide, 0.12 m. thick). An outside step consists of a sandstone slab (0.80 m. × 0.48 m.). Access to room 1 is through a doorway to the East. Remains of jars were found in front of and next to the entrance to the building; they may have flanked the doorway (859, 660, 862) and perhaps the corner of the Tower (861).

Observations. This building is characterised by its compact, oblong structure, by the considerable wall thickness and wall building structure, in selected stone, often in rather large blocks, which constitute not only the foundation level but the walls themselves. We suppose that there was at least one upper floor, on the basis of the position and character of fallen and buried material (there are traces, particularly in room 2). The main entrance was from the street to the North. Room 4 (spacious — at least 18 m² in area) may have been used for entertaining. The use of rooms 1-3 is unknown. Room 1 could have been a stable; room 2 could have been a staircase shaft given its small size; room 3, perhaps a bedroom, later became a kitchen. The double floor layers in room 1 and the adaptation of room 4 as a kitchen, show that the building had a long life.

House B (*plates* LXXXIX c - XCIV; *text figs.* 66-68; n. 670-921).

An irregular oblong building with an irregularly curved North wall. Access was from a doorway on the South-East edge, opening on to the street separating this house from House A and the Tower. There may have been another entrance to the North, as is shown by an interruption and staggering of the North wall of the house. Only one room was excavated (room 1).

Room 1. A small room up against the East wall of the house. It is a square of 2.50 m. per side (equal to about six cubits; 0.43 m. = 1 cubit) (wall thickness: 0.37/0.43 m.). Access is from a South doorway, 0.55 m. wide. In the centre a jar was discovered *in situ* (876). Another one in the North-West corner (879) was flattened. It may have been a store room.

Room 2. Up against the North wall of the house. An irregular oblong room (measurements: about 2.05 m. × 1.90 m.). It was not excavated. Access may have been from the most Northerly point of the East wall. The small size, the position and irregular plan may show that it was a small store room.

Space 3. This is the name given to the L shaped area surrounding in part the central nucleus of the house (room 4). The main entrance to the house is in the South wall (width: 0.55 m.). On the Westernmost edge, this wall has a corner protruding pilaster. In front of the entrance to the left, the remains of a jar were found *in situ*. We suppose that this was a open area, where rubbish was dumped in the zone furthest from the living quarters, i.e. in the North-East corner. This point was proved by the considerable concentration of material here.

Space 4. This is the name given to the central nucleus of the house, which must have been the living quarters. This fact can be ascertained by the slight rise in ground level and the considerable heaping of rubble. It may have been an oblong-shaped area (about 6 m. × 8 m.) of which the West, North and (in part) East perimeter walls were excavated. We do not know how the area was divided up, but there probably was some division, given the size of the area.

Room 5. In the South-West part of the building. Measurements (except towards the East) can only be approximately calculated (4 m. × 8/9 m.). A hearth came to light in the North-East corner (length: 0.90 m.) with charcoal and pot sherds. This suggests that the room was a kitchen.

Room 6. This is the name for the unexcavated area covering the North-West part of the building. Only North and East perimeters have been defined.

Trial dig (plates XCIII *c* - XCIV *b-f; text fig.* 68). The South-West area of House B, at the foot of the *tell* covering the Tower, was deeply buried under the sand. A deep dig had been carried out to free the South and West walls of room 3 and the West wall of room 4 completely. It was thus noted that the South wall of House B has a protruding pilaster strip and that two bases are attached to its West face. A deep dig was also carried out in the area between House B and the Tower and the corner of a room with a doorway, whose threshold consists of a large cobble stone, came to light.

Observations. This house is the last in the North-East area of the centralized part of the village. It is cut off from the desert by the enclosure wall to the North and East. The main entrance, from the street dividing it from House A and the Tower, gave onto a large L-shaped courtyard (space 3), which had the living quarters to the left (space 4) and the enclosure wall (up against which there were two small service rooms, one being a store room; rooms 1 and 2) to the right. The bottom of a water jar (911) was also found in this house, outside, in front of the West door jamb. Two small « annexes » of House B, situated a few metres to the North, separate from the house, were probably lavatories. Access to the latter was made easy by a doorway in the North wall of the enclosure.

THE FINDS. Finds from House A are far more numerous than those from the Tower and House B, the reason being that extensive excavations were carried out in the first building, while the other two were only subject to trial digs. Finds consist mostly of pottery, together with glass vessels and very few pieces of stone. There are practically no lamps, with the exception of a single example from the trial dig between House B and the Tower. Some vases were found *in situ* (see above). Others were spread over the floors, but more commonly found up against the walls.

Glazed painted ware. A single fragment of a painted bowl (829), black painted under turquoise glaze — the Raqqa type — was uncovered in room 2 of the Tower.

Monochrome glazed ware. The vases are of cream, occasionally pink or pinkish buff fine clay. Glaze is turquoise, uniform and shiny, sometimes very pale, greener in some cases (pieces 686-689). The fragments belong to bowls, basins, jars and jugs. The bowls are the most frequent. Two shapes are present: carinated (Shape 1 *a, f, i, l*) and uncarinated, with a hemispherical body (Shape 2). There is an example of the latter type (803) with complete profile (*text fig.* 91). The bowls are glazed outside and inside, except for the external bottom. There are few basins, in the usual truncated cone shape on a flat base (Shape 1); there is one case (742) of incised decoration under the glaze. The jars, the most frequent containers after the bowls, are of Shape 2, i.e. with a distinct neck, vertical handles, disc base. Insides are either plain or coated with a blackish glaze. One piece (881) has part of the decoration consisting of a thumbed relief cordon. There are few jugs; only three pieces. A lamp (919), coated with glaze outside and inside the mouth, is of a long lasting type; neck devolopment suggests a date not before the 11th. century, on the basis of considerations on the lamps from Fustāt.

Unglazed stamped ware (*text fig. 89; table* 3). Houses A and B contained several fragments of jars with stamped decoration, similar in clay, shape and decoration to those found in the surface survey of the village. Their shape can be partly reconstructed from a fragment (812) of the upper part of an example of Shape 1, i.e. neckless and with a enlarged shoulder, and from another piece (743) with a part of a disc foot. Decoration is applied on the expanding part of the shoulder, and sometimes on the mouth (812). The stamps are mostly circular and sometimes subrectangular. The circular ones (diameter: 2.5/3.2 cm.) have mostly geometric (honey-combs, subquadrangular elements, several circles of dots) or figure (805 — a right profile gazelle [?]) motifs. The subquadrangular stamps (uncertain measurements, due to the being incomplete) are larger than the others and mostly illegible. The paws of a quadruped can be recognized in one case. Frames are indented or dotted. These jars can be dated between the second half of the 7th. and the 9th. centuries.

Unglazed incised or excised ware. A few fragments of jugs. Two pieces (831, 875) can be compared with numerous examples from the third Islamic level at Susa. Other fragments have simple decoration, with bands of horizontal or wavy combed grooves. Excised decoration is present on two pieces (910, 805). The first has irregular subrectangular and triangular elements, which, for example, are to be found on Early Islamic pottery from Susa and Abū Sarīfa. The second one (805 a), which has small impressed circles inserted between excised petals, is typical of the refined taste reflected by pieces dated from mid 7th. to the end of 8th./beginning of 9th. centuries (Umayyad and Protoabbasid periods). It can be compared with pieces from Kufa, Hīra, Tulūl al-Uhaidir and, above all, Susa.

Unglazed relief incised ware. Some fragments belonging to two small jugs and two jars from Houses A and B. The small jugs (693, 784) have one or more than one relief ring with incised stabs on the neck. One of the two jars (Shape 1 — 812) has relief condons, apart from the stamped decoration. The other one (874) has a relief cordon with oblique stabs and a line of deep incisions.

Plain ware. As usual, this is the most frequent type. The fragments could also belong to unadorned parts of decorated unglazed ware. The fragments refer mostly to jars, but also to small jugs, basins and to one plate. There are very few basins (*text fig.* 94). They have a truncated cone, uncarinated body (Shape 1) (several types: *d, e, g* already noted in the surface finds; *h*). One fragment belongs to a kind of low, wide basin (718), for the moment unique to Failakah. There is also a unique type of dish (916). It seems to belong to a later period than that of the rest of the pottery from Houses A and B. The jars (*text fig.* 96) have two shapes (Shape 1 and Shape 2). The most common are neckless, with an enlarged shoulder (Shape 1). The bottom is often of the truncated cone pointed foot type, less frequently of the ring type (*text fig.* 97). One bottom contains part of its blackish contents (pitch ?). Few fragments refer to jugs; there are parts of mouths and flat or slightly concave bases. Ancient rivet holes (877) show how carefully this ware was restored. Broken vases were reused [a fragment from a jar for a loom weight (727) and a jar bottom for a flower vase by making a hole in it (723)]. There are the sign of a poverty stricken economy already noticed both in this and other deserted villages already explored (Sites 9 and 12).

Impasto. Very few examples. We have buff-yellowish to rust-red impasto vases with white and brown chamotte. The fragments belong to three jars, one (734) with traces of subcircular incised decoration.

Cooking ware. Some parts of cooking pots were found in the places occupied by hearths (kitchen of House A, room 3 of the Tower, trial excavation to the South West of House B). They are of typical rust-red impasto with a rough surface and in a single shape (Shape 1 – neckless with an expanding shoulder).

Glass. All the pieces originate from House A and from the Tower. The majority of the vases are mostly dark green, occasionally of whitish, transparent or dark reddish glass. Apart from one bottle (737), the most frequent are cups on a wide concave base (three types *a-c*, *text fig.* 87).

Stone vases. Some fragments of black imported soapstone vases were found in House A and the Tower well. They are rather wide, subcylindrical vessels, with slightly flared and rounded mouths, with the exception of one (739) which is quadrangular with bored holes (a lid for an incense burner ?). The inner wall is smooth while the outer one has dense, low, horizontal and vertical grooves. These vases were also carefully restored in ancient times, as is shown by a number of holes with traces of metal nails for « stitching ».

Other finds. Two iron nails, the only metal objects from al-Qusūr. One wooden lid (738 a) with a central holder; a shape comparable with terracotta examples from Susa.

CHRONOLOGY (pp. 299-304). Finds allow us to define both the function and chronology of the excavated buildings. They were clearly houses. Certain factors make establishing their chronology less straightforward: the absence of coins, the fact that the houses follow a single stratigraphical sequence, the very little help deriving from *ex silentio* arguments; eg. the absence of certain types of pottery may be due to the limited area convered by excavation or the very low level of the village economy of al-Qusūr. The neglected study, up to the present, of archaic Islamic settlements in the Gulf area does not allow us to make comparisons with other similar sites. Another negative factor is the poor progress in the study of Early Islamic pottery, especially that of the simplest kind, which is prevalent in our excavations.

The pottery found on Failakah is comparable with that of Mesopotamia, as is to be expected, seeing the position of the island at the outlet of the principal waterways of the region. The most useful comparisons come from the stratigraphic sequence of the Islamic city of Susa, despite uncertainties about chronological correspondence of the stratigraphic levels of the various excavated sectors of the city. One factor contributing to the problem of dating the pottery from al-Qusūr, is our ignorance about its origin. A part of it may have been locally made, seeing that clay was available on the island (cf. the mud brick walls). The problem, however, is still open and we have to consider the possibility of the late arrival of shapes and decorative motifs and methods from the Mesopotamian area.

House A. One carinated glazed bowl (782) can be attributed to the Early Islamic period. Another one (710) can be compared with examples from Susa; it can thus be dated between the mid 8th. and 9th. centuries. A basin with incised decoration can be dated, for the same reason, to the 9th. century. The unglazed jars with stamped decoration belong to a period from the mid 7th. to the 9th. centuries. A small jug (805 a) is very important and can be compared with numerous examples from Susa in use between the mid 7th. and second half of the 8th. centuries. Since it was found in the foundation ditch of the West perimeter wall of House A, we can date the construction of this house to this period. We are uncertain, however, about the terminal limit for occupation of the house. It probably did not go beyond the 9th. century.

The Tower. Pieces showing vase shapes are very scarce and not very significant among the examples of glazed ware. We have two basin bottoms, with disc feet, comparable to pieces from Susa at levels between the mid 7th. and 9th. centuries, and the fragments of two high carinated bowls, comparable with pieces from 9th. century levels at Susa. There are no examples of stamped unglazed ware. Jug 831 is an archaic element, comparable with pieces from mid 7th. to the second half of 8th. century levels at Susa. Our topographical study shows that this building appears to have been built in an area taken from the enclosure or courtyard on the West side of House A. It was probably built after the latter, perhaps in the 9th. century. This building must have been long lasting, as the double flooring of room 1 shows. It was put to a different use, in a late period, to that for which it was originally intended (cf. the hearth over the former well).

The most recent piece is a Raqqa type bowl fragment (829); this type of pottery became popular between the end of the 12th. and beginning of the 13th centuries. The building must have lasted up to this period if this piece is connected with the collapse of the upper part of the house. It could also be a surface element, seeing where it was found, and would then only show that the area was visited in this late period.

House B. We learn little from the glazed ware. A carinated bowl (870) can be dated roughly to the Early Islamic period. The same is true of a jar fragment decorated with a relief thumbed cordon (a very common type in the Early Islamic period). More important are a number of decorated unglazed pots: a fragment of a small jug (875) dating from the mid 7th. to second half of the 8th. centuries, like a similar piece from House A. The stamped decorated jars belong to the period between the mid 7th. and 9th. centuries. A small jug with excised decoration (910) can be compared with examples from levels between mid 7th. and the second half of the 8th. centuries at Susa. This house seems to share the same chronology as that of House A i.e. the period between the mid 7th. and 9th. centuries.

CONCLUSIONS

(pp. 357 ff.; *text figs.* 85-100; *tables* 4-7)

I. THE SETTLEMENT (*text figs.* 85-86; *table* 4).

The Pre-islamic Period. Early settlement of the island seems to have been in small villages near the coast, particularly in the South-West corner (Sites 1-6), though there are also traces to the North-West (Sites 8 and 10) and to the South-East (Site 15). In the *telūl* of Sites 2, 5 and 6 small traces refer to villages surviving in the Assyrian and Achaemenid periods.

The citadel of *Ikaros* (Site 2), founded during Alexander the Great's expedition, exactly occupied the centre of the South-West rises, which covered the remains of the prehistoric settlement. The reason may have been exploitation of this high rise area, strengthened by defence works. Identification with *Ikaros* is proved by the appearance of the name on a long inscription placed in front of the main temple (A). On the beach opposite, a terracotta kiln of the Hellenistic period was discovered (Site 3). The settlement in the area of the Hellenistic fortress continued under the Parthians and Sassanids. It was abandoned on the arrival of Islām.

The Protoislamic Period. Between the mid 7th and 10th. centuries settlement spreads to the centre of the island with the large village of al-Qusūr (Site 14). Small villages also grow up on the West coast, perhaps subordinate to the harbour on the far North-West coast and connected with fishing.

The central settlement, now deserted, would lead us to believe that water must have been plentiful at that time. In fact the phreatic stratum is still rather superficial (at about 2 m. deep in present day wells on the West and North coasts). Water supply may have come from wells in houses. Water also allowed cultivation of the land. The economy of al-Qusūr was basically of the agricultural, pastoral type. It had an open plan. Its name, which means « the castles », must have been late and derives from the sight of the imposing ruins.

The central area of the village has a regular plan, with houses lining parallel streets. Two areas, to the North and South, were more spaced out, with separate houses facing different ways. They were surrounded by large elliptical or oval enclosures. The intermediate area could be used for cultivation. The elliptical (oval or subcircular) enclosures appear typical of stable pastoral communities.

They are to be found on Sites 9, 11, 12 and 16. The foundations of the enclosing walls are of stone rubble and the upper parts of mud bricks. The internal area measures about 300/1,000 m². The diameters of the enclosures are 30/40 m. × 15/30 m. Those which are quadrangular in shape, with only one curved side, belong to a more advanced stage.

The houses are not in the true centre of the enclosures. Less important, service rooms are up against the inside walls of the enclosures. Some smaller rooms (lavatories ?) are some way outside the enclosures. The houses have regular plans, with the inside rooms arranged around an internal courtyard or in rows. The houses only had ground floors, with walls founded on stone rubble and the upper parts of mud bricks (height: about 3/3.5 m.). There were also tower houses with one or more upper floors, with walls of stone rubble and hewn stone blocks at ground floor level and mud bricks above. These buildings used more valuable materials (monolithic slabs for thresholds and steps, slabs for floors). Roof covering must have been mostly flat, with palm branch beams and dried dung. Later and richer buildings had vaults and the overlying terrace in mud bricks. Floors were covered with white plaster, as were the walls of inside covered rooms. Courtyard and open areas had floors of natural gravel from breaking up of the rocky ground. Paved floors can be noted in limited areas (in monumental buildings ?) outside or in particularly important rooms or rooms for special uses. Functions of different rooms are clearly differentiated.

House B appears to preserve archaic elements (subcircular enclosure towards the outskirts of the village; narrow character of the only excavated room; a residential building perhaps constituted by a block of rooms without a central courtyard). The trial dig to the South-West of this house brought to light a doorway, which may have been the entrance to another house, adjacent, to the West of House B. This area seems to have lasted or been reused in a later period (12th. - 13th. centuries). The presence of a hearth would seem to be a clue to this.

House A results of the transformation of an original oblong enclosure, subsequently enlarged to the East with a series of salients. Later another building, the Tower, was inserted in the North-West part of the enclosure. House A consists of a series of rooms to the North and South of a central courtyard. The kitchen is to the North (the most used room, with two hearths up against the most protected walls and another one in the centre; a jar in the corner contained a water reserve) together with an adjacent store room, and, in the North-West corner of the courtyard, perhaps the stable. There were two small bedrooms (rooms 2 and 3) to the South of the courtyard, facing North to ensure constant protection from the sun. To the South there was a courtyard, with independent access (space 4), perhaps used as a vegetable garden or sheep pen. To the West, House A was flanked by a large enclosure (space 5) where the Tower was later built.

The Tower, built in the courtyard adjacent to House A, is thus, seemingly, of a later date. This conclusion is also based on the finds. Its structure is compact. The use of stone rubble and squared stone blocks means that there must have been one or more upper floors. We are only partly acquainted with the ground plan. Access to the first room was through the main entrance. There followed an East room with a paved floor (re-made twice) (room 1) with supposed access to room 2. This room must have housed the stairs to the upper floors, given the heaps of remains of mud bricks found there. Room 3 was the kitchen with a central hearth. It certainly served this function in a later period, when the well was concealed and covered by a hearth. The bedrooms could have been on the upper floor or floors. The (at least) two floor structure of this house, chronologically later than Houses A and B, which have only one floor, suggests that the village's primitive Umayyad, scattered plan was followed, in the Abbasid period, by more regular planning, in the central area. Houses surrounded by large oval and subcircular enclosures were followed by houses with a rectangular enclosure and houses with several floors, when population increased in the central area.

Some buildings in the village are untypical and do not appear to be houses but public buildings. This is the case of building 44 (a paved area of 6 m. per side, flanked by two wings) and of building 53 (perhaps a tower preceded by a porch). No traces have been found of the cemetery. It may have been on the North coast, on the site later occupied by the cemetery of Site 12, which, at a distance of 2-3 kilometres, is the nearest.

We know little of conditions of life or of the economic level of the inhabitants of al-Qusūr. The economy was of a poor agricultural-pastoral type. This is shown by the care with which even the simplest pots were restored and by their re-use, when broken, as loom weights and flower vases. There is no metal, which was evidently melted down. We have some idea of domestic activity; the women milled cereals, shown by the grinder we found, and weaved (at least) wool (see the loom weights). We have no indications for pottery production, but it is probable that this, too, was done by the women, at least for yearly needs and the commonest products. Fishing was a complementary activity, for food (see the fishing traps), but above all for pearls. The enclosures indicate stable pastoral activity, using sheep pens and free pasture in periods after the harvest and in uncultivated areas. Divisions in the enclosures may indicate different types of animals (sheep, goats, camel, gazelles, perhaps present in antiquity and even the Middle Ages).

We have little information about agriculture, which was the commonest activity in antiquity and the Middle Ages. Even modern travellers have informed us that the island was once luxuriant. We have still to discover ancient property boundaries; some slight traces of mud brick walls, which we noted, and which may have acted as wind breakers against the violent North wind (the shamāl) may also have had this function. Some trade must have been carried out from several coastal points of call, which were inhabited in this period. The close connections between the local population and that of other areas in the coastal region of Mesopotamia is clear from the type of pottery in use on Failakah, which was in no way isolated from its neighbours.

The decline of the village of al-Quṣūr seems to have been rapid. It took place in the 9th. - 10th. centuries. It shared the serious crisis of the Mesopotamian area in the 9th. century. One of the main causes indicated was the neglect by the declining Caliphate of irrigation and canalization, which, once neglected, led to limitation of cultivation areas and expansion of the desert. This is the period in which the village of al-Quṣūr and the inland fields must have been abandoned. This fact is confirmed by archaeological evidence, which does not go beyond the 10th. century. The very few later elements (i.e. the Raqqa type bowl fragment and the lamp) perhaps only show sporadic visits to the inland areas of the island.

The Middle Islamic Period. During the Middle Islamic period, when the inland centre of al-Quṣūr had been abandoned, development of coastal villages took place. This is particularly the case with the North-West area, around the harbour, and on the nearby West and North shores (Sites 7, 8, 9, 11, 12, 16). The central area of the island was only sporadically frequented in this period. In the coastal villages, beside traditional enclosures, which may go back to the earlier period, we find blocks of continuous units of oblong elements (Site 12, the village on Site 7). The buildings have different sizes and perimeters. The walls, perhaps on stone rubble socles, have mud brick upper parts, as have the roofing vaults. Even these settlements show no traces of fortification.

The Portuguese Period. After the viceroy Alfonso de Albuquerque had occupied the West coast ports, the Portuguese settled on the Gulf, permanently from 1515. They set up a network of forts to protect their trade. The island of Failakah thus had an important strategic role controlling the route connecting Basrah, the outlet of the Mesopotamian caravan route, with Hormuz, the key to the Gulf. This is the reason for the foundation of several forts in the Kuwait region. A fort was built by the Portuguese on the mainland of Kuwait, another on the opposite West coast of Failakah (Site 7), a third on the North coast of the island (Site 13). They controlled the routes along the coasts of the Arabian Peninsula and that between Basrah and Hormuz.

Both forts on Failakah have a quadrangular plan. The larger (Site 13) measures about 35 m. per side. It has four protruding corner towers, following an ancient and well consolidated tradition. The second one (Site 7) is only a fortified enclosure, a « baluarte do mar ». Both must have been supplied with artillery. The two forts attracted population, as shown by the flourishing of the nearby villages (Sites 12 and 7). Trade in the second half of the 16th. century and the first half of the 17th. is documented by the importing of Chinese porcelain, found on the sites of the forts and in their neighbourhoods.

Generally speaking, we noted that, in this period, the villages in the North-West corner of the island fell into decline (Sites 9 and 11) until they disappeared altogether, while that on Site 12 developed and lasted longer. That on Site 7 continued to move towards the South until it gave birth to the present centre of az-Zōr. The decline of the Portuguese Empire and the Persian domination in the Gulf, from the mid 17th. century, led to the destruction of the forts. The island declined and settlement contracted into small nuclei. Only a century later, the arrival of the 'Anizah tribe from inland Arabia began the transformation of the Kuwait mainland and consequently of the island of Failakah, where the centre of az-Zōr grew up.

II. The Finds.

Finds other than pottery.

The metal finds are very rare. There are some iron nails and fragments of bronze lamina. This scarcity is common in Medieval archaeological contexts. Very few stone objects: a grinder for cereal milling and fragments of vases in soapstone from al-Qusūr. A taste for stone vases is well known, starting from the Early Islamic period. They may have been imported, as their rarity would suggest. Wood must have been widely used, considering the rich vegetation of the island in the past. It was not only used for building, but also for furnishings. However we have few remains (739 a).

Glass (table 5). There are a considerable number of glass vases of different colours, mostly green glass. The most homogeneous group, that from Site 14, has mostly green glass vases. principally dark green, to be compared with what has been observed about Islamic glass coins between 708 and the end of the 10th. century. With thin sides, the glass vases from al-Qusūr are mostly cups (*text fig.* 87); there are few bottles and glasses. The surfaces are nearly always smooth. They are comparable with others from the Mesopotamian area, so may be imports.

Bracelets make up a different group of glass objects (*table* 1). There are fragments of 13 examples, from Sites 9, 12 and (by chance) 14. They make up a homogeneous group: simple, unadorned, mostly blackish, two of blueish glass, one dark green. There are six types, according to shape. Although known in the Early Islamic period, they began to spread from the 13th. century. They are known in various parts of the Middle East, as well as on the East and West coasts of the Gulf as far as India. There is a large range of types different in shape, treatment of surfaces, polychromy and period. The examples from Failakah probably belong to the Middle Islamic period, as appears from the most fitting comparisons. They may have been imported.

Pottery.

The pottery found on Failakah can be visualised, in synthesis, in its variety of classes, groups and types, from *table* 6, which illustrates its classification. The quantity is illustrated by *table* 7 and *text fig.* 88; more analytically by the final tables (*table* 8). It is clear that plain ware is the commonest. There is also a constant recurrence of glazed turquoise ware, incised unglazed ware, impasto vessels, while other classes and types are less frequent. We shall attempt to present the various classes and types of pottery in a chronological sequence, considering, however, the uncertainties deriving from the difficulties already noted in the discussion of the chronology of the houses excavated at al-Quṣūr.

1 — *Early Islamic period.* Few pieces can be certainly attributed to the Umayyad and early Abbasid periods (mid 7th. to end of 8th. centuries), i.e. fragments of four jugs (831, 875, 910 and 805) uncovered in the excavations at al-Quṣūr (*text fig.* 87). Piece 815 a is particularly important because of its stratigraphic position. It is evidence of the setting up of the village at this time.

Other pottery can be more generally attributed to the Early Islamic period. *Unglazed stamped ware* (*text fig.* 89) was found only at al-Quṣūr. We have 26 jars of cream or pinkish cream clay, with expanding shoulders narrowing at the mouth (Shape 1) decorated with circular or subquadrangular stamps, on the shoulder and, in one case, on the mouth, with relief geometric or figure motifs (quadrupeds). Comparisons are with pieces from the Mesopotamian area, where similar pottery is dated between the mid 7th. and 9th. centuries.

Unglazed ware with incised decoration (*text fig.* 87). It is more frequent. We have jars with enlarged shoulders narrowing at the mouth (Shape 1) and jugs of well washed cream clay, rare basins. Decoration is combed (strips of straight or wavy lines, rows of dots, crossed lines, groups of short dashes), rarely by rod (straight or wavy lines). There are also comparisons here with the Mesopotamian area, particularly Susa.

Unglazed ware with relief decoration (*text fig.* 90). It is only known in al-Quṣūr (*table* 7). The fragments belong to jars and jugs especially. There are very few basins. The jars are of varying impasto from cream to reddish. That of the jugs is finer: a well-washed cream coloured clay. The jars have enlarged shoulders, narrowing at the mouth (Shape 1, 812, 874); two fragments of jugs belong to two quite different vases (693, 784). The basins are truncated cone shaped (497). The decorative motifs are mostly protruding cordons, smooth or thumbed, in one case with wavy edge (812). These are among the most common motifs on Early Islamic pottery; they are also present on glazed turquoise ware and on black slip painted ware and impasto ware found on Failakah. One exception is a fragment of a jar with a line of protruding teeth (620) and another with a corrugated surface (380).

With this pottery, one can note the presence of different decorative systems on the same vase, following the taste of the Early Islamic period.

2 — Chronology for other classes and types of pottery found on Failakah is uncertain between the Early and Middle Islamic periods (apart from pieces connected to excavation contexts).

We are dealing with: turquoise glazed ware, green glazed ware, yellow glazed ware, plain ware, impasto ware and cooking ware.

Turquoise glazed ware is of well washed cream or pinkinsh cream clay. Glaze is turquoise in colour, thick and shiny if well preserved. The shapes in decreasing order of frequency are: bowls, jars, basins, jugs, lamps. Open vases were fired piled up and separated by tripods, of which traces remain. Bowls (*text fig.* 91) are of two shapes (Shape 1 and Shape 2), with a carinated body and an uncarinated body. There are 10 types at al-Qusūr (*a-l*) for bowls of Shape 1 and four types (*a-d*) for those of Shape 2. The bowls have three types of base (*a-c*): flat, with a slight disc foot, with a disc foot. Some bases with ring feet could belong to basins because of side thickness. Bowls of turquoise glaze are common (whether or not they are carinated) in the Early Islamic period, but also in the following period. There are very few basins (*text fig.* 92) of a truncated cone shape with an uncarinated body (Shape 1). They have three types of base (*a-c*): flat, disc foot, ring foot. Glaze is both inside and outside, with the exception of one piece, plain outside (558). Only one piece has traces of decoration incised under the glaze (742). These basins belong to a large range of containers, very popular in the Islamic world from the Umayyad period onwards and from the Syrian-Palestinian area to that of Mesopotamia. One should recall, for example, the important series from Susa at all Islamic levels, and in various types of pottery. The jars are well documented. The most numerous group, that from al-Qusūr, has two shapes (*text fig.* 92): Shape 1 with an enlarged shoulder narrowing towards the mouth and Shape 2 with the neck flaring at the mouth. Bases have disc feet, either flat or slightly concave. Glaze covers all the outside; the inside is covered with blackish glaze. Decoration is rare. It consists of protruding cordons either smooth (471, 472) or thumbed (881). The Shape 1 and Shape 2 jars are part of Early Islamic pottery, but at least the Shape 2 type continues. Decorative motifs mentioned are also Early Islamic, but probably lasted longer and were applied to various classes of pottery. There are few jugs (*text fig.* 93): we have fragments of mouths from al-Qusūr (552) and of bottoms with disc or ring feet (*a-b*). Glaze covers the outside and the inside of the mouth. The rest of the inside is plain. Only one lamp is known (913). It belongs to a well spread Islamic type, later to become popular in the West. It cannot be dated before the 11th. century, given the development of the neck.

Green glazed ware (*text fig.* 93) is less frequent. It is almost absent from excavation contexts. The most frequent shapes are bowls and jars. There are only faint traces of basins and jugs. The clay is fine, cream or cream-pinkish in colour. Glaze is dark green or olive green, thick and shiny, if well preserved. It is at times not uniform. The bowls have carinated bodies (Shape 1) or uncarinated bodies (Shape 2) and have parallels among those of turquoise glaze (Shape 1 *b, d, e, f*). There are four types of base (*a-d*): flat base, with a slight disc foot, with a disc foot, with a ring foot. A bottom with disc foot seems to belong to a basin (688). As for jars, we have a piece of Shape 2 (686) and a bottom with disc foot. There are only two side fragments of jugs.

Yellow glazed ware is vare. It can only be found on Sites 9 and 12. The vases are of usually fine cream to reddish clay. The glaze is oil-yellow, sometimes darker, sometimes with brown patches, thick and not very shiny. The fragments are nearly all of bowls, a few of jugs or closed vases. The bowls (*text fig.* 93) are mostly glazed inside and outside, except for the foot and external bottom. In rare cases the outside is plain. They all have ring feet. As for closed vases, we have fragments of jugs, with vertical handles (73) and flat bases (308). Glaze does not completely cover the outside, stopping just above the foot and descending into the mouth, while the rest of the inside is plain or covered with a blackish glaze. Yellow glazed ware was in use from the 9th. century in the Islamic world (eg. Samarra) but also lasted a long time and is better known in the Middle Islamic period. It seems more probable that our fragments belong to this period.

Plain pottery is the most common, but one must remember that the fragments could also belong to undecorated parts of unglazed decorated vases. The vases are of fine cream to reddish clay, in exceptional cases, greyish and badly fired. The shapes in decreasing order of frequency are: jars, basins, jugs and bowls. There are only nine examples of bowls (*text fig.* 94), but plain bowls are also rare in other Islamic contexts, eg. Susa. There are two shapes: carinated (the most frequent) (Shapes 1, types *a-d*), and uncarinated (Shape 2, types *a-c*). There are two types of foot (*a-b*): disc or ring. The basins (*text fig.* 94) only known at al-Qusūr, are of one type (Shape 1, types *a-h*) with an uncarinated truncated cone shaped body and wide mouth (up to 45 cm.) on a flat base. Similar containers are common in the Early Islamic period from the Syrian-Palestinian area to Mesopotamia, but not only in this period (for example, in Susa, they are known at all Islamic levels). The examples from al-Qusūr, however, are from the Early Islamic period, given the general context of the village. One basin is different and isolated (718). It is very low and wide and belongs to the Early Islamic period, having been found in the excavation of House A. Only one plate of plain ware (916) was found and could belong to the Middle Islamic period, given the context of the material, from the trial dig to the South-West of House B, which also gave us the glazed lamp, already discussed. The jars are most frequent. They mostly have expanded shoulders narrowing towards the mouth, with rims expanded or turned out (*text fig.* 95). They are less frequently of Shape 2, i.e. with a more or less developed neck and vertical handles (8 types among the fragments from al-Qusūr, *text fig.* 96 *a-h*). The jars have four types of base (*text fig.* 97 *a-d*): flat, disc foot, ring foot and with a pointed truncated cone. From trial digs in al-Qusūr it is clear that these jars, in the Early Islamic period are especially of Shape 1, rarely of Shape 2 and terminating in a truncated cone, less frequently with ring foot. There are very few jug fragments (*text fig.* 98); we just about know the form of the mouth (4 types: *a-d*) and the base (3 types: *a-c*: flat, disc foot, or ring foot). The pieces from al-Qusūr may be Early Islamic.

Impasto ware is fairly frequent. It appears in all the sites explored (*table* 7) while in the trial digs we only found three fragments from House A. The vases are of impasto, rich in black and white chamotte, brown or blackish in colour. The fragments belong to jars, basins or jugs, which are present in that decreasing order. The basins (*text fig.* 99) have deep truncated cone bodies with wide mouths (20/40 cm.) and flat bases. There are two shapes: one, very frequent, with a smooth body (Shape 1, types *a-e*), the other, very rare, with a high carinated body (Shape 2). The jars are of two shapes: one (Shape 1) with an enlarged shoulder narrowing at the mouth, the other (Shape 2) distinguished by its neck. There are two types of base (*a-b*): flat and disc foot. The jugs are rare (*text fig.* 100). They have straight or flared mouths. Some pieces had truncated cone shaped spouts on the shoulder (118, 119, 284), a vase shape already present in the most ancient Islamic level at Susa, but which lasted a long time (the base is flat).

Impasto ware was in use at Failakah in the Early Islamic period, as is proved by the fragments of jars from House A. However, it could have been long lasting and belong to the Middle Islamic period. The fragments from Site 12 may belong to this period.

Cooking ware is very rare. There are some fragments of cooking pots from the hearths discovered in the houses excavated and some surface pieces. The vases are of typical rust red hard impasto, with rough surfaces, with black patches caused by fire. We have fragments of cooking pots with globular bodies (*text fig.* 100), with handles and in two shapes whether or not they have a neck separate from the shoulder (Shapes 1 and 2). Chronology is impossible for this type of long lasting ware, if it has no connections with an excavation context. Thus dating can be attempted only for the pieces from al-Qusūr, in the Early Islamic period, to which the pot of Shape 1 belongs.

3 – Other pottery belongs to the Middle Islamic period and that of Portuguese domination. They are probably those covered with black slip, glazed black ware, glazed painted ware, majolica and porcelain. There is very little *black slip painted ware* (*text fig.* 100) (a total of 22 pieces). The vases are of pink of rust-red impasto with thick black and white chamotte. The fragments are mostly of jars with expanded shoulders and no neck (Shape 1) on a flat base, except for two pieces (76, 630) which may belong to open vases. On the jars, the black slip, which is thin and opaque, covers the upper part from the mouth to the shoulder and sometimes descends into the mouth. On open vases it covers the inside. The jars have either incised or combed (bands of crossed or circular lines, which are straight or wavy) or relief decoration (smooth or thumbed cordons); both systems can be present on the same vase. Similar examples can be found in Oman from Middle Islamic contexts. The black slip painted ware from Failakah probably belongs to the same period. This is confirmed by its abundance on Site 12, a village which grew up in the Middle Islamic period, by its almost total absence from al-Qusūr, where only two fragments were found at ground level. They are connected with late visitors to this area.

The *painted glazed ware* consists of fragments of three bowls from al-Qusūr, of fine cream clay. The most important piece (829) from the excavation of the Tower, is of Raqqa type, a pottery in use from the 12th. to the beginning of the 13th. centuries. It was very popular and could easily have reached Failakah from Mesopotamia along the trade route down the Tigris and Euphrates.

There is very little *black glazed ware* (*text fig.* 100); it is only known from one village and its probable necropolis (*table* 7). We have three bowls (the clay is buff or pink in colour) covered with a thin, not very shiny glaze, outside and

inside, except for the external bottom; there is a ring foot. Chronology is uncertain. On the one hand, we know black glazed bowls from Early Islamic levels
at Susa, on the other, there are modern examples (17th. - 19th. centuries), from
the coast of Qatar. A decision must be suspended until new elements help to
clear up the problem.

The *majolica* consists of 5 fragments of plates (*text fig.* 100), three in white majolica, with wide brims, on a low ring foot; two others (126, 317) in pinkish buff
or bright pink clay, on ring feet, covered inside and outside with a very pale
grey-green tin glaze. They are imitations of Chinese Céladon porcelain. This type
of Chinese porcelain was much sought after and widely spread in the Islamic world
from Asia to East Africa, to the Mediterranean. It is also found on the coast of
the Arabian Gulf. These imitations began to spread suddenly in the 17th. century
when Chinese products became rarer. Such imitations can be found from Afghanistan to Mesopotamia and the coast of the Arabian Gulf. The pieces from Failakah
are part of this context and belong to the last phase of Portuguese domination.

There are 23 pieces of *porcelain* (*text fig.* 100), mostly belonging to bowls or ring
foot cups, to two plates and perhaps to a lamp. We can distinguish three groups
according to the colours used in decoration. This is usually blue painted, less
frequently polychrome (in green, orange, violet or black); even less frequently in
violet. Some pieces are white (*table* 1). The motifs are vegetal or geometric.

The porcelain was imported from China. Trade was a monopoly of the Portuguese for more than a century. The late Ming blue painted porcelain was the
most exported and is also well documented on the coast of the Arabian Gulf.
The pieces from Failakah belong to this context. The Chinese porcelain found
on the island documents the trade relations opened up under Portuguese domination. There is an obvious explanation for its concentration in the two Portuguese
forts and their immediate neighbourhood.

In conclusion, concerning finds from Failakah, comparisons lead us to Mesopotamia for the Early Islamic period and to the Syrian-Palestinian area for the
Umayyad period. This is further evidence for a wide cultural *koiné* in the Umayyad period, which breaks up into local cultures in the Abbasid period, when the
centre of economic and cultural gravitation moves to Mesopotamia. Failakah is
also attracted to this direction, which is natural, given its geographical position.
At the moment it is impossible to separate locally produced goods from imports.
Particularly, we have no archaeological evidence for local pottery production; however, it is probable that at least the simplest vases were made on the island.

The picture for the Middle Islamic period is even more hazy. This remains
the most obscure period, both concerning settlement and cultural and economic
aspects.

With the establishment of Portuguese domination, at the beginning of the
16th. century, the island takes on a new historical role, taking part in the new
economic situation of the Gulf. It opens up to far-off markets, while the two
forts become the focal points of settlement.

INDICE DELLE FIGURE

INDICE DELLE TAVOLE

INDICE DELLE TABELLE

INDICE DELLE PIANTE FUORI TESTO

TAVOLE

Failakah. Vedute aeree oblique: *a*) il porto all'estremità nord-ovest con l'isola di Mis'kān sullo sfondo, da sud-est; *b*) particolare del porto da est.

Failakah. Vedute aeree oblique: *a*) il porto all'estremità nord-ovest, visto da sud; *b*) la costa sud, vista da sud-ovest.

Kuwait, Museo Etnologico: *a*) modello di barca in terracotta; *b*) canoa di palma.

Failakah. Vedute aeree oblique: *a*) costa meridionale, da ovest; *b*) costa settentrionale: peschiera presso il Sito 12 (Qurainīyah), da sud.

Failakah. *a*) Costa settentrionale: scogliera artificiale di una peschiera, da ovest. *b*) Fondale costiero con conchiglie.

Failakah. Impianti per la pesca: *a*) spiaggia occidentale (Neg'at el-Hūlah); *b*) costa nord, attorno al Ras er-Ruwaisīyah; *c*) costa sud, attorno ad az-Zāhra.

Failakah. Vedute aree oblique: *a*) spiaggia sud; piantagione abbandonata su Dohet Dreib (sul fondo gli scavi e az-Zōr), da est; *b*) resti di colture ad est di az-Zōr, da sud-ovest.

Failakah. Vedute aeree oblique: *a*) resti di piantagione, da nord; *b*) estremità orientale: prateria e recinto coltivato moderni di Aḥmad Khalfān, da sud-ovest.

Failakah. *a*) Il giardino dell'area archeologica. *b-c*) Pecore e capre al pascolo.

Failakah, Az-Zōr. Vedute aeree oblique: *a*) da est; *b*) da sud.

Failakah. Az-Zōr, edifici superstiti: *a*) la vecchia porta di accesso al villaggio, da sud; *b*) prospetto di casa, da ovest.

Failakah. Az-Zōr, edifici superstiti: *a*) recinto di abitazione, da sud; *b*) particolare da sud-ovest; *c*) abitazione diruta, da nord-est.

Failakah. Az-Zōr, edifici superstiti: *a*) particolare esterno; *b*) interno di un recinto di abitazione diruto; *c*) due recinti di giardini e tracce antistanti di altri diruti.

Failakah. Az-Zōr, edifici superstiti: *a*) particolare di soffitto; *b*) nicchie all'interno di un'abitazione; *c*) recinto di giardino, particolare della muratura.

a-b) Sito 1, Tall Sa'ad, con il Museo Etnografico. *c*) Sito 2, *Ikaros*. Vedute aeree.

Sito 1, Tall Sa'ad. Resti di edifici dell'insediamento dell'età del Bronzo.

Sito 1, Tall Sa'ad. Insediamento dell'età del Bronzo: *a-b*) particolari di edifici.

Sito 2, *Ikaros*. Vedute aeree: *a*) da sud-est; *b*) da est.

a) Sito 2, *Ikaros*: il pronao del tempio, visto da sud-ovest. *b*) Sito 3, al-Khan: casa ellenistica; veduta aerea da sud.

Sito 2, *Ikaros*. Dedica a *Zeus Soter, Poseidon* e *Artemis Soteira*.

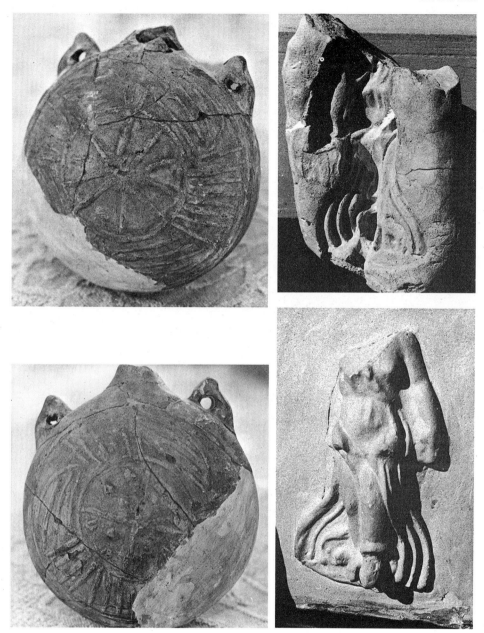

a-b) Faïlakah, Museo Archeologico: borraccia fittile. *c-d*) Sito 3, al-Khan, casa ellenistica: matrice di terracotta rappresentante una figura femminile e relativo calco moderno.

Sito 3, casa ellenistica: *a*) veduta aerea da nord; *b*) particolare da ovest.

a) Sito 4, insediamento dell'età del Bronzo, da nord-est. *b*) Sito 6, Tall al-Khaznah, da ovest. Vedute aeree.

a-b) Sito 6, Tall al-Khaznah: saggi di scavo condotti nel 1976. *c*) Sito 7, Baluardo Portoghese: veduta aerea da nord; in alto e a destra sono visibili le tracce del villaggio adiacente.

Sito 7, Baluardo Portoghese. Vedute aeree: *a*) da ovest, con il villaggio antistante sulla costa; *b*) da sud-est.

Sito 8, Se'dia. Cimitero islamico: *a*) veduta aerea da nord-est; *b*) particolare da est; in fondo a sinistra il santuario di al-Khidru.

Sito 8, Se'dia. Cimitero islamico: *a*) veduta aerea da nord-est (la freccia indica la tomba monumentale); *b*) tomba monumentale.

Sito 8, Se'dia. *a*) Ceramica acroma incisa (31, 29, 30). *b*) Giare: a vernice nera (27), acroma a decorazione plastica (33).

a-b) Sito 8, Se'dia: *a*) giara d'impasto (40); *b*) giara a vernice nera con graffito (43). *c*) Sito 9, Sa'īdi: veduta aerea del villaggio e del porto da ovest.

Sito 9, Sa'īdi. *a*) Veduta aerea da nord. *b*) Resti vascolari fittili sull'area del villaggio.

Sito 9, Sa'īdi. *a*) Giara acroma a decorazione plastica (77). *b*) Giara acroma incisa (105). *c-d*) Fondo di boccale nudo (82).

a-b) Sito 9, Sa'īdi: giare d'impasto a decorazione plastica (108, 106) e chiodo in ferro (130).
c) Sito 10, al-Khidru: veduta aerea da est.

Sito 10, santuario di al-Khidru. Vedute aeree: *a*) da ovest; *b*) da est.

Sito 11, Dasht. Vedute aeree: *a*) da sud-ovest; *b*) da ovest.

Sito 11, Dasht. Vedute aeree: *a*) da sud-ovest, con peschiera sul fondo; *b*) da ovest, con la peschiera e l'oasi del Sito 12 sul fondo.

Sito 12, Qurainīyah. Vedute aeree: *a*) da nord-ovest; *b*) da sud-est, in primo piano l'oasi.

Sito 12, Qurainīyah. Vedute aeree: *a*) l'oasi e il villaggio da sud; *b*) particolare da est.

Sito 12, Qurainīyah. Vedute dell'oasi: *a*) da sud-ovest; *b*) particolare da nord-est.

Sito 12, Qurainīyah. Giare a vernice nera: *a*) n. 147; *b*) n. 217; *c*) n. 218; *d*) n. 240; *e*) n. 241.

Sito 12, Qurainīyah. Giare a vernice nera: *a*) n. 242; *b*) n. 243; *c*) n. 244; *d*) n. 266.

Sito 12, Qurainīyah. *a-b*) Giare a vernice nera (275-276). *c*) Boccale acromo inciso (139). *d-f*)
Boccale acromo inciso (179).

Sito 12, Qurainīyah. *a*) Giara acroma incisa (219). *b*) Giara d'impasto a decorazione plastica (193); *c-d*) giara c.s. (206)

a-c) Sito 12, Qurainīyah: *a-b*) giare d'impasto a decorazione plastica (207, 209); *c*) fondo di giara d'impasto (142).
d) Failakah, Museo Archeologico: ancora litica.

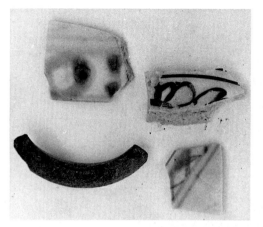
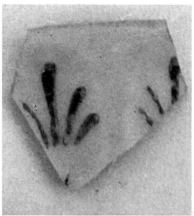
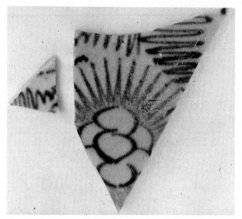

Sito 12, Qurainīyah. *a*) Ciotole in porcellana (173, 172) e braccialetto in vetro (175). *b*) Ciotola in porcellana (187). *c*) Ciotole c. s. (273, 272). *d*) Ciotole c. s. (296, 297, 298).

Sito 12, Qurainīyah. Ciotole in porcellana: *a*) n. 299; *b*) nn. 325, 326, 327.

Sito 12, Qurainīyah. Ciotole in porcellana: *a*) nn. 330, 329; *b*) n. 332; *c-e*) n. 333; *f*) n. 343.

a-c) Sito 12, Qurainīyah; ciotole in porcellana: *a-b*) n. 343; *c*) n. 346.
d-e) Sito 13, Forte Portoghese, ciotole in porcellana: *d*) nn. 367, 368; *e*) nn. 365, 364, 366.

Sito 13, Forte Portoghese. Vedute aeree: *a*) da sud; *b*) da ovest.

Sito 13, Forte Portoghese. *a*) Veduta aerea da nord. *b*) Particolare del muro sud-ovest, visto da nord-ovest.

a) Sito 13, Forte Portoghese: particolare della torre sud vista da sud. *b*) Sito 14, al-Quṣūr: zona centrale del villaggio, veduta aerea da nord.

Al-Qusūr. *a*) Case 26, 27, 28: veduta aerea da nord. *b*) Casa 26, veduta aerea da nord-ovest.

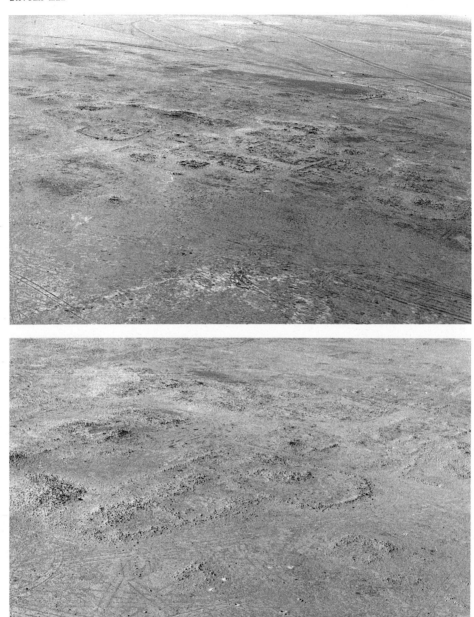

Al-Qusūr. Nucleo centrale del villaggio. Vedute aeree oblique: *a*) da nord-ovest; *b*) particolare da nord-est.

Al-Qusūr. Nucleo centrale del villaggio. Vedute aeree oblique dell'area destinata allo scavo:
a) da est; b) da nord-ovest.

Al-Qusūr. Area meridionale del villaggio. Vedute aeree oblique: *a*) da nord; *b*) da ovest.

Al-Qusūr. *a*) Ciotola invetriata dipinta (600). *b-c*) Ciotola invetriata turchese (642). *d*) Peso ricavato da parete di giara invetriata (388).

Al-Qusūr. Giare acrome stampigliate: *a*) n. 389; *b*) n. 415; *c*) n. 467; *d*) n. 556.

Al-Qusūr. Giare acrome stampigliate: *a*) n. 579; *b-e*) n. 603; *f*) n. 662.

Al-Quṣūr. Giare a decorazione stampigliata (a-c) o incisa (d-f): *a*) n. 662 a; *b*) erratico 1975 (A); *c*) erratico 1975 (B); *d*) n. 537; *e*) n. 563; *f*) n. 604.

Al-Qusūr. Ceramica acroma incisa: *a*) ciotola e giara (651, 650); *b*) giara (650).

Al-Quṣūr. Ceramica acroma a decorazione incisa o plastica: *a*) giara (663); *b*) giara (390); *c*) bacile (497); *d*) giara (498).

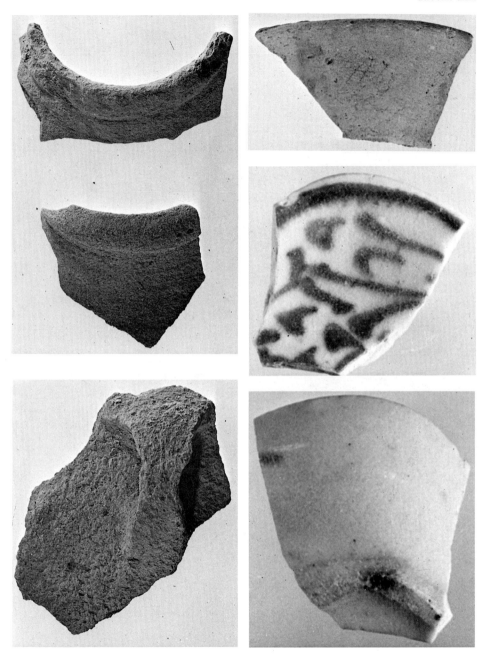

Al-Qusūr. *a*) Giare nude (499, 500) .*b*) Bacile nudo (542). *c*) Pentola (501). *d-e*) Ciotola in porcellana, interno e esterno (574).

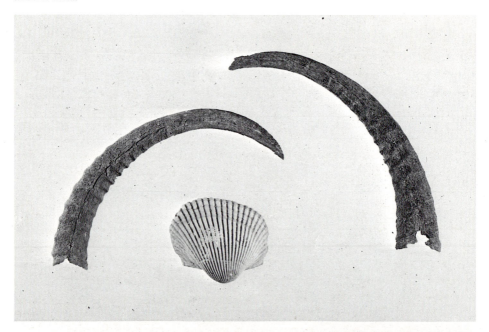

a) Al-Quṣūr. Casa 84: resti faunistici (670, 671). *b*) Sito 16. Veduta aerea obliqua da sud-ovest con tracce di un palmizio recinto.

Sito 16, Subaihīyah. Vedute aeree oblique: *a*) da nord-est; *b*) da sud-ovest.

Al-Qusūr, Casa A e Torre. Vedute generali: *a*) da sud-est; *b*) da est.

Al-Qusūr, Casa A. Vedute generali: *a*) da nord; *b*) da sud.

Al-Qusūr, Casa A. Particolari: *a*) settore meridionale (vani 2-5) da est; *b*) settore settentrionale (vano 1, cucina, ripostiglio) da nord-est.

Al-Qusūr, Casa A. Vano 1: *a*) veduta da sud-est; *b-e*) frammenti vascolari *in situ*.

Al-Qusūr, Casa A. Cucina e ripostiglio, con vasi *in situ*: *a*) veduta da ovest, con l'angolo nord-est del vano 1 in primo piano; *b*) particolare da est, con frammenti di giara all'esterno in primo piano (812); *c*) veduta generale da est.

Al-Qusūr, Casa A. Cucina: *a-b*) fondo di giara (747) *in situ* nell'angolo nord-est, visto da sud-ovest e da nord; *c*) saggio, veduta da est.

Al-Qusūr, Casa A. Cucina, saggio: *a*) da nord; *b*) da sud; *c*) da sud-est.

Al-Qusūr. Casa A: *a*) Cucina, saggio, da est; *b*) ripostiglio e cucina, da ovest; *c*) angolo nord-est del ripostiglio, da sud, con la parte superiore di una giara (763) *in situ*.

Al-Qusūr, Casa A. Vani 2 e 3: *a*) da est; *b*) da sud-est.

Al-Quṣūr, Casa A. Vani 2-4: *a*) vano 2, da nord; *b*) vano 2, particolare della metà nord da est; *c-d*) vano 3, fondo di giara (770) *in situ* nell'angolo nord-ovest; *e*) vani 2-4 da sud-ovest.

Al-Qusūr, Casa A. Vano 4: *a*) da nord-est; *b*) da sud-ovest.

Al-Qusūr, Casa A. Vano 4: *a*) muro sud e porta tra i vani 4 e 5 da est; *b*) saliente dell'angolo sud-est da est; *c*) vaso *in situ* da sud-est.

Al-Qusūr, Casa A. Vano 5: *a*) da sud-ovest; *b*) da sud.

Al-Qusūr. Casa A: *a-b*) il muro sud da ovest e da est; *c*) il muro ovest dell'abitazione da sud; nella trincea frammento di vaso *in situ* e due conci (basi?).

Al-Qusūr, adiacenze della Casa A: *a-b*) frammento di giara acroma stampigliata (812) *in situ* all'esterno dell'angolo nord-est della cucina. *c*) Angolo sud-est della Casa A ed attacco di un muro di un altro edificio adiacente a sud; veduta da nord-est.

Al-Qusūr. Edificio a sud della Casa A: *a*) veduta da est; *b*) angolo nord-est da sud.

Al-Quṣūr. *a*) Casa A, Torre ed estremità sud della Casa B visti da nord-est. *b-c*) Torre, vista da nord-ovest e da nord.

Al-Qusūr, Torre. Vano 1: *a*) da est; *b*) da nord-est.

Al-Qusūr, Torre. Vano 1: *a-b*) da est e da sud-est; *c*) particolare del lastricato pavimentale, da est.

Al-Qusūr, Torre. Vano 1: *a*) lastricato pavimentale da sud; *b*) parte meridionale e porta di comunicazione con il vano 4, da est.

Al-Qusūr, Torre. *a*) Vano 1: porta di comunicazione con il vano 4. *b*) Vano 2, veduta da est.

Al-Qusūr, Torre. Vano 3: *a*) veduta generale da est; *b*) particolare da nord.

Al-Qusūr, Torre. Vano 3: *a*) parete, faccia esterna, da sud; *b*) parete nord con soglia (?); *c-d*) pozzetto da ovest e da est.

Al-Qusūr, Torre. Vano 4: *a*) da nord-ovest; *b*) particolare da nord.

Al-Qusūr, Torre. Vano 4: *a*) settore centrale della parete nord, da nord; *b*) settore occidentale della parete nord, da nord.

Al-Qusūr, *a-b*) Torre: la porta di accesso, da nord. *c*) Casa B: veduta generale da nord-ovest.

Al-Qusūr, Casa B. Vedute generali: *a*) da nord; *b-c*) da est.

Al-Qusūr, Casa B. Vano 1, con fondo di giara (876) *in situ*: *a*) da sud-est; *b-c*) da sud. In *b*) la fase iniziale dello scavo, con frammenti di giara (878) *in situ*; in *c*) la fase finale con giara centrale (876) *in situ*.

Al-Qusūr, Casa B. *a*) Vano 1, con resti di giare (876, 878) *in situ*, da ovest; *b*) Vano 2, da nord-est.

Al-Qusūr, Casa B, estremità sud: *a*) angolo sud-est da est, con frammenti di giara (911) davanti all'ingresso; *b*) particolare della stessa giara *in situ*; *c*) angolo sud-ovest, da sud, con l'ingresso alla Torre in primo piano.

Al-Qusūr, Casa B. *a*) Muro esterno est da sud. *b-f*) Saggio ovest: *b-c*) soglia di una casa piú a ovest; *d*) insieme da nord; *e*) particolare da ovest; *f*) particolare da est.

Al-Qusūr, Casa A. Ceramica invetriata turchese: *a-b*) ciotola, interno ed esterno (710); *c-d*) bacile, interno ed esterno (742); *e-f*) ciotola, esterno e interno (803).

Al-Qusūr, Torre e Casa B. Ceramica invetriata turchese: *a-b*) bacile, esterno e interno (855); *c-d*) ciotola, interno ed esterno (870); *e*) parete di giara (881); *f*) lucerna (913).

Al-Qusūr, Casa A, ceramica acroma stampigliata: *a-c*) giara (743) dalla cucina e particolari; *d*) giara (776) dal vano 4.

Al-Qusūr, Case A (*a-b*) e B (*c-e*). Giare acrome stampigliate: *a*) n. 805; *b*) n. 812, *in situ*; *c*) n. 873; *d*) n. 882; *e*) n. 883.

Al-Qusūr, Casa A. Ceramica acroma a decorazione incisa, excisa e plastica: *a*) vaso chiuso (717);
b-d) boccale (805 a); *e*) giara (813); *f*) brocchetta (784).

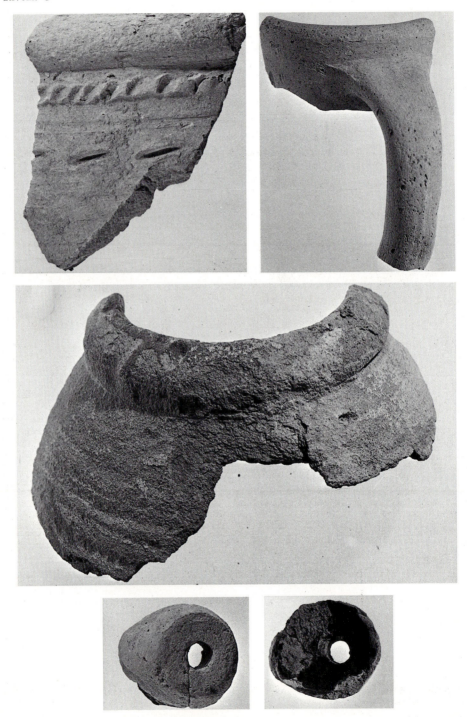

Al-Qusūr, Case A e B. Ceramica acroma a decorazione plastica e ceramica nuda: *a*) giara (874); *b*) boccale (721); *c*) giara (719); *d-e*) giara (723).

Al-Qusūr, Casa A. Frammenti di giare in ceramica nuda: *a*) peso da telaio (727); *b*) n. 746; *c-d*) n. 763; *e*) n. 765.

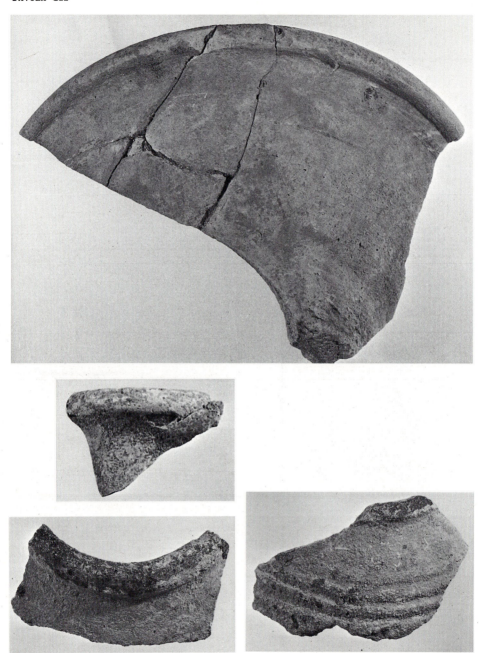

Al-Qusūr, Case A e B. Ceramica nuda: *a*) bacile (767); *b*) brocchetta (806); *c-d*) giara (876).

Al-Qusūr, Case A e B. Ceramica nuda e vasellame d'impasto: *a*) giara (877); *b*) giara (884); *c*) giara (911); *d-e*) piattello (916); *f*) giara (734).

Al-Quṣūr, Casa A. Coppe vitree: *a-d*) n. 781, esterno e interno; *e*) n. 809.

Al-Qusūr, Torre. Vasi in pietra: *a*) n. 852 (tre frammenti) e n. 853 (un frammento in alto a destra), esterno; *b*) *idem*, interno.

Al-Qusūr, Case A e B. Materiali diversi: *a-b*) vaso in pietra, esterno e interno (739); *c*) residuo del contenuto di una giara (880); *d*) conchiglia (817); *e-f*) frammento di stucco, interno ed esterno (893).

Finito di stampare
nel 1984
dalle Grafiche Zoppelli s.p.a.
Dosson (Treviso)
per conto di
« L'ERMA » di Bretschneider
Roma